개정4판

부동산금융론

—이론과 실제—

김범석 · 유한수 공저

청목출판사

개정4판을 내면서

2007년 미국 서브프라임 모기지 부실사태에서 시작된 글로벌 금융위기의 여파에서 세계경제가 아직 회복을 하지 못하고 있는 상태이다. 2011년 유럽국가들의 재정위기까지 겹쳐 세계 경제는 아직 경기침체 속에 있는 실정이다.

이러한 상황 속에서 2012년 후반 미국 부동산시장이 약 5년 동안의 하락세에서 상승세로 돌아섰다는 반가운 소식이 들려와서 다행스러운 일이다. 물론 아직까지 2007년 이전 수준으로 부동산시장이 회복되는 것은 아니지만 부동산시장에 온기가 다시 찾아온 것만 해도 반가운 소식이 아닐 수 없다. 하지만 국내 부동산시장은 아직 침체의 늪에서 헤어 나오지 못하고 있는 상황이다. 여러 가지 원인이 있겠지만 세계적인 경기침체, 인구구조의 변화, 정부의 규제, 부동산 특히 주거용 주택에 대한 인식 변화 등이 맞물리면서 부동산 경기의 침체가 장기화되고 있는 양상이다.

부동산 경기 특히 아파트 등 주거용 주택의 가격하락은 '하우스 푸어'라는 신조어를 만들어 내고 사회적인 부작용을 초래하고 있다. 주택가격의 급등도 문제이지만 주택가격의 급락도 경제적·사회적 측면에서 바람직하지 않는 것이다.

또한 건설경기의 침체로 인해 부동산 PF의 부실사태가 발생하고 이로 인해 저축은행의 대량 부실사태, 금융시장의 경색 등 부동산시장의 불안으로 인해 국내 경제 및 금융시장이 큰 충격을 받았다. 이에 부동산시장의 안정과 주택가격의 하락 등으로 인한 부작용을 최소화하기 위해 정부에는 여러 가지의 부동산대책을 발표하였다. 또한 부동산시장에 대한 금융시장의 영향력이 커지면서 부동산금융기법과 부동산금융상품이 한층 더 발전하였다. 또한 투자자 및 수요자의 욕구를 충족시키기 위해 새로운 부동산금융상품이 도입되었다.

이러한 국내 부동산금융시장의 변화에 따라 저자들은 『부동산금융론』을 개정할 필요성을 느껴 개정작업에 착수하게 되었다.

본 개정판은 다음과 같은 특징을 가지고 있다.

첫째, 주택금융부분을 보다 상세히 서술하였다. 주택연금상품의 활성화, 적격주택담보대출, 주택금융관련 제도의 변화, 주택금융관련 기관의 역할 변화 등 지난 몇 년 동안 국내 주택금융시장은 큰 변화를 겪었다. 본 개정판은 이러한 변화에 대해 서술하고자 노력하였다.

둘째, 부동산투자회사 및 부동산펀드 부분을 보강하였다. 2009년 자본시장법이 도입되면서 집합투자기구제도 개선이 있었는데 이러한 부분을 개정판에 반영하고자 하였다. 개정된 부동산투자회사 및 부동산펀드의 자산운용자금조달운용성과에 대한 제도를 상세히 서술하였다.

셋째, 최근 도입된 커버드 본드를 추가하였다. 주택담보대출의 활성화를 위해 도입된 커버드 본드의 제도 및 경제적 이점 등에 대해 서술하였다. 또한 주택저당증권 부분도 보강하였다.

넷째, 프로젝트 파이낸싱 부분을 재구성하였다. 사례 추가 및 자료의 보충을 통해 프로젝트 파이낸싱과 부동산 PF부분을 보강하였는데 특히 부실사태로 인해 문제가 되었던 부동산 PF에 대해 심도있게 서술하고자 하였다.

본 교재는 대학 및 대학원에서 부동산금융의 기본서로 활용되도록 쓰여졌다. 부동산금융은 부동산 분야와 금융분야에 대해 이해가 필요한 과목이다. 따라서 가급적 부동산전공 학생들이 쉽게 이해할 수 있도록 쉽게 서술하고자 노력하였다. 또한 가급적 사례를 많이 소개하여 이론과 현실세계를 접목시키고자 하였다.

본서가 국내 부동산금융시장에 대해 이해를 돕는데 기여하였으면 하는 것이 저자들의 작은 소망이다. 끝으로 계속해서 부동산금융론의 개정을 허락해 주신 청목출판사의 유성열 사장님과 직원 여러분들에게 감사드린다.

2013. 2 감곡골에서

김범석 & 유한수

머리말

1997년 12월 IMF외환위기 이후 국내 부동산시장은 큰 변화를 겪었다. 정부의 각종 개발사업의 추진과 새로운 부동산금융제도, 부동산투자제도의 도입 등으로 부동산시장은 규모나 제도면에서 발전을 거듭하고 있다.

2004년 1월 간접투자자산운용법의 시행으로 부동산펀드가 도입되어 부동산펀드시장이 급격히 팽창하였다. 한편, 상대적으로 위축되어 있던 부동산투자회사(리츠)에 대해 정부는 지속적으로 규제완화 방안을 발표하고 있다.

또한 프로젝트 파이낸싱의 활성화 과정에서 PF 대출채권을 기초자산으로 한 자산유동화증권 발행이 크게 증가하는 등 부동산투자에 필요한 자금조달기법이 다양화되어 가고 있다.

주택금융시장에서도 주택담보대출상품이 다양화되어 가고 있으며 2004년 3월 한국주택금융공사의 출범으로 주택저당증권의 발행이 본격적으로 시작되는 등 주택금융시장도 크게 변화하고 있다.

이러한 부동산금융 관련 제도와 시장의 변화에 따라 '부동산금융론-이론과 실제'의 집필을 서두르게 되었다.

본서의 구성상 특징을 살펴보면 기존의 9장으로 주제에 따라 5부로 구성하였다. 즉, 제1부 부동산금융의 기초개념, 제2부 주택금융, 제3부 부동산금융 분석기법, 제4부 부동산간접투자, 제5부 부동산관련 유가증권으로 나누었다.

본서는 주택금융분야를 보다 상세하게 다루고자 주택금융을 주택금융시장과 주택담보대출 2개의 장으로 분리하였고 한국주택금융공사에 대한 부분도 서술하였다.

또한 2004년에 도입되어 활발히 판매되고 부동산펀드에 대한 내용을 포함하였고 부동산투자회사법 내용을 수록하였다.

이외에도 사회기반시설건설 및 부동산개발사업과 관련된 프로젝트 파이낸싱 부문도 포함하였다. 자산유동화증권 관련하여서는 부동산을 기초자산으로 하는 프로젝트 파이낸싱 ABS 분야에 대해 서술하였다. 주택저당증권 부분에서는 2004년 출범한 한국주택금융공사가 발행한 주택저당증권을 중심으로 주택저당증권의 발행과 가치평가, 신용평가에 대해 서술하였다.

본서는 대학(원)의 부동산 관련학과 학생들이나 부동산업계 종사자들의 부동산금융 입문서로 활용되도록 쓰여졌다. 부동산금융 분야가 각종 제도 및 규제, 그리고 경제, 경영지식을 요구하는 종합학문적 성격을 가지고 있어 다소 어려운 점이 있을 수 있다. 하지만 저자는 부동산금융의 기본개념을 가급적 쉽게 서술하고 부동산금융제도를 소개하는데 중점을 두었다. 또한 부동산금융과 관련된 사례를 많이 소개함으로써 이론뿐만 아니라 부동산금융이 활용되는 현실세계에 대한 이해를 높이고자 노력하였다.

이 책의 출판을 허락해 주신 청목출판사의 유성열 사장님과 직원 여러분들의 노고에 감사드리며 항상 곁에서 많은 사랑과 격려를 아끼지 않은 가족들에게도 한없는 사랑의 마음을 전하고 싶다.

2006년 뜨거운 여름 감곡골에서

김범석 & 유한수

차 례

제3부 주택금융

제1부

부동산금융의 개요

제 1 장

부동산금융의 개요

제1절 부동산의 특징

1. 부동산의 의의

부동산은 부동성, 불가분성, 고정성, 부증성 등으로 인하여 다른 실물자산, 금융자산과 다른 고유의 특성을 가지고 있다. 우리나라의 경우 좁은 국토로 인해 부동산문제가 경제적 측면뿐만 아니라 사회적 측면에서 다루어지고 있다.

부동산문제의 이러한 특성으로 인하여 부동산분석은 부동산가격결정, 입지분석, 부동산시장분석 등 경제적 분석, 권리관계 등 법률적 분석, 각종 행정규제 등 행정적 분석, 건축·건설과 관련된 기술적 분석 등 다양한 학문영역을 포함하는 종합학문적 성격을 가지고 있다.

부동산산업은 부동산결정분야와 부동산결정의 지원분야로 구별할 수 있는데 부동산결정분야는 부동산투자, 부동산 금융, 부동산개발로 구분되고 부동산결정의 지원분야는 부동산마케팅, 부동산관리, 부동산평가, 부동산컨설팅으로 구분된다.

상기 분류방법에 의하면 부동산금융은 부동산 결정분야에 속한다고 할 수 있는데 최근에는 부동산의 자산관리측면이 강조됨에 따라 부동산금융에 대한 관심이 계속해서 높아지고 있다.

2. 부동산의 장 · 단점

(1) 부동산의 장점

첫째, 부동산은 실물자산이기 때문에 가치보존능력이 높다. 부동산은 물가가 상승하는 경우 부동산가격도 동반상승하여 물가상승으로 인한 가치손실이 없는 편이다.

둘째, 부동산은 주식에 비해 가격변동성이 적은 편이다. 1987년에서 2002년까지 15년 동안 주택가격지수는 최대상승률이 17.1%이었고 최대하락률이 9.2%이었다. 반면에 종합주가지수는 최대상승률이 92.7%이었지만 최대하락률은 38.6%를 기록하였다.

셋째, 부동산은 자금조달시 담보로 제공될 수 있다.

(2) 부동산의 단점

첫째, 부동산은 매매비용이 주식보다 높은 편이다. 부동산을 매입하면 등록세, 취득세 등 각종 세금과 중개수수료를 지불해야 한다.

둘째, 부동산에서 발생하는 소득은 제한적이며 기업의 경영성과와 관계가 적다.

3. 국내 부동산시장의 현황

1997년 IMF 금융위기 이후 우리나라 부동산시장의 기류는 크게 변화하였다. IMF 외환위기로 인해 자금난에 빠진 기업들이 본사 건물까지도 매각하는 사태가 발생하고 사무용 건물의 공실률이 크게 증가하였다. 또한 기업의 파산 및 경영실적의 악화로 인해 실업률이 증가하였다. 이로 인해 상가용 건물, 주거용 주택 가격이 크게 하락하였다. 이는 부동산은 사두면 언젠가는 오른다는 소위 부동산 불패신화라는 신념에 타격을 주었다.

특히 기업과 금융회사들이 부실화됨에 따라 증가하는 부실채권과 담보부동산의 처리가 큰 문제로 등장하였다. 이러한 부실채권과 담보부동산의 처리를 위해 도입된 것이 1998년에 도입된 자산유동화증권(ABS: asset-backed securities)이나 1999년에 도입된 주택저당증권(MBS: mortgage-backed securities)과 같은 부동산의 유동화 또는 증권화 제도이다.

한편, 자산유동화증권이나 주택저당증권과 같은 부동산 담보부증권보다 부동산을 직접 매입하거나 개발사업에 투자하는 투자상품의 필요성이 제기되었다. 이러한 배경하에 1998년 부동산투자신탁, 2001년에는 부동산투자회사(REITs), 기업구조조정 부동산투자회사(CR-REITs), 2005년 간접투자자산운용법에 의해 부동산펀드가 도입되었다.

또한 막대한 자금을 필요로 하는 SOC 기간사업의 수행에 필요한 자금을 조달하기 위한 방법으로 프로젝트 파이낸싱기법이 관심을 모았고 2001년 이에 따라 프로젝트 금융투자회사의 설립이 추진되었다.

2004년 3월에는 부동산 투기를 억제하고 서민들의 주택마련을 위해 미국의 모기지공사와 같은 역할을 수행할 한국주택금융공사가 설립되었다.

4. 부동산시장의 추세

국내 부동산시장은 IMF 외환위기 이후 국내 부동산시장은 큰 변화를 겪고 있다. 부동산에 대한 개념이 보유개념에서 자산관리개념으로 변화하여 부동산의 가치평가에도 변화를 초래하고 있다.

〈표 1-1〉 IMF 외환위기 도입된 부동산관련 금융상품

구분	부동산신탁	ABS	MBS	프로젝트 파이낸싱	부동산투자회사	부동산펀드
근거법	신탁업법	자산유동화에 관한 법	주택저당채권유동화회사법	프로젝트 금융투자회사법	부동산투자회사법	간접투자자산운용법
시행시기	1998.4	1998.9	1999.1	법안 제정중	2001.7	2005.4
주무부서	금감위	금감위	금감위	금감위	건설교통부	재경부 금감위
투자대상	부동산, 부동산관련 유가증권, 채권	부동산, 채권	주택저당대출채권	SOC, 주택개발, 설비투자	부동산, 부동산 관련 유가증권	부동산, 부동산관련 유가증권 등
수익구조	개발이익, 임대수익, 매매차익	채권수익, 이자	채권수익, 이자	개발이익	개발이익 임대수익 매매차익 이자	개발이익, 임대수익, 매매차익, 이자

자료: 정광호, 부동산 투자상품의 평가기법, 한국신용정보, 2003. 4 참조

부동산 개발사업과 관련하여 프로젝트 파이낸싱 등 다양한 자금조달방법이 등장하였다. 또한 부동산투자회사, 부동산펀드, 자산유동화증권, 주택저당채권 등 다양한 부동산 간접투자상품이 등장하였다.

또한 외국인 부동산투자회사나 자산관리회사가 국내 부동산시장에 진출하여 부동산시장에 큰 영향력을 미치고 있다. 해외부동산 투자가 요건이 완화됨에 따라 해외 부동산투자에 대한 관심이 높아지고 있다.

이외에도 인터넷 등 정보통신기술의 발달로 부동산관련 포털사이트의 중요성이 더욱 더 높아지는 등 부동산 산업의 정보화가 가속되고 있다.

(1) 자산관리 측면의 강조

IMF 외환위기 이후 부동산에 대한 접근방법이 변화되고 있다. 과거에는 부동산을 토지개발, 사무용 및 주택용 건물 건설, 자산보유 수단 등에 초점을 두었으나 최근에는 부동산을 하나의 투자수단으로서 인식하여 자산관리 측면을 강조하고 있다.

2004년 국민은행은 합숙소, 지방사옥, 점포건물 등 보유 부동산에 대해 미래 현금흐름방식을 사용하여 건물보유에 따른 경제성을 분석한 결과 경제성이 없는 것으로 파악되어 부동산에 자금을 투입해 두기보다는 부동산을 매각하여 보다 수익성 높은 자산에 투자하고자 하였다.[1)]

2006년 1월 교보생명은 은평사옥, 성동사옥, 사당동사옥 등 보유 부동산을 미래에셋증권에 매각하였는데 이는 부동산을 업무지원 차원에서 보유하기보다는 투자자산으로 인식하는 변화를 나타내고 있다.[2)]

불필요한 부동산이나 시세하락이 예상되는 부동산 또는 시세가 크게 오른 부동산 등을 보유하기보다는 이를 매각하여 수익을 얻고 새로운 투자재원을 창출하는 것이다.

이에 따라 부동산 감정평가방법도 원가방식이나 비교방식과 더불어 수익방식을 사용하는 추세이다.

또한 건물관리도 단순한 시설관리(FM: facility management)보다는 자산관리(PM: property management)방식으로 변화하고 있다. 자산관리는 임대인 모집, 임대차 계약 및 갱신, 임대료 수납 등과 같은 임대관리뿐만 아니라 보안, 주차, 시설물관리 등의 업무수행을 통해 지속적인 수익을 창출하고 더 나아가 건물의 가치를 높이고자 한다.

〈그림 1-1〉 교보생명의 부동산 투자인식 변화

보유목적:	업무지원	⇒	자산운용(수익창출)
보유방법:	자가사옥 신축	⇒	직접/간접투자
보유유형:	업무용 사옥	⇒	수익형 사옥(임대사업)

자료: 한국경제신문, 2006.1.19

(2) 부동산의 증권화

1998년 이후 국내 부동산 산업에 자본시장과 부동산시장을 결합한 부동산의 증권화가 활발히 진행되고 있다. 부동산을 기초자산으로 하는 자

1) 매일경제신문, 2004.6.9
2) 한국경제신문, 2006.1.19

산유동화증권(ABS: asset-backed securities)이나 주택저당채권을 기초자산으로 하는 주택저당증권(MBS: mortgage-backed securities)의 발행금액이 증가하고 발행기법도 다양해지고 있다.

부동산의 증권화는 간접적으로 부동산의 유동성 제고에 기여함으로써 투자위험을 감소시키고 부동산 금융상품의 다양화에 기여하고 있다.

부동산의 증권화는 자본시장과 주택시장간 유기적인 관계를 강화시켜 주택금융시장의 발전을 가져오고 금융기관의 위험관리 능력제고에 기여한다.

(3) 부동산시장의 국제화

IMF 외환위기 이후 해외 부동산관련 회사들의 국내 진출이 크게 늘었다. IMF 외환위기를 전후하여 자금난을 겪는 국내 기업이 자금조달을 위해 보유건물이나 토지 등을 매각하였다. 구조조정을 위해 국내 기업들이 매각하는 부동산을 이 시기에 국내에 진출한 외국계 부동산투자회사들이 매입하였다.

2001년 서울파이낸스센터가 싱가포르 투자청에 매각되었으며 같은 해 스타타워는 론스타에게 팔렸다. 2002년에는 현대상선빌딩이 라살레에게, 갑을빌딩이 모건스탠리에게 매각되었다. 2003년에는 호주의 맥쿼리펀드가 SKC빌딩·대우증권·동양증권 빌딩을 매입하였다. 2003년 11월 벤처기업의 메디슨벤처타워(현 코어세스)가 미국계 부동산투자회사인 라셀투자에게 343억원에 매각되었다. 2004년에는 싱가포르 투자청이 무교빌딩(서울시 중구 무교동), 코오롱빌딩(서울시 중구 무교동), 스타타워, 2001아울렛 분당점, 중계점 등 10개 지점을 매입하였다.

2007년에는 도이취뱅크의 부동산사업부인 RREEF가 맥쿼리자산운용사로부터 대우증권빌딩·동양증권빌딩을, 대한상공회의소로부터 이례빌딩을 매입하였다. ING는 GE리얼에스테이트로부터 브릿지증권의 여의도사옥을 매입하였다.

아시아지역의 오피스·호텔·쇼핑센터 등 상업용 부동산에 대한 투자

증가는 미국·유럽·호주 등의 부동산펀드, 연금펀드, 생명보험사가 주도하고 있다. 이들 투자자들은 지난 수년간 미국과 유럽의 부동산에 투자하였으나 부동산 가격상승으로 인해 상대적으로 가격이 낮은 아시아 국가로 투자대상으로 옮기고 있다.[3)]

외국계 자산관리회사도 국내에 진출하였는데 존스 랭라살, 허드슨 어드바이저코리아, 모건스탠리 프로퍼티즈, 스타PMC 등 외국계 자산관리회사는 부동산투자 뿐만 아니라 시설관리·건물관리 업무분야에도 진출하여 빌딩관리 및 자산관리에 선진기법이 도입되고 있다. 또한 한국과 미국에서 부동산매매 및 매물정보를 제공할 목적으로 미국의 뉴스타 리얼티(Newstar Realty)가 부동산중개회사도 국내에 진출하였다.

〈표 1-2〉 서울시내 빌딩에 투자한 외국계 자본 현황 (단위: 억원)

매입연도	빌딩명	매입자	추정매입가
2000	회현동 프라임타워	싱가포르투자청	490
2001	역삼동 스타타워	론스타	6,632
2001	무교동 코오롱빌딩	모건스탠리	625
2003	여의도 대우증권빌딩	맥쿼리	720
2003	무교동 코오롱빌딩	싱가포르투자청	760
2004	강남파이낸스센터	싱가포르투자청	9,300
2007	여의동 동양증권빌딩	도이치은행	1,300
2007	서울스퀘어	모건스탠리	9,600
2009	금호아시아나퍼스트타워	JR자산관리	2,400

자료: 동아일보, 2011.1.21

2005년 12월 영국 최대 부동산 자산관리 및 컨설팅업체인 새빌즈(Savills)는 국내업체인 BHP코리아와 합작으로 국내에 진출하였다. 새빌즈는 1855년 설립된 자산관리 및 컨설팅전문회사로 빌딩 등 상업용 부동산관리, 공공시설, 의료시설 관리뿐만 아니라 부동산금융 컨설팅 서비스를 제공하는 기업으로서 세계 각국에 법인을 보유하고 있다.[4)] 2005년 12

3) '부동산 자금 아시아로 몰린다', 한국경제신문, 2006.9.14
4) '영국계 부동산 자산관리업체 새빌즈 국내 진출', 이데일리, 2005.12.19

월에는 일본계 부동산 임대자산관리 전문업체인 아파망숍 네트워크가 국내 부동산 금융포털업체인 유니에셋(www.uniasset.com)과 합작하여 국내에 진출하였다.[5)]

2007년에는 다국적 종합부동산서비스 기업 리얼로지그룹의 자회사인 콜드웰 뱅크가 한국시장 공략에 나섰다.[6)]

2007년 7월 현대증권은 일본 동경 시부야 소재 레지던스 빌딩(약 125억원)에 매입하였다.[7)] 2008년 2월 미래에셋 맵스자산운용은 상하이의 고급 서비스드 레지던스를 인수(약 1,240억원)하였다.

한편, 2006년 이후 해외 리츠나 부동산 기업에 투자하는 재간접펀드가 크게 증가하였다.

〈그림 1-2〉 유라시아 더블리츠 펀드

5) '일본계 부동산관리업체 아파망숍 국내진출', 이데일리, 2005.12.16
6) 콜드웰 뱅커의 모기업인 리얼로지그룹은 이미 국내에 진출한 센추리21, ERA 등 유명 프랜차이즈를 소유하고 있는 세계 최대 부동산서비스그룹이다. 현재 일본, 중국, 싱가포르, 호주, 네덜란드, 캐나다 등 전세계 45개국에 4,000여개의 오피스를 보유하고 있다. 머니투데이, 2007.11.19
7) '현대증, 업계 최초 일본 상업용 부동산 취득', 머니투데이, 2007.7.26

국내 기업의 해외진출, 해외 유학의 증가와 미국, 중국 등지의 부동산 가격상승으로 인해 국내에서 해외부동산에 대한 관심이 높아지고 있다. 2006년 1월 이전에는 해외부동산 취득조건이 까다로워 음성적으로 이루어지는 사례가 많았다. 이에 따라 정부는 2006년 1월 해외 부동산 취득요건을 완화하고 취득절차도 간소화하였다.

미래에셋자산운용은 2010년 9월 국내 금융기관 최초로 브라질 상파울로의 금융중심지인 파리아 리마 애비뉴(Faria Lima Avenue)에 신축 중인 오피스 빌딩에 사모펀드를 통해 투자했다. 2012년 3월에는 이 사모펀드를 청산하고 이 오피스(빌딩시세: 1,117억원)의 수익증권을 전량 미래에셋생명에 매각했다. 이 거래를 통해 미래에셋자산운용은 1년 반 만에 약 300억원의 차익을 시현하였다.[8)]

김상용 · 한재선 · 유선종(2009)의 연구결과에 의하면 국내자본의 경우 1998년부터 2004년까지 강남권역권에 소재한 B급빌딩을 선호하였고 2005년부터 2009년까지는 도심권역에 소재한 A급 빌딩에 투자한 것으로 나타났다. 이에 반해 외국자본은 도심권역의 프라임급 빌딩에 집중투자하는 성향을 보였다. 또한 외국자본의 빌딩보유 기간은 국내자본의 보유기간보다 짧은 것으로 나타났다.

〈부동산금융 사례〉

연기금은 글로벌 랜드마크 빌딩 쇼핑중

상파울루 호샤베라타워 등 올 들어 4개 이상 쓸어 담아
금리 낮아 채권투자 '시큰둥'…부동산 중심 대체투자 활기

영국 런던의 'HSBC타워', 미국 뉴욕의 '헴슬리빌딩', 브라질 상파울루의 '호샤베라 타워'.

이들 건물의 공통점은 무엇일까. 다름 아닌 각 도시를 대표하는 랜드마크 건

8) 주: 미래에셋, 브라질 빌딩 지분 매각, 300억 차익, 1,170억원에 미래에셋생명에 매각, 이데일리, 2012.3.5

물 중 하나라는 점이다. 한국 연기금이 주인이라는 점도 공통점이다.

한국 연기금과 보험사들이 세계적 도시의 랜드마크 건물을 잇따라 사들이고 있다. 사상 최저금리로 인해 자금을 운용할 수단이 마땅치 않은 데다 글로벌 금융위기 이후 안정적인 임대율을 보장받으면서 싼값에 살 수 있는 건물이 매물로 나오고 있어서다. 2009년 이후 국내 연기금 등이 사들인 1,000억원 이상인 해외 빌딩만 10개에 이르고 있다. 일부 기관투자가는 뉴욕 맨해튼 건물 등을 사기 위한 협상을 진행하고 있다.

○런던 이어 뉴욕 브라질로 확산

런던의 금융중심지 카나리워프. 이 지역을 상징하는 45층짜리 'HSBC 타워' 소유자는 국민연금이다. 8,500명을 수용할 수 있는 초대형 건물로 2009년 1조 5,200억원에 사들였다.

뉴욕 맨해튼 파크애비뉴에 위치한 35층짜리 고풍스러운 건물 '헴슬리'도 국민연금이 지분 절반(49%)을 보유하고 있다. 1929년 세워진 뉴욕 랜드마크 빌딩으로 2007년 골드만삭스가 10억달러(약 1조 1,000억원)에 매입해 화제가 됐으나, 작년에 일부 손실을 보고 지분을 넘겼다.

유명 건축가 렌조 피아노가 설계한 호주 시드니의 랜드마크 빌딩 '오로라 플레이스'와 미국 시카고에 위치한 57층짜리 초고층빌딩 '스리퍼스트 내셔널플라자'도 한국 연기금 소유다. 국민연금과 한국교직원공제회가 각각 투자, 세계적인 금융회사들에 임대해 주고 있다.

지방행정공제회와 한화생명은 올 들어 처음으로 '런던 랜드마크 사냥'에 동참했다. 각각 3,000억원 안팎의 가격에 '템즈코트'와 법률사무소 '에버셰즈'의 본사를 매입했다. 해외 빌딩 매입에 가장 적극적으로 나서고 있는 교직원공제회는 올 들어 상파울루의 '호샤베라 타워'(18층 2개 동)와 런던 '빈트너스 플레이스'(8층)를 사들이기도 했다. (중략)

○임대료로 연 6~8% 수익 가능

연기금을 비롯한 기관투자가들이 해외 오피스 빌딩 매입에 나서는 것은 저금리에 따라 국내엔 투자대상이 마땅치 않아서다. 국내 국고채 10년물 금리는 2009년 평균 연 5.17% 수준이었지만 최근 사상 최저인 연 2.9%대로 곤두박질쳤다.

이에 비해 해외 오피스빌딩에 투자하면 상당한 수익을 거둘 수 있다. 자본시장연구원에 따르면 국내 연기금은 해외 오피스빌딩 투자로 연 6~8%의 안정적인 수익을 거두고 있다. 유럽 지역의 경우 금융위기 전엔 임대수익률이 연 4%를 넘지 못했으나 최근 건물가격 하락으로 연 7% 안팎 수익이 가능해졌다.

세계 3위 연기금인 국민연금의 경우 2007년 2,000억원에 그쳤던 해외 부동산 투자를 매년 빠른 속도로 늘리고 있다. 지난 8월 말 현재 투자잔액은 7조 9,000억원으로 불어났다. 이에 대한 투자 수익률도 높은 편이다. 작년 오피스빌딩을 포함하는 해외 대체투자 부문 수익률은 연 12%로 전체 자산군 중 최고를 나타냈다.

남재우 자본시장연구원 연구위원은 "국내 연기금의 자산배분 기조가 부동산 중심의 해외 대체투자를 늘리는 쪽으로 바뀌고 있다"고 말했다.

자료: 〈한국경제신문〉, 2012.11.18

(4) 부동산의 정보화

정보통신기술의 발달과 정보통신시설의 확충으로 부동산 영역에도 정보통신기술이 도입되고 있다. 사이버 공간을 이용한 부동산 매매 및 중개뿐만 아니라 부동산과 관련된 전반적인 정보전달, 공동체 형성 등이 활발히 진행 중이다.

이러한 추세로 인하여 유니에셋(www.uniasset.co.kr), 부동산114(www.r114.com), 닥터아파트(www.drapt.com) 등 인터넷상에서 매매시세, 매물정보, 부동산투자 등 기타 부동산 관련 정보를 제공하는 부동산포털사이트가 등장하였다.

미래에셋그룹은 부동산자산관리 서비스를 강화하기 위해 부동산자료와 정보망을 갖고 있는 국내 최대 인터넷 부동산정보서비스 업체인 부동산114(www.r114.com)를 인수하였다.[9]

현재 부동산 정보는 온라인과 오프라인이 병행되고 있는 형태인데 부동산 영역에 정보통신기술의 도입은 거래비용의 절감과 유통과정의 변화 등 부동산시장에 변화를 가져오고 있다.

9) 미래에셋은 부동산 데이터 및 네트워크를 갖고 있는 부동산114㈜를 인수함에 따라 기존의 주식, 펀드, 보험에서 부동산까지 자산관리종합 서비스를 제공할 수 있는 회사의 모양새를 갖추게 됐다. 미래에셋이 부동산114㈜의 국내외 부동산 관련 계열사를 적극 활용할 경우 국내외 부동산사업에 나서는데 상당한 시너지가 예상되고 있다. 미래에셋은 이번 부동산114㈜ 인수로 그동안 부동산 관련 투자자금조달에서 컨설팅, 유지관리, 시세정보까지 모든 업무를 할 수 있게 된 것이다. '미래에셋, 부동산 사세확장 본격화', 이데일리, 2008.2.1

또한 인터넷상의 카페, 동호회의 활동이 활발해짐에 따라 이러한 현상이 회원간의 정보교환뿐만 아니라 부동산 관련정책, 부동산 관련 기업의 경영전략에도 영향을 미치고 있다.

또한 인터넷뱅킹이 활성화됨에 따라 금융회사도 온라인을 통한 수신·여신업무를 실시하고 있다. 한국주택금융공사는 e-모기지 시스템(www.e-mortgage.co.kr)라는 인터넷 기반의 주택대출신청 심사시스템을 구축하였다. 이 시스템은 고객이 보금자리론을 상담, 신청하면 개인의 대출신청정보, 신용평가정보, 담보주택시세 등을 종합적으로 심사하여 대출가능여부, 대출금액, 원리금상환액 및 대출조건을 고객에게 알려준다.[10)]

서울시는 2010년 9월부터 부동산 포털 '서울부동산정보광장'(http://land.seoul.go.kr)을 통해 서울 전역의 토지·건물 기본정보와 개별공시지가, 아파트 실거래가격 등을 제공하고 하고 있다.

부동산114의 경우 전국 약 1만6,000개 중개업소와 네트워크를 구축하고 실시간 매물과 매매·전월세 시세, 분양률은 물론 지역별 시장 전망 서비스까지 제공하고 있다. 부동산1번지도 서비스채널을 스마트폰으로까지 확대하며 정보 불균형 해소에 적극 나서고 있다.

국민은행은 부동산종합자산관리서비스(알리지(R-easy), nland.kbstar.com)를 통해 부동산 매입개발관리처분에 대한 정보제공과 상담서비스를 제공하고 있다. 알리지에서는 수익형 주거용, 수익형 상가/빌딩, 부동산 매물에 대한 정보를 제공한다.

10) 한국주택금융공사, e-모기지 도입으로 보금자리론 금리 0.3%0 낮춰, 보도자료, 2006.6.26

〈부동산금융 사례〉

부동산, 이제 발품 안 팔아도 된다"

정보기술 발달로 부동산 정보 불균형 빠르게 해소

"가격 왜곡 줄겠지만 지역별 동조화 경계해야"

주택의 정확한 시세 정보 등이 실시간으로 풍부하게 제공되면서, 과거 '발품을 팔아야 좋은 집을 싸게 구한다'는 투자 철칙이 점차 힘을 잃고 있다는 얘기다.

국토해양부는 지난 2006년 11월 아파트 실거래가격 정보 공개 대상을 전국 소규모 단지까지 모두 포함시킨 데 이어 조만간 전월세 실거래 정보까지 주기적으로 공개하는 방안을 추진하고 있다고 8일 밝혔다. 국토부는 최근 건물 조망권(왼쪽 그림)과 일조권(아래 그림)까지 정교하게 확인할 수 있는 서비스를 제공하는 등 부동산 정보 공개에 앞장서고 있다.

(중략)

부동산은 상품마다 수치로 비교하기 힘든 수많은 특성을 지니기 때문에 정확한 가치평가가 매우 어렵다. 하지만 많은 정보가 공개될수록 우월적 지위를 악용한 폐해를 줄이고, 비정상적인 가격을 바로잡는데도 일조할 것으로 기대된다.

박원갑 부동산1번지 연구소장은 "정보기술의 발달로 부동산 정보 유통의 투명성이 제고되면서 쏠림현상과 왜곡이 줄어들고 있다"고 평가했다.

다만, 전문가들은 정보가 빠르고 광범위하게 전달된다는 점에서 시장 전반의 가격을 요동치게 만드는 부정적인 영향도 배제할 수 없다고 지적하고 있다.

김규정 부동산114 본부장은 "인터넷을 통해 마치 현장에서 보는 것만큼 많은 정보를 볼 수 있게 됐고 양적으로도 상당히 풍부해졌지만, 일장일단이 있다"며 "지금처럼 전셋값이 오르는 시기엔 관계없는 지역까지 덩달아 전셋값을 올리려 하면서 실수요자에게 부정적 영향을 주는 것이 대표적인 예"라고 설명했다.

〈자료: 이데일리 2011.02.08〉

제2절 부동산금융의 체계

부동산금융의 유형은 개발단계별, 부동산형태별, 투자형태별로 구별할 수 있다. 먼저, 개발단계에 따른 부동산금융의 종류에는 개발형 부동산금융, 건설형 부동산금융, 운영자금용 부동산금융이 있다. 개발금융은 토지매입, 부지·택지개발 등에 소요되는 자금을 조달하는 것이다. 건설금융은 건축·시설 공사 등 건설에 필요한 자금을 조달하는 것이며 운영금융은 부동산개발 및 건설기간 동안 소요되는 운영자금을 조달하는 것이다.

부동산형태에 따른 부동산금융의 종류는 주거형 부동산금융과 상업용 부동산금융, 업무용 부동산금융으로 구분할 수 있다. 주거형 부동산금융은 단독주택, 아파트, 다가구 주택 등 주거용 부동산과 관련된 자금조달을 말하며 상업용 부동산금융은 상가, 오피스텔, 주상복합 등 상업용 부동산과 관련된 자금조달을 말한다. 업무용 부동산금융은 공장, 업무용 건물, 생산시설 등과 관련된 자금조달을 말한다.

투자형태에 따른 부동산금융의 종류에는 지분투자형 부동산투자, 부동산간접투자형, 부동산관련 유가증권형으로 구분할 수 있다. 지분투자형 부동산투자는 프로젝트파이낸싱이 있으며, 부동산간접투자형에는 부동산투자회사, 부동산펀드 등이 있다. 한편, 부동산관련 유가증권형에는 부동산자산유동화증권, 주택저당증권이 있다.

〈그림 1-3〉 부동산금융의 체계

개발단계

개발형: 토지매입, 택지개발
건설형: 건축, 시설공사
운용자금용: 운영자금

부동산형태별

주거용: 단독주택, 다가주 주택, 아파트
상업용: 상가, 오피스텔, 주상복합
업무용: 사무용 건물, 생산시설, 공장

투자형태

지분투자형 : 프로젝트 파이낸싱
부동산간접투자형: 리츠, 부동산펀드
부동산관련 유가증권형: 자산유동화증권(ABS), 주택저당증권(MBS)

제3절 부동산금융의 향후 전망

1. 부동산 간접투자수단의 활성화

과거 부동산투자는 실물 부동산의 매매나 개발사업이 주종을 이루었다. 또한 부동산 투자는 주로 자금이 풍부한 개인이나 기업에 의해 주도적으로 이루어져 왔다. 하지만 리츠, 부동산펀드 등 부동산 간접투자수단이 도입되어 부동산 간접투자시장이 형성되었다.

소액투자자들의 부동산투자가 가능해짐에 따라 부동산 투자자의 기반 확대가 기대되며 기관투자자들은 주식 및 채권과 같은 유가증권 이외에도 부동산투자회사를 설립·운용하거나 부동산투자회사의 주식을 매입함으로써 현재보다 더 다양한 포트폴리오 구성을 할 수 있다. 또한 투자위험이 높은 부동산개발사업에 따른 여러 부동산투자회사가 공동 투자함으로써 투자에 따른 위험부담을 줄일 수도 있다.

2. 자산유동화증권·주택저당증권 시장의 활성화

자산유동화증권과 주택저당증권과 같은 부동산관련 유가증권시장의 성장이 기대된다. 주택저당증권과 자산유동화증권 국내시장은 아직 초기단계에 있는데 2004년 한국주택금융공사가 설립되면서 주택저당채권을 기초자산으로 발행되는 주택저당증권이 지속적으로 발행되고 있다.

또한 부동산을 기초자산으로 하는 자산유동화증권에 대한 수요가 증가할 것으로 예상된다. 국내 금융회사가 투자나 담보확보를 위해 부동산을 보유하는 경우 해당 금융기관은 유동성부족 위험에 노출되어 있는데 금융회사는 담보부동산을 근거로 자산유동화증권을 발행해 현금회수기간을 단축함으로써 유동성을 확보할 수 있게 되었다.

주택저당증권제도가 국내에 도입된 지 약 8년이 지났지만 기관투자자나 개인투자자들의 주택저당증권에 대한 관심이 그리 높은 편은 아니다. 이러한 현상이 발생하는 원인으로는 첫째, 주택담보대출에 대한 수요는 많은 편이나 주택자금공급이 부족한 편은 아니기 때문이다. 따라서 은행들이 기존의 주택담보대출을 유동화시켜 자금을 조기에 회수할 인센티브가 적은 편이다.

단기적으로 주택저당증권이 미국처럼 활성화되기는 어렵겠지만 장기적으로는 경제·사회적 변화에 따라 활성화될 것으로 예상된다. 주택저당증권은 단기, 중기, 장기별로 현금흐름을 구성, 발행되기 때문에 장기채권투자자에게 좋은 투자수단이며 부동산이 담보로 설정되어 있기 때문에 안전성이 높은 투자상품이다.

〈표 1-3〉 부동산부문의 전문 영역과 주요 업무 내용

구분	전문 서비스업	주요 서비스 내용	관련 자격
기획	개발계획	사업기획, 시장지역 및 흡수율분석, 입지여건분석, 타당성분석, 부동산최유효이용분석, 부동산구입계획수립, 포트폴리오심사	도시계획기술사, 건축사, 감정평가사
	부동산투자금융	투자타당성, 재무분석, 부동산투자자금조달방법, 자본구조 및 자본비용분석, 현금흐름분석, 위험분석, 자산운용전략, 부동산조세컨설팅,	부동산투자분석사, 부동산컨설턴트, 자산관리사
생산	건설관리	프로젝트행정관리, 건축과정관리, 건설품질관리, 수량조서, 공간계획, 건축비용계획관리자문	건축관리사
유통	중개유통	임대차 및 거래협상 및 계약, 적정가격분석, 적정임대료분석, 임대 및 분양/판매대행, 거래관련서비스, 부지 및 시장지역분석, 기업입지 및 입지이전분석	공인중개사, 감정평가사, 변호사, 세무사, 회계사
유지관리	부동산경영관리	부동산최적이용전략, 부동산 회계관리, 빌딩공간의 매매 및 임대관리, 임차인구성 및 관리, 임대료 최적화 및 징수관리, 장단기투자소득평가, 빌딩공간이용계획	주택관리사, 부동산관리사
	부동산리모델링	부동산유지보수, 재개발 및 재건축 자문, 행정관리대행, 건물개보수시기 의사결정자문, 철거이전 관련 자문	부동산관리사
	부동산시설관리	에너지효율성평가, 부동산상태의 정기적 실사, 실내공간설계, 환경·시설안전·소방관련 서비스	시설관리사
	부동산보증보험	부동산보험자문서비스, 부동산권원보험, 부동산거래이행 보증, 부동산조사 및 복귀비용분석자문	변호사, 법무사
	부동산분재	부동산법제분석, 부동산권원 및 임대차관련 분쟁, 부동산경계분쟁, 부분권약분쟁 및 보상, 부동산조세자문 및 조세소송, 수용보상자문, 보존부동산자문	감정평가사, 변호사, 세무사, 법무사

자료: 부동산플러스, 103호, 2001.10
부동산 전문 인력육성방안, 국제부동산정책세미나, 전국부동산중개업협회, 2001.9

3. 부동산 금융시장 인프라 구축

부동산금융산업이 활성화되기 위해서는 부동산 금융시장의 기본 인프라가 구축되어야 한다. 즉, 부동산 투자지표의 개발, 부동산 가치평가를 위한 선진기법의 도입, 다양한 부동산금융의 상품의 개발, 부동산 자산관리자의 육성 등이 필요하다.

부동산은 개별성, 한정성, 부동성과 같은 특성으로 인해 복합적이고 다양한 형태를 가지고 있어 데이터베이스 구축에 많은 어려움이 따른다. 하지만 부동산 거래의 활성화를 위해서는 부동산 정보에 대한 꾸준한 데이터베이스 구축이 필요하다고 할 수 있다.

4. 주택금융시장의 선진화

대다수의 주택 매입자 또는 임차인들이 주택금융을 이용하기 때문에 주택금융시장은 경제에 많은 영향을 미치고 있다. 미국의 서브 프라임 모기지 부실사태는 미국 뿐만 아니라 세계 경제에 악영향을 미쳤다.

우리나라의 경우 주택금융정책에는 서민・저소득층의 주택마련을 지원하기 위한 측면과 부동산 투기를 억제하여 부동산시장의 안정을 도모하고자 하는 측면이 있다. 또한 주택금융이 가계부채 문제와 직접적으로 연관이 되어 있기 때문에 주택금융문제는 서민생활의 안정과 금융기관의 건전성 문제와 연관이 있다.

이와 같은 정부의 정책적 목표를 달성하기 위해서는 주택정책 뿐만 아니라 주택금융 상품개발과 주택금융산업의 발전에도 많은 노력을 기울일 필요가 있다고 할 수 있다. 2012년 3월 출시된 적격대출(conforming loans)은 수요자의 욕구에 맞게 상품이 설계되어 출시된 후 그 대출규모가 급증하였다. 또한 적격대출은 장기 고정금리형 상품으로 주택금융시장의 중장기 안정화에 기여할 것으로 기대되고 있다.

참고문헌

김범석, "외국자본에 의한 국내 부동산 투자확대의 시사점", 「시사금융」, 2005. 3.
김삼용 · 한재선 · 유선종, "국내자본과 외국자본의 오피스 투자행태 분석", 국토연구 제62권, 2009, 199-222.
이창석, 『부동산학원론』, 형설출판사, 2001.

제 2 장

금융시장의 기본개념

제 1 절 금융시장의 의의

1. 금융시장의 개념

금융이란 자금잉여부문과 자금부족부문간에 자금이 이전되는 시스템을 말하는데 이러한 자금의 이전이 다수의 시장참여자들에 의해 이루어지는 시장을 금융시장이라 한다. 국민경제 내에서 금융시장의 기본적 기능은 여유자금을 가진 자금잉여부문(예: 가계, 일부 기업)으로부터 자금부족부문(예: 기업, 정부)으로 자금을 이전하는 것이라고 할 수 있다.

금융시장에서 거래되고 있는 자금의 유통수단을 금융자산 또는 금융상품이라고 한다. 금융상품에는 주식 · 채권을 비롯한 투자상품, 예금, 보험상품 등이 있다. 부동산금융자산 또는 부동산금융상품은 금융자산과 실물자산이 결합한 형태라고 할 수 있다. 부동산투자신탁, 부동산투자회사(REITs), 부동산펀드, 프로젝트 파이낸싱, 자산유동화증권, 주택저당증권, 주택금융 등 부동산금융시장도 금융시장의 일부를 구성하고 있다.

2. 금융시장의 기능

첫째, 금융시장은 지급결제수단을 제공하는 기능을 한다. 지급수단으로는 화폐, 수표, 어음, 카드, 계좌이체, 전자화폐 등 다양한 방법이 있다. 최근에는 정보통신기술의 발달로 인해 전자화폐, 모바일결제 등 전자금융거래가 증가하고 있는 추세이다.

둘째, 금융시장은 자산변환기능을 수행한다. 금융시장에서는 금융기관에 의해 자금수요자와 자금공급자간의 자금중개가 이루어지고 있는데 금융기관의 자금중개 역할을 통해 자산변환이 이루어진다. 자산변환에는 금액변환, 만기변환, 위험변환 등이 있다.

금액변환이란 자금수요자와 자금공급자간의 거래금액이 상이하더라도 금융기관의 개입을 통해 자금수요자와 자금공급자가 원하는 거래금액을 충족시키는 것이다.

만기변환이란 자금수요자와 자금공급자간의 자금사용기간이 상이하더라도 금융기관의 개입을 통해 자금수요자와 자금공급자가 원하는 거래기간을 충족시키는 것이다. 금융기관은 단기로 자금을 조달하여 장기로 자금을 대여하거나 장기로 자금을 조달하여 단기로 자금을 대여하는 방법을 통해 자금수요자와 자금공급자간가 원하는 만기를 충족시킨다.

위험변환이란 자금수요자와 자금공급자간의 감수하고자 하는 유동성위험·대손위험 등이 상이하더라도 금융기관의 개입을 통해 자금수요자와 자금공급자가 원하는 위험범위를 충족시키는 것이다.

셋째, 금융시장은 거래비용을 절감시키는 기능을 한다. 거래비용에는 정보획득비용, 탐색비용, 거래수수료 등이 있는데 금융시장에서 금융기관은 자금의 수요자와 공급자간의 정보의 비대칭을 해소시켜 거래비용을 낮춘다. 또한 금융시장에서는 다수의 자금수요자와 자금공급자간의 거래가 이루어지기 때문에 거래비용면에서 규모의 경제를 얻을 수 있다.

제2절 금융시장의 분류

1. 직접금융시장과 간접금융시장

자금이 이전되는 방식은 직접금융과 간접금융으로 구분할 수 있다. 직접금융시장은 자금부족부문과 자금잉여부문간 거래가 중개기관 없이 이루어지는 시장을 말한다. 예를 들어, 자금부족부문인 기업이 발행한 주식 또는 채권을 자금잉여부문인 투자자들이 매입하는 경우가 직접금융에 해당된다. 이와 달리 금융거래가 금융중개기관의 중개를 통해 이루어지는 시장을 간접금융시장이라고 한다. 간접금융의 경우 금융중개기관은 자금잉여부문과 자금부족부문을 연결시켜 주는 역할을 수행한다. 예를 들어 은행이 예금자로부터 받은 자금을 기업 등과 같은 자금부족부문에게 대출해 주는 경우가 간접금융에 해당된다.

2. 단기금융시장과 장기금융시장

단기금융시장은 화폐시장(money markets)이라고도 하며 만기 1년 이내의 금융상품이 거래되는 시장으로서 단기금융상품 거래자들은 콜자금, 기업어음, 양도성예금증서 등과 같은 단기금융상품을 매매함으로써 단기자금의 조달과 운용 등 유동성을 조절하고 있다.

장기금융시장은 자본시장(capital markets)이라고도 하며 1년 이상의 장기자금을 조달하는 장기금융시장으로서 자본시장의 대표적인 금융상품으로는 주식, 채권이 있다.

제 3 절 자본시장

1. 발행시장

(1) 발행시장의 구조

발행시장(primary markets)은 자금을 조달하는 발행자(발행주체)와 증권 발행사무 및 발행위험을 부담하는 발행기관 그리고 발행된 증권을 매입하는 투자자로 구성된다. 발행자(발행주체)란 발행시장에서 유가증권을 발행하는 자로서 증권의 공급자인 동시에 자금수요의 주체가 되는 자를 말한다. 발행기관(간접발행의 경우)은 증권의 발행자와 투자자 사이에 개입하여 증권발행에 따른 사무처리와 발행에 따르는 위험을 발행자를 대신하여 부담하는 기관을 말한다. 발행기관의 기능은 증권발행, 매출시에 인수(underwriting)기능을 수행하는 일이다. 투자자는 발행시장에서 유가증권을 취득하고 이것을 유통시장에 매각하는 자를 말한다. 이는 발행주체에 대하여는 자금의 공급자가 된다.

〈부동산금융 사례〉

대기업 "유동성 확보" 회사채 발행 급증
경기침체 선제 대응 차원, 지난달 보다 2배…이달 발행액 5조800억, 41개월 만에 '최대'

하반기에 접어들면서 대기업들의 회사채 발행이 급증하고 있다. 유럽발 경기침체가 장기화되면서 대기업들이 선제적으로 유동성을 확보하려는 의도다. 또한 한국은행이 기준금리를 인하하면서 저금리에 대한 매력도 한몫 하고 있다.

31일 재계에 따르면 7월달 들어 29일까지의 회사채(공사채 포함) 순발행 금액은 5조800억원으로 지난달 2조1,890억원과 비교해 두 배 이상 급증했다.

또한 2009년 2월 6조7,700억원을 기록한 이후 41개월 만의 최대 규모다. 올 상반기 월평균 순발행액 1조750억원의 5배 수준이다.

기업별로 살펴보면 조선사들이 가장 많은 회사채 발행을 준비하고 있다. 국내 조선사들의 재무구조는 여전히 뛰어난 편이지만 업황 부진이 장기화 될 경우에 대비해 현금확보에 나선 것이다. 현대중공업은 7,000억원에 달하는 자금을 회사채로 조달하기 위해 준비하고 있고, 지난 2월 7,000억원을 한꺼번에 조달한 삼성중공업은 이번에도 대규모 조달에 나설 예정이다. 다음달 중 시장 상황을 살펴본 뒤 발행 작업을 본격 시작할 것으로 보인다. 대우조선도 5,000억원의 회사채를 발행할 예정이다.

삼성그룹 계열사들도 줄줄이 회사채 발행에 나설 예정이다. 삼성테크윈은 다음달 6일 3년 만기 회사채를 총 2,000억원 규모 발행한다. 올해 첫 발행이며 1,500억원은 연말 만기 도래하는 회사채 차환에, 나머지 500억원은 운영자금으로 쓸 계획이다.

제일모직은 운영자금을 마련하기 위해 채권 발행을 결정했다. 지난 2월 1,000억원을 조달한 데 이어 올해 두 번째 발행이다. 다음달 16일경 3년과 5년 만기로 총 2,000억원을 조달할 예정이다.

무려 11년 만에 회사채 시장을 찾은 삼성정밀화학은 오는 8월과 9월 두 차례에 걸쳐 각각 500억원씩, 총 1,000억원어치 회사채를 발행한다. 삼성정밀화학은 이 자금을 신성장동력 사업 설비투자에 사용할 계획이다.

두산그룹 계열인 두산인프라코어도 3,000억원을 회사채로 조달할 전망이다.

하이마트를 인수한 롯데쇼핑은 인수대금의 절반에 해당하는 7,000억원을 회사채로 마련할 예정이며 롯데칠성과 롯데제과는 차입금을 갚기 위해 회사채를 발행했다.

이 외에도 현대자동차그룹 부품회사인 현대다이모스는 지난 27일 창사 이래 최저인 연 3.28% 금리에 3년 만기 채권을 발행했다.

이처럼 대기업들이 회사채발행에 나선 이유는 하반기 경기도 불투명하기 때문에 선제적으로 유동성을 확보하려는 목적과 유례없는 저금리 상황도 그 배경으로 꼽힌다.

재계 한 관계자는 "스페인, 그리스 등 유럽 사태로 인해 조선업 등 대부분의 업황이 하반기에도 좋지 않을 것으로 보여지는 상황"이라며 "경기 불확실성이 커지면서 기업들의 현금흐름이 악화되고 있고 이를 개선하고 고금리로 빌렸던 차입금을 저금리로 갈아타려는 목표도 강해 회사채가 주요한 현금 확보 수단이 되고 있다"고 설명했다.

자료: 〈이투데이〉, 2012.7.31

(2) 직접발행과 간접발행

증권발행은 발행위험의 부담방식에 따라 직접발행과 간접발행으로 구분된다. 발행위험이란 발행된 증권이 투자자들에게 판매되지 않을 가능성을 말한다. 직접발행은 증권발행에 따른 발행위험을 발행자가 부담하는 경우이며, 간접발행은 인수기관이 발행위험을 부담하게 되는 경우를 말한다.

(3) 증자의 형태

증자란 기업이 주식발행을 통해 자본금을 증가시키는 것을 의미하며 유상증자와 무상증자로 구분된다. 유상증자는 신주를 발행할 때 그 인수가액을 현금이나 현물로 납입시켜 신규로 자금 또는 재산이 기업으로 들어오는 경우를 말한다. 유상증자는 신주인수권 배정방법에 따라 주주배정방식, 주주우선공모방식, 일반공모방식, 제 3 자 배정방식, 주식매입선택권제도(stock option)로 구분된다.

무상증자는 주주들에게 무상으로 신주를 발행하는 것을 말한다. 무상증자가 주식배당과 다른 측면은 재원 측면에 있는데, 주식배당의 재원은 이월이익잉여금인 반면, 무상증자의 재원은 일반적으로 자본잉여금 및 이익잉여금이다. 주식배당은 이익잉여금의 자본전입이고 무상증자는 자본잉여금 및 이익잉여금의 자본전입이다. 무상증자는 회사의 자산에는 변화를 가져오지 않고 재무제표 상에 항목간의 변동을 통하여 주식을 발행하는 방법이다.

2. 유통시장

유통시장(secondary markets)은 이미 발행된 증권이 투자자간에 매매되는 시장을 의미한다. 유통시장은 이미 발행된 회사채나 주식을 쉽게 현금화할 수 있게 함으로써 해당 금융상품의 유동성을 높여 준다.

우리나라의 유통시장은 한국거래소(www.krx.co.kr)이며 유가증권시장,

코스닥시장, 파생상품시장으로 구분된다.

(1) 증권거래소의 기능

증권거래소란 구체적이고 조직적이며 상설적이고 경쟁적인 유가증권시장을 의미한다. 거래소는 어떤 증권과 그 증권의 발행기업에 대해 엄격한 심사를 거쳐 일정한 조건을 충족시키는 증권에 한하여 거래를 허용하고 있다. 이를 상장(listing)이라고 하며, 증권거래소에서는 상장증권만이 거래된다.

상장유형은 신규상장과 신주상장이 있는데 신규상장은 기업공개 경우 상장을 의미하며 신주상장은 기존 상장기업의 증자, 합병 등으로 주식을 새로이 발행하는 경우를 의미한다.

(2) 유가증권시장

한국거래소내 유가증권시장의 전신인 한국증권거래소는 1956년 설립되었다. 유가증권시장에서는 주식과 채권이 상장되어 거래되고 있다.

한국증권거래소를 설립한 목적은 유가증권의 공정한 가격형성과 안정 및 원활한 유통을 도모하기 위해서이다. 증권거래소는 투명한 시장구축을 위해 주가감시 및 매매심리업무를 수행하고 투자자의 올바른 투자판단을 위해 기업공시 시스템을 구축하고 있다.

1) 주식

유가증권시장 상장 요건은 자기자본이 100억원 이상, 상장주식수가 100만주 이상, 매출액이 최근연도 300억원 이상이고, 최근 3개 연도 평균 200억원 이상, 소액주주의 수가 1,000명 이상, 최근연도 영업이익, 법인세차감전 계속사업이익, 당기순이익을 시현하였을 것 등의 요건을 충족해야 한다.

가격제한폭은 전일 종가의 상하 15%이며, 매매단위는 10주이며, 고객이 증권 매매시 담보로 예치하는 위탁증거금은 증권사가 자율적으로 결정하도록 되어 있다.

2) 채권

채권의 유통시장은 상장채권이 거래되는 거래소시장과 비상장채권을 포함한 모든 채권이 거래되는 장외시장으로 구분된다. 채권거래는 주식거래와는 달리 장외거래의 비중이 높은 것이 특징이다. 거래소시장은 경쟁매매가 이루어지는 조직적이고 계속적인 시장이며 거래조건이 구체화되어 있고 거래시간이 한정되어 있다. 장외시장은 상대매매가 이루어지는 비조직적인 시장이며 대부분 금융기관이나 법인 등 기관간의 대량매매가 이루어진다. 채권거래는 대부분 장외거래로 이루어지고 있다.

채권 유통시장의 특징은 거래소시장을 통해 거래가 집중적으로 이루어지는 주식시장과는 달리 채권거래는 대부분 장외거래를 통하여 이루어지고 있으며 기관투자자 중심의 시장, 즉 채권거래에 있어 절대적인 비중을 차지하는 것은 기관투자자들이다.

채권은 발행주체를 기준으로 국채, 지방채, 특수채, 금융채, 회사채 등으로 구분된다. 국채는 정부가 발행하는 채권이며, 지방채는 지방자체단체가 발행하는 채권이다. 특별법에 의해 설립된 법인이 발행하는 채권을 특수채라 하며 금융기관이 발행하는 금융채(산업금융채권 등), 상법상의 주식회사가 발행하는 회사채가 있다.

국채의 경우에는 국채의 원활한 거래를 위해 국채전문딜러제도가 1999년 7월 도입되어 금융기관(은행, 증권회사, 종합금융회사) 중 국채인수 및 유통실적 우수 금융기관을 국채전문딜러로 선정하여 국채의 거래 및 보유 의무와 국고채 경쟁입찰 참여 등 혜택을 받는다.

채권은 채권자의 권리를 기준으로 전환사채(CB: convertible bond), 신주인수권부사채(BW: bond with warrants) 등이 있다. 전환사채란 일정한 조건에 따라 채권을 발행한 회사의 주식으로 전환할 수 있는 권리가 부여된 채권으로서, 전환 전에는 사채로서의 확정이자를 받을 수 있고 전환 후에는 주식으로서의 이익을 얻을 수 있다. 발행회사 측면에서는 첫째, 일반사채보다 낮은 금리로 발행되므로 자금조달비용이 경감되며 둘째, 주식으로의 전환시 고정부채가 자기자본이 되므로 재무구조 개선효과를 지닌다. 투자자 측면에서는 사채로서 안정성과 주가가 오를 경우 주식으로서의 이익을 얻을 수 있다. 반면, 보통사채보다 낮은 이자율을 받게 되고, 주가가 상승하지 않을 경우 전환권을 행사하지 못할 위험이 있다. 신주인수권부사채란 사채권자에게 소정의 기간이 경과한 후 일정 가격으로 발행회사의 신주를 인수할 수 있는 신주인수권이 부여된 채권을 말한다.

(3) 코스닥시장

코스닥시장은 IT, BT, CT 등 중소기업, 벤처기업 중심의 시장으로 1996년 7월에 한국증권업협회 및 증권회사의 공동출자로 코스닥증권이 설립되어 종전의 증권회사간 전화로 매매 상대방을 찾는 상대매매 방식에서 코스닥시장이 중개하는 자동매매체결시스템을 통해 가격, 시간, 수량 원칙에 따라 매매가 체결되는 경쟁매매방식으로 전환되었다.

코스닥시장 상장 요건은 일반기업, 벤처기업, 성장형벤처 3가지 경우로 구분되는데 일반기업의 경우는 자기자본이 30억원 이상이며 의결권이 있는 주식을 보유하고 있는 소액주주가 500인 이상이어야 한다. 그리고 최근 사업연도에 법인세차감전 계속사업이익이 있어야 하며 자기자본이익률이 10% 이상이 되어야 한다.

가격제한폭은 유가증권시장과 동일하게 전일 종가의 상하 15%이며, 매매단위는 1주이며, 고객이 증권 매매시 담보로 예치하는 위탁증거금은 증권사가 자율적으로 결정하도록 되어 있다.

외국의 경우는 미국에 NASDAQ(National Association of Securities Dealers Automated Quotations)이 있고 일본에는 JASDAQ(Japanese Association of Securities Dealers Automated Quotations)이 있다.

제 4 절 집합투자증권시장

1. 국내 집합투자증권시장의 연혁

우리나라 자산운용업의 시초인 투자신탁제도는 1969년 증권투자신탁업이 제정되고 1970년에는 한국투자공사가 투자신탁업무를 개시함으로써 시작되었다. 1983년에는 일반은행에 대해 신탁업무가 허용되면서 자산운용시장은 크게 성장하였다. 1996년 7월 이후에 투신운용회사의 설립이 허용되고 1997년 12월 IMF 외환위기 이후인 1998년 12월에는 증권투자회사(뮤추얼 펀드)제도가 도입되었다. 2001년 4월에는 보험회사의 변액보험상품 판매가 허용되었다. 이로써 국내 자산운용시장에는 증권투자신탁, 은행신탁, 증권투자회사, 변액보험 등 기능면에서는 동일하나 상품을 취급하는 금융기관이 서로 다른 형태를 보이게 되었다.

2003년 이후 저금리 상태가 지속됨에 따라 2004년 중반이후 은행의 상품에 대한 투자자들의 선호도가 낮아지고 펀드상품을 중심으로 한 간접투자상품에 대한 투자자들의 관심이 높아졌다. 이에 따라 가계금융자산의 구성이 은행예금에 비해 간접투자금융상품의 비중이 점차 높아지는 방향으로 변화하였다.

2004년 4월부터 간접투자자산운용법이 시행됨에 따라 다양한 종류의 펀드상품이 등장한 것도 간접투자시장확대에 기여하였다. 주식이나 채권에만 투자하는 주식형, 채권형, 혼합형 펀드 이외에도 해외펀드, 파생상품펀드, 재간접형(fund of funds) 펀드 등이 등장하였고 선박, 부동산 등 실물자산에 투자하는 펀드가 판매가 되는 등 다양한 종류의 간접투자상품들이 출시되었다. 또한 간접투자자산운용법이 시행되기 이전에는 펀드상품은 투신이나 증권회사에서만 판매하였으나 간접투자자산운용법이 시행된 후에는 은행·보험회사에서도 판매가 가능해졌다.

재정경제부는 2006년 2월 가칭 '금융투자업과 자본시장에 관한 법률안(또는 자본시장통합법)을 발표하였으며 2007년 7월 국회 본회의를 통과하여 1년 6개월의 유예기간을 부여하여 2009년 2월 4일 자본시장법이 시행되었다.

2. 자본시장과 금융투자업에 관한 법률(자본시장법)

2009년 2월 자본시장과 금융투자업에 관한 법률이 시행되었다. 이 법률은 일반적으로 자본시장(통합)법이라고 한다. 자본시장법은 자본시장의 금융혁신과 공정한 경쟁을 촉진하고 투자자를 보호하며 금융투자업을 건전하게 육성함으로써 자본시장의 공정성·신뢰성·효율성을 높여 국민경제에 이바지하고자 제정되었다.

자본시장법의 내용으로 다음과 같이 5가지로 요약할 수 있다.

첫째, 대형화를 통한 경쟁력 강화, 금융겸업화 추세, 유니버셜뱅크 양성을 위해 증권거래법, 선물거래법, 간접투자자산운용법, 신탁업법, 종합금융회사에 관한 법률, 한국증권선물거래소법 전업주의로 인해 세분화되어 있던 기존 6개의 자본시장관련법을 자본시장법으로 통합한 것이다. 자본시장법의 도입으로 금융투자회사의 업무영역 확대되었다.

둘째, 열거주의 금융상품별 인허가제도를 포괄주의로 개정한 것이다. 이로써 금융상품으로 증권·장내파생상품·장외파생상품으로 구별하고 다양하고 복합적인 금융상품의 개발이 가능하게 되었다.

셋째, 금융회사별 규제에서 기능별 규제로 전환한 것이다. 자본시장법 이전에는 자산운용시장에는 증권투자신탁, 은행신탁, 증권투자회사, 변액보험 등 기능면에서는 동일하나 상품을 취급하는 금융기관이 서로 다른 형태를 보였다. 하지만 자본시장법을 통해 금융시장이 은행업, 보험업, 금융투자업(투자매매업, 투자중개업, 집합투자업, 투자자문업, 투자일임업, 신탁업)으로 재편되었다.

〈그림 2-1〉 자본시장통합법의 기본 방향

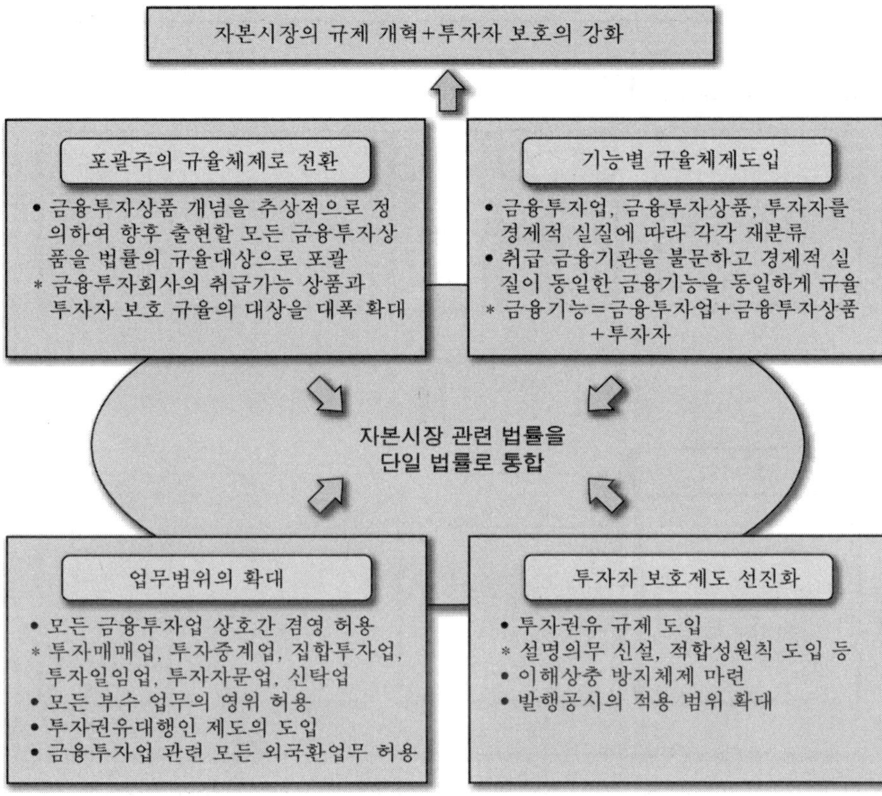

자료 : 재정경제부, 자본시장과 금융투자업에 관한 법률 안 설명 자료

넷째, 집합투자기구 및 집합투자대상 자산이 확대되었다. 간접투자기구가 투자신탁, 회사형투자신탁(mutual funds), 합자회사(PEF)로 확대되었으며 증권투자신탁상품의 투자대상자산에 대한 제한도 폐지되었다. 증권투자신탁상품은 펀드자산의 40% 초과 투자자산에 따라 5종류로 구분(증권, 부동산, 특별자산, 혼합, MMF)한다. 단 MMF는 투자 대상자산 제한 폐지 펀드에서 제외.

다섯째, 투자자보호가 강화되었다. 증권투자신탁 상품 판매시 적합성 원칙을 준수하게 하였으며 판매자의 설명의무도 강화되었다. 또한 부당권

유규제, 광고규제도 강화되었다.

〈그림 2-2〉 법 제정에 따른 금융업의 체제 변화

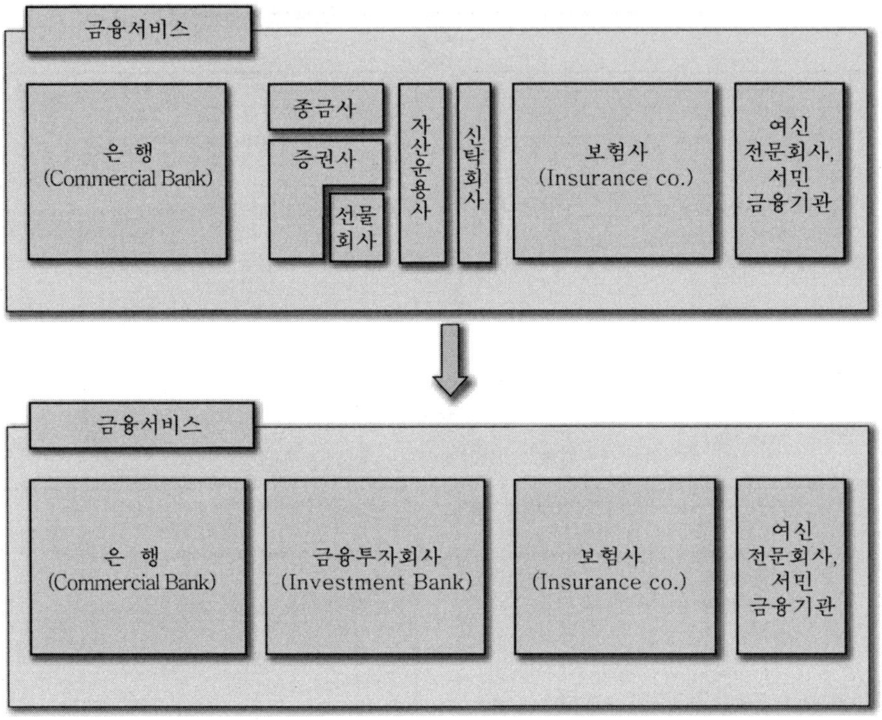

3. 은행신탁

(1) 신탁의 의의

은행의 상품은 고유계정에서 취급하는 예금상품과 신탁계정에서 취급하는 신탁상품이 있다. 신탁(trust)이란 신탁회사 또는 금융기관(수탁자)이 위탁자로부터 금전 또는 기타 재산을 위탁받아 위탁자 또는 위탁자에 의해 지정된 제3자, 즉 수익자의 이익을 위해 위탁받은 신탁재산을 투자, 운용하는 것을 의미한다.

〈부동산금융 사례〉

특정금전신탁 156조로 '훌쩍'···"자산운용 주요 수단으로"
작년 신탁회사 총 수탁고 410.9조....10.8% 증가

특정금전신탁이 자산 운용의 주요 수단으로 자리 잡으면서 총 신탁재산에서 차지하는 비중이 지속적으로 늘고 있다.

특정금전신탁이란 투자자가 자신의 투자 성향과 투자 기간, 목적 등을 고려해 운용 방법을 지정, 자산을 맡기면 신탁회사가 이를 운용해 주는 상품이다.

25일 금융감독원에 따르면 지난해 말 기준으로 57개 신탁회사(겸영 46사, 부동산신탁회사 11사)의 총 수탁고는 410조9,000억원으로 전년 말 대비 40조2,000억원(10.8%)이 늘었다.

신탁재산별로는 금전신탁 169조8,000억원(41.3%), 재산신탁 241조1,000억원(58.7%)으로 전년 말 대비 각각 22.3%(30조9,000억원), 4.1%(9조5,000억원) 증가했다.

특히 금전신탁 중 특정금전신탁 비중이 지속적으로 늘어 눈길을 끈다. 총 수탁고에서 차지하는 비중이 2008년 말 29.6%에서 2009년 말 30.8%, 2010년 33.2%를 기록한 뒤 지난해 말에는 38.0%로 증가했다.

지난해 신탁보수는 수탁고 증가에 힘 입어 6,464억원을 기록했다. 전년(5,982억원)에 비해 8.1% 늘어난 것. 업권별로 은행 수탁고가 44.3%로 가장 높고, 부동산신탁회사와 증권사, 보험사가 각각 36.8%, 18.7%, 0.2%를 차지했다.

금융감독원 관계자는 "신탁법 개정에 따라 신탁업 관련 개선 사항을 적극 반영해 신탁업을 활성화 하겠다"면서 "신탁재산 편법 운용, 설명의무 위반 등 불건전 영업행위는 점검을 강화할 계획"이라고 밝혔다.

자료: 〈머니투데이〉, 2012.3.26

(2) 은행신탁의 종류

신탁은 신탁재산의 종류에 따라 금전신탁과 금전 이외의 재산신탁으로 구분된다. 금전의 신탁은 금전신탁과 금전외신탁(금전 이외의 금전신탁)으로 분류되는데, 금전신탁은 금전을 신탁받아 운용결과인 수익도 금전으로 지급하는 방식이며 금전외신탁은 신탁기간 만기일 현재의 재산 형태 그대로 지급하는 방식이다. 금전신탁은 특정금전신탁과 불특정금전신탁으로 구분되는데, 특정금전신탁은 금전의 투자, 운용방식을 위탁자가 구체적으로 지정하는 방식이며 불특정금전신탁은 위탁받은 금전의 투자, 운용을 수탁자에게 일임하는 방식이다.

금전 이외의 재산신탁은 금전 이외의 재산, 즉 유가증권, 부동산, 금 등을 신탁받아 신탁기간 만기일 현재의 재산 형태 그대로 위탁자에게 교부하는 방식의 신탁이다.

4. 집합투자기구

(1) 집합투자의 의의

집합투자는 2인 이상에게 투자권유를 하여 모은 자금 등을 증권, 부동산 등의 자산에 투자, 운용하고 그로부터 창출된 수익을 투자자에게 취득시키는 것을 의미한다. 이러한 집합투자를 수행하기 위한 기구를 집합투자기구라 하며 집합투자기구에는 투자신탁과 투자회사가 있다. 집합투자기구는 일반투자자들의 자금을 모집하여 만든 공동기금으로 증권투자를 대행하는 기능을 수행하게 된다. 투자신탁이란 투자자로부터 자금 등을 모은 위탁자가 그 자금 등을 수탁자로 하여금 당해 위탁자의 지시에 따라 투자, 운용하게 하고 그에 따른 수익을 당해 투자자에게 취득시키는 것을 목적으로 하는 집합투자기구를 의미한다. 그리고 투자회사란 회사의 재산을 자산에 운용하여 그 수익을 주주에게 배분하는 것을 목적으로 설립된 집합투자기구를 의미한다. 집합투자기구는 집합투자증권을 발행하는데, 집합투자증권으로는 투자신탁의 수익증권과 투자회사의 주권이 있다.

집합투자기구의 관련회사로는 집합투자업자, 일반사무관리회사 등이 있다. 집합투자업자는 펀드재산의 운용을 담당하며 금융위원회의 인가를 받아야 하며, 일반사무관리회사는 투자회사의 위탁을 받아 투자회사의 운영에 관한 업무, 투자회사의 주식의 발행 및 명의개서 등의 업무를 담당한다. 투자신탁재산의 운용, 투자회사재산의 운용 등을 담당하는 집합투자업자는 증권운용전문인력을 확보해야 하며, 부동산집합투자기구를 설정하는 경우에는 부동산운용전문인력[1]을 추가 확보해야 한다. 증권운용전문인력은 금융투자업관계기관 등에서 3년 이상 근무한 자로서 금융투자상품의 운용전문업무에 2년 이상 종사한 경력이 있는 자, 또는 경영학, 경제학 등 증권관계분야 석사학위 이상의 학위를 소지한 자 또는 전문교육과정을 이수한 자로서 집합투자관계기관에서 운용전문업무에 2년 이상 종사한 경력이 있는 자, 또는 공인회계사로서 집합투자관계기관 등에서 증권운용전문업무에 2년 이상 종사한 경력이 있는 자, 또는 금융투자업에 준하는 업무를 영위하는 외국금융기관에서 3년 이상 근무한 자로서 1,000억원 이상인 고유재산의 증권운용전문업무에 2년 이상 종사한 경력이 있는 자, 자본시장과 금융투자업에 관한 법 제286조제1항제3호다목에 따른 투자운용인력 등을 의미한다.

〈부동산금융 사례〉

전문가에게 투자 맡기면 '리스크'는 줄겠죠!

국내 주식형 펀드로 사흘 만에 자금이 들어왔다. 26일 금융투자협회에 따르면 국내 주식형 펀드로 지난 22일 419억원이 순유입됐다. 코스피지수가 22일 2.21% 급락하면서 저가 매수세가 유입된 것으로 보인다. 하지만 해외 주식형 펀드에서는 99억원이 순유출돼 12거래일 연속으로 자금이 빠져나갔다.

-6월 26일 연합뉴스

☞최근 유럽 재정위기 등으로 인해 세계 금융시장엔 저금리 기조가 이어지고 있다. 미 중앙은행(Fed)과 유럽중앙은행(ECB) 등 각국 중앙은행이 경기 부

1) 부동산운용전문인력은 ① 감정평가사로서 감정평가분야 또는 부동산 관련분야에 5년 이상 종사한 경력이 있을 것, ② 부동산 관련 분야의 석사학위 이상 소지자로서 부동산운용업무에 3년 이상 종사한 경력이 있을 것, ③ 부동산의 투자, 운용업무를 주된 업무로 수행하는 외국의 부동산투자회사에서 5년 이상 근무한 자로서 부동산운용업무에 3년 이상 종사한 경력이 있을 것, ④ 부동산투자회사법에 의한 부동산투자회사, 부동산투자자문회사, 자산관리회사 또는 부동산신탁회사, 은행·보험회사 등의 금융기관, 그 밖에 금융위원회가 인정하는 부동산관계회사나 기관 등에서 부동산운용업무에 3년 이상 종사한 경력이 있을 것, ⑤ 증권운용전문인력으로 한국금융투자협회에서 정하는 부동산운용업무 관련 교육을 이수한 자를 의미한다.

양을 위해 금리가 낮은 수준에서 유지되도록 통화정책을 펼치고 있기 때문이다. 우리나라도 예외가 아니어서 한국은행은 기준금리를 12월째 연 3.25% 수준에서 동결 중이다. 일반적으로 금리가 낮으면 사람들이 투자와 소비를 더 많이 해 경기가 활기를 띠게 된다.

하지만 저금리는 자금에 여유가 있어 저축을 하려는 사람들에겐 이자가 줄어 불이익이다. 그래서 특히 저금리 시대엔 저축보다는 투자에 관심을 갖는 사람들이 많아지게 된다. 저축은 정기예금이나 적금처럼 매달 또는 매년 금융회사로부터 미리 약정한 이자를 받는다. 이에 비해 금융상품이나 부동산 등 다양한 자산을 사들이는 투자는 저축처럼 확정 이자를 받는 게 아니라 투자 대상에 따라 수익이 달라진다. 잘하면 저축보다 훨씬 높은 수익을 거둘 수 있지만 잘못하면 원금을 까먹을 수도 있다.

투자에는 여러 방법이 있다. 자신이 직접 주식이나 채권, 부동산 등에 투자할 수도 있고 전문가에게 투자를 대신해달라고 맡길 수도 있다. 펀드는 전문가들에게 돈의 운용을 맡기는 대표적 간접투자 상품의 하나다. 은행이나 증권사, 자산운용사 등 금융회사가 불특정 다수의 돈을 모아 다양한 자산에 투자, 위험(리스크)을 분산하면서 수익을 올려 그 결과를 투자자에게 배분하는 것을 목적으로 한다. 국내 관련법상 명칭은 '집합투자기구'다.

펀드가 가진 장점은 △전문가들이 자금을 굴리는 까닭에 안정적인 수익을 추구할 수 있으며 △소액의 자금으로도 위험을 최소화할 수 있는 분산투자 효과를 거둘 수 있고 △필요할 때 현금화가 쉽다는 것이다. 물론 전문가들이 대신 자금을 운용해주는 대가로 일정한 비용(보수와 수수료)을 지급해야 한다.

펀드의 종류는 다양하다. 먼저 설립 형태에 따라 공모펀드와 사모펀드(PEF)로 나눌 수 있다. 공모펀드는 자금을 불특정 다수로부터 공개적으로 모으는 것이고, 사모펀드는 친분 관계에 따라 소수만을 대상으로 자금을 모으는 것이다. 또 투자 대상에 따라 △주식에 주로 투자하는 주식형 펀드 △채권에 주로 투자하는 채권형 펀드 △주식과 채권에 골고루 투자하는 혼합형 펀드 △기타 부동산이나 선박, 금, 원자재, 파생상품 등에 투자하는 대안펀드 등으로 분류할 수 있다. 주식형 펀드는 투자한 주식의 주가가, 채권형 펀드는 투자한 채권의 가격이 수익률을 좌우한다.

주식형 펀드는 다시 △시장평균 수익률(예를 들어 코스피지수 상승률)을 얻기 위해 증시의 대표 종목에 분산투자하는 인덱스펀드와 △시장 평균을 초과하는 수익률을 낼 목적으로 적극적으로 소수 종목을 발굴하고 매매전략을 구사하는 액티브펀드로 나뉜다. 인덱스펀드는 투자자들이 내야 하는 수수료 부담이 작은 반면 증시가 활황일 때 상대적으로 수익률이 낮을 수 있다. 이에 비해 액티브펀드는 증시가 좋을 때 높은 수익을 기대할 수 있지만 수수료 부담이 크고 증시가 안 좋을 땐 큰 손실을 입을 가능성이 있다.

펀드의 수익률은 매일 발표되는 기준가격으로 따진다. 예를 들어 A라는 펀드가 출범 첫날인 지난해 7월 2일 기준가가 1,000원이었는데 2일 현재 1,050원이라고 하자. 그러면 1년 동안 이 펀드의 수익률은 연 5%가 된다. 기준가는 펀드를 운용하는 금융회사가 펀드의 순자산을 매일 따져 산정한다. 또 펀드 자금 운용을 담당하는 사람을 펀드매니저라고 한다.

펀드매니저라고 해서 자기 마음대로 자금을 굴리는 건 아니다. 자금을 모을 때 미리 투자자(고객)들에게 이 펀드는 어디에 투자한다고 약속을 하는 데 이 약속대로 투자하게 된다. 투자 대상과 수수료 등은 펀드 약관에 명시돼 있다. 그래서 펀드 투자자라면 펀드 가입 전 약관을 자세히 읽어 내 돈이 어디에 투자하고, 수수료는 얼마나 되며, 리스크는 무엇인지를 꼼꼼이 챙겨야 한다.

펀드 투자에는 거치식과 적립식이 있다. 거치식은 목돈을 일시에 맡기는 방법이고 적립식은 일정 시점에 일정 금액을 꾸준히 투자하는 방식이다. 적립식으로 주식형 펀드에 투자하면 주가 등락에 따른 위험을 회피해 보다 안정적인 수익을 기대할 수 있다.

자료: 〈한국경제〉, 2012.6.29

〈그림 2-3〉 증권투자신탁구조

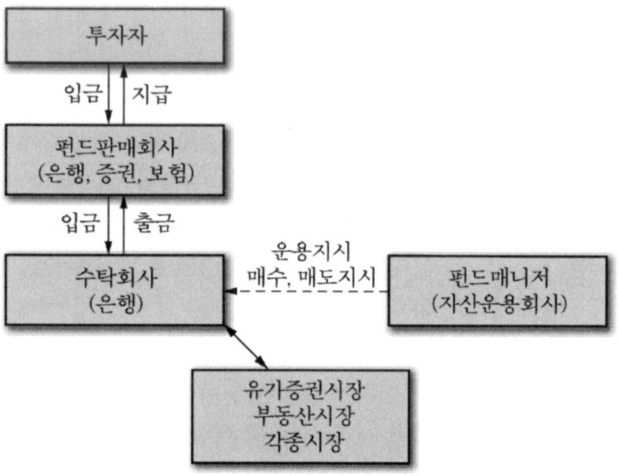

〈부동산금융 사례〉

자본시장법 개정과 투자은행 활성화

2011년 7월 정부는 '자본시장과 금융투자업에 관한 법률'(이하 '자본시장법) 개정안을 입법예고하였다. 이후 규제개혁위원회 심사와 법제처 심사를 거쳐 11월 국무회의를 거쳐 국회에 제출되어 국회통과만을 남기고 있다.

자본시장법은 2009년 2월 글로벌 금융위기로 이후 국내 투자은행(IB: Investment Banking)산업을 육성하기 위해 도입되었다. 자본시장법 도입 취지는 골드만 삭스 등 같은 글로벌 투자은행이 국내에서도 나올 수 있도록 하기 위한 것이었다. 자본시장법의 제정의 주요 목적은 우리나라에도 대형투자은행이 설립을 통한 국내 투자은행산업의 경쟁력 제고, 헤지펀드 도입과 퇴직연금 산업의 활성화, 채권시장의 국제화 등이다.

하지만 2008년 글로벌 금융위기로 인해 리먼 브라더스, 메릴린치, 베어스턴 등 글로벌 투자은행들이 파산하고 이들 투자은행들이 글로벌 금융위기의 주범으로 지목되면서 미국에서 투자은행의 업무를 제한해야 한다는 여론과 이후 관련 법이 제정되면서 국내에서도 투자은행 활성화에 대한 논의가 중단되었다. 따라서 2009년 2월 자본시장법이 시행되었으나 대형 투자은행의 설립에 대한 후속조치는 지지부진한 상황이었다.

21세기 세계는 국제화와 정보통신기술의 발전에 힘입어 자금과 금융정보의 이동과 전달이 빨라지고 국제금융시장의 규모도 지속적으로 늘어나는 추세에 있다. 이에 따라 금융시장의 글로벌화는 가속화되어 왔고 향후에도 이러한 추세는 계속될 것으로 예상된다. 이러한 글로벌 금융시장에서 경쟁력을 갖추기 위하여 정보기술과 상품개발 등에 막대한 규모의 자금력이 필요하다. 이러한 금융환경의 변화로 인해 대형투자은행이 필요성이 부각되고 있다.

이러한 이유로 인해 국내 증권회사가 글로벌 금융시장에서 경쟁력을 갖기 위해서 대형화가 필요하다. 금융시장의 글로벌화로 인해 현재 국내 증권회사는 국내 증권회사 뿐만 아니라 글로벌 투자은행과 경쟁을 해야 하는 입장이다. 이러한 글로벌 금융시장의 변화에 대응하기 위하여 대형투자은행 설립과 대형 투자은행의 업무영역을 확대가 필요하다고 역설되었다.

자료: 〈시사금융〉, 2011년 12월호

(2) 집합투자기구의 종류

1) 투자대상에 따른 분류

자본시장법에서는 투자자들로부터 모은 집합투자재산을 어떤 대상에 운용하는가에 따라 증권집합투자기구, 부동산집합투자기구, 특별자산집합투자기구, 혼합자산집합투자기구, 단기금융집합투자기구로 분류하고 있다. 증권집합투자기구는 집합투자재산의 50% 이상을 증권에 투자하는 집합투자기구이며, 부동산집합투자기구는 집합투자재산의 50% 이상을 부동산 또는 부동산에서 파생된 자산에 투자하는 집합투자기구이며, 특별자산집합투자기구는 집합투자재산의 50%를 초과하여 증권 및 부동산을 제외한 투자대상자산인 특별자산에 투자하는 집합투자기구를 의미한다. 혼합자산집합투자기구는 증권, 부동산, 특별자산 집합투자기구 관련 규정의 제한을 받지 아니하는 집합투자기구를 의미하며, 단기금융집합투자기구(MMF)는 집합투자재산의 전부를 단기금융상품에 투자하는 집합투자기구이다.

이 외에도 일반적으로 실무에서 사용되는 용어로서 다음과 같은 종류의 집합투자기구로 분류할 수 있다.

2) 주식형과 채권형, 혼합형

주식형 펀드란 펀드의 운용목적이 주식투자를 통해 매매차익 즉 자본이익을 얻는 것을 목적으로 하는 펀드이다. 채권형 펀드는 국채, 공채, 회사채, 기업어음 등에 투자하는 펀드이다. 펀드재산의 60% 이상을 주식에 투자하는 경우 주식형 펀드라고 펀드재산의 60% 이상을 채권에 투자하는 경우 채권형 펀드라고 한다. 혼합형 펀드는 주식형이나 채권형에 속하지 않는 펀드를 말한다.

3) 배당소득형

배당소득형 펀드는 주식매매를 통한 시세차익보다는 배당금수입을 주목적으로 하는 펀드이다. 배당소득형 펀드는 주로 배당률이 높은 기업이나 우선주에 투자한다.

4) 메자닌펀드(Mezzanine Fund)

금융 용어로서의 메자닌(mezzanine)은 채권과 주식의 중간단계에 있는 주식연계채권 상품을 통칭하는 용어이다. 구체적으로는 주식과 채권의 양면성을 갖는 전환사채(CB), 신주인수권부사채(BW), 후순위채권 등이 메자닌에 해당된다. 메자닌펀드란 이와 같은 메자닌에 투자하는 펀드를 의미한다.

5) 특정부문형

특정부문형 펀드(또는 섹터형)란 특정산업에 속한 기업이나 특정한 성격을 가진 기업의 주식 및 채권에 투자하는 펀드이다. 특정부문형 펀드는 첨단산업주, 금융주, 생명공학주, 부동산, 금은동 등 광물 등에 투자한다.

특정부문형 펀드는 그 종류가 매우 다양하며 단기적으로 운영되기도 한다. 일부 자산운용회사에서는 테마형 펀드라 하여 특정 주식에 집중투자하는 테마펀드를 판매한다.

특정부문형 펀드는 경제환경의 변화 및 산업별 특성에 따라 수익률의 변화가 매우 심하고 예측하기 어렵기 때문에 상대적으로 투자위험이 높은 편이며 매매시점을 정확히 포착하는 것이 중요하다.

☞ **벌처펀드**: 벌처펀드는 부실기업을 인수한 다음 부실거업을 우량기업으로 전환시켜 이 기업을 다시 매각하여 투자이익을 얻는 목적으로 설정된 펀드이다.

6) 해외투자형

해외투자형 펀드는 해외에서 거래되고 있는 금융상품이나 실물자산에 투자하는 펀드이다. 해외 금융상품이나 실물자산에 투자하는 경우 국내투자와 달리 주가 및 채권 가격변동에 의한 위험뿐만 아니라 환율변동으로 인한 손실을 입을 위험이 있다. 해외투자형 펀드는 아시아시장, 유럽시장, 신흥시장, 일본시장 등 주로 일정 지역에 투자한다.

7) 인덱스형

인덱스형(또는 지수형) 펀드란 특정 코스피 200지수, S&P500지수 등

특정 지수의 수익률 변동과 동일하게 움직이도록 자산을 구성하는 펀드이다. 인덱스펀드는 수동적 자산관리방법의 일종으로 미국의 밴가드사가 처음 도입하였는데 거래비용의 절감, 낮은 수수료 등과 같은 장점이 있다.

8) 펀드오브펀드형

펀드오브펀드형(또는 재간접투자형) 펀드는 주식이나 채권에 직접 투자하기 보다는 펀드에 투자하는 펀드이다. 펀드오브펀드형 펀드는 개별 펀드보다 분산투자효과가 큰 것이 장점이나 일반 펀드에 비해 수수료가 높은 것이 단점이다.

☞ 엄브렐라 펀드: 모펀드하에 여러 자펀드가 속한 형태의 펀드로 투자자들은 일정 조건하에 펀드간에 자유로이 전환할 수 있다.

9) 적립식펀드

투자자는 목돈을 일시에 투자하는 것이 아니라 일정기간 동안 적립을 해 나가는 방식, 즉 정기적금과 같은 방식이다. 적립방식은 정액적립식과 자유적립식이 있으며, 투자자로부터 받은 자금을 주식, 채권 등에 투자하게 된다.

〈부동산금융 사례〉

부자들 돈 불리기 위해 요즘 찾는 펀드는?

#. 수도권에서 자동차 부품업체를 운영하고 있는 자산가 김씨(50)는 최근 국내 A증권사에 사모 형태로 국내 'B'사와 연계된 주가연계증권(ELS)을 설계해 달라고 3억5,000만원을 투자했다. 경기 불안으로 최근 주가가 빠졌지만 기업 재무구조나 펀더멘털(기초체력)이 좋아 성장성이 충분하다는 판단에서다.

종잣돈을 기반으로 하는 사모(私募)시장이 시중자금을 빨아들이고 있다. 저금리가 장기화되면서 마땅한 투자처를 찾지 못한 고액 자산가들이 약간의 위험을 감수하더라도 위험 헤지 기능이 가미된 파생형 구조의 상품에 몰리고 있어서다. 하지만 고액자산가와 일반투자자 사이에 '부의 격차'가 커지고 있다는 지적이다. 고액자산가는 장기간 거액을 투자할 수 있는 자산이 넉넉해 사모상품을 찾지만 일반투자자는 쉽지 않기 때문이다.

■ '끼리끼리' 투자한다.

사모자금이 ELS와 파생결합증권(DLS) 등 파생상품까지 잠식하고 있다.

30일 동양증권 등 금융투자업계에 따르면 올 상반기 DLS 발행액은 지난해 같은 기간보다 102% 이상 증가한 12조2,404억원을 기록했다. 특히 사모 DLS 비중은 92%로 지난해 하반기 86%보다 커졌다.

이중호 동양증권 연구원은 "DLS 시장이 이처럼 빠르게 성장하는 것은 금리와 연계된 DLS 발행 급증과 다양한 기초자산을 활용할 수 있는 투자 매력 때문"이라고 해석했다.

ELS시장도 크게 다르지 않다. ELS 올 상반기 발행 규모는 25조9,469억원으로 역대 반기별 최대치를 달성했다. 이는 지난 2010년 전체 발행 규모(25조90억원)를 뛰어넘는 수준이다. 이중 사모 비중은 59%에 달했다. 동양증권은 올해 ELS가 연간으로는 약 40조원, 총 발행 건수도 1만5,000건에 달할 것으로 내다봤다.

전체 사모펀드 수도 급증했다. 금융투자협회에 따르면 지난 24일 기준 사모펀드는 6,686개로 2009년 2월 5,669개에서 1,000개 가까이 늘었다. 같은 기간 공모펀드 숫자가 4,826개에서 3,405개로 1,400개 이상 줄어든 것과는 대조적이다.

■ 투자도 '빈익빈 부익부'

헤지펀드, 사모펀드(PEF) 등 '사모' 시장에 대한 전망은 '성장'이란 말로 표현된다. 개인 등의 참여가 늘 것으로 기대되기 때문이다.

당장 사모시장의 꽃이라 할 수 있는 헤지펀드(전문 사모펀드)에 대한 요건 완화다. 금융위원회는 최근 종합자산운용사가 헤지펀드를 운용하려면 수탁고가 10조원 이상이어야 한다는 규정을 없앴다. 증권회사와 투자자문사의 자기자본. 투자일임수탁고 규정도 낮추기로 했다. 종합자산운용사는 증권.부동산.특별자산펀드 등을 모두 운용할 수 있는 자산운용사를 말한다.

실제 지난해 말 1,490억원(12개) 규모로 출범한 헤지펀드는 25일 현재 7,179억원(19개)으로 약 5배 늘었다. 최근엔 헤지펀드에 투자하는 개인 고액자산가가 증가해 약 110명이 700억원가량을 투자한 것으로 파악됐다.

빈기범 명지대 교수(경제학)는 "현재 사모펀드의 과도한 난립은 정부 부처간 불필요한 경쟁의 결과다. 따라서 유기적 통합과 정비는 물론 효율적으로 관리하는 시스템이 필요하다"면서 "궁극적으로 사모펀드시장과 산업은 국가 지원이 아닌 민간의 자발적 자본으로 성장해야 한다"고 말했다.

자료: 〈파이낸셜뉴스〉, 2012.7.30

10) ELF(Equity Linked Fund)

자산운용회사에서 만든 펀드로 집합투자재산, 즉 원금의 대부분을 국공채 등에 투자하여 만기시 원금을 확보하며 나머지 재산은 주가와 연동되는 파생상품에 투자하는 펀드이며 실적배당상품이다.

11) ETF(Exchange Traded Fund)

주가지수의 움직임을 따라가도록 설계된 상장지수펀드로서, 예를 들어 KOSPI200을 추종하는 ETF의 경우 KOSPI200을 구성하는 종목들로 펀드를 구성하여 ETF증권을 발행하므로 ETF는 KOSPI200의 움직임을 따라가게 된다. 즉, 인덱스펀드의 일종이지만 거래소에 상장하여 거래하기 때문에 주식과 같은 방법으로 거래가능하다. ETF를 거래하는 데는 주식과 같이 매매수수료를 부담하지만 일반주식 거래와 달리 증권거래세(0.3%)가 부과되지 않는다. ETF에는 시장대표지수 ETF와 섹터지수 ETF로 구분할 수 있는데 시장대표지지수 ETF로는 KOSPI200을 따라가는 KODEX200, KOSEF200과 KRX100을 따라가는 KODEX KRX100, TIGER KRX100 등이 있다. 섹터지수 ETF로는 반도체업종지수를 추종하는 KODEX반도체, TIGER 반도체와 은행주들로 구성된 KODEX은행, TIGER은행, KOSEF Banks 등의 ETF 종목이 상장되어 거래되고 있다.

제5절 자산유동화시장

1. 자산유동화증권의 개요

자산유동화에 관한 법률에 의하면 자산유동화란 유동화전문회사(신탁업에 의한 신탁회사)가 자산보유자로부터 유동화자산을 양도(신탁)받아 이를 기초로 유동화증권을 발행하고 당해 유동화자산의 관리운용처분에 의한 수익으로 유동화증권의 원리금 또는 배당금을 지급하는 일련의 행위이다.

즉, 자산의 유동화란 부동산, 매출채권(trade receivables), 장래매출채권(future receivables), 유가증권, 주택담보대출채권(mortgage), 신용카드매출채권(credit card receivables), 임대료 수입 등과 같이 일정한 현금흐름이 발생하거나 자산가치를 가진 자산을 유동화전문회사(SPC : special purpose company)에 양도(또는 신탁)하고 유동화전문회사가 양수자산을 기초로 유동화증권을 발행하여 유통시킴으로써 대상자산의 유동성을 높이는 일련의 행위라고 할 수 있다.

자산유동화증권은 카드매출채권, 임대료 수입, 주택대출채권 등 유동화자산을 기초로 자산유동화계획에 따라 발행되는 출자증권 또는 수익증권이라고 할 수 있다.

2. 자산유동화 연혁

(1) 미국 자산유동화시장의 연혁

최초의 자산유동화증권은 1970년 미국 정부모기지공사(GNMA : Government National Mortgage Association 또는 "Ginnie Mae")가 주택대출채권을 기초로 발행한 주택저당증권(MBS : Mortgage Backed Security)이다.

이후 주택담보대출채권, 임대료, 리스료 채권, 자동차할부채권, 미수금 등 각종 채권과 부동산 등 일반자산을 기초자산으로 한 자산유동화증권이 등장하면서 자산유동화증권시장은 급속히 성장하였다.

자산유동화증권이 꾸준히 성장세를 보이는 원인은 첫째, 자산유동화증권이 개별 기업의 신용등급에 관계없이 대다수 AAA 신용등급을 받는 한편 수익률이 일반 회사채와 크게 차이가 나지 않기 때문에 투자자들로부터 인기를 얻고 있으며 둘째, 자산유동화증권은 회사의 신용등급에 관계없이 특정 담보를 기초로 발행할 수 있기 때문에 신용등급이 낮은 기업들도 발행기회를 가질 수 있기 때문이다.

따라서 자산유동화증권에 대한 충분한 수요와 공급으로 인하여 자산유동화증권시장은 풍부한 유동성을 갖추고 있어 안정적인 수익을 원하는 개인투자자나 기관투자자들에게 적절한 투자수단이 되고 있다.

(2) 국내 자산유동화시장의 연혁

국내에서 자산유동화 증권에 대한 관심은 IMF 외환위기 이전부터 점차 높아지기 시작하였으나 근저당 등 법률적 문제와 투자자나 기업들의 관심부족으로 인해 적극 추진되지 못하였다. 하지만 IMF 외환위기 이후 정부는 부실채권에 투입된 자금을 조기에 회수하고자 하였고 금융기관이나 기업들은 새로운 자금조달 수단이 필요해지면 자산유동화제도의 도입 필요성이 제기되었다.

이에 따라 정부는 1998년에는 「자산유동화에 관한 법률」을 제정하여 자산유동화를 위한 법적 근거를 마련하였고 1999년 1월에는 「주택저당채권유동화회사법」(KoMoCo : Korea Mortgage Corporation)을 제정하여 주택담보대출을 기초자산으로 하여 주택저당증권(MBS : Mortgage Backed Securities)을 발행할 수 있도록 하였다.

1999년에는 들어 중소기업이나 자금부족에 시달리는 벤처기업들에 대한 자금공급을 위해 정책적 차원에서 대출채권을 기초로 하는 자산유동화증권인 CBO(Collateral Bond Obligation)의 발행이 크게 증가하였다.

그러나 2000년 이후에는 민간기업들이 순수 자금조달을 목적으로 자산유동화증권시장에 적극 참여하기 시작하면서 채권시장에서 자산유동화증권이 차지하는 비중이 크게 증가하고 있으며 신용카드매출채권, 자동차할부채권, 장래매출채권 등 자산유동화 대상자산의 범위도 확대되었다.[1)]

1) 국내 자산유동화시장에 대한 연혁은 「김형태 · 김필규, 자산유동화증권(ABS)시장 발전방안 연구, 연구보고서 02-01, 한국증권연구원, 2002」를 참조.

3. 자산유동화의 특징

첫째, 자산유동화는 유동화자산의 현금흐름에 기초한다. 유동화대상이 되는 자산에 대한 법률적 제한은 없으나 유동화대상이 되기 위해서는 구조적으로 i) 현금흐름이 예측 가능해야 하고 ii) 양도가능하며 iii) 가치산정이 가능해야 한다.

둘째, 자산유동화증권은 자산보유자와 독립적인 증권이다. 자산유동화증권은 자산보유자로부터 양도받은 자산의 현금흐름에 기초하는 것이기 때문에 자산유동화증권의 원리금 상환은 자산보유자의 신용위험에 의해 영향을 받지 않는다.

셋째, 신용보강에 따라 자산유동화증권은 신용등급이 상향될 수 있다. 자산유동화증권 발행시 신용평가회사로부터 목표 신용등급을 받기 위해서 신용보강(credit enhancement)조치를 취하기 때문에 자산보유자의 신용등급보다 더 높은 신용등급을 받을 수 있다.

넷째, 자산유동화증권은 유동화전문회사라는 서류상의 회사를 매개체로 하여 발행된다. 자산유동화증권 발행시 유동화전문회사라는 특수목적법인을 활용하여 자산보유자로부터 양도받은 자산을 자산보유자로부터 분리하는 한편 세제혜택을 받는다.

다섯째, 자산유동화증권은 일반사채보다 발행절차가 복잡하다. 자산유동화증권 발행과 관련하여 유동화전문회사, 자산관리회사, 신용보강기관, 수탁관리회사 등과 같은 회사들이 개입되기 때문에 발행절차가 복잡한 편이다.

4. 자산유동화의 경제적 효과

첫째, 자산유동화는 대출자금의 조기회수를 가능하게 하여 자본이용의 효율성을 증가시킨다. 또한 대출의 증가로 인하여 발생될 수 있는 유동성

위험을 감소시킬 수 있다.

둘째, 자산유동화는 다른 채권에 비해 발행비용 부담이 높은 편이나 이를 자산유동화 채권기간에 배분함으로써 조달비용을 절약할 수 있다.

셋째, 자산유동화는 금융기관의 자금조달을 장기화시켜 단기자금조달과 장기대출로 인한 기간불일치 현상을 완화시킬 수 있어 자산부채종합관리의 유용한 수단이 될 수 있다. 특히, 금융기관의 경우 위험가중자산으로 분류된 대출채권의 매각으로 국제결제은행(BIS : Bank for International Settlements)(www.bis.org)기준 자기자본비율을 향상시킬 수 있다.

넷째, 자산유동화는 투자자에게 욕구에 알맞게 현금흐름, 신용등급, 만기일 등을 조정하여 발행하기가 비교적 용이하기 때문에 투자자에게 새로운 투자수단을 제공한다. 또한 일반적으로 자산유동화 증권은 신용보강절차를 밟기 때문에 다른 조건이 같은 일반 채권보다 신용등급이 높아 신용위험이 적은 편이다.

다섯째, 법률적으로 독립된 자산유동화전문회사가 자산보유자와 투자자 사이에 개입하여 자산의 수익력과 신용도에 따라 유동화 자산을 발행함으로써 투자자가 투자자산에 대해 갖는 정보의 비대칭 현상을 완화시킬 수 있다.

여섯째, 자산유동화는 대표주관회사 증권회사, 신용평가회사 등에게 업무영역의 확대, 수입원의 다양화, 수수료 수입의 효과 등을 가져온다.[2)]

5. 유동화 대상자산

유동화 대상자산이 되기 위해서는 양도가 가능하고 향후 발생하는 현금흐름에 대한 예측이 가능하며 자산의 가치를 산출할 수 있어야 한다. 유동화가 가능한 자산으로는 주택저당채권, 자동차할부금융, 대출채권, 카드계정, 부동산담보부 대출, 리스채권 등이 있다.

---

2) 자산유동화의 장점과 단점에 대한 논의는 Johnson, Shane A., To Securitize or Not?, in Frank J. Fabozzi, ed.: Accessing Capital Markets Through Securitization, FJF, 2001.를 참조.

6. 유동화발행기업 요건

자산유동화를 통해 자금을 조달할 수 있는 자산보유자의 자격에 대해 1998년「자산유동화에 관한 법률」제정시에는 은행 등 금융기관과 토지공사, 주택공사와 같은 공공법인, 금융감독위원회(www.fsc.go.kr)가 인정하는 일반기업으로서 해외에서 유가증권을 발행한 경험이 있는 상장법인, 협회등록법인으로 한정되어 있었다.

그러나 1999년 12월에는 자산관리공사(KAMCO)(www.kamco.or.kr)도 자산보유자로 포함시켰고 2000년 6월에는 해외에서 유가증권을 발행한 경험이 없는 상장법인, 협회등록법인과 금융감독위원회 등록법인 중 신용등급이 BBB-이상기업은 자산유동화증권을 발행할 수 있도록 하였다.

2002년 6월에는 금융감독위원회 등록법인 중 신용등급 BB-인 기업도 자산유동화증권을 발행할 수 있도록 하여 자산보유자의 범위를 크게 확대하였다. 2004년 2월에는 자산보유자에 공기업, 지방공기업, 공공기관 등이 자산보유자에 추가되었다.[3)]

7. 발행절차

〈그림 2-4〉에서 자산의 유동화 절차를 살펴보면 i) 원채무자에게 대출채권, 주택저당채권, 자동차할부금융, 부동산담보부 대출 등과 같은 자산을 가지고 있는 자산보유자가 대출채권을 유동화전문회사에 매각한다. 즉, 기업이나 금융기관이 직접 증권을 발행하지 않고 유동화중개기관을 설립해 자산을 양수, 양도하는 구조를 취한다. 이는 기업이나 금융기관의 파

3) 자산유동화에 관한 법률시행령(2004.2) 개정에 의해 예금보험공사, 중소기업진흥공단, 주택저당채권유동화회사, 신탁회사, 기업구조조정전문회사, 신용보증기금, 기술신용보증기금, 대한주택보증주식회사, 협동조합(여신 규모 1,000억원 이상), 주택사업 또는 토지사업을 영위하는 지방공기업, 한국주택금융공사 등이 자산보유자에 포함됨.

산의 위험으로부터 투자자들을 보호하기 위한 목적이다.

ii) 유동화전문회사는 자산보유자로부터 양도받은 자산을 가지고 일정한 현금흐름을 갖는 자산풀(pooling)을 구성한다.

iii) 유동화전문회사는 자산유동화증권 발행과정에서 신용평가회사로부터 신용등급을 받으며 필요한 경우 신용보강회사로부터 신용보강(credit enhancement)을 얻어 목표 신용등급까지 자산유동화증권의 신용등급을 상향시킨다.

iv) 유동화전문회사는 유동화증권 발행주선을 할 대표 주관회사를 선정하여 유동화증권을 투자자에게 매각하고 납입대금을 자산보유자에게 지급한다.

자산유동화를 위해서는 유동화계획등록서, 외부 신용평가기관의 신용평가의견서, 그리고 양도대상자산의 종류, 양도방법 등을 나타내는 자산양도등록신청서를 금융위원회에 제출해야 하는 한편 유가증권신고서도 금융위원회에 제출해야 한다.

◈ 발행절차

① SPC, 금융감독위원회에 유동화계획 등록.

② 자산보유자가 SPC에 자산양도.

③ 신용보강회사로부터 신용보강 획득.

④ SPC, 금융감독위원회에 자산양도에 대한 내용 등록.

⑤ 유동화증권 발행을 주선할 대표 주관회사 선정.

⑥ SPC, 유동화증권 발행.

⑦ 투자자에 유동화증권 매각.

⑧ 투자자, 매각대금 SPC에 납입.

⑨ SPC, 자산보유자에게 대금지급.

〈그림 2-4〉 자산유동화증권 발행절차

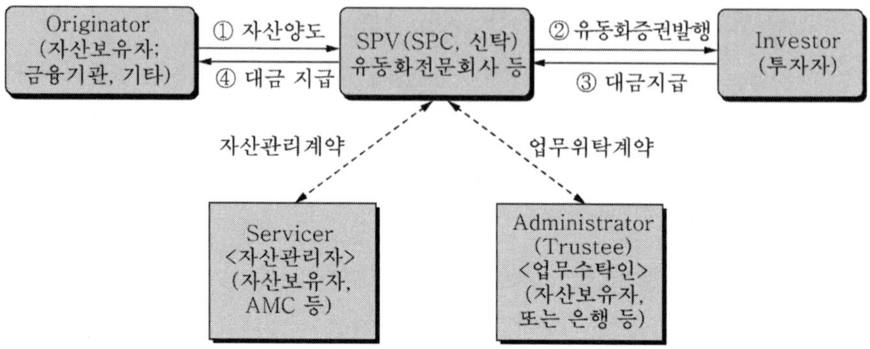

8. 자산유동화증권의 관련회사

(1) 자산보유자(originator)

자산보유자란 유동화대상자산을 보유한 자로서 자산을 유동화전문회사에 매각함으로써 자금을 조달하는 자를 말한다. 예를 들면, 대출채권・주택저당채권・신용카드매출채권 등을 보유한 금융회사, 외상매출채권을 가진 기업이다.

자산보유자가 유동화 대상자산을 유동화전문회사에 매각하는 경우 회계장부상 부채로 계상되지 않아 재무건전성을 제고시키는 효과를 얻을 수 있다. 하지만 유동화방법에 따라 자산보유자가 계속해서 지급의무를 갖는 경우도 있다(예 : 유동화자산교체방식의 신용카드매출채권 유동화증권).

(2) 유동화전문회사

유동화전문회사는 유동화자산의 양수・양도 또는 다른 신탁회사에의 위탁, 유동화자산의 관리운용 및 처분, 유동화증권의 발행 및 상환, 자산유동화계획의 수행에 필요한 계약의 체결, 유동화증권의 상환에 필요한 자금의 일시적인 차입 등의 업무를 수행한다.

유동화전문회사는 자산을 양도한 자산보유자의 신용위험으로부터 보호하기 위하여 설립된다. 자산유동화증권의 발행과 상환 및 이에 부속된 업무만을 수행할 수 있다.

자산유동화에 관한 법률에 의하면 유동화전문회사는 유한회사 형태로 설립되며 사원이 1명인 경우도 설립이 가능하다. 또한 유동화전문신탁회사 및 자산유동화를 전문으로 하는 외국법인이 유동화전문회사가 될 수 있도록 하였다.

유동화전문회사는 법인세를 면제받으며 유동화자산계획에 따라 양수하거나 처분하는 경우 등록세 · 취득세를 50% 감면받는다.

(3) 자산관리자

유동화전문회사는 서류상의 회사이기 때문에 유동화 대상자산을 관리할 자산관리자가 필요하다. 자산관리자[4]는 일정 자본금(10억 이상), 전문인력 보유(5인 이상) 요건을 갖추어야 하며 원리금 회수, 연체자산의 관리, 담보물관리 등과 같은 업무를 수행한다. 유동화증권이 투자자에게 매각된 이후에는 자산관리자가 유동화 대상 자산을 관리한다.

금융감독원은 2005년 5월 자산유동화시장의 건전한 발전을 위하여 ABS 관련자 모범규준을 마련, 자산유동화시장에 있어서 각 참여자의 역할과 책임을 분명하게 하고 자산관리자와 업무수탁자간의 상호견제 · 감시장치를 정하도록 하였다.

---

4) 1. 자산보유자
2. 신용정보의 이용 및 보호에 관한 법률 제4조제3항제1호 내지 제3호의 업무를 허가받은 신용정보업자
3. 기타 자산관리업무를 전문적으로 수행하는 자로서 대통령령이 정하는 요건을 갖춘 자

위의 "대통령령이 정하는 요건을 갖춘 자"라 함은 1) 자본금이 10억원 이상일 것, 2) 전문인력(① 변호사, 공인회계사 또는 감정평가사 2인 이상, ② 채권관리, 유가증권발행 등 금융위원회가 정하는 업무를 수행한 경력이 있는 자 1인 이상)이 5인 이상 포함된 20인 이상의 관리인력을 갖출 것 등의 요건을 갖춘 법인을 말한다.

(4) 수탁회사

수탁회사는 자산관리회사의 자산운용지시에 따라 자산유동화증권의 원리금 상환 및 채무불이행시 담보권 행사 등 자산관리업무를 수행하는 역할을 한다. 수탁회사는 자산유동화증권과 관련된 현금흐름을 관리하고 투자자의 이익을 보호해 주는 역할을 하는데 주로 은행이 수탁회사 역할을 맡는다.

2003년 10월 신한은행은 엑셀 등의 PC프로그램으로 처리하던 업무를 체계적으로 관리할 수 있는 자산유동화관리시스템을 개발하였다. 이 관리시스템은 미래매출채권, 자동차할부채권, 카드채, 카드론, 주택저당채권, 부실채권(NPL: non performing loan) 등 다양한 유동화자산하에서 신탁구조의 할당/비할당 구조를 포함하고 ABS발행 사채의 다양한 구조와 차환/상환방식의 ABCP구조 등 다양한 구조를 포함하고 있다. 또한 SPC관리차원에서 SPC별 자산관리, 자금관리, 대차대조표(B/S), 손익계산서(P/L) 등의 회계관리와 ABS사채의 원리금지급 기일관리, 각종 수수료 기일관리, 유동화사채 콜/풋옵션 행사정보관리 등 다양한 기일과 정보의 관리가 가능하다.[5)]

(5) 신용평가기관

신용평가기관은 자산유동화증권을 신용평가하여 신용등급을 부여한다. 기업의 일반채권은 발행기업의 재무건전성, 경영실적, 향후 수익전망 등을 고려하는데 반해 자산유동화증권은 자산보유자의 신용등급과 관계없이 기초자산의 현금흐름, 발행구조, 신용보강수준 등을 고려하여 신용등급이 결정된다. 따라서 자산유동화증권의 신용등급은 자산보유자보다 더 높은 신용등급이 부여될 수도 있다. 자산유동화증권의 신용평가회사로는 한국신용평가(주)(www.kisrating.com), NICE신용정보(주)(www.nicerating.com), 한국기업평가(주)(www.korearatings.com)가 있다.

---

5) 머니투데이, 2003.10.27

9. 신용평가

(1) 신용평가 절차

자산유동화증권을 발행하기 위해서는 신용평가회사로부터 신용등급을 부여받아야 한다. 신용등급은 법률적인 문제, 발행구조의 안정성, 관련기관의 신용도, 기초자산의 신용도, 목표신용등급, 신용보강 수준 등을 종합적으로 고려하여 결정된다.

〈그림 2-5〉 신용평가절차

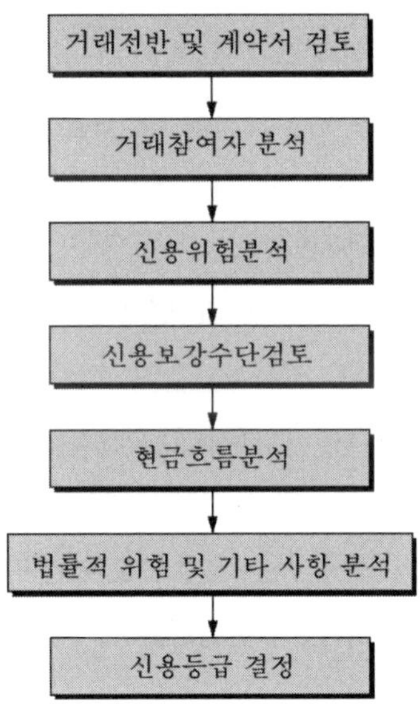

〈그림 2-5〉에서 신용평가 절차를 살펴보면 첫째, 거래전반 및 계약서를 검토하고 자산보유자, 유동화전문회사, 자산관리자, 수탁자 등 거래관련자들의 업무수행능력이나 신용도 등을 분석한다.

둘째, 유동화 대상자산의 신용위험 즉, 대손율, 조기상환율, 회수속도, 채무불이행률 등을 분석하여 대상자산으로부터 발생하는 현금흐름을 분석한다. 이후 목표 신용등급을 부여받기 위해 필요한 신용보강 정도와 수단을 검토한다.

또한 정량적 요인 이외에 비정량적 요인 즉, 법률적 위험 및 기타 사항을 분석하여 최종 신용등급을 결정한다.

(2) 신용보강

1) 신용보강의 의의

기초자산으로부터 현금흐름에 차질이 발생하여 자산유동화증권의 상환에 차질이 발생하는 경우 채무불이행사태를 최소화하여 원리금상환이 원활하게 이루어지도록 자산유동화증권 발행구조를 조정하거나 외부로부터 보증을 받는데 이를 신용보강이라고 한다.

신용보강 수준을 결정하기 위해서는 자산유동화증권의 대손율, 경기동향, 소득수준 전망 등을 이용하여 예상대손율을 추정하여야 한다. 신용보강수준은 기초자산의 성격이나 기초자산으로부터 발생하는 현금흐름에 따라 결정된다.

예를 들면 자동차할부채권 자산유동화증권의 경우 현금흐름이 정형화되어 있고 대손율이나 조기상환율이 적어 현금흐름이 안정적인 편이기 때문에 자동차할부채권 자산유동화증권의 신용보강비율은 다른 자산유동화증권의 신용보강비율보다 낮은 편이다.

신용보강 수준이 높을수록 자산유동화증권이 높은 신용등급을 얻을 수 있지만 이는 자산유동화증권의 발행비용을 높이게 된다.

2) 신용보강 방법

신용보강의 방법에는 내적 신용보강(internal credit enhancement)방법과 외적 신용보강(external credit enhancement)방법으로 구분할 수 있다. 외부보강은 주로 은행이나 보험회사로부터 지급보증을 받는 방법이다.

내부보강방법은 선순위채(senior certificates) & 후순위채(subordinate certificates) 분리방법, 초과수익(excess spread)조정, 초과담보설정(over-collateralization) 방법 등이 있다.[6)]

선순위채후순위채 분리방법이란 자산유동화증권을 원리금지급 순위가 다른 두 종류의 증권을 발행하는 방법으로 후순위채보다 선순위채에 원리금을 우선적으로 지급하는 형태이다.

초과수익조정방법이란 자산유동화증권으로부터 발생하는 현금흐름이 원리금지급액을 초과하도록 자산유동화증권의 현금흐름을 조정하여 초과금액을 적립금계정(reserve account)에 적립시켜 원리금상환능력을 높이는 방법이다.

〈표 2-1〉 주택저당증권 및 자산유동화증권평가

등급	정 의
AAA	원리금 지급확실성이 최고수준으로 투자위험도가 극히 낮으며, 현단계에서 합리적으로 예측가능한 장래의 어떠한 환경변화에도 영향을 받지 않을 만큼 안정적임.
AA	원리금 지급확실성이 매우 높아 투자위험도가 매우 낮지만 AAA등급에 비해 다소 열등한 요소가 있음
A	원리금 지급확실성은 인정되지만 장래 환경변화로 지급확실성이 저하될 가능성이 있음
BBB	원리금 지급확실성은 인정되지만 장래 환경변화로 지급확실성이 저하될 가능성이 있음
BB	원리금 지급확실성에 당면문제는 없지만 장래의 안정성면에서는 투기적 요소가 있음.
B	원리금 지급확실성이 부족하여 투기적이며, 장래의 안정성에 대해서는 현단계에서 단언할 수 없음.
CCC	채무불이행이 발생할 가능성을 내포하고 있어 매우 투기적임
CC	채무불이행이 발생할 가능성이 높아 상위등급에 비해 불안요소가 더욱 많음
C	채무불이행이 발생할 가능성이 극히 높고 현단계에서는 장래 회복될 가능성이 없을 것으로 판단됨.
D	원금 또는 이자가 지급불능 상태에 있음

자료: 한국신용정보

6) 신용보강방법에 대해서는 「McPherson, Neil, Securities Backed by Auto Loans and Leases, in Frank J. Fabozzi, ed.: Investing in Asset-Backed Securities, FJF, 2000」를 참조.

초과담보설정방법이란 양도받은 자산의 가치를 자산유동화증권의 발행금액을 초과하도록 설정함으로써 원리금상환능력을 제고시키는 방법이다.

참고문헌

강병호 · 김석동, 『금융시장론』, 박영사, 2012.
『우리나라의 금융시장』, 한국은행, 2009.12.
『펀드투자상담사 I』, 금융투자교육원, 2011.3.

제2부

부동산금융의 분석기법

제 3 장

화폐의 시간가치

제 1 절 화폐의 시간가치

화폐는 현재시점과 미래시점에 있어서 액면 금액은 같을지라도 현재의 100만원과 미래의 100만원간에는 위험부담과 소비시간면에 있어서 차이가 있다고 할 수 있다. 즉, 현재 100만원과 미래의 100만원은 금액은 같을지라도 가치에 있어서는 차이가 있다는 것이다.

이러한 현상은 화폐의 시간가치(time value of money)라는 개념으로 설명할 수 있다. 화폐의 가치가 시간의 흐름에 따라 상대적으로 차이가 존재하며 현재의 1원은 내일의 1원보다 더 가치가 있다고 가정한다.

기업이 투자결정을 할 경우 투자안의 가치는 투자에 따른 현금유출(cash outflow)과 그 투자로부터 얻게 되는 미래의 현금유입(cash inflow)을 비교하여 결정하게 되는데, 그 현금흐름의 발생시기가 다르므로, 이들을 동일시점의 화폐가치로 환산해 주어야 한다. 즉, 기업은 투자와 자금조달결정에 있어서 화폐의 시간가치를 고려하여 투자 또는 자금조달 결정을 해야 한다.

화폐의 시간가치가 존재하는 이유는 첫째, 개인이 현금을 미래에 소비하는 것보다 현재에 소비하는 것을 선호한다는 시간선호가 존재하기 때문이며 둘째, 미래는 현재보다 불확실하다는 위험이 존재하기 때문이다.

화폐의 시간가치 분석은 일정한 현금흐름이 미래에 얼마에 해당하는 가치를 갖는가를 구하는 미래가치(FV: future value)분석과 미래에 발생하는 현금흐름이 현재 기준으로 얼마나 해당하는가를 구하는 현재가치(PV: present value)분석으로 구분할 수 있다.

한편 현금흐름은 단일현금흐름, 연금(annuity), 다중현금흐름으로 구분되는 단일 현금흐름은 현금이 한 번 발생하는 현금흐름이며 연금은 동일한 금액이 일정기간 동안 발생하는 현금흐름이다. 다중현금흐름은 동일하지 않는 금액이 일정 기간 동안에 걸쳐 발생하는 현금흐름이다.

제 2 절 미래가치

미래가치(FV: future value)란 현재의 일정한 현금흐름을 미래의 일정 시점에 있어서의 화폐가치로 환산한 것이다. 미래가치 산출방법은 이자계산법에 따라 단리(simple interest), 복리(compound interest)로 구분된다.

단리는 원금에 대해서만 이자를 지급하는 방법이고 복리는 원금뿐만 아니라 만기일이전에 지급된 이자에 대해서도 이자를 지급하는 방법이다. 즉, 복리는 이자에 이자를 지급하는 방법이라고 할 수 있다. 미래가치는 은행 등에 예금하는 경우 만기일에 지급되는 금액을 산출하는데 사용된다.

1. 단일현금흐름의 미래가치

단일현금흐름에 대한 미래가치는 다음과 같이 구할 수 있다.

(예 5-1) 현재 1,000,000원을 이자율이 연 10%이고 만기가 2년인 예금에 가입한다면 2년 후 수령하는 금액은 얼마인가? 이자지급

방법이 단리인 경우와 복리인 경우로 나누어 수령금액을 구하시오.

- 이자지급방법이 단리인 경우

1년 후 이자 : 1,000,000 × 10% = 100,000원
2년 후 이자 : 1,000,000 × 10% = 100,000원

2년 후 미래가치 : 원금(1,000,000) + 이자(200,000) = 1,200,000원

- 이자지급방법이 복리인 경우

1년 후 이자 : 1,000,000 × 10% = 100,000원
2년 후 이자 : 1,100,000 × 10% = 110,000원

2년 후 미래가치 : 원금(1,000,000) + 이자(210,000) = 1,210,000원

이자지급 방법이 단리인 경우 예금만기일에 수령하는 금액은 120만원이다. 하지만, 이자지급 방법이 복리인 경우 121만원으로 단리로 이자를 계산하였을 때보다 수령금액이 10,000원이 더 많다.

(예 5-2) 현재 1,000,000원을 이자율이 연 10%이고 만기가 4년인 예금에 가입한다면 4년 후 1,000,000원의 가치는 얼마인가? (단, 복리로 계산)

1년 후 이자: 1,000,000×10% = 100,000원 원리금: 1,000,000×1.1 = 1,100,000
2년 후 이자: 1,100,000×10% = 110,000원 원리금: 1,100,000×1.1 = 1,210,000
3년 후 이자: 1,210,000×10% = 121,000원 원리금: 1,210,000×1.1 = 1,331,000
4년 후 이자: 1,331,000×10% = 133,100원 원리금: 1,331,000×1.1 = 1,464,100
464,100원

4년 후 미래가치 : 원금(1,000,000) + 이자(464,100) = 1,464,100원

(예 5-2)에서 4년 후 1,000,000원의 가치를 산출하는 방법을 다음과 같이 서술할 수 있다.

$$\begin{aligned} 1{,}464{,}100 &= 1{,}331{,}000 \times 1.1 \\ &= 1{,}210{,}000 \times 1.1 \times 1.1 \\ &= 1{,}100{,}000 \times 1.1 \times 1.1 \times 1.1 \\ &= 1{,}000{,}000 \times 1.1 \times 1.1 \times 1.1 \times 1.1 \\ &= 1{,}000{,}000 \times (1.1)^4 \\ &= 1{,}000{,}000 \times 1.4641 \end{aligned}$$

상기 예에서 1,461,100원을 미래가치(FV), 1,000,000원을 현재가치(PV), 1.4641을 미래가치계수(FVIF: future value interest factor)라고 하며 이를 다음과 같이 나타낼 수 있다.

미래가치 = 현재가치 × 미래가치계수(이자율, 기간)

$$FV = PV \times FVIF(r, t)$$

단, r : 시장이자율, t : 기간

단일현금흐름의 미래가치계수는 부록 〈표 1〉을 이용하여 구할 수 있는데 횡축이 이자율(r)과 종축이 기간(t)을 나타낸다. 예를 들어 이자율이 3%이고 기간이 5인 경우 단일현금흐름의 미래가치계수는 이자율 3%와

기간 5에 상응하는 1.1593이다.

(예 5-2)를 미래가치계수를 이용하여 산출하면 아래와 같다.

부록 〈표 1〉에서 시장이자율이 10%이고 기간 4인 경우 미래가치계수를 찾아보면 미래가치계수는 1.4641이다. 따라서, 이 현금흐름의 미래가치는 다음과 같이 구할 수 있다.

$$\begin{aligned} FV &= PV \times FVIF(r,\ t) \\ &= 1{,}000{,}000 \times FVIF(10\%,\ 4) \\ &= 1{,}000{,}000 \times 1.4641 \\ &= 1{,}464{,}100 \end{aligned}$$

(예 5-3) 어떤 사람이 평당 5,000원 하는 토지를 10,000평을 갖고 있고, 현재 시장이자율이 연 5%라고 하면 5년 후 이 토지의 가치는 얼마인가?

$$\begin{aligned} FV &= PV \times FVIF(r,\ t) \\ &= 50{,}000{,}000 \times FVIF(5\%,\ 5) \\ &= 50{,}000{,}000 \times 1.2763 \\ &= 63{,}815{,}000 \end{aligned}$$

▶ 1년 중 이자지급이 복리인 경우

예금상품의 경우 1년에 1회 이자를 지급하는 경우보다는 1년에 여러 차례 이자를 지급하는 것이 일반적이다. 예금상품의 경우 3개월마다 이자를 지급하고 있으며 회사채의 경우에도 3개월에 1회 이자를 지급한다.

1년 중 이자가 1회 이상 지급되는 경우 미래가치는 다음과 같이 구할 수 있다.

$$FV = PV\ (1 + r/m)^{t \times m} = PV \times FVIF(r/m,\ t \times m)$$

단, FV : 미래가치, PV : 현재가치, r: 이자율, t: 기간, m: 연간 복리계산회수

(예 5-4) 현재 100,000원을 이자율이 연 10%(6개월 복리)이고 만기가 4년인 예금에 가입한다면 3년 후 100,000원의 가치는 얼마인가?

연이자율이 10%일 때 6개월 복리로 이자가 지급되면 1년 2회 이자가 지급되므로 매회 이자율은 10%/2 = 5%이고 이자지급회수는 6회(3년 × 2회)이다.

$$\begin{aligned} FV &= 100{,}000 \times FVIF(10\%/2,\ 3 \times 2) \\ &= 100{,}000 \times FVIF(5\%,\ 6) = 100{,}000 \times 1.3401 = 134{,}010\text{원} \end{aligned}$$

(예 5-4)에서 만약, 이자지급이 연복리인 경우 미래가치는 다음과 같이 구할 수 있다.

$FV = 100{,}000 \times FVIF(10\%,\ 3) = 100{,}000 \times 1.3310 = 133{,}100$원

6개월 복리이자인 경우의 미래가치(134,010원)가 연복리인 경우의 미래가치(133,100원)보다 910원 더 많다.

2. 연금의 미래가치

연금이란 일정기간 동안 동일한 금액의 현금흐름이 발생하는 것으로 연금의 미래가치는 다음과 같이 구할 수 있다.

(예 5-5) 연말부터 향후 5년간 이자율이 연 5%인 저축상품에 매년 100,000원씩 예금을 한다면 5년 후 미래가치는?

연금의 미래가치를 구하는 방법은 방법 1과 방법 2가 있다. 방법 1은 단일현금흐름의 미래가치계수를 이용하여 매년 저축하는 현금흐름의 미래가치를 구한 다음 이를 합산하는 방법이다.

〈방법 1〉

1년 후 십만원의 미래가치: 100,000 × FVIF(5%, 4) = 100,000 × 1.2155 = 121,550

2년 후 십만원의 미래가치: 100,000 × FVIF(5%, 3) = 100,000 × 1.1576 = 115,760

3년 후 십만원의 미래가치: 100,000 × FVIF(5%, 2) = 100,000 × 1.1025 = 110,250

4년 후 십만원의 미래가치: 100,000 × FVIF(5%, 1) = 100,000 × 1.05 = 105,000

5년 후 십만원의 미래가치: 100,000 × 1.0 = 100,000

FV = 121,550 + 115,760 + 110,250 + 105,000 + 100,000 = 552,560

〈방법 2〉

FV = 100,000 × FVIFA(5%, 5) = 100,000 × 5.5256 = 552,560

방법 2는 연금의 미래가치계수인 FVIFA(future value interest factor for an annuity)를 이용하는 방법으로 연금의 미래가치계수는 일정기간 동안의 단일현금흐름의 합과 같다. 연금의 미래가치계수는 부록 〈표 2〉를 이용하여 단일현금흐름의 미래가치계수를 구하는 동일한 방법으로 구할 수 있다.

- FVIF와 FVIFA의 관계

$$FVIFA(5\%, 5) = 1 + FVIF(5\%, 1) + FVIF(5\%, 2) + FVIF(5\%, 3) + FVIF(5\%, 4)$$

(예 5-6) 매년 말 200,000원씩 6년 동안 연 5%인 정기적금을 한다면 6년 후 찾는 금액은 얼마인가?

$$FV = 200{,}000 \times FVIFA(5\%, 6) = 200{,}000 \times 6.8019 = 1{,}360{,}380\text{원}$$

(예 5-7) 10년 후에 3억원 하는 주택을 구입하기 저축을 한다면 매년 얼마씩을 저축하여야 하는가? 단, 이자율은 연 6%이다.

$$300{,}000{,}000 = PV \times FVIFA(6\%, 10)$$
$$300{,}000{,}000 = PV \times 13.1810$$
$$PV = 22{,}760{,}033\text{원}$$

10년 후 3억원 하는 집을 구입하기 위해서는 이자율이 연 6%하는 예금에 매년 22,760,033원을 저축해야 한다.

3. 다중현금흐름의 미래가치

현금흐름 형태가 단일현금흐름과 연금으로 구성되어 있는 경우인 다중현금흐름의 미래가치는 다음과 같이 산출할 수 있다.

(예 5-8) 향후 현금흐름이 다음과 같을 경우 5년 후 미래가치는 얼마인가? 단, 시장이자율 연 5%이다.

1년	2년	3년
100,000원	150,000원	400,000원

$$100{,}000 \times FVIF(5\%,\ 4) = 100{,}000 \times 1.2155 = 121{,}550$$
$$150{,}000 \times FVIF(5\%,\ 3) = 150{,}000 \times 1.1576 = 173{,}640$$
$$400{,}000 \times FVIF(5\%,\ 2) = 400{,}000 \times 1.1025 = 441{,}000$$

$$FV = 121{,}550 + 173{,}640 + 441{,}000 = 736{,}190\text{원}$$

제 3 절 현재가치

1. 단일현금흐름의 현재가치

현재가치는 미래의 현금흐름을 현재시점의 화폐가치로 환산한 금액으로 미래의 현금흐름을 일정 수익률로 할인하는 것과 같다.

(예 5-9) 5년 후 100,000원의 수익이 발생한다고 한다. 이 수익의 현재가치는 얼마인가? 단, 시장이자율은 연 5%이다.

현금흐름의 미래가치를 구하는 공식을 이용하여 이 현금흐름의 현재가치를 구할 수 있다.

$$100{,}000 = PV \times (1 + 0.05)^5$$

이 식을 다시 쓰면

$$PV = 100{,}000/(1 + 0.05)^5 = 78{,}350\text{원}$$

여기서 $1/(1 + 0.05)^5$를 현재가치계수(PVIF: present value interest factor)라고 한다. 현재가치계수는 이자율과 기간이 주어진 경우 부록 〈표 3〉을 이용하여 구할 수 있다. 현재가치계수를 이용하여 (예 5-9)를 다시 계산하면 다음과 같다.

$$PV = FV \times PVIF(r, t)$$

(단, r : 시장이자율, t : 기간)

$$= 100{,}000 \times PVIF(5\%, 5)$$

$$= 100{,}000 \times 0.7835$$

$$= 78{,}350\text{원}$$

미래가치와 현재가치의 관계를 살펴보면 다음과 같다. 즉, 현재가치계수는 미래가치계수 역수이다.

$$FV = PV \times FVIF(r, t)$$

$$PV = FV \times 1/FVIF(r, t)$$

$$= FV \times PVIF(r, t)$$

(예 5-10) 5년 후 10억원 하는 상가를 구입하고자 한다. 이 상가를 구입하려면 얼마를 저축해야 하는가? 단, 시장이자율은 연 7%이다.

$$PV = 1{,}000{,}000{,}000 \times PVIF(7\%, 5) = 1{,}000{,}000{,}000 \times 0.7130 = 713{,}000{,}000\text{원}$$

(예 5-11) 현재 1,000원이 4년 후 1,464원의 가치가 있다면 시장이자율은 얼마인가?

$$PV = FV \times PVIF(r, t)$$
$$1{,}000 = 1{,}464 \times PVIF(r, 4)$$
$$0.6830 = PVIF(r, 4)$$

부록 〈표 3〉을 이용하면 기간 4에서 현재가치계수가 0.6830인 경우는 시장이자율이 10%인 경우이다.

2. 연금의 현재가치

일정기간 동안 일정금액이 발생하는 현금흐름의 현재가치는 연금의 현재가치계수(PVIFA: present value interest factor for an annuity)를 이용하여 산출한다. 연금의 현재가치계수는 이자율과 기간이 주어진 경우 부록 〈표 4〉를 이용하여 구할 수 있다.

(예 5-12) 향후 10년 동안 매년 1,000,000원씩 수익이 발생한다면 이 현금흐름의 현재가치는 얼마인가? 단, 시장이자율은 4%이다.

일정기간 동안 일정한 금액의 현금흐름이 발생하므로 이 현금흐름은 연금이다. 연금의 현재가치계수를 나타내는 부록 〈표 4〉에서 이자율이 4%이고 기간이 10인 경우 현재가치계수를 찾아보면 현재가치계수는 8.1109이다.

따라서 이 현금흐름의 현재가치는 아래와 같이 산출된다.

$$\begin{aligned} PV &= 1{,}000{,}000 \times PVIFA(4\%, 10) \\ &= 1{,}000{,}000 \times 8.1109 \\ &= 8{,}110{,}900\text{원} \end{aligned}$$

(예 5-13) 매년 말에 5,000,000원씩 임대수입이 예상되는 상가가 있다. 이 상가에 투자하여 10년간 상가를 보유하고자 한다면 이 상가에 대한 투자로 인해 발생하는 현금흐름의 현재가치는 얼마인가? 단, 시장이자율은 연 5%이다.

$$PV = 5{,}000{,}000 \times PVIFA(5\%,\ 10) = 5{,}000{,}000 \text{ x } 7.7217 = 38{,}608{,}500\text{원}$$

(예 5-14) 향후 5년 동안 매 분기마다 1,000,000원씩 수익이 발생한다면 이 현금흐름의 현재가치는 얼마인가? 단, 시장이자율은 연 8%이다.

$$\begin{aligned} PV &= 1{,}000{,}000 \times PVIFA(8\%/4,\ 5 \times 4) \\ &= 1{,}000{,}000 \times PVIFA(2\%,\ 20) \\ &= 1{,}000{,}000 \times 16.3514 = 16{,}351{,}400\text{원} \end{aligned}$$

3. 원리금균등분할상환

원리금균등분할상환(amortization)이란 매 기간마다 동일한 금액을 상환하여 채무를 지불하는 방법으로 이 금액에는 원금과 이자가 포함되어 있다. 원리금균등분할상환방법은 주택담보대출·자동할부 등 각종 할부금 지불방법으로 널리 이용되고 있다. 할부금은 상환일정표(amortization schedule)를 이용하여 구할 수 있다.

원리금균등분할 상환방법은 매 기간마다 지불하는 할부금액은 동일하나 할부금액이 이자와 원금으로 구성되어 있어 이자와 원금이 동시에 상환되는 방식이다. 〈표 5-1〉에서 보듯이 상환초기에는 원금잔액이 많아 상환금액(할부금) 중 이자부분이 원금상환부분보다 크지만 기간이 경과할수록 상환해야 할 원금잔액이 줄어들기 때문에 상환금액 중에서 이자부분이 차지하는 부분은 점차 줄어들고 원금상환부분은 점차 증가한다.

〈표 5-1〉 원리금균등분할상환의 현금흐름 구조

회수	기초잔액	할부금	이자	원금	기말잔액
1	1,000,000	47,073.44	10,000.00	37,073.44	962,926.56
2	962,926.56	47,073.44	9,629.27	37,444.17	925,482.39
3	925,482.39	47,073.44	9,254.82	37,818.62	887,663.77
4	887,663.77	47,073.44	8,876.64	38,196.80	849,466.97
5	849,466.97	47,073.44	8,494.67	38,578.77	810,888.20
6	810,888.20	47,073.44	8,108.88	38,964.56	771,923.64
7	771,923.64	47,073.44	7,719.24	39,354.20	732,569.44
8	732,569.44	47,073.44	7,325.69	39,747.75	692,821.69
9	692,821.69	47,073.44	6,928.22	40,145.22	652,676.47
10	652,676.47	47,073.44	6,526.76	40,546.68	612,129.79
11	612,129.79	47,073.44	6,121.30	40,952.14	571,177.65
12	571,177.65	47,073.44	5,711.78	41,361.66	529,815.99
13	529,815.99	47,073.44	5,298.16	41,775.28	488,040.71
14	488,040.71	47,073.44	4,880.41	42,193.03	445,847.67
15	445,847.67	47,073.44	4,458.48	42,614.96	403,232.71
16	403,232.71	47,073.44	4,032.33	43,041.11	360,191.60
17	360,191.60	47,073.44	3,601.92	43,471.52	316,720.07
18	316,720.07	47,073.44	3,167.20	43,906.24	272,813.83
19	272,813.83	47,073.44	2,728.14	44,345.30	228,468.53
20	228,468.53	47,073.44	2,284.69	44,788.75	183,679.78
21	183,679.78	47,073.44	1,836.80	45,236.64	138,443.13
22	138,443.13	47,073.44	1,384.43	45,689.01	92,754.13
23	92,754.13	47,073.44	927.54	46,145.90	46,608.23
24	46,608.23	47,073.44	466.08	46,607.36	0

(예 5-15) 1,000,000원 하는 가전제품을 24개월 할부로 구입하였다. 이자율이 연 12%라고 하면 매월 내야 하는 할부금은 얼마인가?

$$1{,}000{,}000 = A \times PVIFA(r,\ t)$$

단, A: 할부금, r: 시장이자율, t: 기간

$$= A \times PVIFA(12\%/12,\ 24)$$

$$= A \times 21.2434$$

$$A = 1,000,000 / 21.2434 = 47,073.44\text{원}$$

이자율이 연 12%이므로 소비자가 매달 부담하는 이자율은 1%(12%/12개월)이고 매달 갚아야 하는 할부금은 약 47,073원이다.

상기 (예 5-15)에서 할부금이 상환되는 흐름은 〈표 5-1〉과 같다.

주택담보대출을 장기로 15년 또는 20년씩 받는 경우 상환초기 내는 할부금에서 이자가 차지하는 부분이 상대적으로 많아 몇 년 동안 할부금을 납부하더라도 원금이 크게 줄지 않는 것은 원리금균등분할상환방법은 이같은 상환구조를 가지고 있기 때문이다.

(예 5-16) 아파트 분양을 받기 위해 상환기간 20년, 이자율 연 5%의 조건으로 은행으로부터 3천만원의 대출을 받았다면 매년 지불해야 하는 할부금은 얼마인가?

$$\begin{aligned} 30,000,000 &= A \times PVIFA(r,\ t) \\ &= A \times PVIFA(5\%,\ 20) \\ &= A \times 12.4622 \end{aligned}$$

$$A = 30,000,000/12.4622 = \text{약}2,407,280\text{원}$$

▶융자금 잔액산출방법

주택을 구입하기 위하여 은행으로부터 융자를 받는 경우 상환기간 이전에 잔액을 상환할 수도 있다. 미상환된 원금액은 (예 5-17)에서와 같이 산출된다.

(예 5-17) 이자율이 연 10%, 만기가 20년, 매년 원리금균등분할 상환조건으로 주택구입 융자금 100,000,000원을 은행으로부터

차입하였다. 7년이 경과된 후 나머지 금액을 전액상환하려 고 하는데 상환해야 하는 금액이 얼마인가?

100,000,000 = A × PVIFA(10%, 20)

= A × 8.5136

할부금 : A = 100,000,000 / 8.5136 = 11,745,912

t시점에서의 잔금 = 할부금 × PVIFA(r, n-t)

= 11,745,912 × PVIFA(10%, 13)

= 11,745,912 × 7.1034

= 83,435,911원

단, n: 만기, t: 상환시점의 기간, r: 시장이자율

4. 다중현금흐름의 현재가치

현금흐름 형태가 단일현금흐름과 연금으로 구성되어 있는 경우인 다중현금흐름의 현재가치는 (예 5-18)에서와 같이 산출할 수 있다.

(예 5-18) 아래와 같은 현금흐름의 현재가치를 구하시오. 단, 시장이자율은 10%이다.

기간	1	2	3	4	5
현금흐름	200,000원	200,000원	200,000원	400,000원	600,000원

PV = 200,000 × PVIFA(10%, 3) + 400,000 × PVIF(10%, 4)

+ 600,000 × PVIF(10%, 5)

= 200,000 × 2.4868 + 400,000 × 0.6830 + 600,000 × 0.6209

= 497,360 + 273,200 + 372,540

= 1,143,100원

연 습 문 제

5-1. 현재 5,000,000원을 이자율이 연 6%이고 만기가 3년인 예금에 가입한다면 3년 후 수령하는 금액은 얼마인가? 단, 이자지급방법은 복리이다.

FV = 5,000,000 × FIVF(6%, 3)
= 5,000,000 × 1.1910
= 5,955,000원

5-2. 투자자가 원금 5,000,000원을 가지고 있다. 이 금액을 연 10%, 6개월 복리 조건의 금융상품에 4년 동안 투자한다면 이 투자자는 4년 후 얼마를 받을 수 있는가?

FV = PV × FVIF(r/m, t×m)
= 5,000,000 × FVIF(10%/2, 4×2)
= 5,000,000 × FVIF(5%, 8)
= 5,000,000 × 1.4775
= 7,387,500원

5-3. 투자자가 원금 1,000,000원을 가지고 있다. 이 금액을 연 12%, 분기별 복리 조건의 금융상품에 5년 동안 투자한다면 이 투자자는 5년 후 얼마를 받을 수 있는가?

FV = PV × FVIF(r/m, t×m)
= 1,000,000 × FVIF(12%/4, 5×4)
= 1,000,000 × FVIF(3%, 20)
= 1,000,000 × 1.8061
= 1,806,100원

5-4. 다음과 같은 현금흐름의 현재가치를 구하시오? 단, 시장이자율 7%이다.

+1	+2	+3	+4	+5	+6
100,000원	100,000원	100,000원	50,000원	100,000원	100,000원

PV = 100,000 × PVIFA(7%, 6) - 50,000 × PVIF(7%, 4)
= 100,000 × 4.7665 - 50,000 × 0.6663
= 476,650 - 33,315
= 443,335원

5-5. 다음과 같은 현금흐름의 현재가치를 구하시오? 단, 시장이자율 7%이다.

+1	+2	+3	+4	+5	+6
100,000원	200,000원	200,000원	200,000원	200,000원	300,000원

PV = 200,000 × PVIFA(7%, 6) - 100,000 × PVIF(7%, 1)
+ 100,000 × PVIF(7%, 6)
= 200,000 × 4.7665 - 100,000 × 0.9346 + 100,000 × 0.6663
= 953,300 - 93,460 + 66,630
= 926,470원

5-6. 다음과 같은 현금흐름의 현재가치를 구하시오? 단, 시장이자율 7%이다.

+1	+2	+3	+4	+5	+6
100,000원	100,000원	200,000원	200,000원	100,000원	100,000원

PV = 100,000 × PVIFA(7%, 6) + 100,000 × PVIF(7%, 3)
+ 100,000 × PVIF(7%, 4)
= 100,000 × 4.7665 + 100,000 × 0.8163 + 100,000 × 0.7629
= 476,650 + 81,630 + 76,290
= 634,570원

5-7. 다음과 같은 현금흐름의 현재가치를 구하시오? 단, 시장이자율 8%이다.

+1	+2	+3	+4	+5	+6
0원	0원	0원	200,000원	200,000원	200,000원

기간 +4부터 기간 +6까지의 현금흐름의 현재가치는 기간 +3시점의 가치이다.
우선, 기간 +4부터 기간 +6까지의 현금흐름을 구하면,

200,000 × PVIFA(8%, 3) = 200,000 × 2.5771 = 515,420원

기간 +3시점의 가치인 515,420원을 현재시점(기간 0)으로 환산하면

515,420 × PVIF(8%, 3) = 515,420 × 0.7938 = 약 409,140.40원

5-8. 이자율이 연 6%, 만기가 10년, 매년 원리금균등분할 상환조건으로 주택구입 융자금 2천5백만원을 은행으로부터 차입하였다. 매년 지불해야 하는 할부금은 얼마인가?

25,000,000 = A × PVIFA(6%, 10)
25,000,000 = A × 7.3601
A = 25,000,000/7.3601 = 약 3,396,693원

5-9. 은행으로부터 다음과 같은 조건으로 2천만을 대출받았다. 매월 지불해야 하는 할부금은 얼마인가?
대출이자: 연 12%, 만기: 1년, 상환방법: 원리금균등 분할상환,
할부금 지급시기 : 매월

20,000,000 = A × PVIFA(1%, 12)
= A × 11.2551
A = 20,000,000 / 11.2551 = 약 1,776,972원

5-10. 매년 임대료 수입이 5천만원인 상가건물을 구입하여 5년간 보유하려

고 한다. 다른 조건은 일정하다고 가정할 때 이 상가건물의 가치는 얼마인가? 단, 요구수익률은 5%이다.

$$\begin{aligned} PV &= 50{,}000{,}000 \times PVIFA(5\%,\ 5) \\ &= 50{,}000{,}000 \times 4.3295 \\ &= 216{,}475{,}000\text{원} \end{aligned}$$

5-11. 현재 가격이 2천만원인 임대주택이 있다. 이 임대주택을 월 950,000원에 24개월 동안 임대하는 경우, 연 예상수익률은 얼마인가?

$$20{,}000{,}000 = 950{,}000 \times PVIFA(r,\ 24)$$
$$20{,}000{,}000/950{,}000 = PVIFA(r,\ 24)$$
$$21.05 = PVIFA(r,\ 24)$$
$$r = \text{약 } 1\%/\text{월 또는 약 } 12\%/\text{연}$$

제4장

부동산감정평가

제1절 부동산감정평가의 기본개념

1. 부동산감정평가의 절차

부동산감정평가절차는 감정평가에 관한 규칙 제8조에 다음과 같이 규정되어 있다.

① 기본적 사항의 확정

② 처리계획의 수립

③ 대상물건의 확인

④ 자료수집 및 정리

⑤ 자료검토 및 가격형성 요인의 분석

⑥ 평가방법의 선정 및 적용

⑦ 평가가액의 결정 및 표시

상기의 감정평가절차는 절대적인 것은 아니며, 합리적 또는 능률적인 평가를 위하여 필요한 경우에는 순서를 조정하여 평가할 수 있다.

〈그림 4-1〉 평가절차

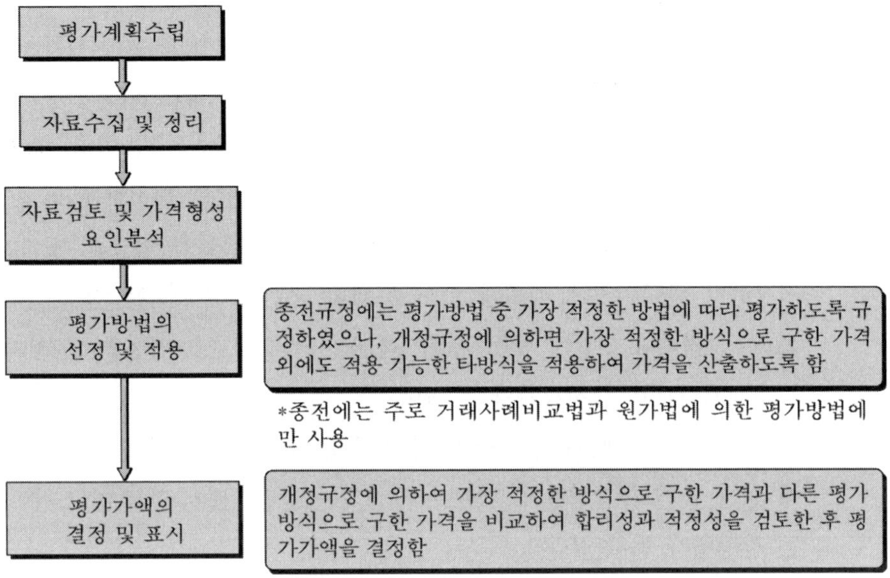

자료: 건설교통부, 보도자료, 2003.8.

(1) 기본적 사항의 확정

감정평가의 기본적 사항이란 대상부동산의 내용, 가격시점, 가격 또는 임료의 종류를 의미한다.

1) 대상부동산의 내용

평가를 실시할 대상부동산의 내용을 실지조사(實地調査) 전에 미리 점검하여 확정하는 것이다. 토지의 경우는 소재지, 지번, 지목, 면적 등을 확인하고, 건물의 경우에는 소재지, 지번, 구조, 용도, 건평, 가옥번호 등을 확인한다. 지목(地目)이란 토지의 주된 사용목적에 따라 토지의 종류를 구분 · 표시하는 명칭으로 토지등기부에 등기할 사항의 하나이다.

2) 가격시점의 확정

가격시점이란 감정평가에 있어서 그 가격결정의 기준으로 해야 할 일시를 의미한다. 일반평가는 대상물건의 가격조사를 완료한 일자를 원칙으로 하고 보상평가는 평가의뢰자가 가격시점을 정하여 의뢰한 경우 그 일자를 원칙으로 한다.

3) 가격의 종류 확정

부동산 가격의 다원성으로 인해 평가목적과 조건에 따라 여러 개의 가격이 산출 가능하다. 따라서 정상가격 또는 정상임료로 결정함을 원칙으로 하고, 평가목적 · 대상물건의 성격상 정상가격 또는 정상임료로 평가함이 적정하지 아니하거나 평가에 있어 특별한 조건이 수반되는 경우에는 그 목적 · 성격이나 조건에 맞는 특정가격 또는 특정임료로 결정할 수 있다.

특정가격으로 감정평가할 수 있는 경우는 합병시의 재평가, 공공 또는 공익의 목적에 제공되는 물건의 감정평가, 공매 · 경매 기타 특별한 조건이 있는 물건의 감정평가, 담보로 제공되는 물건으로서 특별한 조건이 있는 감정평가 등이 있다.

(2) 처리계획의 수립

기본적 사항이 확정되면 대상물건의 확인, 자료수집 및 정리, 자료의 검토, 감정평가방법의 선정, 감정가격의 결정 등을 실행할 일정계획을 수립하여야 한다.

(3) 대상물건의 확인

1) 물적 사항의 확인

물건의 존부, 동일성 여부를 등기부등본, 지적공부(토지대장, 임야대장, 지적도, 임야도 등) 등과 실지조사에 의해 확인한다. 토지에 있어서는 소재지, 지번, 지목, 면적, 경계, 정착물(定着物)의 유무 등을 확인하고, 건물에 대하여는 소재지, 지번, 구조, 용도, 건평, 가옥번호, 보수의 정도, 부합물 및 종물, 건물의 관리상태 등을 확인한다.

2) 권리태양(態樣)의 확인

권리태양의 확인이란 대상권리의 존부 및 진정성을 확인하는 것을 말한다. 즉, 감정평가 대상이 되는 권리를 명확하게 확인하여야 한다.

3) 대상물건의 확인시 필요한 공부

등기부등본을 이용하여 토지 및 건물의 소유자, 가등기 여부, 제한물권의 설정여부 등을 확인한다. 부동산에는 성격상 여러 가지 권리가 설정되는데 이에 대해 확인하여야 한다.

등기부(登記簿)에는 토지등기부, 건물등기부 등이 있다. 등기부는 대법원 인터넷등기소 (www.iros.go.kr)에서 확인할 수 있다. 등기부는 표제부, 갑구, 을구로 되어 있다. 표제부에는 토지와 건물의 내용 즉, 소재지, 면적, 용도, 구조 등이 변경된 순서대로 기재되어 있다. 갑구는 소유권에 관한 사항이 접수된 일자 순으로 기재되어 있다. 처음에 기재된 것이 최초의 소유자이고 소유권이전등기가 순서대로 기재되어 있다. 을구는 소유권 이외의 권리, 즉 저당권, 지상권 같은 제한물권에 관한 사항을 기재한다. 저당권이란 채권자가 그 채권의 담보로 제공된 부동산에 대하여 일반 채권자에 우선하여 변제를 받을 수 있는 권리이며 지상권(地上權)은 타인의 토지에 건물, 기타의 공작물이나 수목(樹木)을 소유하기 위하여 그 토지를 사용할 수 있는 권리이다.

토지대장(임야대장)에서는 대상물건의 소재지, 지번, 지목 등을 확인하여 물적 불일치가 있는지의 여부를 조사하며 건축물대장에서는 건물의 소재지, 지번, 구조, 용도, 면적, 증·개축 사항 등을 확인하고, 건물의 동일성 여부를 판정하는 기준으로 확인한다. 그리고 지적도(임야도)에서는 지적도상 토지의 형상과 실제형상의 동일성 여부, 사도 및 공도 등 접면 도로의 폭 등을 확인한다. 토지대장(임야대장), 건축물대장, 지적도(임야도)는 정부민원포털 민원24(www.minwon.go.kr)에서 확인할 수 있다. 토지이용계획확인서를 이용하여 도시지역 내에서 용도지역 · 지구 · 구역, 도시계획시설에의 저촉 여부 등을 확인한다. 토지이용계획확인서는 토지이용규제정보서비스(luris.mltm.go.kr)에서 열람할 수 있다. 토지이용계획확인서에서 해당 토지가 어떤 용도지역으로 지정되어 있는지를 확인할 수 있다. 그리고 지방자치단체 홈페이지의 도시계획조례에서 해당 용도지역의 건폐율과 용적률 허용범위를 확인할 수 있으며, 해당 용도지역에서 건축할 수 있는 건축물의 종류를 확인할 수 있다.

(4) 자료수집 및 정리

1) 자료의 종류

자료의 종류에는 확인자료, 사례자료, 요인자료 등이 있다. 확인자료란 대상물건의 물적 확인 및 권리상태의 확인에 필요한 자료를 의미하며 등기부등본, 토지대장등본, 건축물관리대장등본, 지적도, 임야도, 매매계약서, 임대차계약서 등이 있다. 사례자료는 비교가능한 거래사례, 임대차사례 등을 의미한다. 요인자료는 대상부동산의 가격형성요인에 관계되는 자료로서 일반요인, 지역요인, 개별요인으로 구분되는데, 사회전체적으로 영향을 미치는 일반요인은 사회적 요인, 경제적 요인, 행정적 요인을 의미하며, 일반자료에는 인구통계, 경제성장율, 경기동향지수, 이자율, 물가지수, 부동산정책 등이 있다. 지역요인은 해당 지역에 영향을 미치는 요인을 의미하는데, 용도적 지역 측면에서 분류되는 택지지역, 농지지역, 임지지역 등 각 용도지역에 따라 분석 내용이 달라지게 된다. 개별요인은 대상부동산의 시장가치에 관계되는 요소로 대상부동산의 규모, 기능, 경쟁관계에 있는 다른 부동산과의 경쟁력 등을 의미한다.

2) 자료수집방법

자료수집방법에는 징구법, 실사법, 탐문법, 열람법 등이 있다.

(5) 자료검토 및 가격형성요인의 분석

수집·정리된 자료가 평가의 기본적 사항과 관련하여 필요하고 객관적이며 신뢰도가 높은 자료인가를 검토하고, 먼저 사회 전체적으로 영향을 미치는 부동산가격형성 요인인 일반요인(사회적 요인, 경제적 요인, 행정적 요인)을 분석한 다음, 지역요인과 개별요인 분석을 실행한다.

1) 지역분석

부동산은 다른 부동산과 함께 지역을 형성하며 그 지역 내의 다른 부동산과 상호관계를 유지하고 그 상호관계를 통하여 사회적, 경제적 위치가 정해지게 되는데 이와 같이 지역은 다른 지역과 구별되는 지역특성을 가지게 된다. 지역분석이란 대상부동산이 어떤 지역에 속해 있는가, 그 지역은 어떤 특성이 있는가, 그런 특성은 그 지역 내의 부동산 이용형태와 가격형성과 어떤 관계가 있는지를 분석하는 것을 의미한다. 지역요인은 그 지역에 속해 있는 부동산의 일반적, 표준적인 이용형태를 통하여 구체적으로 나타나며 표준적 사용은 개별부동산의 최유효이용을 판정하는 기준이 된다. 이와 같은 지역분석을 함으로써 그 지역 내의 부동산에 대한 가격수준을 판정하는 것이다.

지역분석의 대상은 인근지역 및 동일수급권 내의 유사지역이다. 인근지역이란 대상부동산이 속해 있는 지역으로서 주거, 상업, 공업 등의 특정용도 중심의 특성을 이루고 있는 지역을 의미하며 대상부동산의 가격형성에 직접적으로 영향을 주는 지역을 의미한다. 인근지역의 특성은 그 지역에 속하는 부동산의 일반적, 표준적 이용형태로 구체적으로 나타난다.

유사지역이란 인근지역의 지역적 특성과 비슷한 지역적 특성을 갖는 다른 지역을 의미한다. 유사지역은 인근지역과 지리적 인접 여부는 상관없고 용도적으로 비슷한 지역으로서 두 지역 내의 부동산은 서로 대체관계에 있다. 그러므로 인근지역에서 사례자료를 구할 수 없는 경우에는 동일수급권 내의 유사지역에서 사례자료를 구하게 된다.

동일수급권이란 감정평가 대상부동산과 대체, 경쟁관계에 있으며, 가격형성에 있어 서로 영향을 미치는 관계에 있는 부동산이 존재하는 권역을 의미하며, 인근지역과 유사지역을 포함하는 광역적인 개념이다.

2) 개별분석

부동산가격은 대상부동산의 최유효이용(highest and best use)상태를 전제로 산정되는 가격을 표준으로 하여 형성되는데, 개별분석이란 대상부동산의 개별적 요인을 분석하여 최유효이용상태를 판정하는 것을 의미한다. 부동산의 최유효이용은 지역적 특성, 즉 인근지역 부동산들의 표준적 이용과의 관계를 명확히 하여 이에 적합한 이용방식이며 여기에 개별적

제요인이 작용되어 일반적인 양식과 통상의 사용능력을 보유한 사람의 합리적인 사용방식을 의미한다.

개별분석에 있어서는 대상부동산의 수요자들의 선호를 분석해야 하며, 경쟁관계에 있는 부동산과의 경쟁력 등을 분석해야 한다.

(6) 평가방법의 선정 및 적용

1) 일반평가의 경우

대상물건의 성격 또는 평가조건에 따라 규칙에 의한 평가방법 중 가장 적정한 방법을 사용하나, 부적정의 염려가 있는 경우에는 보다 적정하다고 판단되는 다른 평가방법을 적용하되 그 이유나 처리방법을 기재한다.

2) 보상평가의 경우

대상물건의 성격 또는 조건을 감안하여 규칙에 의한 적정방식(주방식)을 선택하여 가격을 구한 후, 부수방식가격과 비교·검토함을 원칙으로 한다.

(7) 평가가액의 결정 및 표시

평가절차에 의하여 구한 시산가격을 검토하고 시산가격의 조정을 통하여 감정평가액을 결정하며, 평가가액을 감정평가서에 명확히 기재한다.

〈부동산금융 사례〉

감정평가사, 부동산·건물 등 가격 매기는 전문가

같은 면적의 땅이라도 동네마다 값이 다른 이유는 왜일까? 그리고 이런 땅값은 어떤 사람들이 어떻게 가격을 매기는 걸까? 바로 이런 일을 하는 직업이 감정평가사이다. 이들은 땅과 같은 부동산을 비롯해 건물, 기계기구, 항공기, 선박, 유가증권, 영업권과 같은 유·무형의 재산에 대한 경제적 가치를 판정해 그 결과를 화폐가치로 환산한다.

구체적으로 감정평가사는 감정평가를 통해 정부가 매년 고시하는 공시지가나 국세, 지방세 등의 부과기준 가격을 산정하고, 주택단지 및 공업단지 조성, 도로 개설 등에 필요한 보상가를 설정하기 위해 자산 등을 평가한다. 이외에도 기업이나 금융기관, 보험회사, 신탁회사가 의뢰하는 토지와 동산에 대한 평가를 담당하기도 한다.

감정평가 업무는 일반적으로 감정 계획 수립, 사전 조사, 현장조사, 평가서 작성의 과정을 거쳐 이루어진다. 한국감정평가협회 정책연구팀 변욱 대리는 "감정평가는 100% 현장조사가 수반되는 업무"라며, "예를 들어, 건물 같은 대상물에 대한 가치를 평가하려면, 사전에 조사한 건물의 성능이나 구조 등 가격에 미치는 요인들을 확인하고, 실제 현장에 나가 거래 가격과 용도, 입지조건, 주변 시설 등을 세심하게 살펴야 한다"고 설명했다. 이후 적절한 가격으로 환산한 감정서가 작성되면, 평가의 공정성과 정확성을 위해 3~4회 정도 사후 검토와 심사를 거친다.

감정평가사가 되기 위해서는 국토해양부에서 주관하는 감정평가사 1차, 2차 시험에 합격하고, 통상 1년 이상의 실무수습을 마쳐야 한다. 실무수습은 감정평가법인, 감정평가사합동사무소, 감정평가협회 등 국토해양부 장관이 지정하는 기관에서 할 수 있다. 감정평가사 시험은 학력과 경력 등의 제한 없이 만 20살 이상이면 누구나 응시할 수 있다. 다만 민법, 경제원론, 회계학, 부동산 관계 법규를 비롯해 감정평가실무, 감정평가이론, 감정평가 및 보상법규 등 전문적인 지식을 평가하므로, 대학에서 법, 경제, 회계, 부동산 등을 전공하면 합격하는데 유리하다.

현재 감정평가사 자격을 취득하고 일하는 종사자는 약 3,400명이고(한국감정평가협회, 2012년 기준), 이 중에는 여성도 상당수가 포함되어 있다. 변 대리는 "현장조사가 많기 때문에 대개 남성 종사자가 많은 것으로 아는데, 꼼꼼함과 세밀함이 요구되는 업무여서 여성들도 많이 활동하고 있다"고 전했다. 또한 "성별에 상관없이 활동적인 사람에게 적합하고, 이해관계에 따라 감정평가의 결과가 좌우되지 않도록 공정성, 신뢰성, 책임감 같은 직업의식이 필요하다"고 강조했다.

감정평가사가 주로 진출하는 분야는 감정평가법인 및 사무소를 비롯해 관공서, 금융기관(은행·보험사 등), 공공기업 등이 있다. 감정평가업은 경제 변화에 밀접한 영향을 받는 업종이다. 이에 변 대리는 "감정평가사가 되고 싶다면, 국내외 경제와 부동산 동향에 관심을 가지고, 경기 변화에 영향을 미치는 요인이 무엇인지 파악하는 연습을 하라"고 조언했다.

자료: 〈한겨레〉, 2012.7.9

제 2 절 부동산감정평가 3방식

1. 부동산감정평가 3방식의 근거

재화의 경제적 가치는 시장성, 비용성, 수익성의 3가지 측면에서 분석되며, 이를 가격의 3면성이라고 한다. 시장성은 그 재화가 시장에서 얼마만큼의 가격으로 거래되고 있는가를 말하는 것이며, 비용성이란 그 재화를 생산하는데 얼마만큼의 비용이 소요되었는가를 나타낸다. 수익성은 그 재화로부터 얼마만큼의 수익을 얻을 수 있는가를 나타낸다.

시장성, 비용성, 수익성은 감정평가 3방식의 기본적인 근거가 된다. 즉, 부동산의 가격은 시장에서 거래되고 있는 가격에서 접근하는 비교방식, 비용성의 면에서 접근하는 원가방식, 해당 부동산이 창출하는 수익 발생의 정도를 관찰하여 접근하는 수익방식에 의해 구하여진다.

위의 각 감정평가방식의 적용에 의해 구해진 가격은 감정평가액에 이르는 중간 단계이며, 시산적인 의미를 가지므로 '시산가격(試算價格)'이라 하며, 최종 감정평가액을 얻기 위해서는 시산가격을 조정해야 한다.

2. 시산가격의 조정

시산가격 조정이란 감정평가 3방식을 적용하여 구한 가격인 시산가격(비준가격, 복성가격, 수익가격)을 비교·대조하여 그들 사이에 차이가 있을 때에 이를 조정하는 것이다.

- 비교방식에 의해 구해진 가격 : 비준가격
- 원가방식에 의해 구해진 가격 : 복성가격(적산가격)

• 수익방식에 의해 구해진 가격 : 수익가격

시산가격 조정방법으로는 가중산술 평균하는 방법 등이 있는데, 가중산술평균방법은 감정평가 3방식에 의해 구해진 시산가격에 대상부동산의 특성 · 자료의 신뢰도 · 평가목적 등에 따른 가중치를 설정하여 가중산술평균하는 방법이다.

3. 부동산 감정평가 방법의 선택

2003년 10월 이전까지는 부동산 감정평가시 원가법 등 규칙에서 정한 하나의 평가방법만을 사용하였으나 2003년 8월 건설교통부는 감정평가에 관한 규칙을 개정하여 2003년 10월부터는 원가방식에 의해 구한 가격 외에 비교방식 또는 수익방식으로 구한 가격 등과 비교하여 그 합리성을 검토하는 것을 원칙으로 규정하였다.[1] 이로써 선진국에서 일반화되어 있는 수익방식에 의한 평가가 활성화될 것으로 기대된다.

또한 감정평가시 토지와 건물이 일체로 거래되고 있음에도 불구하고 토지와 건물을 각각 별개로 평가하여 합산하였으나 2개 이상의 물건이 일체로 거래되거나 용도상 불가분의 관계가 있는 경우에는 토지와 건물을 일괄평가할 수 있도록 하였다.

이외에도 소음진동일조침해 또는 환경오염 등으로 인한 토지 등의 가치하락분에 대한 평가는 소음 등의 허용기준, 원상회복비용 등을 고려하여 평가하도록 하여 환경분쟁 등에 있어 객관적인 평가를 통해 이해 당사자간의 이해를 조정할 수 있도록 하였다.

1) 건설교통부, 감정평가에 관한 규칙 개정공포, 보도자료, 2003.8.

〈부동산금융 사례〉

국토부, '토지보상법 시행령 및 시행규칙' 개정안 입법예고

토지 보상평가시 시·도지사가 감정평가업자 1명을 추천할 수 있게 된다.

4일 국토해양부는 보상금산정을 위한 감정평가시 시·도지사도 감정평가업자 1명을 추천할 수 있도록 '공익사업을 위한 토지 등의 취득 및 보상에 관한 법률 시행령 및 시행규칙' 개정안을 오는 5일 입법예고한다고 밝혔다.

이는 '공익사업을 위한 토지 등의 취득 및 보상에 관한 법률'이 개정(6월1일 공포)됨에 따른 후속조치로, 현재 평가업자를 선정함에 있어 '시행자 2명, 소유자 추천 1명'인 것을 '시행자 1명, 소유자 추천 1명, 시·도지사 추천 1명'으로 개정하는 것을 골자로 하고 있다.

본 개정안에 따르면 사업시행자는 보상계획 공고를 낼 때 감정평가업자를 추천할 수 있다는 내용을 포함해 공고 및 통지해야 하며 통지를 받은 시·도지사와 토지소유자는 보상계획 열람만료일부터 30일 이내에 감정평가업자를 추천해야 한다.

다만 시·도지사가 기한 내 추천하지 않을 경우, 2명(사업시행자, 소유자 각 1명)을 선정하고 소유자도 추천하지 않을 경우에는 사업시행자가 2명의 평가업자를 선정해 평가를 실시하게 된다.

이에 따라 시·도지사는 평가업자의 수행능력, 소속 감정평가사의 수, 감정평가실적 등을 감안해 사전에 추천대상자 풀(pool)을 정하게 된다. 이 중에서 객관적이고 투명한 절차에 따라 감정평가업자를 선정, 추천한다.

〈중략〉 이밖에 본 개정안은 토지의 사실상 소유자와 매매협의가 이뤄진 경우, 토지수용위원회에 협의성립 확인 신청 시 신청서류에서 인감증명서를 제외하도록 함으로써 서류를 간소화했다.

본 개정안은 일반 국민의 의견을 수렴한 뒤 규제심사 및 법제처 심사 등을 거쳐 오는 9월 시행될 예정이다.

자료: 〈한국경제〉, 2012.7.4

제 3 절 비교방식

1. 의의

평가대상부동산과 비슷한 부동산이 거래되었던 가격을 근거로 하여 가격을 산출하는 방식으로 부동산 평가에 가장 광범위하게 사용되는 방법이다.

비교방식은 부동산의 거래사례, 임대차사례 등에 착안하여 부동산의 가격이나 임료를 구하는 방법으로 비교성이 있는 사례를 선택하여 적절히 사정보정(事情補正)과 시점수정(時點修正)을 실시하여 가격이나 임료를 구하는 것이며 이 방식 가운데 부동산의 가격을 구하는 기법을 거래사례비교법, 임료를 구하는 기법을 임대사례비교법이라고 한다.

사정보정이란 수집된 거래사례에 거래 당사자의 특수 사정이 있는 경우에 이를 고려하여 보정하는 것이며 시점수정이란 수집된 거래사례의 거래시점과 감정평가시점이 일치하지 아니하는 경우 이를 고려하여 수정하는 것이다.

2. 거래사례비교법

(1) 의의

대상부동산과 비슷한 부동산의 거래사례를 기준으로 하되, 대상부동산의 현황에 알맞게 사정보정과 시점수정 등을 가하여 추정하는 방법이다. 거래사례비교법에 의해 구한 가격을 비준가격(比準價格)이라 한다.

(2) 계산식

비준가격 = 거래사례 × 사정보정 × 시점수정 × 지역요인비교 × 개별요인비교 × 면적비교

(예 6-1) 100평 규모의 유사부동산이 6개월 전 10만원에 거래되었고 평가대상 부동산은 110평이며 그 후 6개월간 주변 부동산가격이 5% 정도 상승하였다. 대상부동산의 비준가격을 구하시오.

〈풀이〉

유사부동산		: 10만원
시점수정	10만원 × 105%	: 10.5만원
면적비교	10.5만원 × 110%	: 11.55만원
비준가격		: 11.55만원

(3) 사례자료의 정상화

1) 사정보정

거래사례비교법에 의해 비준가격을 구할 경우에는 거래사례가 정상적인 것이어야 한다. 그러나 부동산의 거래에는 특별한 사정(예 : 연고자 등 특수한 이해관계자 상호간의 거래, 급매(急賣) 등)에 의해 거래가 성립될 수도 있는데 이와 같이 특별한 사정이 있는 사례 가격은 그대로 적용할 수 없다. 가격의 산정에 있어서 선정된 거래사례에 거래관계자의 특별한 사정 또는 개별적인 동기가 개재되어 있을 경우에는 그런 사정이 없었을 경우의 가격수준으로 정상화해야 한다.

2) 시점수정

시점수정이라 함은 가격의 산정에 있어서 거래사례자료의 거래시점과 가격시점이 불일치하여 가격수준의 변동이 있을 경우에 거래사례가격을

가격시점의 수준으로 정상화하는 작업을 의미한다. 시점수정에 사용되는 가격변동률은 사례부동산이 존재하는 인근지역내의 가격변동률은 우선적으로 사용해야 한다.

① 가격시점

가격시점이란 평가가격결정의 기준이 되는 일자를 의미한다. 감정평가규칙에서는 "가격시점은 대상물건의 가격조사를 완료한 일자로 한다. 다만 가격시점이 미리 정하여진 때에는 가격조사가 가능한 경우에 한하여 그 일자를 가격시점으로 정할 수 있다"고 규정하고 있다.

② 시점수정액의 산정

$$\text{시점수정된 거래가격} = \text{거래사례가격} \times \text{가격변동률}$$

$$\text{가격변동률} = \frac{\text{가격시점의 지수}}{\text{거래시점의 지수}}$$

3) 지역요인의 비교

부동산은 지역성이 있어 지역별로 가격형성이 된다. 거래사례를 인근지역에서 구했을 경우에는 대상부동산과 같은 지역이므로 지역요인비교를 생략하게 된다. 그러나 거래사례자료를 동일수급권 내의 유사지역에서 구했을 경우에는 지역요인비교를 하여야 한다.

(예 6-2) 을지역 사례부동산의 평당가격은 60,000원이다. 대상부동산이 존재하는 갑지역은 지역적으로 을지역보다 6% 우세하다. 이 경우 대상부동산의 평당가격을 구하라.

〈풀이〉 60,000원× 106/100 = 63,600원

4) 개별요인의 비교

지역분석을 한 다음에 개별적 요인을 비교하여 품등비교하고 거래사례가격을 비준하여 대상부동산의 가격을 유추하는 작업을 말한다.

5) 면적의 비교

사례부동산와 대상부동산 간의 면적차이를 보정하는 작업이다.

3. 임대사례비교법

(1) 의의

대상물건과 동일성 또는 유사성이 있는 임대사례와 비교하여 대상물건의 현황에 맞게 보정하여 임료를 산정하는 방법을 말한다. 부동산 임대의 경우에는 임대사례를 선택하여 사정보정 및 시점수정 등을 하여 가격산정을 한다.

(2) 계산식

비준임료 = 임대사례 × 사정보정 × 시점수정 × 지역요인비교 × 개별요인비교 × 면적비교

(3) 임료의 종류

1) 지불임료

각 지불시기에 실제 지불되는 임료

2) 실질임료

임료산정기간에 임대인에게 지불되는 모든 경제적 대가를 의미한다. 실질임료에는 지불임료뿐만 아니라 임료의 성격을 갖는 보증금 운용익 등을 포함한다.

3) 순임료

순임료 = 실질임료 - 필요제경비

'순임료'는 실질임료에서 필요제경비를 공제한 것을 의미하며, 필요제경비는 다음과 같다.

① 감가상각비
② 유지관리비: 수선비, 유지비, 관리비
③ 공조공과: 종합토지세, 도시계획세, 재산세 등
④ 결손준비금
⑤ 손해보험료
⑥ 공실 등에 대한 손실액 : 정상적 공실

제 4 절 원가방식

1. 의의

원가방식(cost approach)은 비용성의 논리에 따라 대상부동산의 재조달에 소요되는 원가에 기초하여 대상부동산의 가격이나 임료(賃料)를 구하는 방식이다.

평가대상부동산과 같은 부동산을 만들기 위해서는 어느 정도 비용이 투입되어야 하는지 하는 관점에서 부동산의 가격을 산출하는 방법으로 토지 보다는 건물 평가시 많이 이용되는 방식이다.

원가방식은 부동산의 재생산 또는 재취득에 소요되는 원가·비용에 착안한 방식으로 부동산의 가격을 구하는 기법을 복성식(復成式)평가법(또는 원가법), 임료를 구하는 기법을 적산법(積算法)이라 한다.

건축물, 기계장치 등과 같은 상각자산에 적용가능하며, 거래가 없어 시장성이 없는 부동산과 같이 거래사례를 구하기 어려운 부동산의 감정평가에 활용가능하다. 그러나 토지와 같이 재생산이 불가능한 자산의 경우에는 적용되지 않는다(조성지 또는 매립지의 경우에는 적용가능하다.).

2. 복성식평가법(원가법)

(1) 의의

복성식평가법은 가격시점에서 대상물건을 재생산 또는 재취득하는 데 소요되는 재조달원가에 감가수정을 가하여 대상물건의 시산가격을 산정하는 방법이다. 복성식평가법에 의해 산정된 가격을 복성가격(또는 적산가격)이라 한다.

(예 6-3) 신축 후 3년이 지난 어떤 건물의 경우 비슷한 입지특성을 가진 토지를 구입하는데 30만원이 소요되고, 비슷한 규모와 질을 갖는 건물을 짓는 건축비가 50만원이 소요되며, 제반 비용과 공과금 그리고 세금 등이 20만원 소요된다. 그리고 3년간 8만원 정도가 감가되었다.

〈풀이〉 이 건물의 재조달원가는 100만원이 되며 8만원 감가상각 되었으므로 이 건물의 가치를 92만원 정도로 평가할 수 있다.

(2) 재조달원가(건물의 경우)

1) 개념

현존하는 물건을 가격시점에 있어서 재생산 또는 재취득할 경우 필요한 원가총액을 의미한다. 재조달원가는 도급건설하는 경우 수급인에게 지불하는 표준적인 건설비(직접공사비, 간접공사비, 수급인의 이윤)와 도급인이 별도로 부담하는 통상부대비용(설계감리비, 등기비용, 이자비용 등)을 합한 것이다.

재조달원가의 종류는 대체원가(replacement cost)와 복제원가(reproduction cost)가 있는데, 대체원가는 대상부동산과 동일한 효용을 갖는 부동산을 가격시점 현재의 노무비, 자재비, 공법으로 신축하는데 소요되는 비용을 말하며 오래된 건물 등과 같이 정확한 원가 자료 확보가 힘든 경우 유용하다. 복제원가는 대상부동산과 재료와 구조 등 물리적으로 동일한 부동산을 신축하는데 소요되는 비용이다.

2) 재조달원가의 산정방법

① 직접법

대상 부동산을 직접 조사하여 표준적인 건설비를 계산하고 통상부대비용을 가산하여 재조달원가를 구하는 방식이다.

② 간접법

대상부동산과 유사한 부동산을 인근지역 또는 동일수급권 내의 유사지역에서 선정하여 선정된 부동산의 재조달원가를 조사한 다음 이를 기초로 대상부동산의 재조달원가를 간접적으로 구하는 방식이다. 즉, 다음과 같은 방식으로 구하게 된다.

☞ 대상부동산과 유사한 부동산을 인근지역에서 선정했을 경우 :

재조달원가 = 사례재조달원가 × 사정보정 × 시점수정 × 개별요인비교 × 면적비교

☞ 대상부동산과 유사한 부동산을 유사지역에서 선정했을 경우 :

재조달원가 = 사례재조달원가 × 사정보정 × 시점수정 × 지역요인비교 × 개별요인비교 × 면적비교

(3) 감가수정

1) 개념

대상물건의 물리적, 기능적, 경제적 감가 등을 고려하여 감가액을 추정한 후, 재조달원가에서 공제하여 가격시점 현재의 대상물건의 가격을 구하는 것을 말한다.

감가수정은 감정평가상의 용어로서 회계학상의 감가상각과는 약간의 차이가 있다.

〈표 4-1〉 감가수정과 감가상각의 차이

구분	감가수정	감가상각
목적	가격시점에 있어 현존가격의 적정화	비용의 기간배분
방법	· 재조달원가를 기초로 한다. · 관찰감가법이 인정된다. · 경제적 내용년수를 기초로 하여 미래 보존년수에 중점을 둔다.	· 취득가격(장부가격)을 기초로 한다. · 관찰감가법이 인정되지 않는다. · 법정내용년수를 기초로 하여 경과년수에 중점을 둔다.

2) 감가요인

① 물리적 감가요인

시간의 경과에 따른 가치의 손실, 마모와 훼손 등

② 기능적 감가요인

건물과 부지와의 부적합, 설비의 불량, 설비의 부족 또는 과잉으로 인한 능률상의 문제, 형식의 구식화 등

③ 경제적 감가요인

시간의 흐름에 따라 인근지역의 쇠퇴, 부동산과 인근환경과의 부적합, 시장성 감퇴 등

(4) 감가수정방법

1) 정액법

① 매년의 감가액 $= \dfrac{\text{재조달원가} - \text{잔존가격}}{\text{내용년수}}$

② 매년의 감가액$(D) = C(1-R)\dfrac{1}{N}$

③ 감가누계액$(D_n) = C(1-R) \times \dfrac{n}{N}$

④ 감정평가액(P_n)

$= \text{재조달원가} - \text{감가누계액} = C - C(1-R) \times \dfrac{n}{N} =$

$C[1-(1-R) \times \dfrac{n}{N}]$

(C : 재조달원가, R : 잔가율, N : 내용년수, n : 경과년수)

(예 6-4) 신축한 지 6년이 경과된 건평 20평의 건물이 있다. 가격시점에 있어서의 평당 재조달원가는 500,000원, 내용년수 20년, 내용년수 만료시의 잔가율 10%이다. 정액법을 적용할 경우 매년 감가액, 감가누계액, 복성가격을 구하시오.

〈풀이〉

C(재조달원가) = 500,000원(평당 재조달원가) × 20평 = 10,000,000원

매년 감가액

$$D = C(1-R)\frac{1}{N} = 10{,}000{,}000 \times (1\text{-}0.1) \times 1/20 = 450{,}000$$

감가누계액

$$D_n = C(1-R)\times\frac{n}{N} = 10{,}000{,}000 \times (1\text{-}0.1) \times 6/20 = 2{,}700{,}000$$

감정평가액(복성가격)

$$(P_n) = C[1-(1-R)\times\frac{n}{N}] = 10{,}000{,}000 - 2{,}700{,}000 = 7{,}300{,}000$$

2) 정률법

정률법은 대상물건의 가치가 일정한 비율로 감가된다는 가정하에 잔존가격(재조달원가 - 감가누계액)에 일정한 감가율을 곱하여 감가액을 구하는 방법이다. 이 방법은 감가액이 초기에 가장 크고 내용년수 후기에 갈수록 감가액이 점차 작아진다.

① 매년의 감가율

매년의 감가율 K, 내용년수 N, 내용년수 만료시의 잔존가치 S, 재조달원가 C라 하면,

- 매년의 감가율 = 1 - $\sqrt[N]{\text{잔존가치} \div \text{재조달원가}}$

이를 기호로 표시하면,

• 매년감가율(K) = $1-\sqrt[N]{\frac{S}{C}}$

② 매년 감가액 = (재조달원가 - 감가누계액) × 감가율

③ 감정평가액

n년 경과 후 감정평가액(P_n) = 재조달원가 - 감가누계액

(예 6-5) 재조달원가 2,000,000원인 A기계의 연간감가율은 0.369이며, 내용년수는 5년이다. 이 기계의 제작 후 2년 경과후의 복성가격을 구하시오.

〈풀이〉

1차년도 감가액 : 2,000,000 × 0.369 = 738,000

2차년도 감가액 : (2,000,000 - 738,000) × 0.369 = 1,262,000 × 0.369 = 465,678

감가누계액 = 738,000 + 465,678 = 1,203,678

2년 후의 복성가격 : 2,000,000 - 1,203,678 = 796,322

③ 관찰감가법

관찰감가법은 대상물건의 전체 또는 구성부분을 면밀히 관찰하여 물리적·기능적 감가요인 등에 의한 감가액을 계산하는 방법이다. 이 방법은 우선 내용년수를 기준으로 하는 방법(정액법, 정률법 등)과 같이 활용됨이 원칙이며 내용년수에 의한 방법으로 감가액을 산정한 후 이를 다시 관찰감가법을 사용하여 수정함으로써 감가액을 적정화하는 방식으로 활용된다.

2) 적산법

적산법은 가격시점에 있어서 대상물건의 가격(기초가격)을 기대이율로 곱하여 산정한 금액에 대상물건을 계속하여 임대차하는 데 필요한 경비를 가산하여 시산임료를 산정하는 방법이며 이 방법에 의해 구한 임료를 적산임료라고 한다. 임대인이 대상부동산을 취득하여 임대차에 제공하는

경우 대상부동산에 대한 자금투자의 대가로 기대되는 금액(기초가격 × 기대이율)에 필요제경비를 가산하여 임료를 산정하는 방식이다.

적산임료 = (기초가격 × 기대이율) + 필요제경비
(필요제경비 : 감가상각비, 세금, 유지관리비 등)

기초가격은 대상부동산의 원본가격을 말하며 이 기초가격은 복성식평가법으로 구하는 것이 원칙이며, 토지처럼 복성식평가법으로 구할 수 없을 때에는 비교방식으로 구할 수 있다. 수익환원법에 의한 수익가격은 임료를 알고 있다는 전제 하에서 구해진 것이므로 수익가격을 기초가격으로 사용하면 안된다.

기대이율이란 임대차에 제공되는 부동산을 취득하는 데 투입된 일정액의 자본에 대하여 기대되는 임대수익의 자본에 대한 비율, 즉 부동산투자에 대한 투자자의 기대보수율이며 당해 계약조건을 전제로 하여 임대차기간 동안에 적용되는 단기적인 이율이다.

기대이율 = 수익 / 투하자본

(예 6-6) A건물의 가격은 60,000,000원이다. 기대이율이 7%이고 필요제경비가 년 110,000원일 경우 적산임료를 구하시오.

〈풀이〉
적산임료 : 60,000,000 × 0.07 + 110,000 = 530,000

제 5 절 수익방식

수익방식은 대상부동산에서 발생되는 수익에 근거하여 대상부동산의 가격이나 임료를 구하는 방법이다. 이와 같이 수익에 근거하여 부동산의 가격을 구하는 방법을 수익환원법이라 하고 임료를 구하는 방법을 수익분석법이라 한다.

1. 수익환원법

(1) 의의

평가대상 부동산이 장래 얼마만큼의 수익을 올릴 수 있는 지에 따라 부동산 가격을 평가하는 방식으로 이론적으로 가장 설명력이 큰 평가방법이다. 이 방법에 의해 산출한 가격을 수익가격이라 한다. 수익가격을 결정하는 요소는 순수익, 환원이율, 수익환원방법인데 이를 수익환원법의 3요소라고 부른다.

수익가격은 다음 산식을 이용하여 구한다.

$$P = a/r$$

(P : 수익가격, a : 순수익, r : 환원이율)

(2) 순수익의 산정

순수익이란 대상부동산을 통하여 획득할 수익에서 그 수익을 발생시키는 데 소요될 비용을 차감한 금액을 의미한다.

순수익의 산정은 임대용 부동산과 기업용 부동산에 따라 다른데, 임대용 부동산의 순수익은 임대수입(실질임료)에서 필요제경비를 차감하여 산정되며, 기업용 부동산의 순수익은 총수익(매출액)에서 총비용(매출원가 등)을 차감하여 산정된다.

1) 직접법

직접법은 대상부동산으로부터 직접 구하는 방법으로 대상부동산에서 산출되는 총수익에서 총비용을 차감하여 순수익을 산정한다.

2) 간접법

인근지역 또는 동일수급권 내의 유사지역에 소재하는 유사부동산의 순수익을 조사하여 이를 기초로 대상부동산의 순수익을 간접적으로 구하는 방법이다. 유사부동산의 순수익을 기초로 사정보정, 시점수정, 지역요인비교, 개별요인비교 절차를 거쳐 시산가격이 구해진다.

3) 잔여법

순수익이 건물과 부지와 같이 복합적으로 구성된 복합부동산의 경우에는 잔여법으로 순수익을 구할 수 있다.

① 토지잔여법

예를 들어 토지·건물의 복합부동산의 경우에는 전체 순수익에서 건물에 귀속되는 순수익을 공제함으로써 토지에 귀속되는 순수익을 구하는 방법을 말한다.

토지의 순수익 = 전체 순수익 - 건물에 귀속되는 순수익

② 건물잔여법

건물잔여법이란 전체 순수익에서 토지에 귀속되는 순수익을 공제함으로써 건물에 귀속되는 순수익을 구하는 방법이다.

건물의 순수익 = 전체 순수익 - 토지에 귀속되는 순수익

(3) 자본환원이율의 산정

1) 개념

자본환원이율이란 수익환원법에서 순수익을 자본환원하는 이율로서 공·사채금리, 정기예금 금리와 같은 순수이율에 대상물건의 위험률, 즉

투자대상으로서의 불확실성, 비유동성, 관리의 난이성 등을 고려하여 결정한다. 환원이율은 대상부동산 최유효이용을 전제로 하며 대상부동산의 내용연수 만료시까지 적용되는 장기적인 이율 개념이다.

2) 자본환원이율의 결정방법

① 시장비교방식(시장추출법)

이 방법은 대상부동산과 유사한 최근의 매매사례로부터 자본환원이율을 산정하는 방법으로서 유사부동산의 순수익을 부동산가격으로 나누어 환원이율을 구하는 방식이며 이 경우에는 보정절차를 거쳐야 한다.

② 요소구성법(조성법)

순수이율을 표준으로 하고 그 투자대상과 관련된 위험률을 가산하여 환원이율을 결정하는 방법이다. 즉 환원이율 = 순수이율 + 위험률이다.

위험률 산정시의 고려대상은 다음과 같다.

ⓐ 확실성의 차이 : 부동산은 사회적, 경제적 변화에 따라 앞으로 발생할 순수익의 크기가 변동될 수 있다. 즉, 부동산에서 발생하는 순수익은 정기예금이자와는 달리 불확실성이 존재한다.

ⓑ 비유동성 : 부동산은 금융자산에 비해 유동성이 낮다. 즉, 금융자산에 비해 현금화하는데 많은 시간과 절차가 소요된다.

ⓒ 관리의 난이성 : 부동산의 경우 임료의 징수, 시설·행정관리 등과 같은 비용과 노력이 소요된다.

③ 투자결합법

ⓐ 금융적 투자결합법

부동산을 취득할 때 자금의 일부는 자기자본으로, 나머지는 부채로 조달하게 되는데, 자금의 구성비율, 즉 전체 자금 중에서 부채비율과 자기자본 비율에 각각의 환원이율을 곱하여 가중평균 환원이율을 산정하는 방식이다.

환원이율 = (부채환원이율 × 부채비율) + (자기자본환원이율 × 자기자본비율)

ⓑ 물리적 투자결합법

대상부동산이 토지와 건물로 구성되어 있으며, 토지와 건물의 환원이율이 다른 경우에 적용가능하다. 그러나 복합부동산의 수익은 토지와 건물이 결합되어 창출되는 것이므로 이를 구분하여 산정하는 것은 합리적이지 않다는 측면이 있다.

환원이율 = (토지환원이율 × 토지가격비율) + (건물환원이율 × 건물가격비율)

(4) 자본(수익)환원방법

순수익을 환원하는 방법은 직접법, 직선법, 연금법 또는 상환기금법 등이 있는데 이 가운데 대상물건에 적정한 방법을 선택한 다음 순수익을 환원이율로 환원하여 수익가격을 구한다.

1) 직접법

순수익이 영속적인 토지 등의 경우와 상각률을 별도로 고려할 필요가 없는 경우에 유용한 방법이다.

(기초지식)

연금(annuity)의 현재가치를 구하는 공식 :

(연금: 매년 동일 금액의 현금흐름이 발생하는 것)

① N년 동안 ANN만큼의 현금흐름이 발생할 경우 연금의 현재가치 공식:

$$PVA = \frac{ANN[1-(\frac{1}{(1+i)^n})]}{i}$$

② ANN 만큼의 현금흐름이 무한히 계속적으로 발생할 경우(즉, n $\rightarrow \infty$)

$\frac{1}{(1+i)^n}$ 은 0이 되므로

$PVA = \frac{ANN}{i}$ 이 된다.

그러므로, 수익가격 = 순수익 ÷ 환원이율

(예 6-7) 토지의 연간 순수익이 6,000,000원, 토지의 환원이율이 12%일 때 수익가격을 구하시오.

〈풀이〉

P = 6,000,000 / 0.12 = 50,000,000(원)

2) 직선법

건물, 기계장치 등과 같이 내용년수가 한정되고 기간이 경과함에 따라 가치가 감소되는 경우 사용되는 방법이다. 직선법이란 상각전 순수익을 상각률을 가산한 환원이율로 자본환원하여 수익가격을 구하는 방법이다.

$$\text{수익가격} = \frac{\text{상각전 순수익}}{\text{상각후 환원이율} + \frac{1}{\text{잔존내용년수}}}$$

(예 6-8) 건물의 상각전 순수익이 4,000,000원, 건물의 상각후의 환원이율이 15%, 건물의 잔존내용년수가 20년이다. 이 건물의 수익가격을 구하시오.

〈풀이〉

$P = a/(r+(1/n))$ = 4,000,000 / (0.15 + 1/20) = 20,000,000원

3) 연금법

연금법은 복합부동산의 경우처럼 평가대상 부동산이 토지, 건물, 기타 상각자산과 결부되어 구성된 경우 사용하는 방법이다.

(기초지식)

매년 A원 만큼 동일금액의 현금흐름이 n년 동안 발생하는 경우 전체 기간 현금흐름의 현재가치는 어떻게 되는지 알아보자. (환원이율은 r)

현재가치의 합계

$$S_n = A[\frac{1}{1+r} + \frac{1}{(1+r)^2} + ... + \frac{1}{(1+r)^n}]$$

위 식은 초항이 $\frac{1}{1+r}$, 공비가 $\frac{1}{1+r}$, 항수가 n인 유한등비수열이다.

유한등비수열의 합을 구하는 공식은 초항$[\frac{1-(공비)^n}{1-공비}]$이므로, 대입하여 정리하면 수익가격 P는 $A\frac{[(1+r)^n-1]}{r(1+r)^n}$ 이 된다.

그런데 내용년수 만료시에 건물·기계장치 등의 잔존가격이 남는 경우 또는 처분정리비의 지출 등이 예상될 경우에는 이 금액들의 현재가치를 구해 수익가격을 가감조정해야 한다.

$$P = A\frac{[(1+r)^n-1]}{r(1+r)^n} + \frac{S}{(1+r)^n} - \frac{B}{(1+r)^n}$$

S : 가격시점에서의 잔존가격

B : 가격시점에서의 처분정리비

2. 수익분석법

(1) 의의

수익분석법이란 대상물건이 일정한 기간에 산출할 것으로 기대되는 순수익을 구한 뒤 대상물건을 계속하여 임대차하는 데 필요한 경비를 가산하여 대상물건의 임료를 산정하는 방식이며 이 방식에 의해 구한 임료를 수익임료라 한다.

수익임료 = 순수익 + 필요제경비

(2) 순수익

순수익은 차주(借主)가 부동산을 사용하여 얻은 수익에서 그 수익을 발생시키는 데 소요된 비용을 차감한 금액을 의미한다. 즉, 매출액에서 매출원가, 판매비와 관리비, 이자비용 등을 차감하여 계산된다. 즉, 수익분석법은 상업용부동산의 임대차에 있어서 차주가 그 부동산을 사용하여 얻은 수익 가운데 임료로 지불가능한 정도를 구하여 임료를 결정하려고 하는 방식이다.

제6절 총수익승수분석법과 총임료승수분석법

1. 총수익승수분석법

대상부동산의 총수익에 사례부동산으로부터 계산된 총수익승수(GIM: gross income multiplier)를 곱하여 대상부동산의 가격을 산출하는 방식이다.

(GIM = 사례부동산의 거래가격 / 사례부동산의 총수익)

대상부동산의 시산가격 = 대상부동산의 총수익 X GIM

2. 총임료승수분석법

대상부동산의 총임료에 사례부동산으로부터 계산된 총임료승수(GRM: gross rent multiplier)를 곱하여 대상부동산의 가격을 산출하는 방식이다.

(GRM = 사례부동산의 거래가격 / 사례부동산의 총임료)

대상부동산의 시산가격 = 대상부동산의 총임료 X GRM

위의 두 방식은 대상부동산과 유사한 사례부동산의 시장가격 및 임료 자료가 객관성이 높을 경우에 적용가능하다.

제 7 절 회귀분석법

회귀분석법이란 부동산가격(종속변수)와 부동산가격과 관련이 있는 여러 변수(독립변수) 간의 관계식을 추정하여 독립변수의 일정한 값에 대응되는 종속변수의 값을 추산하는 방법이다.

1. 단순선형회귀분석

독립변수를 하나로 두고 회귀방정식을 도출하는 방법이다.

$$y = a + bx$$

y : 종속변수(부동산가격)
x : 독립변수
a : 회귀상수
b : 회귀계수

2. 다중회귀분석

$$Y = a + b_1x_1 + b_2x_2 + \ldots + b_nx_n$$

단순선형회귀분석과 근본적으로 같은 논리이나 둘 이상의 독립변수와 종속변수의 관계를 분석하는 방법이다.

〈표 4-2〉 물건별 평가

대상물건	평가방법
동산	거래사례비교법, 적정하지 아니한 경우 원가법 또는 해체처분가격으로 평가할 수 있음
토지	공시지가를 기준으로 기타 사항 등을 종합적으로 참작하여 평가함
건물	원가법, 적정하지 아니한 경우 거래사례비교법 또는 수익환원법으로 평가할 수 있음
공장	유형고정자산+무형고정자산, 계속적인 수익이 예상되는 경우에는 수익환원법으로 평가할 수 있음
무형고정자산	수익환원법, 적정하지 아니한 경우 거래사례비교법 또는 취득원가를 기준으로 결정할 수 있음
임료	임대사례비교법, 적정하지 아니한 경우 적산법 또는 수익분석법으로 평가할 수 있음
주식	상장주식의 경우 가격시점 이전 30일간의 가중산술평균가격으로 함

〈표 4-3〉 감정평가 3방식 6방법

3방식	6방법	개 념
원가방식	원가법	가격시점에서 대상물건의 재조달원가에 감가수정을 하여 대상물건이 가지는 현재의 가격을 산정하는 방법
	적산법	가격시점에 있어서의 대상물건의 가격을 기대이율로 곱하여 산정한 금액에 대상물건을 계속하여 임대차하는데 필요한 경비를 가산하여 임료를 산정하는 방법
비교방식	거래사례비교법	대상물건과 동일성 또는 유사성이 있는 물건의 거래사례와 비교하여 대상물건의 현황에 맞게 사정보정 및 시점수정 등을 가하여 가격을 산정하는 방법
	임대사례비교법	대상물건과 동일성 또는 유사성이 있는 다른 물건의 임대사례와 비교하여 대상물건의 현황에 맞게 사정보정 및 시점수정 등을 가하여 임료를 산정하는 방법
수익방식	수익환원법	대상물건이 장래 산출할 것으로 기대되는 순수익 또는 미래의 현금흐름을 적정한 율로 환원 또는 할인하여 가격시점에 있어서의 평가가격을 산정하는 방법
	수익분석법	일반기업경영에 의하여 산출된 총수익을 분석하여 대상물건이 일정한 기간에 산출할 것으로 기대되는 순수익을 구한 후 대상물건을 계속하여 임대차하는데 필요한 경비를 가산하여 대상물건의 임료를 산정하는 방법

참고문헌

백영준 · 백일현 · 신종욱 · 양우석, 『감정평가론』, 2판, 부연사, 2002.10.
이창석 외, 『부동산감정평가론』, 형설출판사, 2000.2.

제3부

주택금융

제 5 장

주택금융시장

제 1 절 주택금융의 기본 개요

1. 주택금융의 개념

주택법에 의하면 주택이란 세대의 세대원이 장기간 독립된 주거생활을 영위할 수 있는 구조로 된 건축물과 이에 부속된 토지 또는 건축물의 일부를 말하여 공용부분이 없는 구조로 된 단독주택(예: 단독주택, 다중주택, 다가구주택)과 대지 및 건물의 벽・복도・계단 및 설비 등의 전부 또는 일부를 공동으로 사용하는 각 세대가 하나의 건축물 안에서 각각 독립된 주거생활을 영위할 수 있는 구조로 된 공동주택(예: 다세대주택, 연립주택, 아파트)으로 구분된다.

주택금융(residential property finance)이란 주택과 같은 거주용 부동산을 매입 또는 임대하는데 필요한 자금조달과 관련된 금융을 말한다. 주택을 구입하기 위해 차입을 해야 하는 경우 구매자는 은행 등 금융회사로부터 자금을 조달한다.

일반적으로 주택을 구입하기 위해서는 많은 자금이 소요되므로 주택구입자금이 부족한 주택구입자는 은행 등 금융회사로부터 차입을 한다. 주택문제는 국민의 주거안정과 실물경제에 미치는 영향이 크기 때문에 정부는 다양한 주택금융제도를 마련하고 있다.

2011년 한국주택금융공사의 주택금융 및 보금자리론 수요실태조사에 따르면 주택구입시 쾌적한 주거환경이 가장 중요한 고려사항이고 그 다음이 교통환경 및 직장과의 거리로 나타났다. 구매의향이 있는 주택형태는 아파트가 단독주택보다 더 많은 것으로 조사되었다. 조사대상 주택담보대출의 평균 LTV(주택담보대출금액/담보주택가격)은 38.1%이고 DTI(월평균상환액/월가구소득)는 15.6%로 나타났다. 변동금리형 주택담보대출은 66.2%로 고정금리형 주택담보대출 24.4%보다 더 많았다. 주택담보대출의 기준금리으로는 CD가 33.4%로 가장 많고 변동주기는 3개월이 44.2%로 가장 많았다.[2)]

고성수·주민균(2011)에 의하면 고정금리형인 보금자리론 선택에 영향을 미치는 요인은 시중은행의 변동금리 주택담보대출과의 금리차이, 변동금리의 향후 추세, 차입자의 예상금리수준이었다.

조만(2012)은 국내 주택금융제도를 대출상품, 대출심사기준, 자금조달 규제기준으로 구별하여 국제비교를 통한 평가를 시도하였다.[3)]

주택금융시장은 1차 시장(primary market)과 2차 시장(secondary market)으로 구분된다. 1차 시장은 금융기관이 주택구입자에게 주택자금을 대출하여 주택저당채권이 발생하는 시장이고 2차 시장은 주택저당채권을 근거로 발행된 주택저당증권이 유통되는 시장이다.

2. 주택금융의 특징

첫째, 주택금융은 대표적인 소비자금융상품으로 주로 주택구입을 구입

---

2) 이 조사의 표본대상은 서울특별시, 6대 광역시, 9개 도, 신도시내 거주하는 5,000 가구, 20~59세 가구주들이다.

3) 조만·차문중, 글로벌금융위기이후 주택정책의 새로운 패러다임 모색, KDI 연구보고서 2012-01, 2012.

하고자 하는 개인들이 대상된다. 주택은 거주목적 이외에도 재산증식 수단으로 선호되는 투자수단이다.

둘째, 일반적으로 주택은 다른 재화에 비해 가격이 높은 편이기 때문에 주택구입자가 주택구입자금을 용이하게 상환할 수 있도록 상환기간, 상환현금흐름 등 차입금 상환방식이 다양하게 발전되어 오고 있다.

셋째, 원활한 주택의 수요와 공급은 국민의 주거안정에 매우 중요하기 때문에 주택금융시장에서 정부의 역할이 중요하며 정부에 의한 시장개입도 자주 발생하는 편이다. 또한, 일반 금융회사에 의한 자금공급이외에 정책금융이 중요한 역할을 한다.

넷째, 주택금융은 담보가 확보되어 있고 기업금융에 비해 상대적으로 채무불이행 확률이 낮아 금융회사 입장에서는 수익성이 높은 상품이다.

제 2 절 국내 주택금융시장

1. 국내 주택금융시장 개관

우리나라의 경우 주택공급의 부족으로 주택에 대한 만성적인 초과수요가 발생하였고 이에 따라 주택금융에 대한 초과수요도 계속되어 오고 있다. 비록 주택보급률이 매년 높아지고 있지만 수도권 인구집중현상, 특정 주거지역에 대한 선호 등으로 인해 부동산시장이 과열되기는 현상이 반복되고 있어 부동산투기 억제정책이 반복적으로 실시되고 있다.

1989년 12월 부동산투기억제를 위해 부동산에 대한 수요억제정책인 토지공개념제도를 도입하였으나 1991년에는 분당·일산 등 신도시 건설을 추진하여 주택공급증가정책을 실시하였다. 1995년 7월에는 부동산실명제를 실시하였으나 1998년 IMF 외환위기로 인해 건설업체의 대량 부도사태가 발생하자 분양권 전매허용, 분양가 자율화, 각종 세제 혜택실시 등 부동산경기부양정책을 추진하였다.

〈그림 5-1〉 우리나라의 주택금융제도 현황 : 주택대출시장 (2007. 5월말, 잔액기준)

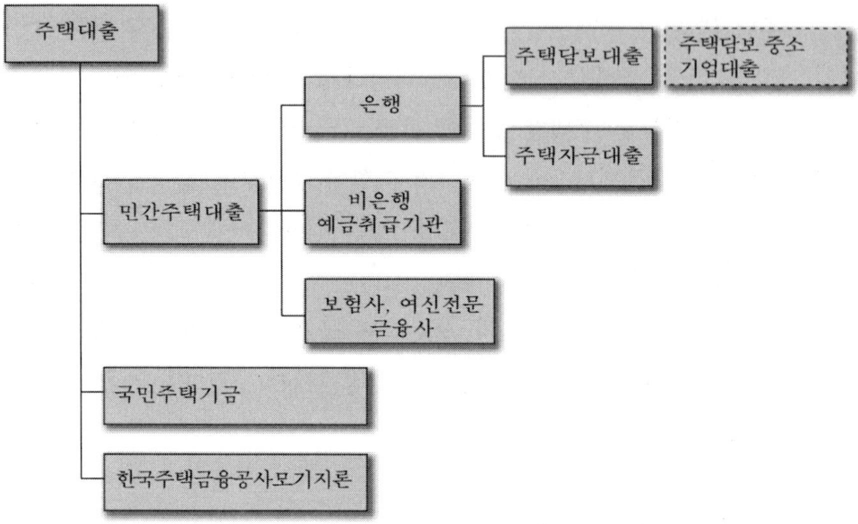

주 : 1) 개인주택 취득 및 전세자금 대출잔액(건설회사 등에 대한 대출 제외)

그러나 2002년 이후 부동산경기가 과열양상을 보이자 정부는 2003년 들어서는 부동산투기를 억제하기 위해 5월 투기과열지구에서 분양권 전매금지, 9월 종합부동산세 신설, 10월 양도소득세 부과기준강화, 주택담보대출비율 하향조정, 주택거래신고제 추진, 11월 아파트 기준시가 인상, 후분양제 추진 등 부동산 투기억제 대책을 계속해서 발표하였다.

2002년 7월 인천 송도신도시 동북아 비즈니스 중심 개발안이 발표되었고 2003년 8월에는 송도·영종도·청라지구를 포함한 인천경제자유구역 지정안이 발표되었다.

한편 행정수도 이전에 대한 기대감으로 2002년 말부터 충청권의 토지가격이 급등하였다. 2003년에는 부동산시장의 과열로 다수의 지역이 주택투기지역으로 지정되었다. 2004년 3월에는 종합부동산세가 신설되었고 같은 해 10월에는 양도세 중과 조치가 취해졌다.

정부는 2005년 7월에는 담보인정비율(LTV)을 투기지역, 투기과열지구 등에 차등적용하는 주택담보대출 억제방안을 발표하였다. 정부는 집값안정을 위해 계속해서 2005년 8월, 2006년 3월에도 주택담보대출 억제방안과 부동산세제 개정안을 발표하였다.

한편 2005년 12월에는 송파신도시 개발계획안, 2006년 1월에는 광교신도시 건설안이 발표되었다.

2007년 1월 부동산시장 안정대책을 마련하여 주택담보대출 규제확대 · 채권입찰제 대상확대 · 분양원가 공개 대상 확대를 실시하였다. 같은 해 4월에는 주택청약가점제를 도입하였다. 같은 해 7월 주택연금제도를 도입하였다.

하지만 2008년 글로벌 금융위기로 인해 경제가 침체됨에 따라 2008년 8월과 9월에는 재건축규제완화·양도세 과세대상 고가주택범위 상향조정 등 부동산경기 활성화 방안 및 세제개편안을 발표하였다. 2008년 9월에는 일반 아파트보다 분양가가 낮은 보금자리주택 건설방안 확정 · 발표하였다.

2009년 2월에는 미분양아파트 해소를 위한 세법개정안을 발표하고 5월에는 주택경기 활성화를 위하여 소위 '만능통장'이라고 불리는 주택청약종합저축을 도입하였다. 8월에는 보금자리 주택추가 건설 · 근로자생애최초 주택청약제도 도입 등 서민주택공급활성화 방안을 마련하였다.

2010년 8월에는 무주택자 또는 1가구 1주택자에 대한 금융기관의 DTI 자율적 적용, 취 · 등록세 감면 기간 연장을 내용 등으로 하는 「실수요 주택거래정상화와 서민 · 중산층 주거안정방안」을 발표하였고 2011년 5월에는 「건설경기 연착륙 및 주택공급 활성화 방안」을 발표하였다. 2012년 5월에는 투기지역 · 주택거래신고지역 해제 · 분양권 전매제한 기간 완화·1세대 1주택자 양도세 비과세 보유요건 완화 등을 내용으로 하는 「주택거래 정상화 및 서민 · 중산층 주거안정 지원방안」을 발표하였다.[4)]

그러나 부동산투기 억제정책은 건설업체의 수익악화를 초래하고 이는

4) 임윤수, 부동산장책과 금융대책분석 - DTI 규제를 중심으로-, 부동산연구 제21집, 2011, 147-166.

주택공급물량을 감소시켜 결국 주택가격의 상승과 서민들의 주택부족현상을 심화시키는 등 사회문제로 확대되는 부작용을 발생시킨다. 따라서 정부의 부동산정책은 주택공급 확대정책(공급증대정책)과 부동산투기 억제정책(수요억제정책)이라는 상반된 주택정책을 반복하고 있는 모습을 보이고 있다.

정부는 이러한 주택문제를 해결하기 위해 주택금융을 정책적 차원에서 다루어 왔다. 서민의 주거안정과 내집마련을 위해 국민주택기금의 설치, 입주자저축제도, 주택할부금융회사의 도입 등 직접적 수단과 간접적 수단을 활용하여 정부가 주택금융에 관여하고 있다.

한편, 은행의 풍부한 유동성과 장기채권시장의 미발달로 우리나라의 경우 주택저당증권이 거래되는 제2차 저당시장이 발달하지 못한 상태이다.

〈표 5-1〉 주택금융관련 연혁

1977.4	국민주택청약부금제 실시
1978.2	주택청약예금제 실시
1978.3	주택공급에 관한 규칙제정
1979.10	주택조합제도 도입
1981.5	국민주택 선매청약저축제도 시행
1983.2	공인중개사제도 도입(1985.9 1회 시험 실시)
1983.5	아파트 분양에 채권입찰제 실시
1984.11	다세대주택제도 도입
1987.11	근로자주택마련저축제도 도입
1988.8	토지공개념 도입
1989.10	채권입찰제 상한선 도입
1990.4	민간 첫 주택상환사채 발행
1993.4	주택사업공제조합 발족
1995.1	부동산실명제 실시(1993.8 금융실명제 실시)
1995.12	주택전문 할부금융 업체 인가
1998.2	주택저당채권 유동화제도 도입
1999.4	대한주택보증회사설립(1998.12 주택사업공제조합 폐지)
1999.7	아파트 분양에 채권입찰제 폐지 시행
1999.10	주택저당채권유동화 회사 영업인가
2000.3	청약예금부금 가입자격을 가구주당 1계좌에서 만20세 이상 1인당 1계좌로 확대. 청약예금부금가입을 주택은행(현 KB은행)에서 모든 시중은행으로 확대
2000.5	부동산투자회사제도 도입
2003.10	부동산보유세 개편(2005년부터 종합부동산세 부과)

2004.3	한국주택금융공사 설립(주택저당채권유동화 회사 통합)
2004.5	최초 부동산펀드 판매(맵스자산운용)
2007.4	주택청약가점제 도입
2007.7	주택연금 도입
2008.9	보금자리주택 건설방안 확정
2009.5	주택청약종합저축 도입
2009.8	근로자생애최초 주택청약제도 신설
2009.10	한국토지주택공사 출범
2009.12	준주택제도 도입
2010.2	코픽스 기준금리 도입
2010.6	저축은행 부실PF에 대한 정리방안 발표
2011.5	PF정상화뱅크 출범 - 민간배드뱅크 1조부실채권 매입

〈그림 5-2〉를 살펴보면 예금은행의 주택담보대출은 2001년말 약 85조원이었으나 2002년 이후 부동산 시장의 과열현상을 반영하듯 주택담보대출규모는 2002년 약 131조원까지 급등한 후 이후 꾸준히 증가하여 글로벌 금융위기 이전인 2007년에는 약 221조원을 기록하였다. 글로벌 금융위기 이후에도 주택담보대출은 지속적으로 증가하여 2011년에는 약 306조원을 기록하였다.

이러한 주택담보대출 규모의 증가는 가계부채 규모가 증가하는 것을 의미한다. 지나친 가계대출 증가는 경기침체 및 주택가격 하락과 맞물려 부실주택담보대출 규모가 증가하고 가계의 가처분 소득이 줄어 소비가 위축되는 등 향후 서민경제에 악영향을 미치고 있다. 최근 이러한 현상과 관련하여 '하우스 푸어', '깡통 아파트', '깡통전세집' 등과 같은 신조어가 나오고 있다.

〈그림 5-2〉 예금은행의 주택담보대출 추이, 2001~2012(단위: 조원)

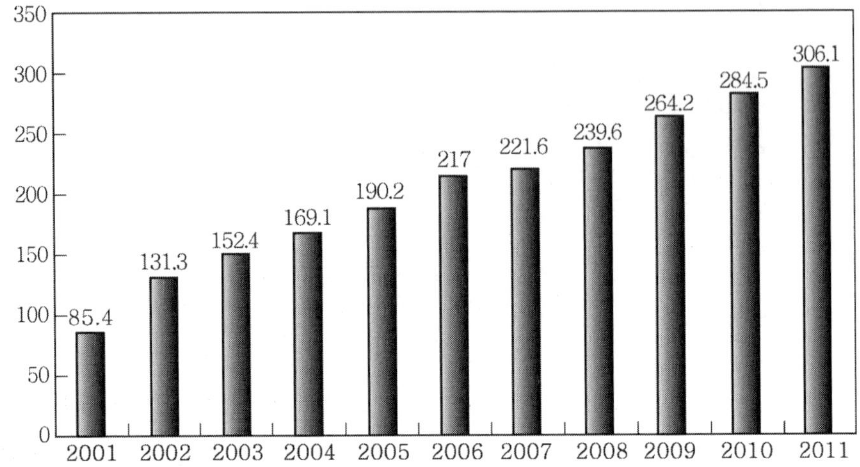

자료: 한국주택금융공사

〈부동산금융 사례〉

가계부채 현황과 정책과제

가계부채의 부실증가는 금융기관의 부실채권 증가로 이어져 금융기관의 부실화를 초래하게 된다. 2007년~2008년 미국 서브프라임 모지기 부실사태가 금융회사의 부실과 파산으로 이어지고 금융시장 뿐만 아니라 실물경제의 불안까지 초래한 사례를 우리는 이미 글로벌 금융위기를 통해 경험하였다.

가계부채 증가 문제에 대한 대책을 마련하기 위해 금융당국은 이미 2011년 6월 29일 가계부채 연착륙 종합대책을 발표한 바 있다. 가계부채는 외환위기 이후인 1999~2002년 동안 정부가 경기침체를 막기 위한 시중 유동성 공급 증가 정책을 사용하면서 증가하기 시작하였다. 이 시기에는 가계대출은 증가하고 기업대출은 상대적으로 감소하는 현상이 나타났다. 이후 2003~2004년에는 카드 부실사태로 인한 신용경색 현상으로 인해 가계대출이 위축되었다. 하지만 2005~2006년 부동산 경기가 과열되면서 가계대출이 다시 증가하기 시작하였다. 이 시기에는 특히 주택담보대출이 크게 증가하였다. 2007년 이후 주택대출 규제로 은행권의 가계대출이 다소 감소하였으나 비은행권의 가계대출은 증가하였다.

금융감독원은 외환위기 이후 가계부채 증가의 원인으로 저금리 기조, 풍부한 시중 유동성, 금융회사의 대출확대 경쟁이 복합적으로 작용한 것으로 분석하고 있다. 금융감독 당국에 의하면 건전성, 차주구성, 금융회사의 손실흡수 능력, 가계 자산상황 등을 볼 때 아직까지는 금융회사들이 감당할 능력이 있는 것으로 판단하고 있다. 다만 가계대출의 높은 증가세, 취약한 대출구조, 가계부채의 질 즉 차입자의 구성 즉 자영업자 · 다중채무자 · 저소득층 · 고령층 등에서 우려되는 부분이 있다는 것이다.

자료: 〈시사금융〉, 2012.8

2. 주택금융 관련 금융회사

주택금융을 취급하는 금융기관으로는 국민주택기금을 취급하는 시중은행, 농협, 수협, 생명보험회사, 상호저축은행이 있다. 이들 금융기관은 주택담보대출을 통해 주택구입자에게 자금을 공급한다.

주택금융시장에서 이 중 은행이 가장 중요한 역할을 수행하고 있다. 일반은행과 농협(www.nonghyup.com) 등은 주택담보대출, 입주자저축 취급업무 등을 수행하고 있다.

1997년 IMF 외환위기 이후에는 은행들이 기업금융보다는 소매금융에 치중하는 경영전략을 구사함에 따라 다양한 주택금융상품을 내놓는 등 주택금융에 대해 관심이 높아지고 있는 추세이다. 국민은행(www.kbstar.com)은 소득공제 혜택과 생활보험 무료 가입 혜택을 받으면서 최장 35년까지 주택대출상품을 판매하였다.

1996년 1월에 도입된 여신전문금융회사인 주택할부금융회사는 주택구입자를 대신하여 건설회사에 주택구입자금을 대납하고 대금을 주택구입자로부터 분할상환을 받는다. 주택할부금융을 제공하는 회사로는 SC스탠다드 캐피탈, 동부캐피탈, 현대캐피탈 등이 있다. 이들 캐피탈회사는 주로 분양아파트를 대상으로 중도금이나 잔금을 장기할부, 그리고 원리금 균등분할방식 또는 거치식 원리금균등분할방식으로 대출을 제공한다.[5] 이외에도 개인이나 주택사업자가 금융기관으로부터 주택구입 및 주택건설시 자금을 조달하는 경우 보증기능을 수행하는 주택금융신용보증기금이 있다.

국내 주택금융관련 금융기관 중 한국주택금융공사는 주택담보대출 관련 상품판매 및 주택금융신용보증, 주택저당증권 발행 등 주요한 업무를 담당하고 있다. 다음 절에서 한국주택금융공사의 역할에 대해 상세히 서술하고자 한다.

참고문헌

고성수 · 주민규, “국내 주택금융시장의 모기지 선택에 관한 연구”, 부동산학연구 제17집, 2011, 59-75.

시퀴에르 & 레아, 『주택산업과 주택금융』, 부연사, 2012.

임윤수, “부동산정책과 금융대책분석 - DTI 규제를 중심으로-”, 부동산연구 제21집, 2011, 147-166.

임재현 · 한상삼 · 정승영 · 최신웅, 『주택정책론』, 부연사, 2008.

장지웅, 『주택시장 30년』, 책나무, 2010.

5) 주택할부금융을 제공하는 캐피탈회사에 대한 정보는 여신금융협회(www.crefia.or.kr)에서 참고.

제 6 장

국내 주택금융관련제도

주택건설에 필요한 자금은 재원에 따라 국민주택, 민영주택, 민간건설중형 국민주택으로 구분되며 주택건설에 필요한 자금을 조달하는 수단으로는 국민주택기금, 국민주택채권, 주택상환사채, 국민주택사업 특별회계,[1] 주택복권, 농업협동조합중앙회의 주택자금 조달,[2] 입주자저축 등이 있다.

제 1 절 주택청약제도

1. 주택청약제도의 취지

주택청약제도란 주택을 공급받고자 하는 자에 대해 미리 입주금의 전부 또는 일부를 저축하게 하는 예금으로 주택청약제도라고도 한다. 주택청약제도는 주택에 대한 수요가 주택공급보다 많아 청약자의 순위를 결정하기

1) 국민주택사업 특별회계란 지방자치단체가 국민주택사업의 시행을 위하여 국민주택사업의 특별회계를 설치·운용하는 것을 말한다.
2) 농업협동조합중앙회의 주택자금조달이란 농업협동조합중앙회가 지방자치단체가 농어촌지역에서 시행하는 주택사업을 위하여 일정한 자금을 조달하고 운용하는 것을 말한다.

위하여 도입된 제도이다.[3] 입주자저축은 1977년 8월 이후 2000년 3월 이전까지는 한국주택은행(현, 국민은행)만 이를 독점 취급하였으나 2000년 3월 이후에는 모든 시중은행이 주택청약업무를 취급하고 있다.

2. 주택청약제도의 내용

주택청약을 하기 위해서는 청약예금을 취급하는 금융기관에서 청약통장에 가입해야 하는데 청약통장의 종류는 신청대상주택, 가입대상, 예치금액 등의 기준에 의해 청약저축, 청약부금, 청약예금주택청약종합저축으로 구별된다.

청약저축의 가입대상은 무주택 세대주이나 청약부금 및 청약예금의 가입대상은 주택소유 유무에 관계없이 만 20세 이상의 국민이면 된다. 단, 1인 1계좌로 제한되어 있다.

주택청약에 가입하면 순위별로 정해진 기간에 따라 청약1순위, 2순위, 3순위 청약자격이 결정된다.[4] 청약우선순위는 무주택기간, 가족수, 소득, 자산현황, 통장 가입기간 등을 고려하여 결정된다.

청약저축이나 청약부금은 일정액을 매월 납입하는 형태이나 청약예금은 예치금을 일시불로 납부해야 한다. 청약부금과 청약예금의 예치금액은 지역별(서울, 부산, 광역시, 시·군)과 전용면적에 따라 상이하다.

2005년 3월에는 공공택지 안에서 건설·공급되는 주거전용면적 85m^2 (약 25.7평) 이하 공동주택에 대해서는 분양가상한제도가 도입되었고 2005년 8월에는 공공택지 안에서 건설·공급되는 주거전용면적 85m^2(약 25.7평) 이하 공동주택에 대해서는 원가연동제가 도입되었고 85m^2(약 25.7평) 이상 공동주택에 대해서는 채권입찰제도가 재도입되었다.

2007년 9월 무주택자 등 실수요자 중심의 주택공급을 위한 청약가점제

---

3) 부동산투기 억제정책을 정부가 추진 중인 후분양제가 도입되면 주택청약제도가 유명무실해질 것이라는 우려가 있다. 후분양제가 실시되면 기존의 청약통장가입자에 대한 처리 등 청약제도의 개선이 필요하다.

4) 주택공급조건·방법·절차 등은 주택공급에 관한 규칙에서 규정하고 있다.

가 도입되고 기존 추첨제 방식과 청약가점제를 일정비율로 병행하도록 주택공급에 관한 규칙이 개정되었다.

청약가점제는 무주택기간, 부양가족수, 청약통장 가입기간을 기준으로 점수가 높은 사람에게 우선 분양하는 제도로 적용주택은 민간건설 중형 국민주택, 민영주택(1, 2순위 청약자)이 해당된다.

2008년에 발생한 글로벌 금융위기 이후 아파트 미분양 등으로 위축된 주택시장의 활성화를 위하여 2009년 정부는 민간주택 분양가상한제 폐지(집값 안정을 위해 2007년 9월 도입), 양도세 감면 정책을 시행하였다. 같은 해 5월에는 주택청약종합저축 상품을 도입하였다.

기존의 청약예금・부금・저축이 청약대상주택을 기준으로 분리되어 있는데 청약종합저축은 이들 청약예금・부금・저축을 묶어놓은 청약통장이다. 주택청약종합저축은 공공주택, 임대주택, 민간주택 등 모든 주택에 청약이 가능하며 주택 소유 여부나 나이 제한 없이 누구나 가입할 수 있다. 적립식을 기본으로 하되, 일정 금액이 적립되면 예치금으로 인정하는 예치식도 병행된다. 일정 금액(2만~50만원)을 2년간 적립하면 청약저축 1순위 자격을 얻을 수 있다.

〈표 6-1〉은 각 주택청약상품별 대상지역・가입대상・저축방식・저축금액・대상주택에 대해 설명하고 있다.

〈표 6-1〉 주택청약상품

구분	청약종합저축	청약저축	청약부금	청약예금
대상지역	전국	전국	시・군지역	시・군지역
가입대상	연령, 자격제한 없음	무주택 세대주	20세이상(유주택자도 가능)	20세이상(유주택자도 가능)
저축방식	매월 일정액 적립식 및 예치식	매월 일정액 불입	매월 일정액 불입	일시불 예치
저축금액	월2~50만원	월2~10만원	월5~50만원	200~1,500만원(규모・지역별차등)
대상주택	모든 주택	$85m^2$ 이하 공공기관 건설주택	$85m^2$ 이하 민영주택	모든 민영주택

자료: 국토해양부

청약제도에는 국가유공자·장애인다자녀가구 등 정책적 배려가 필요한 계층 중 무주택자를 지원하기 위한 특별분양제도가 있다. 이외에도 특별분양제도에는 노부모부양·신혼부부·생애최초 특별공급제도가 있다.

〈그림 6-1〉 주택청약종합저축

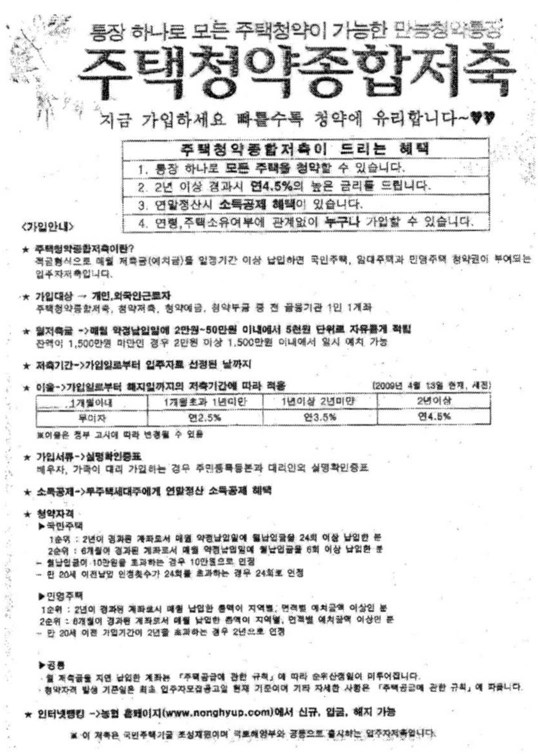

통장 하나로 모든 주택청약이 가능한 만능청약통장

주택청약종합저축

지금 가입하세요 빠를수록 청약에 유리합니다~♥♥

주택청약종합저축이 드리는 혜택
1. 통장 하나로 **모든 주택을 청약**할 수 있습니다.
2. 2년 이상 경과시 **연4.5%**의 높은 금리를 드립니다.
3. 연말정산시 **소득공제 혜택**이 있습니다.
4. 연령,주택소유여부에 관계없이 **누구나** 가입할 수 있습니다.

〈가입안내〉

★ **주택청약종합저축이란?**
적금형식으로 매월 저축금(예치금)을 일정기간 이상 납입하면 국민주택, 임대주택과 민영주택 청약권이 부여되는 입주자저축입니다.

★ **가입대상 → 개인,외국인근로자**
주택청약종합저축, 청약저축, 청약예금, 청약부금 중 전 금융기관 1인 1계좌

★ **월저축금 ->매월 약정납입일에 2만원~50만원 이내에서 5천원 단위로 자유롭게 적립**
잔액이 1,500만원 미만인 경우 2만원 이상 1,500만원 이내에서 일시 예치 가능

★ **저축기간->가입일로부터 입주자로 선정된 날까지**

★ **이율->가입일로부터 해지일까지의 저축기간에 따라 적용** (2009년 4월 13일 현재, 세전)

1개월이내	1개월초과 1년미만	1년이상 2년미만	2년이상
무이자	연2.5%	연3.5%	연4.5%

※이율은 정부 고시에 따라 변경될 수 있음

★ **가입서류->실명확인증표**
배우자, 가족이 대리 가입하는 경우 주민등록등본과 대리인의 실명확인증표

★ **소득공제->무주택세대주에게 연말정산 소득공제 혜택**

★ **청약자격**

▶국민주택
1순위 : 2년이 경과된 계좌로서 매월 약정납입일에 월납입금을 24회 이상 납입한 분
2순위 : 6개월이 경과된 계좌로서 매월 약정납입일에 월납입금을 6회 이상 납입한 분
- 월납입금이 10만원을 초과하는 경우 10만원으로 인정
- 만 20세 이전납입 인정횟수가 24회를 초과하는 경우 24회로 인정

▶민영주택
1순위 : 2년이 경과된 계좌로서 매월 납입한 총액이 지역별, 면적별 예치금액 이상인 분
2순위 : 6개월이 경과된 계좌로서 매월 납입한 총액이 지역별, 면적별 예치금액 이상인 분
- 만 20세 이전 가입기간이 2년을 초과하는 경우 2년으로 인정

▶공통
· 월 저축금을 지연 납입한 계좌는 「주택공급에 관한 규칙」에 따라 순위산정일이 미루어집니다.
· 청약자격 발생 기준일은 최초 입주자모집공고일 현재 기준이며 기타 자세한 사항은 「주택공급에 관한 규칙」에 따릅니다.

★ **인터넷뱅킹 ->농협 홈페이지(www.nonghyup.com)에서 신규, 입금, 해지 가능**

※ 이 저축은 국민주택기금 조성재원이며 국토해양부와 공동으로 출시하는 입주자저축입니다.

제 2 절 국민주택기금

1. 국민주택기금의 설치취지

국민주택기금은 주택건설종합계획을 효율적으로 실시하기 위하여 필요한 자금을 조달하고 이를 원활히 공급하기 위하여 설치되었다(주택법 제60조).[5] 국민주택기금은 국민의 주거생활의 안정과 향상을 도모하기 위하여 서민용 임대주택건설이나 소형주택건설자금을 지원하는 데 사용된다.

국토해양부(www.mltm.go.kr)는 국민주택기금의 운용과 관리규정을 제정·개정하며 기금의 수탁기관을 지도·감독하는 업무를 담당한다. 기금의 수탁기관은 국민주택채권, 청약저축 등으로 자금을 조성하고 국가지방자치단체 주택공사 개인 민간사업자에게 주택건설자금을 공급한다.

국민주택기금은 국민주택채권 등 채권발행, 청약저축 수입, 융자금의 회수 등을 통해 조성된다. 국민주택기금을 재원으로 하는 생애최초 주택구입자금대출(생애 첫 대출)은 주택을 소유한 적이 없는 무주택자에게 대출하는 상품으로 부부합산 소득·대상주택 등 에 대한 일정기준을 전제로 시중금리보다 낮은 금리로 대출을 해주는 상품이다.

또한 서민주거안정을 위한 주택구입자금대출상품도 서민들의 내집 마련을 위해 정책적으로 만들어진 주택담보대출상품이다.

한편, 2012년 11월 국토해양부는 사립대학 공공기숙사 건설에 국민주택기금을 지원하기로 하였다고 발표하였다.

5) 1972년 제정된 주택건설촉진법은 2003년 11월 주택법으로 전면개정되었다. 주택건설촉진법은 주택난을 해소하는데 중점을 두었으나 주택법은 주거복지·환경·관리에 중점을 둔다.

2. 국민주택기금의 운용

국민주택기금의 운용은 크게 사업자와 개인으로 구별할 수 있는데 주택사업자에 대한 대출상품으로 공공분양 주택자금 즉, 공공임대주택자금, 후분양주택자금, 임대주택 중도금자금, 다세대다가구 주택자금 등이 있다. 개인에 대한 대출상품으로는 근로자·서민전세자금, 생애최초주택구입자금, 근로자·서민주택구입자금, 저소득가구전세자금 등이 있다. 이들 대출상품은 일반대출상품에 비해 대출이자가 낮은 편이다.

〈표 6-2〉 국민주택기금대출 종류

주택시장안정 및 주거복지 향상(융자)	주거환경개선자금, 매입임대자금, 분양주택지원자금, 도시재정비지원자금에 대한 융자
주택시장안정 및 주거복지 향상(주택구입융자)	근로자 및 서민의 주택구입을 위한 융자
주택시장안정 및 주거복지 향상(전세자금융자)	저소득가구전세, 근로자·서민주택전세에 대한 융자
주택시장안정 및 주거복지 향상(국민임대주택융자)	국민임대주택 건설을 위한 융자
주택시장안정 및 주거복지 향상(공공임대융자)	공공임대주택 건설을 위한 융자
주택시장안정 및 주거복지 향상(보금자리주택융자)	보금자리주택의 건설 및 매입자금 융자

국민주택기금이 설치된 1981년 7월 이후 주택은행(현 국민은행)이 기금을 독점 운용하였으나 경쟁체제를 도입하여 기금관리의 효율성을 높이기 위해 취급기관을 2003년 1월부터는 농협·우리은행을 포함한 3개 은행으로 확대하였다.

2013년 1월에는 국민주택기금을 수탁·관리할 은행을 3개 은행에서 농협·우리은행·신한은행·하나은행·기업은행·국민은행 6개 은행으로 확대하였다.

국민주택기금의 운용관리업무를 위탁받아 수행할 수탁은행은 경쟁입찰을 통해 선정된다. 업무대행기간은 5년이다.

국민주택기금의 여유자금운용은 2012년 현재 대우증권, 하나대투증권, 삼성자산운용, 삼성증권, 우리투자증권 5개사가 담당하고 있다.

제3절 국민주택채권

국민주택채권은 국민주택사업에 필요한 자금을 조달하기 위하여 발행되는 국채로서 국민주택채권은 국토해양부장관의 요청에 의해 기획재정부장관이 발행되며 국회의 의결을 필요로 한다.[6] 국민주택채권은 무이표채권으로 발행금액은 액면금액으로 하며 양도와 매매가 자유로우나 원칙적으로 중도상환을 할 수 없다.

국민주택채권은 부동산매매등기, 상속증여, 각종 면허·허가·인가시 당사자가 의무적으로 매입하도록 되어 있으며 매입대상자에 따라 제1종 국민주택채권과 제2종 국민주택채권, 따라 제1종 국민주택채권과 제2종 국민주택채권으로 구분된다.[7]

자기관리형·위탁관리형 리츠 및 기업구조조정 리츠에 대해서는 부동산간접투자 활성화를 위해 국민주택채권 매입의무를 면제하고 있다.

1. 제1종 국민주택채권

제1종 국민주택채권의 매입대상자는 주택건설촉진법시행령 제17조의 매입대상자와 매입기준에서 정한 당해 면허·허가·인가·등기·등록을 신청하는 자 또는 국가·지방자치단체·정부투자기관과 건설공사의 도급

6) 주택법 제67조(국민주택채권의 발행 등)
7) 국민주택채권은 각종 인허가에 대한 반대급부로 매입의무를 부담하는 채권으로 첨가소화채권의 일종이다. 다른 첨가소화채권으로 지역개발채권과 도시철도채권이 있다.

계약을 체결하는 자, 다만, 부동산등기시에는 소유권의 보존 또는 이전시에는 소유권의 보존 또는 이전을 받은 당해 등기명의자 상속시에는 상속인, 저당권설정시에는 저당권설정자, 저당권의 이전시에는 저당권을 이전받은 자이다.

1973년부터 발행된 제1종 국민주택채권은 상환기간이 5년이며 발행은 매출한 달의 말일에 한다. 한편, 채권의 권종은 모두 10종(1만원권, 3만원권, 5만원권, 10만원권, 20만원권, 30만원권, 50만원권, 100만원권, 500만원권, 1,000만원권)이다.

2. 제2종 국민주택채권

제2종 국민주택채권은 부동산 투기과열을 억제하기 위한 목적으로 발행된다. 따라서 부동산 경기 과열여부에 따라 정책적 판단에 따라 필요시에만 발행된다.

채권의 상환기간은 10년이다. 한편, 채권의 권종은 모두 6종(1만원권, 5만원권, 10만원권, 50만원권, 100만원권, 500만원권)이다

제2종 국민주택채권은 만기까지 중간에 이자를 지급하지 않는 무이표채권이며 원금(액면가)에서 할인되어 판매되는 할인채이다. 따라서 투자자는 이자소득세를 내지 않는다. 또한 채권 자본차익에 대해 과세하지 않기 때문에 투자자는 만기시 원금과 매입가 차익인 즉 자본이익에 대해서 세금을 내지 않는다. 이러한 점에서 제2종 국민주택채권은 비과세 채권이라고 할 수 있다.

제2종 국민주택채권은 주택채권입찰제가 시행되었던 1983~1999년 동안 발행되었다. 1999년 7월 채권입찰제가 폐지됨에 따라 발행이 중단되었다가 2006년 판교분양 때 재도입되었다. 2007년 9월 채권입찰제가 재도입됨에 따라 공공택지내에서 건설·공급되는 주거전용면적 85m^{2}를 초과하는 분양가상한제 주택에 청약하여 당첨된 자는 제2종 국민주택채권을 매입해야 한다.

〈표 6-3〉 국민주택채권 발행현황: 1990～2012.6(단위: 억원)

연도	제1종	제2종	합계
1990	8,759	2,790	11,549
1991	10,059	6,450	16,509
1992	11,683	6,565	18,248
1993	14,313	3,092	17,405
1994	16,907	2,191	19,098
1995	19,565	1,873	21,438
1996	22,807	1,485	24,922
1997	24,162	3,643	27,805
1998	24,906	217	25,123
1999	35,751	0	35,751
2000	37,382	0	37,382
2001	54,396	0	54,396
2002	76,176	0	76,176
2003	70,902		70,902
2004	59,864		59,864
2005	78,794		78,794
2006	95,463	10,750	106,213
2007	84,612	890	84,701
2008	84,711	36	84,747
2009	89,306	6,352	95,658
2010	88,967	427	89,394
2011	100,010	6	100,016
2012.6	44,740	0	44,740

자료: 국토해양부, 2012

〈표 6-4〉 국민주택채권의 종류

구분	제1종 국민주택채권	제2종 국민주택채권
발행대상	건축허가·부동산등기 등 각종 인허가·등기·등록을 하는 자	공공택지내 85m^2 초과 분양가 상한제 주택을 공급받는 자
발행조건	만기 5년, 연리3% 복리(매월발행)	만기 10년, 금리 0%
구입금액	부동산 시가표준액의 일정비율 주택 1.3~ 3.1% 토지 2 ~5%	입찰제
근거법령	주택법 제68조 제1항 제1호~3호	주택법 68조 제1항 제4호
발행연도	1973년부터	1983년부터

자료: 기획재정부, 보도자료, 2012.7.

제 4 절 주택상환사채

주택상환사채는 주택으로 상환할 것을 조건으로 발행되는 사채이다. 주택법에 의하면 한국토지주택공사(www.lh.or.kr)와 자본금·자산평가액 및 기술인력 등 일정한 자격을 갖추고 금융기관 또는 대한주택보증주식회사의 보증을 받은 등록업자가 국토해양부장관의 승인을 얻어 주택상환채권을 발행할 수 있다.[8)]

주택상환채권은 기명채이며 상환기간이 3년이고 원칙적으로 중도에 양도하거나 해약할 수 없다.

주택수요자는 아파트 분양대금의 일정부분을 주택상환사채를 매입하여 납부하고 아파트를 분양받는다. 주택상환사채는 총분양 가구수를 기준으로 발행한도가 정해져 있으며 발행가액에 대해서도 제한이 있다.

---

8) 주택상환채권을 발행할 수 있는 등록업자의 자격요건은 다음과 같다(주택건설촉진법). 5억원 이상의 법인(자본금 요건), 건설면허를 보유하거나 6층 이상의 아파트나 최근 3년간 500세대 이상의 아파트를 건설한 실적이 있는 자(기술능력 요건), 최근 3년간 연평균 주택건설 실적이 300호 또는 300세대 이상인 자(주택건설 실적요건).

제7장

국내 주택금융관련 기관

제1절 한국주택금융공사

1. 한국주택금융공사의 설립 배경

한국주택금융공사(www.hf.go.kr)는 2004년 3월 서민중산층의 내집 마련을 촉진하고 가계대출의 연착륙을 유도하기 위해 설립되었다. 한국주택금융공사법은 한국주택금융공사의 설립목적을 주택저당채권 등의 유동화와 주택금융신용보증업무를 수행함으로써 주택금융 등의 장기적인 안정적 공급을 촉진하여 국민의 복지증진과 국민경제의 발전에 이바지함으로 목적으로 한다고 서술하고 있다.

한국주택금융공사는 2003년 12월 제정된 한국주택금융공사법에 근거를 두고 있다. 한국주택금융공사는 정부기관으로서의 공신력을 바탕으로 낮은 금리로 자금을 조달하여 은행과 같은 금융기관으로부터 주택저당채권을 매입하여 이를 기초로 주택저당증권을 발행하는 방법으로 주택구입자금을 제공하는 역할을 수행한다.

한국주택공사가 출범하기 이전에 주택담보대출의 유동화를 위해 주택저당채권유동화회사법에 의하여 주택저당채권유동화회사가 설립되었지만 기대보다 활성화되지 못하였다. 주택저당채권유동화회사를 통한 주택담보대출의 유동화가 활성화되지 못하는 원인 중 하나가 주택저당채권유동화회사의 공신력 부족으로 기인한다고 판단하여 공신력 있는 공사의 설립이 필요하다고 판단되었다.

한국주택금융공사법은 기존의 주택금융신용보증기금의 근거법인 주거안정법(근로자의 주거안정과 목돈마련 지원에 관한 법률)을 근간으로 하여 제정되었다. 주거안정법 중 주택신보와 관련된 사항은 한국주택금융공사법에 흡수되고 주택저당채권유동화와 관련된 사항은 주택저당채권유동화회사법에서 관련된 조항을 발췌하였다. 주택금융신용보증기금과 주택저당채권유동화회사는 한국주택금융공사에 승계・통합되었다.

한국주택금융공사는 자본금 2조원으로 정부와 한국은행이 출자하여 설립되었다. 최고의결기구로서 주택금융운영위원회가 있으며 상근이사와 사외이사로 구성된 이사회가 있다.

미국의 경우 연방모기지공사(FNMA), 정부모기지공사(GNMA), 연방주택대출모기지회사(FHLMC)가 한국주택금융공사와 유사한 역할을 한다.

2. 한국주택금융공사의 주요 내용

(1) 장기주택담보대출(모기지론) 공급

한국주택금융공사는 장기・고정금리형 주택마련 자금을 공급한다. 2005년 9월 한국주택금융공사는 장기・고정금리형 주택담보대출상품을 보금자리론이라고 명칭을 정하였다. 보금자리론에는 기본형・우대형I・우대형II 그리고 인터넷을 통해 신청하는 u-보금자리론, t-보금자리론이 있다.

한국주택금융공사의 보금자리론 기본형 상품을 취급하는 금융기관으로는 국민은행, 기업은행, 농협은행, 삼성생명, 수협은행, 신한은행, 우리은행, 외환은행, 하나은행, SC은행, 씨티은행, 경남은행, 광주은행, 대구은행,

부산은행, 전북은행, 현대캐피탈이 있다. 보금자리론 우대형I · 우대형II을 취급하는 금융기관으로는 국민은행, 기업은행, 농협은행, 수협은행, 신한은행, 우리은행, 외환은행, 하나은행, SC은행, 삼성생명, 경남은행, 광주은행, 부산은행, 대구은행, 전북은행이 있다.

보금자리론의 내용에 대해서는 다음 장에서 서술하였다.

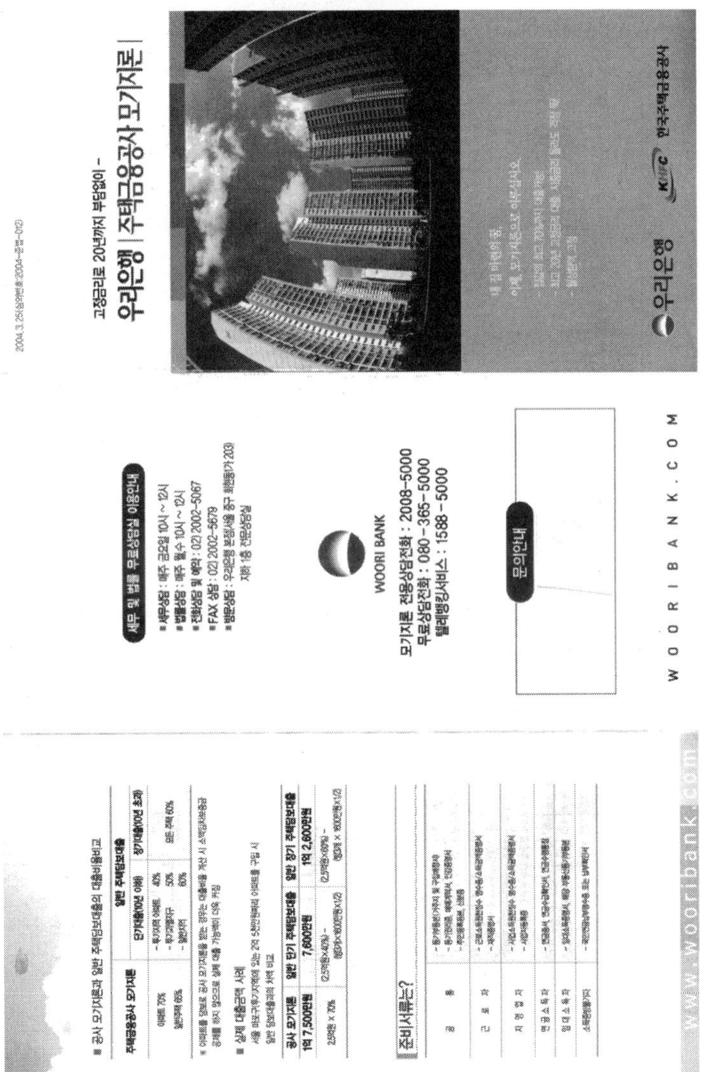

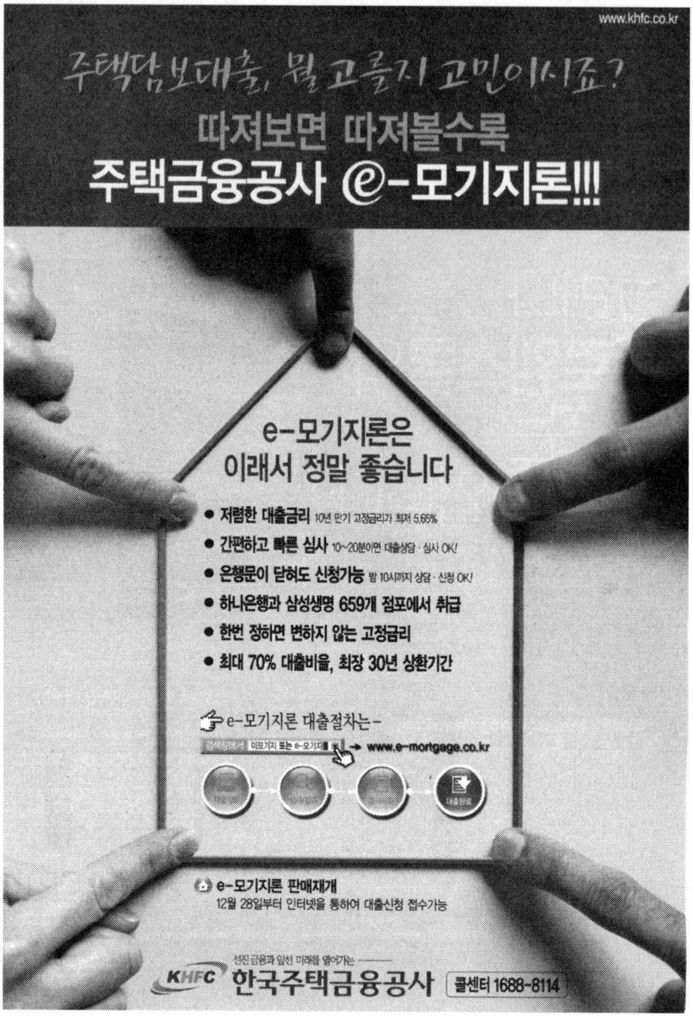

(2) 주택저당증권의 발행

한국주택금융공사는 공사는 주택구입자에게 모기지론을 제공하여 발생하여 장기주택담보대출채권과 장기금융기관으로부터 주택저당채권을 양도받아 이를 주택저당증권(MBS: Mortgage Backed Securities) 및 주택저당채권담보부채권(MBB: Mortgage Backed Bonds)을 발행한다.

〈그림 7-1〉 공사의 유동화를 통한 주택대출상품 이용 흐름도

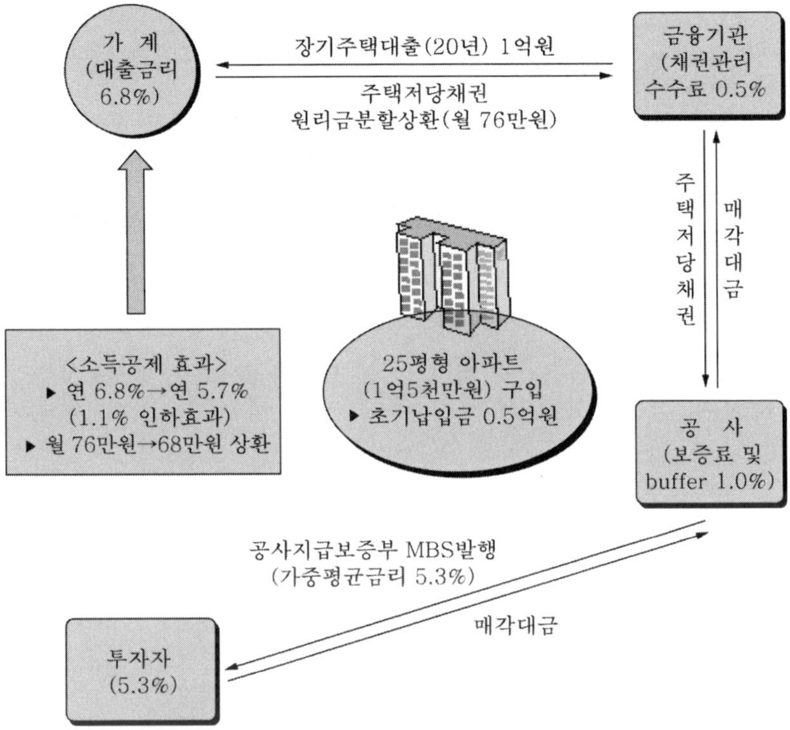

자료 : 한국주택금융공사법 제정안 입법예고, 보도자료, 재정경제부, 2003.7

이러한 주택저당채권의 유동화과정을 통해 한국주택금융공사는 채권시장에서 장기·저리로 자금을 조달하여 주택자금을 공급하는 역할을 한다.

한국주택금융공사가 주택담보대출을 매입하는 유동화 대상 금융기관으로는 은행뿐만 아니라 보험회사, 새마을금고, 신용협동조합, 농협 등이 포함된다. 금융감독위원회는 한국주택금융공사의 자본의 적정성, 자산의 건전성, 유동성 확보에 관한 사항을 감독한다.

(3) 주택신용보증

한국주택금융공사는 영세서민층의 주거안정을 위해 전세자금 대출보증, 중도금 대출보증 등 주택관련 보증업무를 수행한다.

주택신용보증은 주택수요자(개인) 및 주택사업자가 은행에서 주택 관련 대출을 받고자 할 때 담보능력이 부족하여 대출이 어려운 경우 개인 또는 기업의 신용도를 심사한 후 신용보증서를 제공하여 대출을 받을 수 있도록 하는 제도이다.

주택신용보증은 1988년 1월 주택금융을 활성화하고 주택건설을 촉진하여 서민들의 주거안정을 도모하려는 목적으로 제정된 근로자의 주거안정과 목돈마련지원에 관한 법률(일명 '주거안정법')에 의해 도입된 제도이다. 당시 주거안정법에 의해 주택금융신용보증기금이 설립되었으나 2004년 3월 한국주택금융공사가 설립되면서 주택금융신용보증기금이 한국주택금융공사에 흡수됨에 따라 한국주택금융공사가 주택신용보증업무를 수행하고 있다.

〈그림 7-2〉 주택보증업무 흐름도

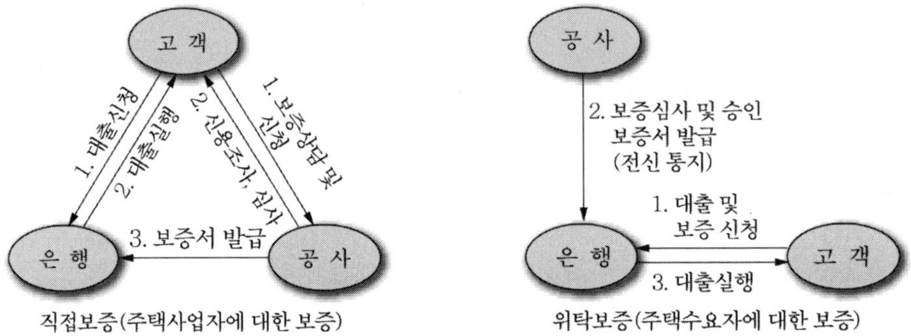

출처: 한국주택금융공사

〈그림 7-2〉에서 보듯이 주택수요자에 대한 보증은 고객의 금융이용 편의를 위해 위탁보증으로 실시하고 있다. 주택수요자가 은행에 대출 및 보증을 신청하면 은행은 이를 한국주택금융공사에 전달한다. 공사는 은행으로부터 접수한 보증신청서에 대해 심사 및 승인 절차를 걸쳐 은행에 보증서를 발급한다. 은행은 이를 근거로 주택수요자에게 대출을 실행한다.

한편 주택사업자에 대한 보증은 신용조사 및 심사의 전문성을 확보하기 위해 직접보증으로 운영하고 있다. 주택사업자는 은행에 대출신청을 하는 한편 공사에 보증을 신청한다. 공사는 심사과정을 거친 후 은행에 보증서를 발급하고 은행은 이를 근거로 주택사업자에게 대출을 실행한다.

〈그림 7-3〉 주택신용보증 잔액 현황 2004~2012.7(단위:억원)

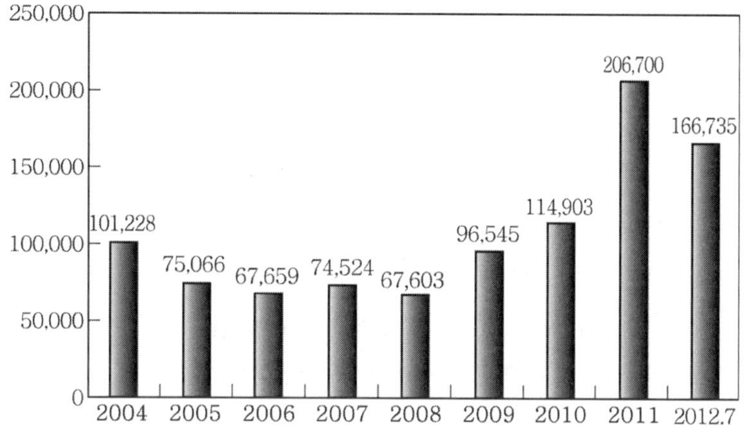

자료: 주택금융공사(www.hs.co.kr)

(4) 주택연금

한국주택금융공사는 고령화 현상이 가속화되고 노후생활자금 확보가 필요함에 따라 주택을 담보로 연금과 같이 지급하는 주택연금 업무를 수행하고 있다. 주택연금 가입조건은 만 60세 이상이며 1주택을 보유해야 한다. 대상주택 가격에 대해서는 상한선(2012년 9월 현재 9억원 이하)을 두고 있다. 주택연금에 대해서 제3부 제8장 제5절에 상세히 서술되어 있다.

제2절 대한주택보증주식회사

대한주택보증주식회사(www.khgc.co.kr)는 주택건설에 대한 각종 보증을 행함으로써 주택분양계약자를 보호하고 주택건설을 촉진하며 국민의

주거복지향상 등에 기여하기 위하여 1999년 6월에 설립되었다.[1)]

대한주택보증주식회사(www.khgc.co.kr)는 기존의 주택공제조합(1993년 4월 설립)이 대출, 손해보상, 리스보증으로 인해 부실화됨에 따라 1998년 12월 주택공제조합을 폐지하고 아파트 분양 보증업무를 주요 업무(대출, 손해보상, 리스보증 제외)로 하는 대한주택보증회사가 설립된 것이다.

대한주택보증주식회사의 주요업무로는 첫째, 주택분양보증, 주택사업금융(PF)보증, 임대보증금보증 등 주택관련 보증업무 둘째, 주택사업자가 부도나 파산했을 경우, 주택사업자를 대신해 공사를 완료해 분양대금 반환의 보증책임 이행업무 셋째, 주채무자의 채무 불이행시 채권의 회수와 보증거래업체의 신용도 평가를 하는 채권관리 및 신용평가업무가 있다.

2007년 6월 중견 주택건설업체인 (주)신일이 부도처리가 되었는데 신일에 제공된 은행권 PF 대출은 약 4,500억원이었다. 시중은행들은 신일관련 PF대출이 대부분 대한주택보증에서 보증서를 발급받아 나간 것이기 때문에 채권 회수에 문제가 없으나 신한은행과 농협중앙회는 대한주택보증의 보증서 발급이 이루어지지 않아 회수기간이 길어지거나 최악의 경우 손실 처리해야 할 가능성도 배제할 수 없었다.[2)]

〈부동산금융 사례〉

대한주택보증 "극동건설 분양계약자 피해없어"

한국경제TV | 2012.09.27

대한주택보증(사장 김선규)이 극동건설의 법정관리(기업회생절차) 신청과 관련해 분양계약자 피해는 없을 것이라고 밝혔습니다. 대한주택보증은 "극동건설의 경우 12개 사업장 모두 대한주택보증의 분양보증에 가입돼 있어 사고 사업장으로 분류되더라도 분양계약자 보호에는 전혀 문제가 없다"고 강조했습니다.

현재 극동건설이 시행중인 사업장은 세종시 L2, L3, M4블럭, 충남 내포 등 4개 사업장(총 2,280세대, 보증금액 3,280억원)이며 시공사로 참여한 사업장은

1) 주택법 제76조 (대한주택보증회사의 설립)

2) '저축은행권 (주)신일 부동산PF 2,500억 규모', 이데일리, 2007.6.14

인천 구월동, 경기 파주 당동, 경기 광주 오포, 경기 용인 죽전, 대구 남산동, 대전, 안동, 제주영어교육도시 등 8개 사업장(총 2,963세대, 보증금액 5,733억원)입니다.

대한주택보증은 "극동건설이 시행하는 사업장은 법원의 허가를 받아 계속 공사를 진행할 수 있다"며 "시공 사업장인 경우에도 법원의 허가를 받아 계속 공사를 진행하거나 시행사가 시공사를 교체해 공사를 계속하게 된다"고 설명했습니다. 또 "극동건설이 계속 공사를 진행하기 어려운 경우에는 공기업인 대한주택보증이 해당 사업장을 사고 사업장으로 지정한 후 보증이행 절차에 착수한다"고 덧붙였습니다.

분양보증은 시행사가 부도 또는 파산해 주택분양계약을 이행할 수 없을 경우 대한주택보증이 대신 공사를 진행하거나 납부한 분양대금을 돌려주는 제도를 말합니다. 대한주택보증은 분양계약자의 3분의 2 이상이 분양대금 환급을 원하면 납부한 계약금과 중도금을 환급하고 그 외의 경우에는 시공사를 선정해 공사를 완료시키게 되므로 분양계약자는 안전하게 입주할 수 있습니다.

제 3 절 한국토지주택공사

한국토지주택공사(www.lh.or.kr)는 2009년 10월 대한주택공사와 한국토지공사가 합병하여 설립된 공기업이다. 대한주택공사는 1962년 설립되어 정부가 민영주택업자보다 낮은 가격은 양질의 주택을 공급하는 업무를 담당하였다. 한국토지공사는 1975년에 설립되었는데 서민주택용지와 공장용지를 공급하기 위하여 설립되었으며 택지지구개발 업무를 담당하였다.

한국토지주택공사의 설립목적은 토지의 취득 · 개발 · 비축 · 공급, 도시의 개발 · 정비, 주택의 건설 · 공급 · 관리 업무를 통해 국민주거생활의 향상시키고 국토의 효율적인 이용하고자 하는 것이다.

한국토지주택공사의 주요 업무로는 첫째, 토지의 취득 · 개발 · 비축 · 관리 · 공급 및 임대. 둘째, 토지 및 도시의 개발에 관한 사업(주택건설용지 · 산업시설용지 · 공공시설용지의 개발사업, 도시개발사업과 도시 및 주거환경정비사업, 주거 · 산업 · 교육 · 연구 · 문화 · 관광 · 휴양 · 행정 · 정보통신 · 복지 · 유통 등의 기능을 가지는 단지 또는 주거 등의 기능의 단지 및 기반시설 등을 종합적으로 계획 · 개발하는 복합단지의 개발사업, 간척 및 매립사업, 남북경제협력사업, 토지임대부 분양주택 사업, 집단에너지 공급사업. 셋째, 주택의 건설 · 개량 · 매입 · 비축 · 공급 · 임대 및 관리. 넷째, 주택 또는 공용 · 공공용건축물의 건설 · 개량 · 공급 및 관리의 수탁. 다섯째, 저소득 취약계층을 위한 주거복지사업. 여섯째, 토지의 매매 · 관리의 수탁이다.

한국토지주택공사는 자본금과 적립금, 정부 또는 금융기관으로부터의 차입금, 공사채의 발행, 자산유동화를 통해 자금을 조달한다.

제 8 장

주택담보대출

제 1 절 주택담보대출의 개요

1. 주택담보대출의 개념

주택담보대출 또는 저당이란 부동산을 담보로 제공하고 신용을 제공받는 형태의 금융방식이다. 저당대출은 주택을 매입하고자 하는 자가 또는 주택보유자가 주택을 담보로 금융기관으로부터 자금을 차입하는 것이다. 부동산은 담보권이 등기에 의해 보전되고 담보물건의 관리나 가치평가가 용이하게 때문에 담보대출시 가장 많이 사용되고 있다. 특히, 은행에서 취급하는 주택대출의 경우 대출과 상환이 반복되기 때문에 일반적으로 저당권 대신에 근저당권을 설정한다.[1)]

저당대출과 유사한 개념으로 미국 주택금융시장에 모기지(mortgage)가

1) 저당권은 대출과 상환이 발생할 때마다 저당권말소와 신규저당권을 설정하여야 하기 때문에 비용과 시간이 많이 소요되는 반면 근저당권은 일정기간 동안 불특정채권에 대해 일정한 담보한도를 설정해 놓으면 대출과 상환이 반복되더라도 저당권말소와 신규저당권을 설정할 필요가 없기 때문에 비용과 시간이 절약되는 장점이 있다.

있는데 모기지는 저당대출, 저당증서, 저당금융제도 등을 포괄하는 것으로 저당대출과 일치하는 것은 아니지만 모기지 대출 가운데 대부분이 주택담보대출자금으로 대출되고 있어 저당대출과 모기지를 동일한 개념으로 사용할 수 있다.

2. 주택담보대출시장의 구조

일반적으로 주택담보대출(mortgage)시장은 제1차 모기지시장(primary mortgage markets)과 제2차 모기지시장(secondary mortgage markets)으로 구분할 수 있다. 1차 모기지시장은 저당을 제공하는 금융기관과 대출을 받기 원하는 수요자들에 의해서 이루어지는 시장이다. 2차 모기지시장은 금융기관인 저당대출기관과 일반투자자들이 필요한 저당권을 매매하는 시장을 말한다.

저당유동화의 기능 가운데 가장 핵심적인 기능은 대출자인 금융기관들이 한정된 재원을 가지고도 많은 수요자들에게 자금을 제공하여 부동산 금융시장의 활성화에 기여한다는 것이다. 즉, 금융기관이 대출가능한 금액의 한정성을 극복하고, 2차 저당시장에서 보유하고 있는 저당채권의 매매를 통하여 충분한 추가자금을 조성할 수 있기 때문이다.

(1) 1차 모기지시장

1차 모기지시장은 금융회사가 주택구입자에게 신용제공하는 시장으로서 부동산을 담보로 저당대출을 원하는 수요자들과 융자를 제공하는 금융기관에 의한 시장을 말한다. 1차 모기지시장의 참여자는 은행, 보험회사, 저축은행 등이 있다.

미국의 경우 주요 주택금융 제공자로서 저축대부조합(Savings and Loan Association : S&L)이 있고 이외에 상호저축은행(Mutual Savings Bank), 상업은행(Commercial Bank), 보험회사) 등을 들 수 있다.

〈그림 8-1〉 우리나라의 주택금융제도 현황(2007.5월 말, 잔액기준)

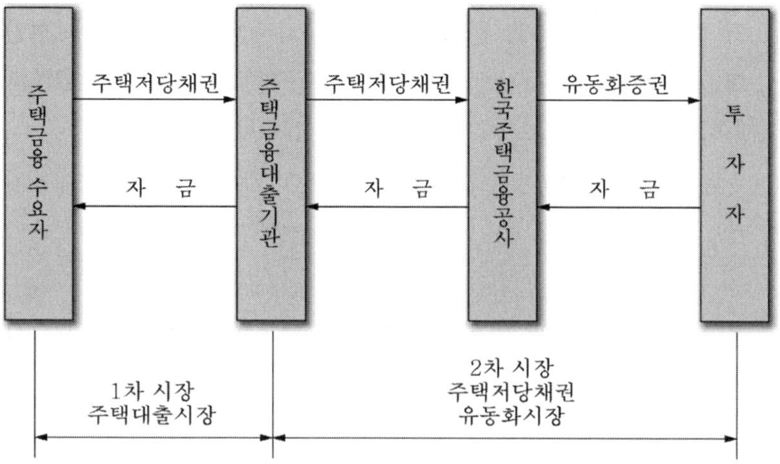

자료: 김인규, '주택금융의 현황과 발전방향', 한국은행, 2007.8.

(2) 2차 모기지시장

제2차 모기지시장은 주택담보 대출채권이 유동화가 되는 시장이다. 주택담보대출채권을 보유한 주택금융회사가 주택담보대출채권을 유동화 과정을 거쳐 투자자에게 매각하는 시장이다. 주택금융회사는 주택담보 대출채권을 투자자에게 매각하여 필요한 자금을 조달한다. 따라서 2차 저당시장은 주택금융회사가 주택대출 재원에 필요한 자금을 조달하는 데 중요한 역할을 한다.

주택담보대출채권의 유동화는 주택금융회사들이 한정된 재원을 가지고도 많은 주택수요자들에게 주택구입자금을 제공할 수 있도록 한다.

(3) 국내 주택담보대출시장의 현황

주택금융시장이 원활하게 작동되기 위해서는 주택담보대출이 이루어지는 제1차 모기지시장과 주택담보대출채권 유동화되는 제2차 모기지시장, 유동화된 주택담보대출채권증권 즉 주택저당증권(MBS)이 거래되는 자본시장이 유기적으로 연계되어 발달돼야 한다.

우리나라의 경우 제1차 모기지시장에는 은행 그 외에 보험회사, 캐피탈과 같은 비은행권 금융회사들이 주요 주택금융제공자이다. 이 중 은행권의 비중이 큰 편이다. 하지만 제2차 모기지시장은 아직 초보적인 단계에 머물러 있고 자본시장에서도 주택저당증권(MBS) 거래가 활발하지 않은 편이다.

은행권이 주택담보대출 재원은 주로 단기예금이나 금융채발행을 통해 조달하고 주택금융 수요자도 금리가 상대적으로 낮은 변동금리 주택대출을 선호하기 때문에 단기변동금리 주택담보대출 비중이 매우 높다. 이 때문에 은행들은 주택저당증권(MBS)발행을 통한 자금조달 필요성을 느끼지 못하고 있다.

또한 제2차 모기지시장이 발달되지 않아 은행들이 장기 고정금리 주택담보대출을 제공하는 경우 '자산-부채'의 기간불일치 문제를 해결하는데 어려움을 겪을 수 있다. 따라서 은행들은 단기변동금리 위주로 주택대출을 운영하게 되었다.

3. 주택담보대출과 관련된 위험

주택담보대출과 관련하여 주택금융 제공자인 금융기관이 직면하는 위험으로서는 시장위험과 신용위험이 있다. 시장위험이란 주택의 시장가치가 변동하는 것을 의미한다. 즉 주택가격의 하락으로 담보가치가 낮아진다. 담보가치가 하락하면 담보인정비율(LTV)이 기존보다 낮아져 대출금 회수 가능성이 낮아진다. 이에 금융기관은 선제적으로 대출을 회수하려고 할 수도 있다.

또한 이자율의 하락으로 주택담보대출에서 얻어지는 이자수입이 감소할 수 있다. 이는 금융기관의 수익성을 저하시킨다.

신용위험이란 대출수요자의 상환능력 저하로 인해 이자가 연체되거나 원금상환이 불가능해지는 것을 의미한다. 금융기관은 주택담보대출 제공시 채무불이행 확률, 대출회수율 등 예상손실을 측정하여 이를 가산금리에 반영하며 신용평가를 실시한다.

제 2 절 주택담보대출 종류

주택담보대출 상품은 기본적으로 이자지급형태에 따라 변동금리, 고정금리 주택담보대출상품으로 분류할 수 있고, 상환금액의 현금흐름에 따라 만기 일시상환, 원리금균등분할상환, 원금균등분할상환 주택담보대출상품으로 구별할 수 있다.

원리금 균등분할상환방식이외에 주택담보대출은 주택가격 급등 또는 급락위험, 유동성 위험, 소득 감소와 같은 위험에 노출되어 있다.

주택담보대출상품은 상기 구분방법 이외에 용도, 이자지급방법, 원리금 상환방법, 대출기간 등과 같은 요소를 가지고 다양한 상품을 만들 수 있다. 예를 들면, 일정기간 동안 고정금리를 적용하다가 변동금리를 적용하는 상품, 또는 금리 상한선을 정하고 이 범위내에서 만기까지 금리를 재조정할 수 있는 권한을 대출자 또는 차입자가 보유하는 상품을 만들 수 있다.2)

또한 원금상환시기를 조정하는 주택담보대출상품을 만들 수 있는데 즉, 원금 상환시기를 만기에 전액 상환하는 상품, 또는 원금과 이자를 매월 상환하는 상품을 개발할 수 있다.

1. 적용금리 형태에 의한 분류

(1) 변동금리형 주택담보대출

변동금리형 주택담보대출(ARM : adjustable rate mortgage)은 대출기간

2) 만기 이전에 대출조건을 재조정할 수 있는 주택담보대출상품을 벌룬(ballon)이라고 한다.

동안 지급이자율을 특정 금리에 연동시켜 이자금액을 결정하는 방법이다.

변동금리 주택담보대출은 이자율상승으로 인한 위험을 차입자에게 전가하는 형태로 금융기관은 이자율변동으로 인한 위험을 제거할 수 있는 장점이 있다. 따라서 변동금리 주택담보대출상품의 경우 고정금리 주택담보대출상품보다 이자율이 낮은 편이다.

하지만 이자율이 하락하는 경우에는 대출금리는 하락하는 반면 예금상품은 대부분 일정기간 동안 고정금리상품이기 때문에 예금금리는 그대로 유지되기 때문에 예대마진이 감소하여 은행의 수익성에 악영향을 미친다. 한편, 이자율이 상승하는 경우 차입자의 이자지불 부담이 늘어나기 때문에 채무불이행 위험이 증가하여 은행의 수익성을 악화시킬 수 있다.

차입자 입장에서는 향후 이자율이 하락한다면 더 낮은 이자를 부담하기 때문에 유리하지만 금리가 상승하는 경우 더 많은 이자를 부담해야 한다. 신한은행의 경우 차입자의 이자율변동에 따른 위험부담을 완화시켜 주기 위하여 약정한 대출기간 동안은 고정금리를 적용하고 대출만기 연장시에는 3개월 CD연동대출로 전환할 수 있는 신한스왑대출(만기 2~5년)이라는 금융상품을 판매하고 있다.

현재 변동금리형 주택담보대출상품의 경우 만기가 3년 이하이며 3개월 만기의 CD(양도성예금금리)금리에 연동시키는 것 일반적이다. 변동금리형 주택담보대출상품의 경우 일반적으로 만기가 3년 이하이며 3개월 만기의 CD(양도성예금금리)금리에 연동시키며 금리변동 주기(3개월, 6개월, 1년 등)에 따라 금리수준이 달라진다. 은행들은 주거래 고객, 급여이체 통장 고객, 신용카드이용 고객 등에게 금리할인 혜택을 주고 있다.

국내의 경우 차입자들이 표면금리가 낮은 변동금리 대출담보상품을 선호하는 경향이 있다.[3] 2001년 9월 은행 대출금 중 변동금리 대출비중은 50% 수준이었으나 이후 부동산담보대출이 증가하면서 변동금리 대출비중도 꾸준히 증가하여 2002년 말에는 약 77%까지 높아졌다. 2005년 7월

3) 이러한 현상은 은행의 금리구조불일치를 초래한다. 즉, 은행은 예금상품을 통해 고정금리로 자금을 조달하고 변동금리로 대출을 하기 때문에 변동금리가 하락하는 경우 예대마진이 축소되는 현상이 발생할 수 있다.

에는 가계대출 중 변동금리 대출이 차지하는 비중이 약 88%를 기록했다.[4)]

이러한 구조적인 문제로 인해 국내 주택금융시장은 금리상승 등의 충격에 취약한 구조를 가지고 있다.

(2) 고정금리형 주택담보대출

고정금리형 주택담보대출(FRM : Fixed rate mortgage)은 차입자가 대출기간 동안 지불해야 하는 이자율이 동일한 형태이다. 변동금리형 주택대출과 달리 고정금리형 주택대출은 시장금리의 변동에 관계없이 대출시 확정된 이자율이 만기까지 계속 적용된다.

고정금리형 주택담보대출을 제공하는 금융기관은 향후 금리가 하락하는 경우 더 높은 예대마진을 얻을 수 있으나 금리가 상승하는 경우에는 금리상승으로 인한 손실을 부담해야 하기 때문에 변동금리형 주택담보대출보다 더 높은 금리수준을 적용한다. 대다수 은행들은 만기가 10~35년에 이르는 장기주택담보대출을 판매하고 있습니다.

차입자 입장에서는 향후 금리가 상승하더라도 추가로 이자를 부담하지 않아도 되고 장기대출을 받아 국민주택 규모의 주택을 사면 소득공제도 받을 수 있습니다. 반면 향후 금리가 하락하는 경우 변동금리형 주택담보대출상품보다 높은 금리를 부담해야 하는 단점이 있다.

우리나라의 경우 고정금리형 장기주택담보대출상품보다 변동금리형 주택담보대출상품 대출비중이 더 높은 편이다. 이는 고정금리형 장기주택담보대출상품이 변동금리형 주택담보대출상품보다 금리가 상대적으로 더 높기 때문이다. 또한 CD연동 주택담보대출의 경우 연리 5~6%로 쉽게 대출을 받을 수 있고 만기가 도래했을 경우 만기 연장이나 대환대출이 용이하기 때문이다.

4) '7월 가계대출 중 변동금리 비중 88.4%까지 상승', 머니투데이, 2005.9.1

대다수 은행들은 만기가 10~35년에 이르는 장기주택담보대출상품을 판매하고 있다. 신한은행은 2007년 10월 은행권에서 처음으로 30년 만기 고정금리 주택담보대출상품을 내놓았는데 최장 30년간 확정금리로 대출 한도를 70%까지 확대한 금리확정모기지론을 판매했다. 대출만기는 10년에서 30년으로 고객이 자유롭게 선택할 수 있다. 금리는 만기에 따라 차등적용된다. 삼성생명은 2007년 9월초 민간 금융회사 중 처음으로 최고 30년간 장기 고정금리 주택대출상품을 내놓았다.[5]

5) '30년 만기 고정금리 주택대출', 매일경제신문, 2007.10.1.

〈부동산금융 사례〉

고정금리 대출 왜 안 느나 했더니…

최근 3년간 변동금리 대출이자보다 훨씬 비싸

실제로 과거 사례를 보면 대체로 고정금리가 변동금리보다 비쌌다. 공기업인 주택금융공사가 취급하기 때문에 고정금리 상품 중에서 금리가 낮다는 '보금자리론' 금리마저도 2008년 11월부터는 줄곧 주택담보대출 평균 금리를 웃돌았다. 만기 15년 이상 보금자리론은 2009년 1월 7% 초반대에서 출발해 같은 해 12월까지 줄곧 6%대의 높은 금리를 보인 반면, 주택담보대출 평균 금리는 2009년 한 해 동안 계속해서 5%대를 유지했다. 결국 공기업이 취급하는 대출상품이 은행권 평균 대출 금리를 계속해서 웃도는 역전 현상이 발생한 것이다.

주택대출 평균 금리가 2010년 5월부터 줄곧 4%대를 유지하고 있는 반면, 보금자리론(만기 15년 이상)은 2010년 6월에야 비로소 5%대에 진입했으며 계속 5%대에 머물고 있다. 시중은행 관계자는 "낮은 변동금리에 소비자들이 익숙해 있는 상황에서 고정금리 대출을 확대하기란 쉽지 않다"고 토로했다.

자료: 〈매일경제신문〉, 2011.7.28

〈그림 8-2〉 고정금리 주택담보대출 상품

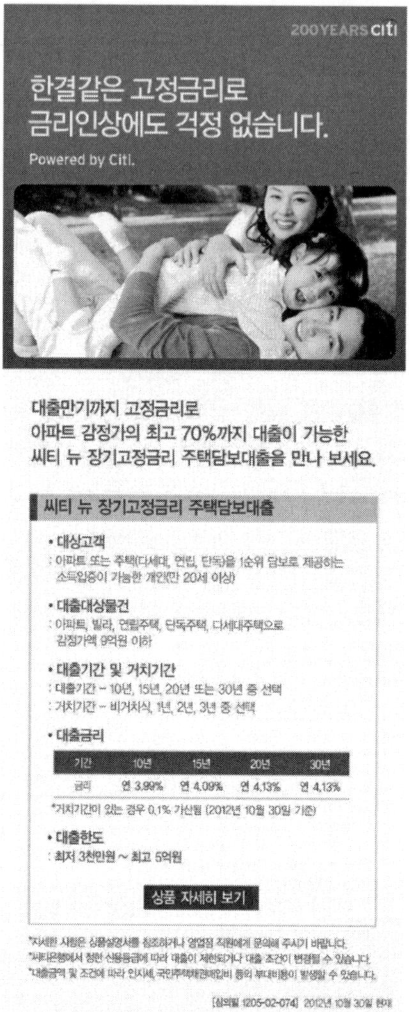

(3) 변동금리형 또는 고정금리형 주택담보대출상품의 선택

금리상승기 때의 대출은 고정금리를 이용하는 것이 변동금리보다 유리하다. 추후에 시중 금리가 오르는 것과 상관없이 금리가 고정돼 있기 때문에 차입자 입장에서는 매달 일정한 금액의 이자를 상환하기 때문에 향후 현금흐름 계획을 세우는 데 유리하다. 또한 고정금리형 중 만기가 15년 이상인 경우 소득공제 혜택도 받을 수 있다.

하지만 획일적으로 고정금리가 더 바람직하다고 할 수 없다. 두 대출상품의 금리차이와 시중금리의 향후 추이를 살펴봐야 한다. 특히 변동금리형 대출상품에서 고정금리형 대출상품으로 변경하는 경우 조기상환 수수료가 지불해야 하는 점을 고려해야 한다.

특히 변동금리형 대출상품에서 고정금리형 대출상품으로 변경하는 경우 조기상환수수료과 부대비용을 지불해야 하는 점을 고려해야 한다.

(4) 금리조건이 다양한 주택담보대출상품

일정기간 경과 후 대출시 금리조건을 변경할 수 있는 일종의 하이브리드 모기지(hybrid mortgages) 상품이 있다. 즉, 대출을 받을 당시에는 변동금리로 하였다가 일정기간 후 고정금리로 변경하거나 또는 대출을 받을 당시에는 고정금리로 하였다가 일정기간 후 변동금리로 변경하는 것이다.

하나은행은 일정기간 변동금리 또는 고정금리로 갚다가 반대로 고정금리 또는 변동금리로 바꿀 수 있는 주택담보대출상품을 내놓았다. 기업은행은 거치기간 후 고정금리로 3년 또는 5년 유지한 후에 변동금리로 전환되는 모기지론을 판매하였다.[6]

주택금융공사는 주택담보대출 상품선택 기회를 넓히기 위해 금리전환옵션을 부여한 '금리설계보금자리론'을 2007년 11월 판매하였다. 이 상품은 최장 3년의 거치기간에 양도성예금증서 유통수익률에 연동하는 변동금리를 적용하다가 거치기간이 끝나면 고정금리로 자동 전환된다.[7]

2007년 현대해상은 밴드설정형 '뉴 Hi-모기지론'을 판매하였다. 이 상품은 변동금리형이지만 변동범위가 대출시점에 확정되는 대출시점 적용금리 ±0.5% 이내에서 적용금리가 적용된다.[8]

6) '변동+고정금리 맘대로 바꾸세요', 매일경제신문, 2006.8.31
7) 매일경제신문, 2007.11.12
8) 머니투데이, 2007.10.18

2. 원금상환방법에 의한 분류

(1) 만기일시상환형 주택담보대출(balloon mortgages)

만기 일시상환방법은 만기일까지는 이자만 지불하다가 만기일에 원금을 일시에 상환하는 방법이다. 만기일 일시상환방법은 단기주택담보대출의 경우에 사용되며 이자지급방법은 CD연동형, 기준금리연동형, 확정금리형으로 구분할 수 있다.

현재 은행권에서는 3개월 CD금리변동에 따라 이자가 결정되는 CD금리연동형 주택담보대출이 보편적으로 사용되고 있다. 이 대출상품은 변동금리상품이고 만기가 3년 이하인 단기 대출상품이다.

〈그림 8-3〉 원금상환방법에 의한 주택담보대출의 종류

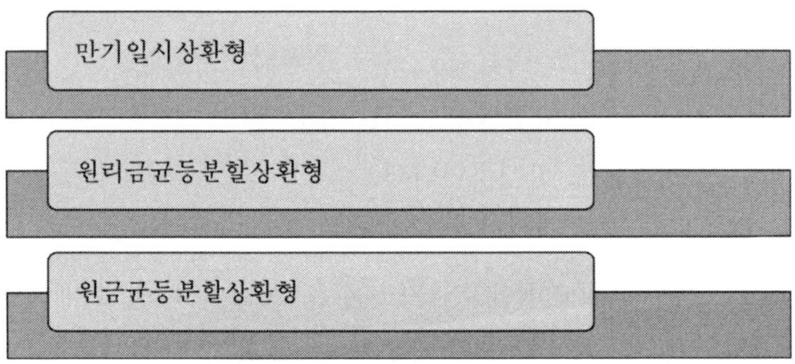

(2) 원리금 균등분할상환형 주택담보대출

원리금 균등분할상환(CPM : fully amortizing, constant payment mortgage)방법은 매기간 동일한 금액을 만기일까지 상환하는 방법으로 고정금리 장기주택담보 대출상품에 많이 이용되고 있다. 일정기간 이상의 장기주택 저당대출의 경우 이자상환액에 대해 소득공제혜택을 받을 수 있다.[9]

9) 정부는 2003년 현재 소득공제 혜택을 받을 수 있는 대출기간 10년 이상을 소득세법 개정을 통하여 2004년부터는 15년으로 이상으로 연장하고자 한다.

원리금 균등분할상환방식은 매월 동일한 금액의 원리금이 상환되는데 상환되는 원리금은 원금부분과 이자부분으로 구성되어 있다. 상환초기에는 상환금액 중 이자부분이 상대적으로 많고 원금부분이 적으나 기간이 경과하면서 대출잔액이 감소함에 따라 이자부분보다 상환되는 원금부분이 더 많이 차지하도록 되어 있어 만기시에는 원금이 완전히 변제된다. 국민은행의 2003년 주택금융이용실태 조사자료에 의하면 주택구입을 희망하는 가구에서 선호하는 금리방식은 고정금리(조사가구의 69.5%)이며 원리금 균등분할방식(조사가구의 77.4%)을 선호하는 것으로 나타났다.

원리금 균등분할상환의 현금흐름에 대한 분석은 제3장 화폐의 시간가치에서 다루어진다.

(3) 원금균등분할상환형 주택담보대출

원금균등분할상환형 주택담보대출은 일정기간 동안 매 기간마다 원금을 균등하게 상환하고 융자잔고에 대한 이자를 합산하여 지불하는 방법이다. 원금균등분할상환형은 원리금 균등분할상환형보다 총 납부액이 적지만 대출금 상환 초기에 부담액이 크다.

대출금액과 대출금리가 동일한 경우 각 유형별 주택담보대출의 총납부금액의 비교:

만기일시상환형 〉 원리금 균등분할상환형 〉 원금 균등분할상환형

대출금액과 대출금리가 동일한 경우 각 유형별 주택담보대출의 총납부이자액의 비교하면 다음과 같다. 만기 일시상환 방식은 대출기간에 이자만 납부하기 때문에 시간이 경과하여도 원금이 감소하지 않는다. 하지만 원금 균등분할 방식과 원리금 균등분할 방식은 매번 원금을 상환하기 때문에 시간이 경과할수록 매번 납부하는 이자액도 감소한다.

〈표 8-1〉을 살펴보면 원금 균등분할상환 방식이 매번 대출금 상환시 원

금상환금액이 원리금 균등분할 방식보다 상대적으로 많기 때문에 원금 균등분할 방식의 총납부이자액이 원리금 균등분할상환 방식보다 총납부이자액이 더 적다.

〈표 8-1〉 대출기간에 따른 총 납부이자액 비교

(1,200만원을 연 10%의 이자율로 대출하는 경우)

대출기간	원금균등분할	원리금균등분할	만기일시
12개월	650,000(5.42%)	659,888(5.50%)	1,200,000(10.00%)
23개월	1,200,000(10.00%)	1,236,493(10.30%)	2,300,000(13.17%)
24개월	1,245,833(10.42%)	1,289,739(10.75%)	2,400,000(20.00%)

( )은 총대출원금 대비 비율

자료: 머니투데이, 2007.7.2

3. 보금자리론

보금자리론은 한국주택금융공사가 판매하는 모기지론(mortgage), 즉 주택담보대출이다. 한국주택금융공사는 장기고정금리형 주택담보대출 상품을 판매하는데 한국주택금융공사는 2005년 9월 공사가 판매하는 주택담보대출상품을 보금자리론이라고 명칭을 변경하였다.

한국주택금융공사의 보금자리론과 시중은행·보험회사의 모기지론은 대출한도, 대출대상, 상환방법 등에서 차이가 있다.

시중은행·보험회사에서 판매하는 모기지론의 경우 일정기간 단위(6개월 또는 1년 단위)로 대출금리를 조정할 수 있는 모기지론도 판매된다.[10)]

한국주택금융공사의 모기지론은 만기까지 확정금리가 적용된다. 그러나 조기상환 제한기간이 있어 일정기간이내 대출금을 상환하는 경우 조기상환에 따른 상환수수료를 부과한다.

한국주택금융공사의 모기지론은 대출한도가 주택가격의 70%까지로 높은 편이다. 또한 만기가 15년 이상인 경우 상환이자에 대해 소득공제 혜

10) 2005년 12월 농협은 대출 후 매년마다 고객에게 금리선택 기회를 주는 골드 프리미엄 모기지론을 판매하였다.

택이 있다. 대출대상은 신축(주택)아파트 및 분양 아파트 중도금이다. 그러나 대출금액은 일정 한도까지 제한되어 있고 대출대상도 일정 평형이하의 아파트(주택)에만 적용된다.

〈표 8-2〉 보금자리론과 장기주택담보대출의 비교

구 분	보금자리론	은행의 주택담보대출
대상	무주택자, 1가구 1주택	제한 없음
담보비율(LTV)	최고 70%	최고 50%
대출기간	10~30년	10~35년
대출한도	제한 있음	제한 없음
금리	고정금리	변동금리, 고정금리
상환방식	원리금균등분할상환 원금균등분할상환	원리금균등분할상환 만기일시상환
소득공제(만기 15년 이상시)	이자상환액 연 1,000만원	이자상환액 연 1,000만원

자료: 한국주택금융공사

한국주택금융공사는 저소득자무주택자의 주택마련을 금리우대 보금자리론 즉 우대형Ⅰ·우대형Ⅱ 보금자리론을 판매한다. 금리우대 보금자리론은 보금자리론보다 낮은 금리를 적용하는 반면 담보주택의 가격에 대해 제한을 두고 있다.

또한 한국주택금융공사는 주택 준공 이후 보금자리론으로 전환할 것을 사전에 특약을 맺는 조건으로 중도금대출을 제공하는 중도금연계 보금자리론 즉 연계형 보금자리론을 판매하고 있다.

〈표 8-3〉은 2012년 9월 현재 한국주택금융공사에서 판매되고 있는 보금자리론 상품 내역을 설명하고 있다.

〈표 8-3〉 한국주택금융공사의 보금자리론 상품 내역

구분	기본형	우대형I	우대형II	연계형
신청대상	-만20세 이상 -무주택자 또는 주택취득 30년이내 1주택자 -취득후 30년 이내 받은 대출을 상환하려는 1주택자	-부부합산 연소득 2,500만원 이하 무주택자 -만20세 이하	-부부합산연소득 2,500～5천만원 이하 무주택자 -만20세이하	-신규분양아파트의 중도금대출 -입주자금이 필요한 자 -분양계약금을 납부한 아파트 수분양자 -무주택자 또는 1주택자
대출금리	고정금리	금리우대 혜택	금리우대 혜택	변동금리
대상주택	-공부상 주택 -9억원 미만 -주택담보가치의 70%까지 -최소100만원～5억원	-공부상 주택 -3억원 미만 -주택담보가치의 70%까지 -최대금액 1억원	-6억원 이하의 주택 -주택담보가치의 70%까지 -최대금액 2억원	-아파트 -9억원 미만 -주택담보가치의 70%까지 -최대금액 5억원
대출기간	10년, 15년 20년, 30년			표준 3년(공사기간에 따라 상이)
상환방식	매월 원리금균등분할상환, 체감식(원금균등)분할상환, 체증식 분할상환			

자료: 한국주택금융공사, 연계형 보금자리론의 경우 입주 후에는 대출조건, 대출금리, 대출기간 등이 보금자리론 기본형과 동일함

〈그림 8-4〉는 2004년 이후 보금자리론 판매실적을 나타내고 있다. 한국주택금융공사가 설립된 2004년 보금자리론 판매액은 3조 3,320억원이었다. 보금자리론 판매실적은 2006년 정부의 부동산투기억제 정책으로 인하여 1조 3,867억원으로 감소하였다가 2007년 이후에는 다시 증가세로 돌아섰다. 2011년 보금자리 판매액은 9조 4,147억원을 기록하였다.

〈그림 8-4〉 보금자리론 판매실적, 2004~2012.7(단위:억원)

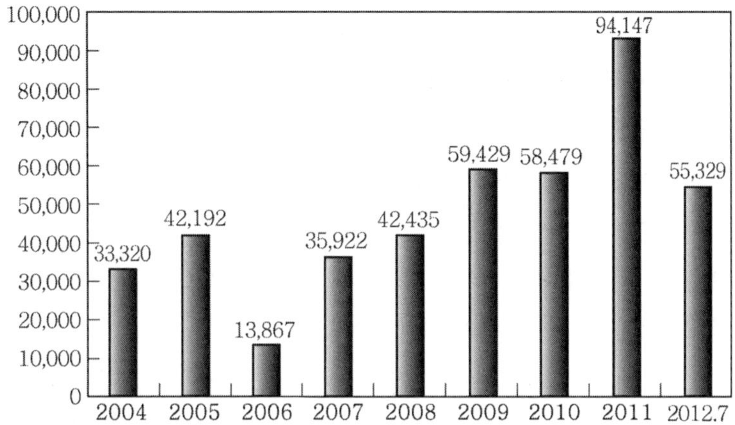

한국주택금융공사는 은행권 변동금리형 주택담보대출상품과 경쟁하기 위하여 만기, 거치기간, 만기시 상환금액비율을 조정하는 방법 등으로 대출상품의 다각화를 시도하고 있다.[11]

한국주택금융공사는 모기지론 상품경쟁력을 확보하기 위해 10년 만기 롤오버(만기대출 상환연장) 대출상품을 개발하고 있다. 이 상품은 10년 만기 대출상환원리금을 20년 만기 상품과 유사한 수준으로 부담하도록 하고 만기가 되면 대출을 연장하거나 잔액을 일시에 상환하는 방식으로 설계돼 있다.[12]

한국주택금융공사는 일정기간이 경과한 후 금리를 조정할 수 있는 금리재조정부 대출상품도 개발하고 있다. 시장금리가 낮아지면 몇 차례 좀 더 낮은 금리를 적용할 수 있는 상품이다.[13]

11) 이데일리(www.edaily.co.kr) '30년 고정금리 모기지론 나왔다', 2006.1.23
12) 매일경제, '10년만기 대출 연장 모기지론', 2006.3.1
13) 매일경제신문, '낮은 금리 적용되는 신모기지론 나온다', 2006.2.14, 매일경제신문, 10년 만기대출 연장 모기지론" 2006.3.1

4. 적격대출

한국주택금융공사는 2012년 3월 적격대출(conforming loan)라는 주택담보대출상품을 출시하였다. 국내 주택담보대출이 주로 단기·변동금리·일시상환 구조로 되어 있어 금융위기의 발생시 국내 경제에 큰 악영향을 줄 수 있다. 적격대출은 이를 사전에 방지하기 위하여 주택담보대출을 변동금리 위주에서 장기·고정금리·분할상환 위주로 전환시켜 주택담보대출시장의 구조를 개선하고자 도입되었다.

적격대출은 장기 고정금리형 주택담보대출로 금융기관이 취급한 주택담보대출을 한국주택금융공사가 매입하여 이를 기초자산으로 하여 주택저당증권을 발행, 유동화하는 주택담보대출상품이다. 한국주택금융공사는 유동화하는데 적합한 인수기준을 충족시키는 금융기관의 고정금리대출을 매입하여 이를 유동화하는 것이다. 〈표 8-4〉는 유동화 요건을 충족하는 대출요건을 나타낸다. 적격대출상품은 보금자리론과 달리 대출금리를 금융기관이 결정하고 한국주택금융공사의 주택담보대출 매입가격을 시장가격에 의해 결정한다.

적격대출은 미국의 패니매, 프레디 맥과 같은 주택담보대출 매입제도와 개념은 유사하나 매입방식에서 상이하다. 미국의 패니매, 프레디 맥의 주택담보대출 매입의 경우 주택담보대출 매입계약시 매입가격이 제시되는 반면 적격대출은 금융기관이 먼저 주택담보대출을 실행하고 이후 한국주택금융공사가 제시하는 가격으로 주택담보대출이 매입된다.

적격대출상품의 활성화는 변동금리 위주의 주택담보대출시장에서 고정금리 주택담보대출 비중을 높여 금리변동으로 인한 금리위험을 최소화하여 금융시장의 안정을 도모하는 효과를 가지고 있다.

금융기관은 적격대출 인수기준에 맞는 주택담보대출을 자체판단에 의거하여 한국주택금융공사에 판매할 수 있기 때문에 금리변동위험이나 채무불이행위험을 감수할 필요없이 유연성있게 주택담보대출을 실시할 수 있는 장점이 있다.

적격대출은 주택담보대출 수요자입장에서는 상대적으로 낮은 금리로 주택담보대출을 받을 수 있으며 금융시장측면에서는 가계부채의 질적 구조 개선효과가 있다. 금융기관 측면에서는 이자율위험 부담없이 안정적인 수익원과 영업기반을 확보하여 수익기반을 강화할 수 있고 주택담보대출을 주택금융공사에 양도함에 따라 재무구조를 개선하고 자산건전성을 강화하는 효과를 얻을 수 있다. 또한 주택저당채권 발행의 활성화로 채권시장의 발전을 도모할 수 있다.

〈표 8-4〉 유동화 요건을 충족하는 대출 주요 요건

구분	내 용
원칙	금융위원회 또는 금융감독원이 정한 감독규정을 준수한 대출
채무자	민법상 성년, 신용등급 9등급 이내, 신용유의정보 미등록자
자금용도	구입, 보전(소유권 이전일로부터 30년 이내), 상환
대출금액·만기	대출금액 5억원 이내, 만기 10년 이상 35년 이하
담보주택	9억원 이하 등기상 주택(법적 절차 진행 주택 불가)
	투기지역의 처분조건부 대출 취급 불가
조기상환수수료	금융기관이 자율적으로 결정
근저당설정	대출금액의 120% 이상(1순위 설정이 원칙)
연체기록	양수전 1년간 30일 이상(연속) 연체기록이 없을 것
대출금리	5년만기 국고채 금리와 대출 취급비용 등을 감안하여 금융기관이 자율적으로 결정

자료: 적격대출 개요 및 주요 성과분석, 한국주택금융공사, 2012.10

〈그림 8-5〉 적격대출의 유동화 과정

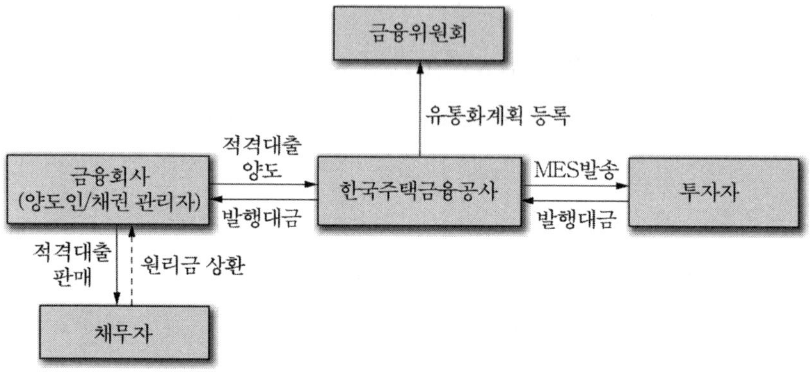

자료: 한국주택금융공사

제3절 주택담보대출금리의 결정

1. 주택담보대출금리의 구성

은행 등 금융회사가 차입자에게 대출을 하는 경우 적용하는 대출금리는 기준금리, 가산금리, 우대금리로 구성되어 있다. 기준금리는 자금조달원가, 자금조달과 운용에서 발생하는 업무원가, 그리고 적정마진으로 구성된다.

은행의 주택담보대출의 경우 CD연동과 코픽스 기준금리를 적용하는데 CD연동 기준금리의 경우 CD 유통수익률 기준 조달비용에 업무원가와 적정마진을 합친 금리이다. 기준금리는 해당 금융회사마다 차이가 있을 수 있으나 해당 금융회사의 고객에게는 공통적으로 적용된다.

가산금리는 차입자의 신용위험, 채권보전위험, 유동성위험에 따라 추가로 부과되는 금리인 반면 우대금리는 차입자의 소득, 거래빈도, 금융회사의 마케팅전략 등에 따라 기준금리에 추가로 감면되는 금리이다.

기준금리의 결정요인은 만기대응 시장금리(MOR: Market Opportunity Rate), 여신상품별 업무활동원가(ABC: Activity Based Costing), 신용보증기금 출연료율, 교육세 환산율, 자본비용, 신용프리미엄, 유동성프리미엄, 정책마진±경쟁금리이다.

신용보증기금 출연료율은 신용보증출연제도에 의해 주택신용보증기금에 출연하는 금액이다. 신용프리미엄은 신용등급별 예상부도율에 기간위험을 더한 값이다. 유동성프리미엄은 자금조달 및 운용시 금리변동에도 불구하고 계약만기까지 기한의 이익이 보장됨에 따라 추가로 보상 또는 부과해야 하는 금리를 말한다.

〈부동산금융 사례〉

CD금리 유명무실..'단기지표 금리' 찾아라

양도성 예금증서(CD) 금리를 대체할 새로운 금리를 도입하자는 논의가 급물살을 타고 있다. 단기지표 금리로서 CD금리가 제 역할을 못한다는 지적이 이어지는 가운데 CD금리 담합 가능성마저 불거지면서다.

CD금리란 말 그대로 정기예금에 '양도'할 수 있는 권리를 부여한 금융상품이다. 시장에서 매매할 수 있으며 만기 때 은행에 증서를 제시하면 원리금을 찾을 수 있다. 은행들이 자금조달을 위해 주로 발행하고 기업 및 가계에 대출을 하거나 파생상품 거래에서 기준이 되는 금리로 이용된다.

◇CD금리 유명무실..왜?=그런데 이 CD금리는 그동안 단기지표 금리로서의 대표성이 부족하고 대출 금리 등을 왜곡하는 주범이라는 지적을 받아왔다. 가장 큰 문제는 금리의 경직성이다. 실제로 CD금리는 지난 4월 9일 이후 한국은행이 기준금리를 인하한 지난 12일까지 약 3개월 동안 3.54%에서 한 차례도 움직이지 않았다. 3월과 4월에도 3.54%에서 3.55%, 3.54% 등으로 소폭으로 움직였을 뿐이다. CD금리는 지난 12일 3.54%에서 3.27%로 내려온 뒤 18일 현재 3.23%까지 하락한 상태다.

반면 만기가 비슷한 은행채 3개월(AAA)은 6월에는 3.38~3.34% 사이에서 움직이다가 지난 6일 3.31%로 하락했고 한은 금리 인하 이후에는 3%대 아래로 내려왔다.

> 사정이 이렇다 보니 한은이 기준금리를 인하해도 대출 금리는 '느리게' 인하하는 현상이 발생했다. '대출 금리는 CD에 연동되는데 CD 금리가 낮아지는데 시간이 걸린다'고 은행권이 항변할 수 있는 이유다.
>
> CD금리가 요지부동 금리가 된 데는 은행들의 CD 발행이 크게 줄었기 때문이다. CD거래량은 2009년 151조원에서 지난해 54조원으로 3분의 1토막이 났고 예금은행들의 CD발행 잔액은 2009년 말 107조6,000억원에서 지난 5월 30조 8,000억원으로 줄었다. 지난 2010년 예대율 규제 도입으로 CD가 예금에서 제외, 은행들이 CD를 발행할 요인이 사라진 것이 원인이다. 풍부한 유동성도 CD시장이 '개점휴업'이 되는데 한 몫을 했다.
>
> 일부 은행들이 드물게 발행하는 CD가 CD금리 전체를 좌지우지하는 현상도 나타났다. 더욱이 CD금리는 신용등급이 AAA급인 7개 은행(국민, 신한, 우리, SC, 한국씨티, 하나, 외환)이 발행한 CD(91일물 기준)를 기준으로 하고 있어 이해 당사자인 은행이 이를 충분히 조절할 수 있는 구조다.
>
> 자료: 〈머니투데이〉, 2012.7.18〉

2. 코픽스(COFIX)

코픽스(COFIX: Cost of Funds Index)는 은행자금조달비용을 반영한 대출금리로 2010년 1월 도입되었다. 코픽스는 이전에 대출금리로 많이 사용되어 온 CD금리가 은행의 자금조달비용을 제대로 반영하지 못하다는 지적에 따라 도입된 것이다.

2008년 9월 리먼브라더스 사태이후 한국은행의 정책금리 인하와 유동성 공급확대 정책으로 CD금리가 하락하였다. 또한 2009년 12월 한국은행이 예대율 규제를 추진하면서 CD를 예금의 범주에서 제외시켰다. 이로써 은행의 CD발행액 비중은 2008년 말 89%에서 2012년 3월말 48.9%로 감소하였다. 또한 일반은행의 자금조달원(원화예수금・CD・은행채 등)으로 CD의 비중은 2008년말 10.5%에서 2012년 3월 1.5%로 줄어들었다.

코픽스는 산출방법은 다음과 같다. 9개 은행(농협중앙회・우리・신한・SC・하나・기업・KB외환・한국시티은행)이 만기가 1년 이상인 정기예금・정기적금・금융채・표지어음매출・RP매도 등의 수신금리를 근거로 자금조달액과 가중평균금리 등을 은행연합회에 보고하고 은행연합회는 '월말 잔액기준'과 '월중 신규취급액기준' 2가지로 코픽스지수를 산출하여 매월 발표한다.

코픽스는 CD금리보다 변동성이 낮다는 장점이 있다. 반면에 코픽스 산출시 요구불예금과 수시입출금식 예금이 포함되지 않아 CD금리보다 금리가 높을 수 있다는 점이다.

한편 잔액기준금리는 변동성이 작은 편인 반면 신규취급액기준금리는 시장상황을 빨리 반영하기 때문에 변동성이 상대적으로 높은 편이다. 따라서 금리상승시에는 잔액기준금리가 유리하고 금리하락시에는 신규취급액기준금리가 대출수요자에게 유리하다고 할 수 있다.

〈표 8-5〉 코픽스 기준금리와 CD연동금리 대출의 비교

구분	코픽스	CD
공시시기	매월 15일	매일 시장가격
금리기준 금융상품	정기예금 · 정기적금 등	양도성예금증서(91일물)
금리의 변동성	안정적	탄력적
금리결정방법	9개 시중은행자료를 근거로 은행연합회에서 산출	시장참가자

자료: 매일경제신문, 2010.2.20

〈표 8-6〉 월말 잔액기준 월중 신규취급액 기준의 비교

구분	잔액기준	신규취급액기준
공통점	은행 조달비용 반영	
장점	은행수지에 관한 정보 제공 낮은 금리변동폭 금리상승기에 유리	최근 금리동향 반영 높은 금리변동폭 금리하락기에 유리
단점	금리변동위험을 차입자가 부담	한달 전 평균금리로 느린 시장금리 반영 속도.

자료: 매일경제신문, 2010.1.18

3. 가산금리

가산금리는 차입자의 신용상태, 차입규모, 차입자의 자산규모 대비 차입금액 비율, 원리금상환능력 등을 고려하여 차입자마다 차별적으로 적용한다.

가산금리의 결정요인으로는 담보인정비율(LTV: loan to value)과 총부채상환비율(DTI: debt to income)이 있다. 담보인정비율은 담보물건의 채무부담능력을 나타내는 것으로 담보물의 자산가치에 비해 대출금액의 크기 정도를 나타낸다.

담보인정비율은 주택가격 대비 대출금 비율을 나타내는 것으로 금융회사의 여신정책, 담보물건의 종류, 정부의 주택금융정책 등에 따라 달라질 수 있다. 담보인정비율은 주택담보대출을 제공하는 금융회사의 자산건전성에 영향을 미친다.

LTV = (대출금액 + 선순위채권 + 임차보증금)/주택의 담보가치

담보물의 자산가치는 부동산시장의 상황에 따라 계속 변화하기 때문에 금융회사는 일반적으로 담보인정비율을 100% 이하로 인정하여 가산금리를 결정한다. 또한 정부가 부동산정책수단으로서 담보인정비율을 활용할 수 있다. 즉, 금융회사의 과도한 부동산담보대출을 억제하기 위해서는 특정담보물건에 대해 담보인정비율을 하향조정하고 국민들이 주택구입자금을 원활히 조달하도록 하기 위해서는 담보인정비율을 상향조정한다.

총 부채상환비율(DTI: debt to income)은 원리금상환금액을 차입자의 세후 연소득으로 나눈 비율로 고객의 부채상환능력을 측정한다. 원리금상환금액은 해당 주택담보대출의 연원리금 상환액과 기타 부채의 연이자 상환액을 합산한 금액이다. 총부채상환비율은 주택담보대출을 억제하기 위해 2005년 8월 '제2단계 주택담보대출 리스크 관리 강화' 방안에서 도

입되었다.

연원리금 산출방법은 다음과 같다. 원리금균등분할상환방식인 경우 연원리금은 분할상환 개시 이후 연간 원리금 상환액이며 원금일시상환방식인 경우 연원리금은 연간 이자액에 대출총액을 합친 금액을 대출기간을 나눈 값을 합산한 금액이다.

총부채상환비율의 높은 경우는 차입자의 원리금상환부담이 높다는 것을 의미하며 총부채상환비율의 낮은 경우는 차입자의 원리금상환부담이 낮다는 것을 의미한다.

DTI = 당해 대출의 연 원리금 상환액/연 소득

금융회사는 담보인정비율과 총부채상환비율 2가지 기준을 가지고 기준금리에 추가로 부과되는 가산금리와 대출한도를 결정한다.

2007년 2월 카드 캐피탈 리스 신기술개발 등 여신전문회사들의 투기지역 내 주택담보할부금융 취급시 담보인정비율과 총부채상환비율 규제가 시행되었다.

2007년 3월부터는 6억원 초과 아파트에만 적용하던 총부채상환비율(DTI: debt to income) 40% 규제를 투기지역 및 수도권 투기과열지구의 모든 아파트에 대해 적용하였다.

2002년 8월에 공정거래위원회가 승인한 은행여신거래표준약관에 의하면 은행들이 부동산담보대출 때 대출에 따른 소정의 비용을 모두 차입자가 부담하도록 되어 있다. 이에 은행은 고객에게 근저당 설정비를 부담시키거나 은행이 근저당 설정비를 부담하는 경우 약정금리 이외에 가산금리를 추가로 부담하였다.

그러나 2006년 9월 국민고충처리위원회가 설정비를 차입자에게 부담시키는 것은 불공정한 조항이라고 관련 약관을 개정토록 하였다. 이에 따라 공정거래위원회는 2008년 1월 등록세, 교육세, 감정평가수수료, 등록대행료 등 근저당 설정비를 은행이 부담하도록 은행여신거래표준약관을 개정하였다.

하지만 은행들이 근저당 설정비를 부담할 경우 이를 원가에 반영, 가산금리를 상향조정할 수 있기 때문에 차입자의 이자부담만 증가할 수 있다.

〈표 8-7〉 설정비 부담 주체

비용		은행	차입자	설정자
근저당 설정	등록세, 지방교육세, 등기신청수수료 및 법무사 수수료, 근저당물건의 조사 또는 감정평가수수료	O		
	국민주택채권매입비		O	
	기타 비용으로 부담주체가 불분명한 비용	50%	50%	
채무불이행으로 인한 근저당권 행사시 근저당물건의 조사 또는 감정평가수수료			O	
근저당 말소비용			O	
인지세		50%	50%	
			O	
채무자가 부담할 비용을 은행이 대신 지급하였으나 채무자가 이를 갚지 않을 경우 상사법정이율(6%)범위 내에서의 약정금리			O	

자료: '은행대출근저당 설정비용 등 부담경감', 국민고충처리위원회, 2006.9.18.
〈머니투데이〉, 2008.2.4.

〈부동산금융 사례〉

은행 가산금리 어떻게 부풀려지나 봤더니…

가산금리 항목 10여 가지 달해..임의로 조정해 수익보전
금융당국, 가산금리 일부 항목들 공개해 금리인하 유도

시중은행들이 10여 가지에 이르는 가산금리 항목을 객관적인 기준 없이 운영하면서 대출금리를 부풀려온 것으로 나타났다. 특히 목표이익률 항목은 은행의 주관적인 수익목표에 따라 좌지우지되면서 지나치게 자의적이라는 평가를 받고 있다. 최근 일부 은행들이 폐지키로 한 지점장 전결금리의 경우 가산금리

항목에서 차지하는 비중은 크지 않아 대출금리 인하 효과 역시 미미할 것이란 전망이 지배적이다.

◇ 최고 0.7%포인트의 내부이전금리 별도 책정

8일 금융권에 따르면 국내 은행들의 대출금리는 조달금리에 은행별 내부이전금리(FTP)와 가산금리를 더해 결정된다. 내부이전금리는 양도성예금증서(CD)와 코픽스, 은행채 등 지표금리(조달금리)외에 대출업무에 수반되는 업무원가와 예금보험공사 출연료, 교육세 등을 더한 일종의 손익분기점(BEP) 금리로 각 은행 본점에서 매일 또는 매주 산정한다. (중략)

◇ 가산금리 책정기준 불분명

은행들은 여기에다 리스크와 신용, 유동성 등 각종 손실에 대비하는 프리미엄과 은행 목표이익률, 은행 지점장의 전결금리 등 이른바 가산금리를 덧붙여 최종적으로 대출금리를 결정하게 된다. 문제는 가산금리가 결정되는 과정에서 객관적인 기준이나 검증정치가 전혀 없다는 점이다.

신용 프리미엄의 경우 고객별 신용등급에 따른 부도위험을 반영한다. 다만 은행별 신용평가시스템마다 기준이 제 각각이어서 같은 고객이라도 어느 은행에서 대출을 받느냐에 따라 금리가 크게 차이날 수 있다. 신용 프리미엄은 만기 연장과정에서 대출금리를 부풀리는 가장 일반적인 수단으로 꼽히고 있다.

은행의 내부적인 수익 목표에 따라 결정되는 목표이익률은 더욱 자의적이다. 가령 기준금리 인하에 따른 대출금리 인하로 이자수익이 줄어들 것으로 예상되면 목표이익률을 조정해 가산금리를 올리게 되면 간단하게 수익 감소분을 보충할 수 있다.

◇ 금융당국, 가산금리 항목 공개 유도

시장금리는 내렸는데 대출금리는 그대로 있거나 한참 후에야 떨어지는 현상은 바로 이 때문이다. 그런 탓에 목표이익률은 많게는 10여 가지에 이르는 가산금리 항목 가운데서도 은행들이 가장 공개를 꺼리는 '영업비밀'에 해당한다.

최근 은행들이 앞다퉈 폐지를 발표하고 있는 지점장 전결 가산금리의 경우 알려진 것과는 달리 실제 영업현장에선 크게 부풀려지는 경우가 많지 않은 것으로 전해지고 있다. 지점장 전결금리 폐지가 지점별 금리격차 해소엔 도움이 되겠지만 큰 폭의 대출금리 인하로 이어지긴 어렵다는 의미다.

금융당국은 가산금리 논란이 커짐에 따라 은행들이 내부이전금리를 책정하는 과정에서부터 목표수익률을 감안한 가산금리 산정까지 가산금리 체계 전반에 대한 실태점검에 나섰다.

금융당국 고위 관계자는 "경쟁체제를 훼손하지 않는 범위에서 가산금리 항목을 공개하도록 유도하는 방안을 검토하고 있다"고 말했다.

자료: 〈이데일리〉, 2012.8.9〉

4. 우대금리

우대금리는 금융회사가 마케팅차원에서 차입자에게 금리감면을 제공하는 경우가 일반적이다. 1997년 IMF 외환위기 이후 은행들이 소매금융에 치중하고 2000년 이후 부동산경기가 활성화되자 은행들은 경쟁적으로 주택담보대출 경쟁에 나섰다. 이 때 고객을 유인하기 위하여 저당설정비 면제뿐만 아니라 각종 우대금리를 제공하였다.

우대금리의 종류에는 거래실적이 우수한 고객에게 제공하는 주요 고객 우대금리, 해당 금융회사에 대출을 받고 타 금융회사에 대출금 상환을 조건으로 우대금리를 제공하는 타 금융회사 상환우대금리, 고객의 직업, 소득 등을 고려한 우대금리 등이 있다.

〈표 8-8〉 은행별 금리 할인 항목 (2006년 3월 현재)

구분	0.1% 포인트 할인	0.2% 포인트 할인	기타
국민	• 자동이체 • 인터넷뱅킹 • 공과금이체 • 대출금 5,000만원 이상 • 개인신용등급 4~7등급	• 신용카드 • 3개월 수신평잔 100만원 • 급여이체 • 청약상품 • KB포인트 800점 이상 • 개인신용등급 1~3등급 • 펀드상품 • 대출 2억원 이상 • 거래기간 3년 이상	• 헌혈증서 기부 • 장기기증등록자
우리	• 주택청약 • 대출기간 3년 이내 • 급여이체 및 자동이체 • LTV보다 5%낮게 대출신청 • 신용카드 • 적립식상품 • 대출 1억원 이상 • 주요 고객	• 영업점장 우대	• 20세 이하 세 자녀 • 영업점장 우대
신한	• 아파트관리비 • 거치식 · 적립식 예금 • 공과금 이체 • 투자신탁상품 • 지로 자동이체 • 신용카드 • 인터넷뱅킹 • 신탁상품	• 급여이체	• 탑스 주거래 고객
하나	• 적립식상품 50만원 이상 • 급여이체 • 신용카드 3개월 이상 사용 • 관리비 이체 • 인터넷 뱅킹		• 개인신용등급 8등급 이상
외환		• 신용카드 • 2건 이상 자동이체	• 급여이체 • 영업점장이 인정할 경우

자료: 한국경제신문, 2006.3.2

5. 주택담보대출시 개인신용평가

2002년 10월부터 은행이 주택담보대출을 할 경우 개인신용평가를 의무적으로 실시하도록 되었다. 주택담보대출 취급시 은행은 차입자의 연간소득 등 상환능력을 평가하는 개인신용평가 기준을 마련하여 신용평가를 실시하고 신용평가 결과를 대출한도나 대출금리 등에 적용한다.

국민은행의 경우 상환능력평가기준으로서 차입자의 연간 소득, 신용카드 등 연체기록, 자행거래정보 등을 이용하여 10점 만점의 간이신용평점을 산출한다. 대출금리는 차입자의 부채비율(대출총액/연간 소득)이 250% 초과시 가산금리를 부과하고 대출한도도 최고평점의 50% 미만시 담보인정비율(LTV)을 5%p만큼 하향조정한다. 우리은행은 신용대출과 동일한 신용평점모형을 상환능력평가방법으로 사용하고 담보종류별 회수율을 리스크프리미엄에 반영한다. 대출한도는 [담보가액×담보인정비율-선순위채권-소액보증금]×신용등급별 가중치(100~90%) 공식을 이용하여 산출한다.

〈부동산금융 사례〉

은행 · 제2금융권 고위험 · 편중 대출 관리강화

은행 대출시 채무자 상환능력 확인한다.

카드사 등 여전사 외형 확대 경쟁시 특별 점검

앞으로 은행과 제2금융권의 고위험 및 편중대출에 대한 관리 감독이 강화되고 채무자는 은행 대출시 상환능력을 검증 받게 된다. 또 카드사 등 여신전문금융회사 외형 확대를 억제하기 위해 금융당국이 특별점검을 실시할 방침이다.

금융위원회는 29일 이 같은 내용을 담은 '가계부채 연착륙 종합방안'을 발표하고 올해 하반기부터 단계적으로 추진한다고 밝혔다. 현재 주택담보대출의 경우 위험도와 무관하게 위험가중치를 일괄 적용하고 있지만 이를 단계별로 조정해 고위험 주택담보대출의 경우 국제결제은행(BIS) 위험가중치를 상향 적용할 계획이다.

고위험 대출이란 만기 5년 이하 일시상환 대출 중 차주의 부채비율(총대출금을 연소득으로 나눈 수치)이 500%를 넘는 경우를 뜻한다. 또 채무자의 상환능력을 확인하는 관행을 정착시키기 위해 은행은 채무자의 소득증빙자료를 확인하게 된다.

금융위 관계자는 "현재 총부채상환비율(DTI) 의무적용 대상이 아닌 대출의 경우 주택담보인정비율(LTV)만 감안하고 소득 등 상환 능력에 대해선 소홀한 상황"이라며 "채무상환능력 확인을 통해 건전한 주택담보대출 관행을 정착시킬 것"이라고 말했다.

자료: 〈매일경제신문〉, 2011.6.29

6. 주택담보대출과 소비자보호

금융감독원은 전국은행연합회와 공동으로 금리·만기·중도상환수수료 등 각 은행별 주택담보대출 조건에 관한 정보를 금융소비자가 쉽게 파악할 수 있도록 금융감독원 홈페이지에 비교·공시하고 있다. 각 주택담보대출 상품에 대한 정보는 전국은행연합회에 홈페이지(www.kfb.or.kr)는 행업무정보/주택담보대출상품공시에서 확인할 수 있다.

금융감독원은 금융소비자 보호 강화 방안으로 변동금리형 주택담보대출인 경우 대출통장에 월별 적용금리와 이에 따른 상환원리금이 표시되도록 하였다. 차입자는 이를 보고 금리변화에 따라 자신의 이자부담액의 증감을 알 수 있다.

정부는 그동안 가계대출의 부실화를 방지하기 위하여 변동금리·거치식 주택담보대출을 억제하고 고정금리·비거치식 분할상환 대출을 활성화하기 위한 방안을 강구하였다. 즉 고정금리·비거치식 분할상환 대출에 대한 주택신용보증기금 출연료율을 인하하고 변동금리 대출에 대해서는 요율을 인상하거나 고정금리·비거치식 분할상환 및 혼합대출 상품을 개발하도록 유도하는 방안을 논의하였다.

하지만 변동금리·거치식 주택담보대출상품의 금리가 고정금리·비거치식 분할상환 대출상품보다 낮은 상황에서 대출수요자는 변동금리·거치식 주택담보대출상품을 선호할 수밖에 없다. 또한 변동금리 주택담보대출과 고정금리 주택담보대출은 이자율 위험을 차입자와 금융회사 중 누가 부담하느냐의 문제이기 때문에 현실적으로 고정금리상품을 대출수요자에게 일방적으로 강요하는 것은 어렵다.

제4절 모기지보험

모기지보험(MI: Mortgage Insurance)이란 주택담보대출을 받은 채무자가 대출금을 갚지 못했을 경우 보험회사가 대신 상환해 주는 상품으로 차입자가 모기지보험에 가입하면 대출한도가 늘어난다. 모기지보험제도는 2005년 8.31 부동산대책의 일환으로 무주택서민의 주택마련을 지원하기 위하여 도입됐다.

모기지보험은 서울보증보험(www.sgic.co.kr)과 미국 젠워스 모기지보험사(Genworth Financial)(2007년 8월 국내 진출)가 취급하고 있다.

서울보증보험의 개인주택자금보증보험의 경우 개인이 은행 등 주택자금 대출기관으로부터 주택자금(주택의 구입·신축·증축·개축 또는 임차에 필요한 자금)을 대출받는 때 담보제공을 요구받을 때 이용할 수 있다. 보험계약자는 금융기관으로 대출을 받는 차용인이며 보험기간은 보험계약자의 채무이행기간(대출실행일로부터 최종원리금 상환일까지)이다. 보험금액은 대출금액에 일정 금액을 가산한 금액이다. 금융기관으로부터 주택자금을 대출받은 차용인(보험계약자)이 주택자금원리금을 상환하지 않는 경우 대출기관(피보험자)에게 손해를 배상한다.

제 5 절 주택연금

1. 주택연금의 개념과 필요성

주택연금 또는 역모기지 또는 장기주택저당대출이란 주택을 금융기관에 담보로 맡기고 금융기관으로부터 연금과 같이 매월 노후생활자금을 받는 제도이다. 한국주택금융공사(www.hf.go.kr)는 은행에 보증서를 발급하고 은행은 한국주택금융공사의 보증서에 의해 가입자에게 주택연금을 지급한다. 국내 주택연금제도는 2007년 7월에 도입되었다. 2012년 8월 한국주택금융공사로부터 공적보증을 받는 주택연금 이외에 국민(KB주택연금), 기업(평생안심주택연금), 신한은행(신한역모기지론)이 한국주택금융공사의 보증서가 없는 자체 주택연금 상품을 취급하고 있다.

주택연금제도는 1989년 미국에서 최초로 역모기지라는 이름으로 도입되었다. 미국 정부는 HECM(Home Equity Conversion Mortgage)를 설립하여 역모기지를 취급하는 금융회사들이 입을 수 있는 손실을 보존하는 방법으로 역모기지제도를 정착시켰다.

주택연금제도는 고령화 현상이 가속화되고 노후생활자금 확보가 필요함에 따라 거주보장과 생활안정이라는 정책적 효과를 가지고 있다. 하지만 주택연금제도는 대출기간이 계약시점에서 확정되지 않고 대출기간이 대부분이 장기이며 대출상환자금의 원천의 미래의 주택가격이기 때문에 금융기관입장에서는 위험이 높은 대출상품이다. 정부는 주택연금제도의 활성화를 위해 한국주택금융공사를 통해 공적 보증을 제공하고 있다.

한편, 주택연금을 취급하는 금융회사는 연금지급기간 즉 대출기간 중 주택가격 하락, 대출금리 상승, 이용자 사망률과 같은 위험에 노출되어 있다.

〈표 8-9〉는 주택연금 가입건수는 지급잔액은 현황을 나타내고 있다.

〈표 8-9〉 주택연금 지급잔액 현황(단위: 건수, 억원)

구분	2007	2008	2009	2010	2011
가입자수	515	695	1,124	2,016	2,936
연금지급액	44	230	531	911	1,401
보증공급액	6,025	8,633	17,474	30,361	41,000

자료: 한국주택금융공사, 주요통계, 2012.1

2. 주택연금의 특징

주택연금 가입자는 생애기간동안 원리금을 상환할 필요가 없고 평생동안 가입자 및 배우자 모두에게 거주와 연금지급을 받는다. 주택연금에 대해 국가가 연금지급을 보증하며 주택연금은 일반주택담보대출금리보다 낮은 금리를 적용받는다. 또한 주택연금은 저당권 설정시 등록세, 지방교육세, 농특세, 국민주택채권매입의무가 면제되어 초기비용이 저렴하다. 한편 주택연금 대상 주택은 재산세 25%가 감면되며 대출이자비용은 연금소득공제 대상이다.

3. 주택연금과 주택담보대출의 비교

주택연금의 목적은 이미 보유하고 있는 주택을 담보로 노후자금을 마련하기 위해 금융기관으로부터 대출을 받는 것인데 비해 주택담보대출은 주택을 마련하기 위해 금융기관으로부터 대출을 받는 것이다.

주택연금은 대출금을 매월 일정금액으로 지급받고 계약자가 사망하거나 해지시 주택을 처분하여 그 시점까지 지급된 대출금의 원금과 이자를 상환하다. 주택담보대출의 경우는 대출시 목돈을 지급받아 주택을 마련하고 정해진 기간에 걸쳐 원금과 이자를 분할 상환한다.

〈표 8-10〉 주택담보대출과 주택연금의 비교

구분	주택연금	주택담보대출
목적	노후자금마련	주택구입
대출금	사망시 또는 중도정산시까지 매월	계약시 일시에 발생
대출기간	사망시 또는 중도정산시	대출기간 확정
상환	사망시 원리금 일괄상환	원리금 분할상환
계약종료 후	주택처분	주택소유

자료: 최차순 (2011) '주택연금의 경제적 파급효과에 대한 연구' 부동산학보.

4. 가입요건

(1) 대상자

주택연금에 가입할 수 있는 자는 본인과 배우자 만 60세 이상이며 부부기준으로 1주택만 보유해야 한다. (개정예정) 주택소유자가 60세 이상인 경우

(2) 대상주택

대상주택은 시가 9억원 이하의 주택 및 지방자치단체에 신고된 노인복지주택이다.

(3) 정산

부부가 모두 사망하는 경우 주택을 처분하여 정산한다. 정산시 주택처분금액이 대출잔액보다 작은 경우 상속인 또는 채무자에게 차액에 대해 별도로 청구하지 않는다. 하지만 주택처분금액이 대출잔액보다 많은 경우 상속인 또는 채무자에게 차액을 지급한다. 부부 모두 사망시 또는 원하는 때에 중도상환수수료 없이 전액 또는 일부 정산이 가능하다.

(4) 연금지급방식

연금지급방식에는 종신지급방식과 종신혼합방식이 있다. 종신지급방식은 수시인출한도 설정없이 월지급금을 지급받는 방식이다. 종신혼합방식은 수시인출한도를 설정한 후 나머지 부분을 월지급금으로 받는 방식이다.

월지급금 지급유형으로는 정액형, 증가형, 감소형, 전후후박형이 있다. 정액형은 월지급금을 평생동안 동일한 금액으로 고정하는 방식이다. 증가형은 월지급금이 12개월마다 3%씩 증가하는 방식이다. 감소형은 월지급금이 12개월마다 3%씩 감소하는 방식이다. 전후후박형은 월지급금이 일정하게 지급하다가 10년 경과 후 11년째부터 70%로 1회 감소한 금액으로 지급하는 방식이다.

〈표 8-11〉 주택연금 가입조건

구분	내 용
가입연령	주택소유자가 60세 이상
보유주택수	1세대 1주택
대상주택	시가 9억원 이하이며 저당권, 전세권, 임대차계약이 없음
가입기간	본인 및 배우자 사망시까지
대출금 상환	가입기간 종료 후 담보주택 처분을 통해 상환

5. 주택연금 월지급액의 결정모형

주택연금 수령액은 주택가격상승률, 기대수명, 시장이자율에 의해 결정된다. 시장이자율이 하락하면 주택연금은 대출상품이기 때문에 수령액은 증가한다. 주택가격이 하락하거나 주택가격상승률이 하락하면 주택 예상가치가 줄어들기 때문에 수령액이 감소한다. 기대수명은 통계청이 발표하는 생명표를 참고하는데 기대수명이 길어지면 연금지급기간이 증가하기 때문에 수령액은 감소한다.

한편, 금융기관이 대출이자율이나 월지급액을 높이 설정하는 경우 주택연금에 대한 수요가 감소할 수 있다. 역으로 대출이자율이나 월지급액을 낮게 설정하는 경우 금융기관이나 보증기관인 한국주택금융공사의 손실이 높아져 주택연금의 공급이 감소할 수 있다. 따라서 주택연금의 활성화를 위해서는 적절한 대출이자율이나 월지급액 산출이 중요하다.

참고문헌

고성수, '국내 금융회사의 모기지 활성화 방안', 한국금융연구원, 2007.7.

김득갑 외, "서브프라임 사태와 세계경제의 향방", CEO Information, 삼성경제연구소, 2007.10.

김민정, "미국 모기지회사의 현황과 신용평가", special report, 한국신용평가, 2004.9.

김범석, "주택담보대출관련 리스크 관리의 필요성", 『시사금융』, 2005.9

김범석, "한국주택금융공사의 설립과 MBS시장의 활성화", 『시사금융』, 2003.10.

김인규, '주택금융의 현황과 발전방향', 한국은행, 2007.8.

김재태 · 김호진 · 문형철, 『부동산금융:이론과 실무』, 부연사, 2011.

방경식 · 장희순, 『부동산학개론』, 부연사, 2002.

손경환 · 박천규, "주택자금대출시장의 개선방안 연구", 국토연 2003-30, 국토연구원, 2003.

손재영, 『한국의 부동산금융』, 건국대학교출판부, 2008.

송준혁 · 연태훈, '우리나라 주택담보대출시장의 현황과 평가', KDI 현안분석, KDI, 2007.10.

유건, '가계대출시장의 기회 및 위험요인', Special Report, 한국신용평가, 2007.2.

재정경제부, "한국주택금융공사법 제정안 입법예고", 보도자료, 2003.7

전광섭, 『주택금융론:주택금융의 이해와 실제』, 부연사, 2010.

조주현, 『부동산학원론』, 건국대학교 출판부, 2002.

한국주택금융공사, "최근 우리나라 주택시장의 변화와 주택금융제도의 발전", 『주택금융월보』, 9월호, 2004.9

한국주택저당채권유동화(주), "주택금융 및 MBS제도 발전을 위한 세미나 자료", 2001.6.8.

Brueggeman, William & Fisher, *Jeffrey, Real Estate Finance and Investments*, 12th ed. McGraw-Hill Irwin, 2005

Caluretie Terrence & Sirmans, *Real Estate Finance* 4th ed., Thomson, 2003.

Real Estate Market Report, 각호. 부동산금융연구소, 메리츠증권

[부록] 미국 서브프라임 모기지 부실사태

1. 서브 프라임 모기지의 개념

서브 프라임(subprime) 모기지란 신용상태가 낮은 주택구입자에게 제공되는 주택대출상품이다. 서브 프라임 모기지를 이용하는 고객은 프라임(prime) 모기지를 이용할 만큼 신용도가 높지 않기 때문에 그 대안으로 서브 프라임 모기지를 이용하는데 프라임 모기지에 비해 금리가 높은 편이다. 서브 프라임 모기지는 FICO(Fair Issac Corporation에 의해 개발된 소비자 신용점수로 점수범위는 최하 300점에서 최대 850점) 신용점수가 620점 이하인 경우를 말한다.

물론 신용등급을 결정하는 기준은 모기지회사마다 다르다. 미국의 대형 모기지전문회사인 컨츄리와이드(Counrywide Financial)사의 경우 고객의 과거 모기지 또는 월세 상환기록, 파산경력 여부, 총부채상환비율(DTI: debt to income) 등을 고려하여 프리미어 플러스(premier plus), 프리미어(premier), A^-, B, C, C^- 6개 등급으로 구분한다. 모기지 대출에 대한 이자수준은 담보인정비율(LTV: loan-to-value), 고정금리 또는 변동금리 여부, 초기 이자부담수준 등에 의해 결정된다. 서브 프라임 모기지론은 일반적으로 A^- 이하 모기지론을 말한다.

일부 모기지 전문회사들의 대출규모를 늘리고 수익을 제고시키기 위한 공격적인 영업행태가 비판의 대상이 되고 있다. 모기지 전문회사들은 초기에 낮은 이자율을 적용하는 대신에 일정 기간 후에는 높은 이자를 적용하는 소위 '약탈적인 대출'(predatory lending)을 하거나 대출조건에 따른 위험성을 고객에게 제대로 알리지 않은 것으로 알려지고 있다.

또한 여러 가지 예외규정을 적용하여 자격미달인 고객에게 대출해 주었고 서류가 미비함에도 불구하고 대출을 제공해 주었으며 고객이 제출한 서류의 내용을 검증하지 않고 대출 소위 사기대출(liar loan)을 시행하는 등 도덕적 해이 현상과 모럴 해저드 현상이 나타났다.

2. 서브 프라임 모기지 시장의 연혁

1980년 제정된 DIDMCA법과 1982년 제정된 AMTPA법은 서브 프라임 모기지 시장 발전에 기여하였다. 1980년에 제정된 DIDMCA(Depository Institution and Deregulation Monetary Control Act)은 금융회사가 고객에게 부과할 수 있는 대출이자와 수수료의 최고한도를 정하였다. 1982년에는 제정된 AMTPA(Alternative Mortgage Transaction Parity Act)은 변동금리와 원금일

시지급형 모기지상품을 허용하였다. 그러나 이 두 법이 제정된 이후에 서브 프라임 모기지 시장의 규모는 당장 크게 증가하지 않았다.

미국 모기지시장의 성장에 크게 기여한 것은 1986년 조세개혁법(TRA: Tax Reform Act)이다. 조세개혁법은 주택담보 대출이자분에 대해서는 소득공제 혜택을 유지하였으나 자동차구입용 대출, 신용카드 등 소비자금융 대출이자분에 대해서는 소득공제 혜택을 폐지하였다. 주택담보대출의 경우 1주택 뿐만 아니라 다주택을 소유한 경우도 주택담보대출 이자분에 대해 소득공제혜택을 받을 수 있도록 하였다.

이러한 세제혜택 이외에 1990년대 후반이후 저금리정책으로 인하여 리파이낸싱이 활발히 진행되었는데 리파이낸싱시 신규 대출금과 이전 대출금 차이를 현금으로 받는 현금지급형 리파이낸싱(cash-out refinancing)이 인기를 얻었다. 즉, 금리하락으로 인해 주택을 담보로 대출을 받은 고객은 이자부담의 증가가 거의 없이 더 많은 대출금을 많을 수 있게 되고 리파이낸싱 이전 대출금과 신규 대출금과의 차액을 현금으로 받는 것이다. 특히, 서브 프라임 모기지의 경우 현금지급형 리파이낸싱이 전체 대출금액의 50%를 넘는 규모이었다.

한편, 1990년대 중반 서브 모기지 대출에 필요한 자금은 주택담보대출채권을 기초자산으로 발행되는 주택저당증권(MBS: Mortgage Backed Securities)을 통해 이루어졌다. 즉, 모기지 전문회사들은 주택담보대출채권을 주택저당증권 형태로 투자은행에 매각하거나 채권을 발행함으로써 모기지대출에 필요한 자금을 조달하거나 유동성을 확보하였다. 2003년 서브 프라임 모기지의 유동화규모는 전체 서브 프라임 모기지의 58.7%인데 반해 일반적 프라임 모기지인 경우 유동화규모가 75.9%이었다.

1994년 이후 시장이자율이 상승함에 따라 프라임 모기지 대출규모가 감소하기 시작하였다. 이에 따라 모기지회사나 모기지중개회사들은 서브 프라임 모기지 대출규모를 늘리기 시작하였다. 이러한 서브 프라임 모기지 대출은 주로 주택대출전문회사(non-depository and finance companies)들에 의해 이루어졌다.

1998년 아시아에서 발생한 외환위기로 인해 시중유동성이 줄어들고 금리가 상승하자 주택저당증권 발행을 통한 자금조달이 어려워진 모기지 전문회사들이 파산(United Companies 파산신청, 아담스 캐피탈회사 상장폐지 등)신청을 하거나 대형 모기지전문회사가 중소형 모기지 전문회사를 인수 · 합병(시티은행의 어소씨에이트 퍼스트 캐피털 인수, 워싱턴 뮤추얼(Washington Mutual)의 롱비치 모기지 인수 등)하는 등 구조조정이 이루어졌다.

이에 따라 현재 서브 프라임 모지기부실문제로 심각한 위기를 겪고 있는 뉴센트리(New Century), 컨트리와이드 파이낸셜, GMAC, 와싱턴 뮤추얼, 아메리퀘스트 모기지, 시티파이낸셜(Citi Financial)(시티은행의 자회사), 하우스홀드 파이낸스 등 대형 모기지 전문회사들이 서브 프라임 모기지시장을 장악하게 되었다.

〈표 1〉 미국의 상위 10대 서브 프라임 모기지 회사(2006년 4분기 기준)

(단위: 백만달러)

순위	회사명	위치(주)	2006년 4분기 여신규모	2005년 4분기 여신규모
1	HSBS Finance	일리노이	12,303	15,773
2	New Century Financial Corp.	캘리포니아	12,200	13,200
3	Countrywide Financial Corp.	캘리포니아	10,051	12,180
4	WMC Mortgage Corp.	캘리포니아	9,023	8,185
5	First Franklin Financial	캘리포니아	7,807	7,068
6	Wells Fargo Home Mortgage	캘리포니아	7,431	7,566
7	Option One Mortgage Corp.	캘리포니아	6.057	9,564
8	Fremont Investment & Loan	캘리포니아	6,000	9,626
9	Washington Mutual	워싱턴	5,716	9,669
10	CitiFinancial	메릴랜드	5,000	6,938

자료: National Mortgage News, 2007

그러나 2000년 이후 저금리현상과 주택가격이 상승함에 따라 모기지 대출에 대한 수요가 증가하였고 모기지 전문회사간에 경쟁이 치열해져 고객에게 출혈금리(소위, teaser rate)를 제공하거나 대출서류 확인작업을 소홀히 하는 등 부실대출을 하게 되었다.

〈그림 1〉에서 모기지 유형별 비중을 살펴보면 2002년에는 프라임 모기지가 전체 66%를 차지하였으나 2006년에 45%로 비중이 낮아졌다. 반면에 서브프라임 모기지 비중은 2002년 6%에서 2006년 20%로 크게 증가하였다. 차입자의 신용등급이 프라임 모기지와 서브프라임 모기지 중간인 알트 에이(Alt-A: Alternavtive A) 모기지 비중은 2006년 20%를 기록하였다(알트에이 모기지의 경우 2002년 자료는 확인불가).

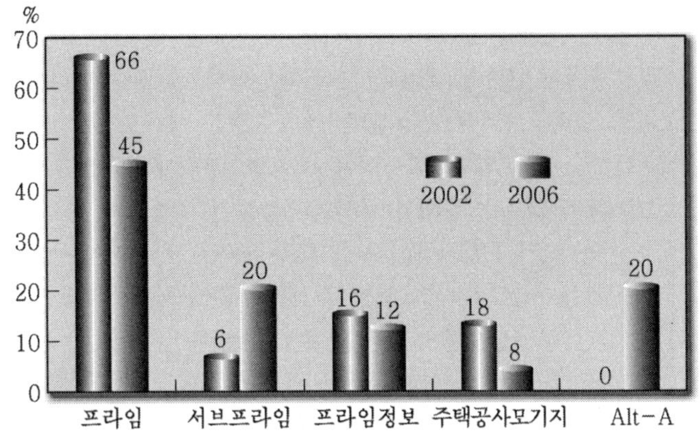

자료: 유에스에 투데이, 인사이드모기 파이낸스

3. 서브프라임 모기지 부실사태의 발생원인

그동안 서브 프라임 모기지 문제는 2000년부터 2005년까지 지속적인 저금리 현상과 주택가격의 상승으로 인해 표면화되지 않았다. 상기 기간동안 판매된 대부분의 서브 프라임 모기지 상품은 상환초기에는 이자만 지급하다가 일정 기간 후에는 금리를 재조정하여 원리금을 상환하는 형태이었다. 주택가격이 상승함에 따라 대출한도도 증가하였기 때문에 이자를 상환할 자금이 없는 경우 주택가격 상승분 만큼 대출을 받아 이자를 상환하였다. 2006년 말 모기지 대출총액은 약 10조 2,000억원 달러이고 이중 서브 모기지론은 약 12.7%인 약 1조 3,000억 달러인 것으로 알려졌다. 올해 금리재조정을 해야 하는 서브 프라임 모기지 대출규모가 약 2,650억 달러인 것으로 알려졌다.

그러나 유가상승 등으로 인해 인플레이션 우려한 연방준비은행(Federal Reserve Bank)이 금리를 점진적으로 올렸고 2006년 이후에는 주택가격의 상승세가 꺾이기 시작했다. 이에 따라 리파이낸싱이 사실상 어려워지게 되고 주택을 담보로 추가대출을 받을 수 없게 되었다.

따라서 서브 프라임 모기지를 받아 주택을 구입한 사람은 주택을 매각해서 대출을 상환하든지 아니면 이자부담을 더 하든지 해야 하는 상황에 몰렸다. 그러나 매물이 쏟아져 나옴에 따라 주택가격은 더 하락하고 향후 주택가격이 더 하락할 것으로 예상됨에 따라 주택을 사려는 사람들은 주택구매를 보류하고 있다. 따라서 팔려는 주택매물은 계속 쌓이고 이로 인해 주택가격이 더욱 더 하락하는 악순환이 계속되고 있다. 또한 이자부담을 감당하지 못한 차입자들이 증가함에 따라 연체율이 증가하고 금융기관에 의한 주택압류건수도 증가하고 있는 실정이다.

서브 프라임 모기지 부실사태는 그동안 모기지 회사들이 과당경쟁 속에서 무분별하게 대출을 확대한 것이 원인이라고 할 수 있다. 모기지 회사들은 차입자의 상환능력이나 신용상태, 소득수준을 제대로 고려하지 않거나 여신기준을 완화함으로써 채무상환능력이 취약한 차입자들에게도 대출을 제공해 주었다. 그러나 금리가 인상되고 주택가격상승이 주춤하자 연체, 채무불이행이 증가하고 이는 모기지 회사들의 부실 또는 파산으로 이어지게 된 것이다.

이러한 서브 프라임 모기지시장의 부실사태는 그동안 부동산버블이라 우려가 있던 부동산시장에 타격을 주었고 부동산시장의 불안은 소비위축으로 이어져 미국 경기가 침체되며 이는 세계 경제성장에 악영향을 줄 것이라는 일련의 시나리오로 인해 미국뿐만 아니라 세계 금융시장이 크게 흔들리고 있는 것이다.

서브 프라임 모기지 부실에 대한 우려는 2007년 3월 8일 서브 프라임 모기지 1위 회사인 HSBC Finance사가 2006년 모기지 부실규모가 예상보다 크다면 17억 6,000만달러에 달하는 충당금을 추가로 적립한다고 발표하면서 촉발되었다. 이어 2위 회사인 뉴센트리 파이낸셜(New Century Financial Corp)은 자금부족으로 신규 모기지 대출을 중단하는 조치를 취했다. 미국 대형 부동산회사인 H&R 블록은 3월 14일 자회사인 Option One Mortgage Corp가 모기지 부실로 인해 약 2,900만 달러의 손실을 기록했다고 발표하였고 GM의 자회사인 GMAC는 모기지 부실로 인해 손실을 입었다고 발표해 금융시장에 충격을 주었다.

또한 모기지 회사들로부터 모기지를 매입하여 주택저당증권을 투자자에게 매각하였던 골드만 삭스, 시티은행, 모건 스탠리 등과 같은 투자은행들과 투자은행으로 주택저당증권, 대출채권담보부증권(CDO)을 매입한 펀드, 연기금 등도 손실을 피하기가 어렵게 되었다.

한편 헤지펀드, 일부 대형은행은 서브 프라임 부실사태가 금융시장에 미치는 부정적인 영향을 차단하기 위해 자금난에 빠진 모기지회사에게 대출을 제공해 주기로 했다. 3월 20일 헤지펀드 Farallon Capital Management는 모기지 전문회사인 Accredited Home Lenders에게 약 2억달러 여신을 제공하기로 하였다.

4. 서브프라임 모기지 부실사태의 전개

서브프라임 모기지 부실사태는 현재 주로 3단계로 분류할 수 있다. 1단계, 2007년 3월 8일 HSBC Finance사가 예상보다 큰 모기지 부실규모를 발표하면서 금융시장에서 부각되기 시작하였을 때이다(시사금융, 2007년 4월호 '미국 서브프라임 모기지 부실사태의 시사점').

2단계는 2007년 6월 22일 미국 베어스 스턴이 운용하는 헤지펀드가 서브 프라임 모기지 관련 자산담보부채권에 투자하였다가 큰 손실을 입고 청산위기에 처하고 같은 해 8월 15일 BNP파리바의 펀드환매 중단사태가 발생하자 금융시장에서 서브 프라임 모기지에 대한 우려가 나타나기 시작하였을 때이다(시사금융, 2007년 8월호 '미국 서브프라임 모기지 부실사태와 향후 전망').

3단계는 지난 해 11월 시티그룹, 모건스탠리, 메릴린치, 제이피모건 등 미국 대형 금융회사들이 서브 프라임 모기지와 관련하여 손실상각 규모를 밝히면서 금융시장은 큰 충격에 빠졌다. 서브 프라임 모기지 부실사태가 펀드나 일부 모기지회사의 문제에 국한된 것이 아니라 금융회사 전반에 걸친 현상으로 알려졌고 사태의 심각성이 예상보다 높다는 것으로 인식되었다. 미국 금융시장의 불안은 전 세계 금융시장으로 파급되어 전 세계 주식시장, 금리시장, 외환시장이 불안한 모습을 보이고 있다.

〈표 2〉 서브프라임 사태 추이 단계

구분	1차	2차	3차
시기	2007년 3월	2007년 6월	2007년 11월
부실금융회사	투자은행의 자회사 서브 프라임 모기지 회사	헤지펀드, 사모펀드 등	투자은행
시장 영향	미국 금융시장	전세계 주식시장	전세계 금융시장

참고: 한국경제신문, 2007.12.3

지난해 미국의 서브프라임 모기기 부실사태가 2008년 1월에 들어와서도 국제금융시장에 계속해서 악영향을 미치고 있다. 1월 들어 전 세계적인 주식시장의 급등락현상이 나타나고 있으며 세계적인 투자은행들이 작년에 대규모 손실을 기록한 것으로 나타났다. 또한 서브프라임 모기지를 기초자산으로 하는 파생상품과 관련된 거래당사자인 특별목적회사(SPC, SIV), 채권보증회사(Ambac, MBIA)의 부실화 문제가 새롭게 부각되고 있다.

이러한 현상은 경기침체에 대한 우려로 이어져 미국정부는 압류금지법 제정과 경기부양책을 준비하고 미국 연방준비은행은 경기침체를 막기 위하여 금리인하 조치를 취하였고 계속해서 금리인하가 기대되고 있는 상황이지만 향후 금융시장 전망은 밝은 편이 아니다. 한편 서브 프라임 모기지 부실사태로 손실을 입은 금융회사들은 당시 최고경영자(CEO)를 퇴임시키고 헤지펀드, 사모펀드, 소위 '국부펀드' 등 여러 투자자로부터 자금을 조달하고 있다. 메릴린치의 경우 일본 미즈호(Mizuho)은행으로부터 12억달러, 한국투자공사(Korea Investment Corp)로부터 20억달러, 쿠웨이트투자공사(Kuwait Investment Authority) 등으로 부터 34억달러 총 66억달러를 조달하였다. 시티그룹은 일반투자자로부터 20

억달러, 싱가포르투자공사(Government of Singapore Investment Corp.)로부터 69억달러 등 총 145억달러를 조달하였다.

〈표 3〉 서브 프라임 모기지 부실사태

- 2007. 3.8 HSBC Finance사가 예상보다 큰 모기지 부실규모 발표
- 2007 .6.22 미국 베어스 스턴가 운용하는 헤지펀드 파산위험 발표
- 2007. 8.15 BNP파리바 펀드환매 중단사태
- 2007. 8.15 컨트리와이드, 파산설에 주가급락
- 2007. 9.11 독일지방은행 IKB, 서브프라임모기지 채권관련 10억달러 손실
- 2007. 9.15 영국 노던록, 예금인출사태 발생
- 2007.10. 1 UBS, 서브프라임모기지 채권관련 34억달러 상각
- 2007.10.15 시티그룹, 서브프라임모기지 채권관련 59억달러 손실
- 2007.10.30 메릴린치, 서브프라임모기지 채권관련 79억달러 손실
- 2007.10.30 메릴린치 CEO 스탠 오닐 사임
- 2007.11. 5 시티그룹 CEO 찰스 프린스 사임
- 2008. 1.11 BOA, 컨트리와이드 인수
- 2008. 1.15 메릴린치, 한국투자공사 등으로 부터 자금조달
- 2008. 1.22 미국, 경기부양책 발표

자료: 김범석, "미국 서브프라임 모기지 부실사태의 시사점", 『시사금융』, 2007.4
김범석, "서브프라임 모기지 부실사태와 2008년 금융시장", 『시사금융』, 2008.2

제4부

부동산 집합투자기구

제 9 장

부동산투자회사(REITs)

제 1 절 부동산투자회사의 개요

1. 부동산투자회사의 개념

부동산투자회사(REITs: Real Estate Investment Trusts)(이하 '리츠')는 부동산 투자를 전문으로 하는 뮤추얼 펀드(mutual fund)이다. 리츠는 주식 발행을 통하여 다수의 투자자로부터 투자자금을 모아서 부동산에 투자·운영하고 이런 활동을 통하여 발생된 수익을 투자자에게 돌려주는 회사이다.

리츠는 직접 부동산에 투자하는 대신 간접적으로 부동산에 투자하는 간접 투자상품이다. 뮤추얼 펀드가 투자자에게서 모집한 자금을 주식이나 채권에 투자하는 데 비해 리츠는 운용자금을 부동산에 투자한다는 점이 다를 뿐 기본적인 운용구조는 유사하다.

리츠는 발행주식을 주식시장에 상장하기 때문에 투자자들은 주식시장에서 주식매매를 통해 투자자금을 회수할 수 있어 현금화가 용이하다.

리츠의 운용과 관련하여 자산운용회사, 자산보관회사, 투자자문회사 등

관련회사들이 유기적으로 연결되어 있으며 자금모집 및 투자이익 배분과 같은 금융기관의 성격과 부동산 매매, 임대, 개발, 시설관리 등과 같은 부동산회사의 성격을 결합한 형태를 가지고 있다.

2. 리츠의 특징

(1) 소액투자자들에게 대규모 부동산에 대한 투자기회를 제공

리츠는 유동성이 낮은 부동산을 증권화를 통하여 현금화가 손쉬운 형태로 전환시킨 금융상품이다. 따라서 소액투자자들도 리츠주식을 매입함으로써 간접적으로 부동산에 투자할 수 있다. 대형 빌딩과 같은 부동산의 투자 기회는 소액투자자에게는 제한되어 있지만 리츠를 통해 투자하면 소규모의 자금으로도 대형 부동산에 투자할 수 있다.

(2) 세제혜택

개인투자자의 경우 직접 부동산에 투자하는 경우 양도소득세나 종합부동산세 등을 납부해야 하지만 리츠에 투자하는 경우 이러한 세금을 부담할 필요가 없다.

리츠가 부동산을 취득하는 경우 취득세와 등록세가 감면되어 개인이 직접 부동산에 투자하는 것보다 더 높은 수익성을 얻을 수 있다.

취득세, 등록세의 경우 자기관리리츠, 위탁관리리츠, CR리츠 모두 30% 감면되며 위탁관리리츠와 CR리츠는 배당가능이익의 90% 이상을 배당시 법인세 면제 혜택이 있다.

(3) 투자수익의 안정성

리츠는 보유하고 있는 부동산에서 임대료 수입이 안정적이고 지속적으로 발생하기 때문에 비교적 현금흐름이 안정적이다. 리츠의 투자대상은 부동산이므로 일반주식에 비해 변동성이 낮은 상품이다. 초기의 리츠상품은 빌딩임대사업을 통한 임대수익이 주요 수익원이므로, 장기적인 임대계약으로 안정적인 현금흐름을 창출한다는 장점이 있다. 또한 보유 부동산의 매각이나 개발사업의 참여를 통해 높은 수익률을 실현할 가능성도 높다. 그리고 투자자산이 부동산으로 구성되어 있어 물가가 오르더라도 투자가치가 하락하는 위험을 피할 수 있다.

(4) 분산투자를 통한 위험감소

리츠를 통한 투자는 부동산 투자대상을 지역별 또는 부동산 종류별로 다양화함으로써 투자위험을 감소시키는 것이 가능하다. 투자자 입장에서는 리츠에 투자함으로써 분산투자 효과를 얻을 수 있다.

일반적으로 부동산시장과 주식시장은 상관관계가 낮기 때문에 주식시장에서 일반 주식이외에 분산투자를 위해 리츠에 투자할 수 있다. 〈표 9-1〉을 살펴보면 교보-메리츠 CR리츠 주가와 종합주가지수간의 상관계수는 0.29이며 교보-메리츠 CR리츠 주가와 종합주가지수는 (+)의 상관관계를 가지고 있으나 상관관계 정도는 높지 않은 것으로 나타났다. 교보-메리츠 퍼스트 CR리츠주가와 건설업지수간의 상관계수는 0.23으로 나타나 종합주가지수와 마찬가지로 교보-메리츠 퍼스트 CR리츠주가와 건설업지수는 (+)의 상관관계를 가지고 있으나 상관관계 정도는 높지 않은 것으로 나타났다.

〈표 9-1〉 교보-메리츠 퍼스트 CR리츠주가와 주가지수·금리간의 관계

구 분	상관계수
종합주가지수	0.2860
건설업지수	0.2267
5년 만기 국고채	-0.3172
3년 만기 국고채	-0.3562

자료: 김범석, 리츠를 이용한 항공사의 자금조달전략: 교보-메리츠 CR리츠, 『한국항공경영학회지』, 5(1): 145-158, 2007.6

〈표 9-2〉의 1993년~2005년 동안 북미, 유럽, 아시아, 호주 부동산시장간의 상관관계를 살펴보면 모두 상관계수가 0.5 이하이다. 이는 여러

국가의 부동산시장에 시장에 투자함으로써 분산효과를 얻을 수 있다는 것이다.

〈표 9-2〉 주요 국가 부동산시장의 상관관계(기간: 1993~2005)

	북미	유럽	아시아	호주
북미	1.0	0.49	0.33	0.40
유럽		1.0	0.34	0.51
아시아			1.0	0.43
호주				1.0

자료: Whiting, Dominic, *Playing the REITs Game: Asia's New Real Estate Investment Trusts*, John & Wiley. 2007.

(5) 부동산관리의 편리성

부동산에 직접 투자하는 경우 임차인 관리, 임대료 수입이나 건물관리에 소요되는 비용관리 등 관리의 어려움이 있으나, 리츠에 투자하는 경우 소유부동산을 전문 자산관리회사에 관리를 맡김으로써 편리하다.

(6) 투자자금의 환금성

리츠는 부동산을 증권화하여 증권거래소에 상장되므로, 주식매매를 통해 투자자금을 회수할 수 있어 부동산에 직접 투자하는 것보다 유동성이 높다.

(7) 투자의 수익성

리츠의 운용결과에 따라 상장(한국거래소의 유가증권시장 또는 코스닥시장) 후 주가가 상승할 수 있으며, 주식 매도시 자본이득도 얻을 수 있다. 일반적으로 리츠 수익은 주식 수익과 채권 수익의 중간적인 성격을 지니고 있으므로 대체로 안정적이라고 할 수 있다. 주식 및 무보증 회사채는 발행 회사의 채무 불이행 등 투자원금의 회수가 불투명하지만, 리츠는 최악의 경우에도 보유 부동산을 처분할 수 있어서 투자원금의 손실을 최소화할 수 있다.

또한 리츠 주식은 일반 주식에 비해 주가변동성이 매우 낮다. 불황에도 리츠주가가 크게 하락할 위험은 일반 주식보다 매우 낮다고 할 수 있다. 이는 일반주식의 가격이 회사경영실적에 주로 좌우되는 반면, 리츠는 부동산이라는 고정자산의 자산운용 실적에 바탕을 두기 때문이다.

모닝스타코리아의 10년간(1998.11.30~2007.11.30) 수익률 성과분석 자료에 따르면 외국에서 출시된 섹터펀드 중 위험 대비 수익성과에서 가장 뛰어난 것은 리츠펀드였다. 이 기간에 종합주가지수는 16.56%의 수익률을 보였으나 리츠펀드는 복리기준으로 연간 12.95%수익률을 냈다.

그러나 리츠 펀드의 위험(표준편차)은 14.38이고 종합주가지수는 35.31이였다. 따라서 위험을 고려하였을 경우 리츠의 투자수익률이 높은 편이다. 배당금 재투자를 고려하였을 경우 리츠는 배당수익률이 주식시장보다 높기 때문에 리츠의 수익률이 더 높아지게 된다.[1)]

3. 리츠의 역사적 배경

리츠는 1880년대 미국 매사추세스(Massachusetts)주에서 시작된 것으로 알려져 있다. 당시 매사추세스주에서는 부동산회사가 아닌 경우에는 기업이 부동산을 소유하지 못하도록 하였는데 기업은 리츠를 부동산 보유수단으로 활용하였다. 또한 부동산 투자신탁은 배당금을 개인에게 분배할 경우 법인세를 면제받아 이중과세를 피할 수 있는 투자수단이 되었다. 하지만 부동산 투자신탁이 탈세수단으로 악용되는 경우도 많았다.

1930년대에는 이중과세 면제규정이 없어짐에 따라 리츠산업은 쇠퇴하였다. 그러나 제2차 세계대전 이후 주택수요가 급증하자 1960년 부동산투자신탁회사에 대한 세금을 면제해 주는 내용의 리츠법안(Real Estate Investment Act)이 탄생하였다. 한편 이 시기에 부동산담보대출을 하는 모기지형 리츠도 등장하였다.

리츠산업이 급격한 성장을 보인 것은 부동산투자회사가 직접 자산을

1) '리츠펀드, 묻어둬야 한다', 〈매일경제신문〉, 2007.12.24

운용·관리할 수 있도록 허용한 1986년 세제개정법(Tax Reform Act)이 통과된 이후이다. 리츠는 1990년대 들어 채권보다 높은 배당금을 지불하고 부동산 가치상승에 따라 시세차익까지 올리면서 꾸준한 성장세를 보이고 있다.

2012년 월스트리트 저널은 미국의 IT기업들이 절세를 목적으로 회사를 리츠구조로 변경하는 사례(아메리칸 타워, 아이언 마운틴 등)가 늘어나고 있다고 보도했다.[2)]

4. 리츠(REITs)의 종류

(1) 투자대상에 따른 분류

1) 지분형 리츠(Equity REITs)

지분형 리츠란 상업용 빌딩, 임대주택, 호텔 등과 같은 부동산에 대한 지분투자를 하는 형태이다. 지분형 리츠는 임대료가 중요한 수입원이다.

2) 모기지형 리츠(Mortgage REITs)

모기지형 리츠란 부동산 관련 대출을 하거나 주택저당증권에 투자하는 형태이다. 모기지형 리츠는 이자수입이 중요한 수입원이다.

3) 혼합형 리츠(Hybrid REITs)

혼합형 리츠란 상업용 빌딩, 임대주택, 부동산관련 대출, 주택저당증권 등 투자하는 형태이다.

(2) 환매여부에 따른 분류

1) 개방형(Open end) 리츠

개방형 리츠란 투자자가 자유롭게 환매를 할 수 있는 형태이다. 부동산은 유동성이 낮기 때문에 짧은 기간에 대규모 환매요청이 발생하는 경우

2) "In tax move, tech firms play up their real estate", Wall Street Journal, 2012.10.12

개방형 리츠는 유동성 확보에 어려움을 겪을 수 있다.

2) 폐쇄형(Closed end) 리츠

폐쇄형 리츠란 일정 투자기간 투자자에게 환매가 금지되어 있는 형태이다. 하지만 투자자는 증권시장에서 주식을 매각하여 투자자금을 회수할 수 있다.

(3) 기한 한정여부에 따른 분류

1) 무기한부 리츠(Perpetual REITs)

무기한 리츠란 존속기한이 정해져 있지 않은 형태의 리츠이다.

2) 기한부 리츠(Finite-life REITs or Self-liquidating REITs)

기한부 리츠란 일정 투자기간 동안만 운용되는 형태이다. 기업구조조정 부동산투자회사는 이에 속한다.

(4) 자금조달형태에 따른 분류

1) 공모형

공모형 리츠는 일반 투자자를 대상으로 주식을 발행하여 자금을 조달하는 형태이다. 공모형 리츠는 한국거래소에 상장하여야 한다.

2) 사모형

사모형 리츠는 특정 투자자를 대상으로 주식을 발행하여 자금을 조달하는 형태이다. 일반적으로 공모형보다 사모형 리츠가 선호된다.

사모형 리츠가 더 선호되는 이유는 리츠가 장기 투자상품이고 안정성, 수익성을 동시에 추구하는 특성을 가지고 있어 기관들의 수요가 끊이지 않기 때문이다. 또한 사모형 리츠를 설립기간이 공모형 리츠에 짧고 투자관리가 쉬워 자산관리회사 입장도 사모방식을 선호하고 있다. 이외에도 부동산투자회사법 개정으로 리츠설립 자본금이 낮아진 것도 사모형 리츠의 설립을 용이하게 하였다.[3)]

3) 자산관리회사 한 임원은 "그동안 공모형태로 설립된 리츠가 없다 보니 리츠시장

사모형 리츠에는 2004년 코람코에서 설립한 코크렙 4호(YTN타워, 할솔M. COM빌딩), 코크렙 5호(데이콤빌딩), 2005년 설립한 코크렙 6호(뉴코아 아울렛 4개점), 2006년 씨나인이 설립한 씨나인인피니트(HI 브랜드빌딩 6개층), 2006년 코람코가 설립한 코크렙NPS1호(시그마타워), 코크렙NPS2호(홈에버 할인점 10개), 2007년 코람코가 설립한 코크렙 11호(STX남산타워빌딩), 코크랩아리프코리아1호(아바타 쇼핑몰), 맥쿼리프로퍼티어드바이저스가 설립한 맥쿼리NPS(ING빌딩, 르노삼성빌딩), 케이리츠앤파트너스가 설립한 케이알원(대우센터빌딩), 퍼시픽, 씨나인이 설립한 펨코리테일1호(키즈맘센터), 오스타라씨나인(팬텍계열 R&D센터) 등이 있다.

코람코자산신탁은 2008년 서울 영등포구의 랜드마크인 '타임스퀘어' 업무시설에 투자하는 코크렙제14호 리츠를 설립하였다.

(5) 투자대상에 따른 분류

1) 국내형

국내형 리츠는 국내 부동산을 투자대상으로 하는 리츠이다. 국내형 리츠로는 코크렙8호, 코크렙15호, 골든나래리츠, 광희리츠, 케이탑리츠 등이 있다. 이들 리츠는 현재 유가증권시장에 상장되어 거래가 되고 있다.

2) 해외형

해외형 리츠는 해외 부동산을 투자대상으로 하는 리츠이다. 해외형 리츠는 해외 부동산에 직접투자하거나 재간접펀드형태로 해외에서 판매되는 리츠상품에 투자한다.

이 사멸된 것으로 생각하는 투자자들이 많다"며 "현재 여건상 사모형태로 설립되고 있지만 경쟁력 있는 물건이 나온다면 언제든지 공모형태의 리츠가 설립될 수 있다"고 말했다. '리츠, 사모바람거세다', 〈머니투데이〉, 2008.1.13

〈그림 9-1〉 해외형 리츠: 푸르덴셜 일본주식 & 리츠 재간접1호

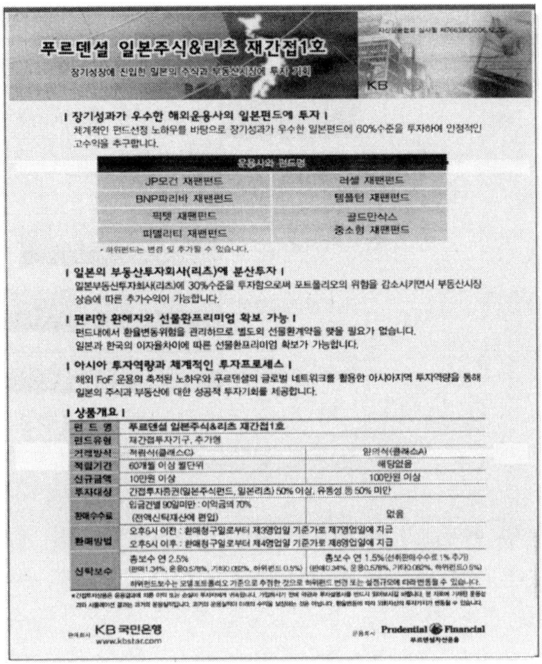

푸르덴셜 일본주식&리츠 재간접1호

장기성장에 진입한 일본의 주식과 부동산시장에 투자 기회

KB

| 장기성과가 우수한 해외운용사의 일본펀드에 투자 |

체계적인 펀드선정 노하우를 바탕으로 장기성과가 우수한 일본펀드에 60%수준을 투자하여 안정적인 고수익을 추구합니다.

운용사와 펀드명	
JP모건 재팬펀드	러셀 재팬펀드
BNP파리바 재팬펀드	템플턴 재팬펀드
픽텟 재팬펀드	골드만삭스 중소형 재팬펀드
피델리티 재팬펀드	

• 하위펀드는 변경 및 추가될 수 있습니다.

| 일본의 부동산투자회사(리츠)에 분산투자 |

일본부동산투자회사(리츠)에 30%수준을 투자함으로써 포트폴리오의 위험을 감소시키면서 부동산시장 상승에 따른 추가수익이 가능합니다.

| 편리한 환헤지와 선물환프리미엄 확보 가능 |

펀드내에서 환율변동위험을 관리하므로 별도의 선물환계약을 맺을 필요가 없습니다.
일본과 한국의 이자율차이에 따른 선물환프리미엄 확보가 가능합니다.

| 아시아 투자역량과 체계적인 투자프로세스 |

해외 FoF 운용의 축적된 노하우와 푸르덴셜의 글로벌 네트워크를 활용한 아시아지역 투자역량을 통해 일본의 주식과 부동산에 대한 성공적 투자기회를 제공합니다.

| 상품개요 |

펀드명	푸르덴셜 일본주식&리츠 재간접1호	
펀드유형	재간접투자기구, 추가형	
거래방식	적립식(클래스C)	임의식(클래스A)
적립기간	60개월 이상 월단위	해당없음
신규금액	10만원 이상	100만원 이상
투자대상	간접투자증권(일본주식펀드, 일본리츠) 50% 이상, 유동성 등 50% 미만	
환매수수료	입금건별 90일미만 : 이익금의 70% (전액신탁재산에 편입)	없음
환매방법	오후5시 이전 : 환매청구일로부터 제3영업일 기준가로 제7영업일에 지급 오후5시 이후 : 환매청구일로부터 제4영업일 기준가로 제8영업일에 지급	
신탁보수	총보수 연 2.5% (판매1.34%, 운용0.578%, 기타0.082%, 하위펀드0.5%)	총보수 연 1.5%(선취판매수수료 1% 추가) (판매0.34%, 운용0.578%, 기타0.082%, 하위펀드0.5%)
	하위펀드보수는 모델포트폴리오 기준으로 추정한 것으로 하위펀드 변경 또는 설정규모에 따라 변동될 수 있습니다.	

판매회사 KB국민은행 www.kbstar.com

운용회사 Prudential Financial 푸르덴셜자산운용

〈부동산금융 사례〉

20%대 수익 해외리츠펀드 승승장구

美·아시아 부동산 훈풍에 배당노린 유동성 몰려 급등
전문가 "추가수익 노려볼만"
"주식이냐, 채권이냐, 정답은 부동산에 있다."

올해 들어 미국을 중심으로 부동산 시장이 꿈틀거리면서 해외 리츠(REITs · 부동산 투자를 전문으로 하는 뮤추얼펀드)에 투자한 펀드 수익률이 주식 · 채권 수익률을 크게 넘어선 것으로 나타났다. 2008년 글로벌 금융위기를 촉발했던 부동산 버블 붕괴 이후 급락했던 해외 리츠펀드들이 올해 들어 하나둘씩 반등한 덕분이다.

국내 부동산 관련 펀드 수익률은 지지부진한 반면 일본 아시아 · 태평양을 투자 대상으로 한 부동산펀드는 20~30% 수익률을 기록 중이다.

2008년 금융위기 이전에 가입했던 투자자들은 여전히 손실을 입고 있지만

올해 부동산 시장 회복에 베팅한 신규 투자자들은 기대를 뛰어넘는 수익을 내고 있다.

국내외 부동산펀드 수익률(단위=%)

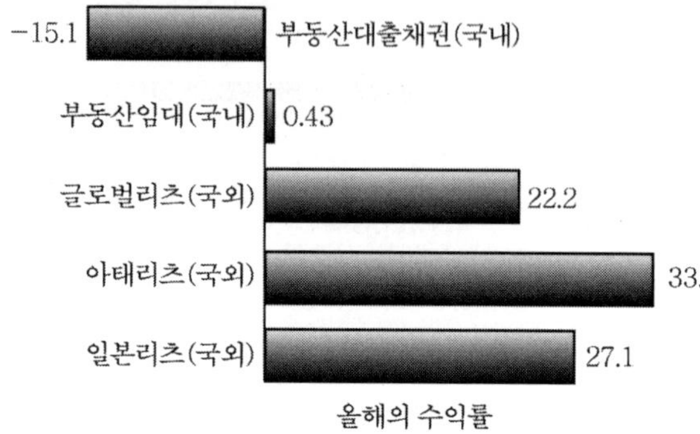

자료 : 에프앤가이드

6일 에프앤가이드에 따르면 지난해 4월 설정한 JP모간자산운용의 글로벌리츠(재간접)펀드 수익률은 연초 이후에만 23~24% 수익을 냈다. 2008년 금융위기를 겪은 지 3년쯤 후에 글로벌 부동산펀드를 내놓은 것이 큰 수익으로 이어진 셈이다.

이 펀드에는 대략 70억원이 들어왔다. 부동산 시장이 워낙 침체에 빠져 설마설마 하는 와중에 내놓은 펀드라 그다지 큰 주목을 받지 못했지만 부동산 반등에 베팅한 투자자는 주식이나 채권을 크게 능가하는 재테크에 성공했다.

골드만삭스 한화 삼성 등이 글로벌 금융위기 이전에 내놨던 해외 부동산리츠 수익률도 올해 들어 20~35% 수익률을 내고 있다. 부동산 버블 붕괴로 나락으로 추락했던 리츠펀드들이 올해 들어 크게 반등세를 보인 덕분이다.

에프앤가이드에 따르면 아시아태평양리츠펀드가 평균 33.7%로 올해 가장 크게 반등했고, 일본리츠(27.1%)와 글로벌리츠(22.2%) 관련 펀드도 급등세를 보였다. 이들 펀드는 해외 주식시장에 상장된 부동산 관련 리츠펀드 가운데 포트폴리오를 구성한 재간접펀드 형태로 운영된다.

반면 국내 부동산펀드는 올해 신통치 않다. 부동산대출채권 관련 펀드는 올해 들어 15% 손실을 봤고, 부동산임대 관련 펀드도 0.43% 수익을 내는 데 그쳤다.

올해 들어 해외 리츠펀드가 높은 수익을 낸 것은 사업용 부동산을 중심으로 가격이 오른 데다 미국 시장을 중심으로 주거용 부동산도 꿈틀거리고 있기 때문이다.

주식 시장에 상장된 리츠는 대략 연 5~7% 배당을 하는데, 부동산 시장이 더 악화되지 않을 것으로 예상한 글로벌 유동성이 안정된 배당 수익을 좇아 리츠에 몰리면서 자본 차익이 커진 것도 한몫했다. 5% 정도의 시가 배당수익률은 통신업종과 비슷한 고배당이다.

JP모간자산운용 관계자는 "글로벌리츠는 미국(40%), 홍콩이나 아시아(30%), 유럽이나 기타(30%) 지역에 분산해 투자한다"며 "선진국의 유동성 확대 정책으로 안정적인 채권에 돈이 몰리는 것처럼 리츠 배당에도 돈이 몰리면서 배당 수익과 자본차익까지 늘어났다"고 말했다.

올해 해외 리츠펀드 투자수익률은 대부분 최근 2년 수익률보다 높다. 글로벌 금융위기 이후 잠깐 반등했다가 지지부진했던 리츠펀드가 글로벌 저금리 시대에 접어든 올해 본격 급반등했다는 얘기다. (중략)

자료: 〈매일경제신문〉, 2012.11.06

제 2 절 리츠의 구조

1. 운용구조

〈그림 9-2〉에서 리츠의 운용구조를 살펴보면 리츠는 투자자에게 주식을 발행하여 투자자금을 조달한 후 부동산에 투자한다. 부동산 운용으로 인해 이익이 발생하는 경우 수익을 투자자에게 배당하여 준다.

자기관리형 리츠는 상법상의 주식회사이므로 별도의 자산관리회사에 부동산투자 및 운용업무를 위탁할 필요가 없다. 하지만 위탁관리형 리츠는 명목상의 회사이기 때문에 부동산투자 및 운용업무를 자산관리회사에게 위탁한다. 자산운용의 투명성을 확보하기 위해 부동산, 현금, 유가증권 등의 관리업무는 자산보관회사에 위탁한다.

부동산투자회사법 제21조(자산의 투자 · 운용방법)에 의하면 부동산투자회사는 부동산의 취득 · 관리 · 개량 및 처분, 부동산의 개발, 부동산의 임대차, 유가증권의 매매, 금융기관에의 예치, 지상권·임차권 등 부동산 사용에 관한 권리의 취득·관리·처분 등과 같은 방법으로 투자·운용하여야 한다.

한화 라살 글로벌리츠재간접투자신탁1호 경우 자산운용회사는 한화투신운용과 미국 라살 인베스트먼트 매니지먼트(LaSalle Investment Management), 수탁회사는 한국씨티은행, 판매회사는 SK증권 등이다.

〈그림 9-2〉 일반 리츠의 운용구조

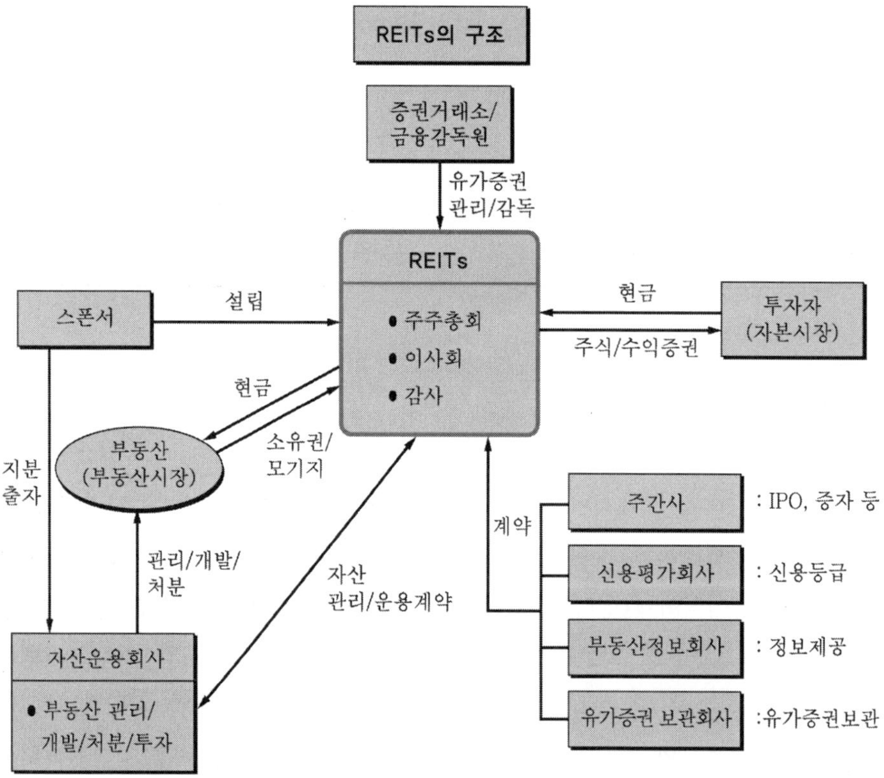

자료: 박원석, "REIRs 제도의 도입과 시사점", 삼성경제연구소, 2001.7

2. 리츠 관련 회사

(1) 부동산투자회사

리츠를 설립하려면 국토해양부장관의 인가를 받아야 하며 최저 자본금이 자기관리리츠는 70억원, 위탁관리리츠와 CR리츠는 50억원이다.(부동산투자회사법, 시행령 및 시행규칙 개정, 2010년 4월)[4] 다만 회사설립 당시에는 자본금이 5억원 이상이면 되고 영업인가 6개월 이내 자기관리리츠는 70억원, 위탁관리리츠와 CR리츠는 50억원 이상을 확보하면 된다.

리츠 설립시 발기인은 발행주식 전체를 인수한 후 부동산 투자 전 영업인가를 받고 주주를 모집하면 된다.(2007년 10월 개정)

부채는 자기자본의 2배 범위 내에서 조달할 수 있으나 주주총회 특별결의가 있는 경우 자기자본의 10배까지도 가능하다.

부동산개발사업에 대한 투자규모는 총자산의 30% 이내이어야 한다. 2007년 10월에 개정된 부동산투자회사법은 부동산개발투자를 목적으로 하는 개발전문부동산투자회사를 허용하였다. 개발전문부동산투자회사는 총자산을 전부 부동산개발사업에 투자할 수 있다. 또한 투자대상 부동산을 확정하지 않은 상태에서 부동산투자회사의 설립 · 운용이 허용되었다.

부동산투자회사는 발행주식의 30% 이상을 공모하여야 하는데 국민연금관리공단, 공무원연금관리공단, 사립학교교직원연금관리공단이 발행주식의 30%를 인수하는 경우 주식 공모의 예외가 인정된다. 부동산투자회사의 1인당 주식한도는 총발행주식의 30%인데 국민연금관리공단, 공무원연금관리공단, 사립학교교직원연금관리공단과 같은 주주에게는 적용되지 않는다.

2005년 4월 부동산투자회사법 개정 이후 2005년 10월 위탁관리형 리츠

4) 2001년 4월 부동산투자회사법 제정 당시 자본금 500억원, 2004년 10월 법 개정시 자본금 250억원으로 하향조정, 2007년 10월 법 개정시 자본금 100억원으로 하향조정.

코크렙 7호가 자본금 600억원 규모로 설립되었다. 2006년 3월에는 총 1,200억원 규모의 코크렙 8호가 설립되었다. 코크렙 8호는 서울 종로구에 위치한 거양빌딩과 성남시 분당구에 위치한 신영타워에 투자대상으로 하고 있다. 2006년 6월 현재 리츠회사는 위탁관리 부동산투자 2개, 기업구조조정 부동산투자회사 12개 등 총 14개사가 되면 자산규모는 2조 452억원이 된다.

〈표 9-3〉 유형별 부동산투자회사 현황(11.10월 현재)

CR리츠	위탁리츠	자기관리	개발전문		계
			위탁	자기	
32	12	5	4	11	64

〈표 9-4〉 부동산투자회사 인가 추세(11.10월 현재)

구 분	'02	'03	'04	'05	'06	'07	'08	'09	'10	'11
리츠 수	4	8	10	11	14	18	20	35	51	64
신 규	4	4	2	2	4	6	5	18	17	13
청 산	-	-	-	1	1	2	3	3	1	-
자산규모 (조원)	0.5	1.1	1.4	1.9	3.1	5.1	5.9	7.1	7.9	7.4

(2) 자산관리회사(AMC: Asset Management Company)

자산관리회사는 실질적으로 부동산 자산을 투자·운용하는 기능을 수행한다. 자산관리회사는 관리·운용에 대해 수수료를 얻게 되고, 투자 수익에 대한 직접적인 권리는 없다. 이러한 자산관리회사는 투자자 보호 차원에서 인가기준이 매우 엄격하고, 겸업 또한 금지되고 있다.

자산관리회사의 설립 최저 자본금은 70억원이며, 자산운용전문인력은 5인 이상이다.[5)]

5) 1. 감정평가사 또는 공인중개사로서 해당분야에 5년 이상 종사한 자
2. 부동산관련분야의 석사학위 이상의 소지자로서 부동산의 투자·운용과 관련된 업무에 3년 이상 종사한 자
3. 부동산투자회사, 자산관리회사, 법 제23조에 따른 부동산투자자문회사(이하 "부동산투자자문회사"라 한다), 그 밖에 이에 준하는 부동산관계 회사나 기관

자산관리회사는 위탁받은 업무 이외의 다른 업무의 겸업이 금지된다. 즉, 리츠자산의 관리·운용 업무만 가능하므로 그 외의 다른 업무에 대해서는 철저하게 배제된다. 이는 자산관리회사의 전문성을 강화함으로써 투자자의 위험을 최소화하는데 그 목적이 있다.

국내 최초의 자산관리회사는 'JW Asset'으로 교보생명·교보증권·하나은행·정우부동산투자운용이 공동 출자하여 설립하였다.

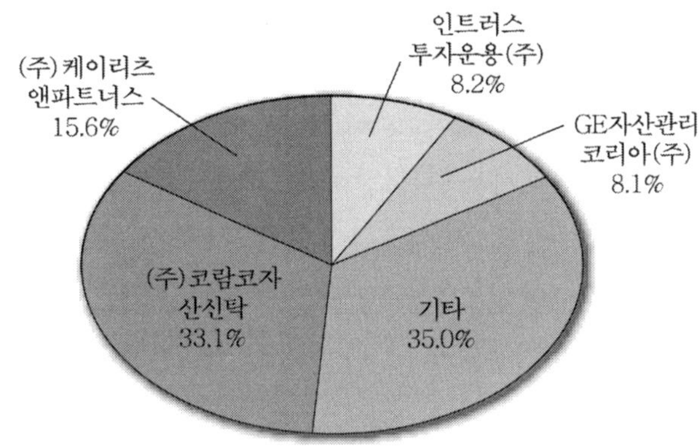

자료: 국토해양부, 보도자료 2012.1

(3) 부동산투자자문회사

부동산투자자문회사는 부동산투자회사의 위탁을 받아 자산의 투자·운용에 대한 자문 및 평가 업무를 수행한다. 부동산투자자문회사의 설립요건은 최저자본금 10억원 이상, 자산운용전문인력 3인 이상이다. 또한 부동산투자자문회사는 국토해양부에 등록해야 한다.

부동산투자자문회사의 특징으로는 첫째, 투자자문회사는 직접 자산을 투

등에서 5년 이상 근무한 사람으로서 부동산의 취득·처분·관리·개발 또는 자문 등의 업무에 3년 이상 종사한 경력이 있는 사람

4. 부동산자산의 투자·운용 업무를 수행하는 외국의 부동산투자회사 또는 이와 유사한 업무를 수행하는 기관에서 5년 이상 근무한 사람으로서 부동산의 취득·처분·관리·개발 또는 자문 등의 업무에 3년 이상 종사한 경력이 있는 사람
5. 투자운용인력(집합투자재산·신탁재산 또는 투자일임재산을 운용하는 업무를 수행하는 자를 말한다)을 의미한다.

자 · 운용하지는 않는다. 투자자문회사는 단순히 자산을 투자 · 운용하는 데 있어 자문이나 평가업무만 가능하다는 점을 유의해야 한다. 즉, 투자대상 자산의 사업성 분석, 물건의 가치평가 등이 주요 업무라고 할 수 있다.

둘째, 투자자문회사는 겸업이 가능하다. 자산관리회사는 위탁자산의 투자 · 운용 이외의 다른 영역의 업무가 불가능한 반면, 투자자문회사는 기존의 고유업무 수행이 가능하고, 리츠 자산 관련 투자자문 및 평가업무를 겸업할 수 있다. 투자자문회사인 '한국감정원'의 경우에는 감정평가업무를 기존의 주요 업무로 하고 있다. 즉, 기존의 업무 영역인 일반물건에 대한 감정평가업무도 가능하고, 리츠 자산에 대한 자문 및 평가 업무도 가능하다.

투자자문회사는 한국감정원, 글로벌감정평가법인, SAMS, 디지털태인, 키라에셋, 알투코리아, 나라감정평가법인, 프라임감정평가법인, 코리아에셋인베스트먼트, 신성부동산투자자문, 휘닉스개발투자, 대일에셋감정평가법인, IBCS에셋플러스, 신영에셋, 정일감정평가법인 등 2003년 4월 현재 16개가 있다.

〈표 9-5〉 부동산투자자문회사 (2011.10 현재)

구분	회 사 명	등록일
1	(주)한국감정원	'01. 9.11
2	(주)하나감정평가법인	'01. 9.11
3	알투코리아 부동산투자자문(주)	'01.10.25
4	(주)나라감정평가법인	'01.12.12
5	국제신탁(주)	'02. 2.14
6	휘닉스개발투자(주)	'02. 2.23
7	(주)신영에셋	'02. 5. 4
8	포유부동산투자자문(주)	'02. 5.13
9	(주)가온감정평가법인	'02. 7.26
10	저스트알(주)	'04. 4.30
11	유니에셋(주)	'04.11.25
12	(주)램코부동산투자자문	'06. 5.29
13	삼성에버랜드(주)	'06. 9. 4
14	(주)한미글로벌건축사사무소	'07.12.28

15	도우아이앤디(주)	'07.12.28
16	(주)경일감정평가법인	'08. 3.19
17	(주)씨베스트	'09. 3. 9
18	(주)델코리얼티그룹	'09. 3.10
19	(주)서브원	'09. 6.16
20	교보리얼코(주)	'09.10. 7
21	(주)감정평가법인 대일감정원	'10. 5. 7
22	(주)한화육삼시티	'10. 6.25
23	(주)엠디엠	'10. 8. 6
24	(주)쓰리에스씨앤에프	'10.11. 2
25	(주)써브감정평가법인	'10.11. 8
26	프라임감정평가법인(주)	'11. 2.24
27	(주)제일감정평가법인	'11. 4.28
28	(주)이웰홀딩스	'11. 6. 1
29	(주)메이트플러스	'11. 6. 2
30	(주)어번플러스리얼티어드바이저스	'11. 6. 9
31	(주)이랜드레저비스	'11. 6.27
32	가람감정평가법인	'11. 7.19

자료: 국토해양부, 보도자료, 2011.10

(4) 자산보관회사

리츠가 관리하는 투자자산인 부동산, 유가증권, 현금 등은 자산보관회사에 위탁해야 한다. 이는 자산운용의 투명성을 확보하고 불법적인 자금운용을 방지하여 투자자를 보호하기 위한 것이다.

부동산투자회사법 제35조(자산보관의 위탁 등) 부동산투자회사는 대통령령이 정하는 바에 따라 부동산·유가증권 및 현금의 보관과 이와 관련된 업무를 「자본시장과 금융투자업에 관한 법률」에 따른 신탁업자, 「한국토지주택공사법」에 따른 한국토지주택공사, 「금융기관부실자산 등의 효율적 처리 및 한국자산관리공사의 설립에 관한 법률」에 따른 한국자산관리공사, 「주택법」에 따른 대한주택보증주식회사에 위탁하여야 한다.

제 3 절 국내 리츠제도

1. 리츠의 국내 도입배경

1997년 IMF 금융위기 이후 전반적인 경기침체로 인해 건설경기가 침체되고 부동산가격이 하락하는 현상이 나타났다. 부동산시장이 침체에 빠지면서 자산을 매각을 통해 구조조정을 하려는 기업은 어려움을 겪게 되고 건설회사의 잇따른 부도사태가 발생하였다.

정부는 부동산관련 부실채권의 정리와 부동산시장의 활성화를 위해 1998년 9월 주택저당채권(MBS: Mortgage Backed Securities)과 자산유동화채권(ABS: Asset Backed Securities)의 법적 근거가 되는 자산유동화법을 마련하였다. 주택저당채권이나 자산유동화채권에 대한 투자자는 주로 기관투자자들이다.

한편, 부동산 투자시장에서 수요기반을 확대시키기 위하여 소액의 개인투자자들도 부동산 투자를 용이하게 할 수 있는 금융상품 도입 필요성이 대두되었는데 미국에서 중요한 부동산 투자상품인 소위 리츠가 대안으로 부각되었다. 이러한 경제환경의 변화로 인해 정부는 2001년 7월 부동산투자회사법을 제정하였다.

리츠는 부실화된 기존의 부동산투자신탁회사들에게 새로운 자금조달수단을 제공하고 부동산시장의 침체로 어려움을 겪고 있는 건설업체에 새로운 개발자금이 공급되도록 하여 부동산시장이 활성화되도록 하는 한편 소액 개인투자자들도 많은 자금이 소요되는 개발사업에 참여하여 이익을 얻을 수 있는 기회를 얻을 수 있도록 도입되었다고 할 수 있다.

2. 우리나라의 리츠제도

우리나라의 부동산투자회사법에 규정된 회사의 형태는 일반리츠와 기업구조조정 리츠(CR리츠 : Corporate Restructuring REITs)을 구분되며 일반리츠는 자기관리형 리츠와 위탁관리형 리츠로 구분된다.

〈표 9-6〉 부동산간접투자상품 비교

구분	부동산투자회사(REITs)	기업구조조정 부동산투자회사
근거법	◦ 부동산투자회사법	◦ 기업구조조정투자회사법
담당업무	◦ 부동산 매입·개발·관리 및 처분	◦ 부동산 매입·개발·관리 및 처분
표방증권	◦ 주식	◦ 주식
자본금 규모	◦ 자기관리리츠 : 70억원 이상 ◦ 위탁관리리츠 : 50억원 이상 (현물출자: 자본금의 50% 이내)	◦ 50억원 이상 (현물출자: 자본금의 50% 이내)
자본금 조달	◦ 공모	◦ 공모 및 사모
자산관리·운영	◦ 자기 관리 또는 위탁관리	◦ 위탁 관리
사업비 조달	◦ 자기자본금 ◦ 차입 및 사채발행	◦ 자기자본금 ◦ 차입 및 사채발행
수익금 배분	◦ 주주에게 90% 이상 배당	◦ 주주에게 배당
영속성 여부	◦ 영속 회사(상법상 실체회사) ◦ 한시적 명목회사(Paper Company)	◦ 한시적 명목회사(Paper Company)

2001년 7월 부동산투자회사법이 만들어졌지만 법 시행 2년이 지나도록 설립되지 못하였다. 2001년 12월 공모를 실시한 에이팩리츠는 전체 자본금 500억원 중 350억원을 일반공모를 통해 조달하려 했으나 목표했던 공모액의 17%를 채우는데 그쳐 실패했다. 코리아리츠도 1차례 본인가 기한을 미루었지만 결국 주식공모까지 이르지 못했다. 호텔리츠를 표방하던 SR리츠도 아직 무르익지 않은 시장분위기 탓에 공모 실적이 저조해 결국 좌초하고 말았다. 이에 비해 CR리츠는 자금모집에 성공해 2003년말 공모·사모형태로 7개(공모형: 교보메리츠 1호, 코크렙 1호·2호·3호 리얼

티코리아 1호, 유레스메리츠, 사모형: GE캐피탈 등이 투자한 K-1)가 설립되었다.

〈표 9-7〉 리츠법 개정 연혁

연월	내 용
2001.4	부동산투자회사법. 자기관리리츠
2001.5	CR리츠 도입(30%이상 일반공모 면제, 1인당 주식소유한도 10% 제한 배제)
2005.1	위탁관리리츠 도입. 설립 최저자본금 500억원에서 250억원으로 하향조정. 리츠 총자본금 50%이내에서 현물출자 허용. 1인당 주식소유한도 30%로 확대
2007.7.	개발전문리츠 도입. 최저자본금 250억원에서 10억원으로 하향조정. 사전 유가증권 상장의무 폐지
2009.4	-최저자본금 10억원에서 5억원으로 하향조정 -설립 후 확보자금을 100억원에서 자기관리리츠의 경우 70억원으로, CR리츠·위탁관리리츠의 경우 50억원으로 하향조정
2011.1	-개발사업투자비율 제한 폐지 -현물출자 자율화 -1인당 주식소유한도 30%에서 70%로 확대
2011.8	-리츠의 사업대상 부동산에 대한 감정평가 의무화 -리츠 영업인가 후 내·외부 통제 강화
2011.10	출자 부동산에 대한 평가는 공신력있는 기관이 추천하는 감정평가업자의 감정평가를 받도록 함 1인당 주식소유한도: 자기관리리츠 30%, 위탁관리리츠 30%→50%, 부동산개발사업에 대한 투자: 총자산의 30%이내. 개발전문리츠는 총자산의 30%범위내에서 비개발사업에 투자허용
2011.12	대토개발리츠에 수의계약으로 대토공급 허용
2012.1	모자형 리츠제도 도입
2012.6	-최저자본금이 확보된 경우 자본금 대비 현물출자 규모 제한 폐지 -자기관리리츠의 경우 설립자본금을 5억원 →10억원 상향조정

일반리츠의 설립이 부진했던 원인은 CR리츠와 2004년 1월 도입된 부동산펀드에 비해 세제상 혜택이 적은 데다 자산운용에 규제가 많았기 때문이다. 따라서 2005년 4월 건설교통부는 일반리츠가 활성화될 수 있도록 명목회사형태의 위탁관리형 리츠설립을 허용하였다. 또한 최저자본금을 500억원에서 100억원으로 낮추고 자기자본의 2배 이내에서 차입을 허용

하는 한편 CR리츠와 같은 세제혜택을 부여하는 등 부동산투자회사법을 개정하였다. 2009년 4월에는 최저자본금을 자기관리리츠는 70억원, 위탁관리리츠 및 CR리츠는 50억원으로 변경하였다.

2011년 10월에는 부동산투자회사법을 일부 개정하여 출자 부동산에 대한 평가는 공신력있는 기관이 추천하는 감정평가업자의 감정평가를 받도록 하였다. 또한 1인당 주식소유한도도 자기관리리츠는 30% 수준을 유지하도록 하고 위탁관리리츠는 30%에서 50%로 확대하였다. 이외에도 부동산개발사업에 대한 투자의 경우 개발리츠이 아닌 경우 총자산의 30%이내에서 허용하고 개발전문리츠의 경우는 총자산의 30%범위내에서 비개발사업에 투자할 수 있도록 허용하였다.

〈부동산금융 사례〉

"리츠 투자 자율성 크게 확대된다"

국토부 '부동산투자회사법 개정안' 국무회의 통과

앞으로 리츠에 대한 현물출자가 자율화되고 공모 의무기간이 연장되는 등 관련 투자 자율성이 크게 확대된다.

국토해양부는 최근 PF(프로젝트 파이낸싱) 부진과 부동산 경기침체 등으로 위축된 부동산시장의 안정적 성장과 건전한 투자를 유도하기 위해 이같은 규제완화를 주로 한 '부동산투자회사법 개정안'이 19일 국무회의를 통과했다고 밝혔다.

개정안을 살펴보면 기관투자자들의 리츠 참여를 확대하기 위해 위탁관리리츠의 1인당 주식소유한도를 30%에서 50%로 완화키로 했다. 리츠에 대한 현물출자는 현재 자본금의 50% 범위 이내에서만 허용되고 있으나 앞으로는 리츠의 최저자본금이 확보된 이후에는 이러한 제한없이 할 수 있도록 허용된다.

이 경우 오피스 외에 다양한 유형의 부동산이나 대형 부동산을 리츠에 투자하는 사례가 많아질 것으로 국토부는 기대했다. 현재 자기관리리츠의 경우 자본금은 70억원, 위탁관리리츠·기업구조조정리츠의 자본금은 50억원이다.

리츠 영업인가후 6개월 이내인 주식 공모 기한을 1년6 개월 내로 연장했다. 공모의무기한이 늘어나면 리츠의 투자 실적이 어느 정도 나타난 뒤에 공모를 실시할 수 있게 돼 보다 안정적인 투자가 가능할 것이란 게 국토부의 판단이다.

리츠가 여유자금을 효율적으로 운용할 수 있도록 순자산의 범위 내에서 국내 부동산개발사업 법인에 대한 금전대여를 허용하고 리츠 해산시 현행 인가 대신 보고만으로 가능하도록 규제를 완화해 리츠업체의 부담을 줄인다는 계획이다.

다만 자기관리리츠에 대해 설립자본금을 5억원에서 10억원으로 높여 초기 운영의 안정성을 높이도록 했다. 설립 후에는 설립보고서와 현황보고서를 국토부에 제출하도록 해 자기관리리츠가 적법하게 운영될 수 있도록 유도하고 선의의 투자자들의 피해를 방지토록 할 방침이다.

국토부 관계자는 "이 개정안은 6월 중 국회에 제출해 연내 개정을 목표로 하고 있다"면서 "리츠 투자 규제가 완화되면 자본시장에서 주로 자금을 조달하는 리츠의 투자가 활성화돼 건전한 부동산간접투자시장 조성과 부동산경기 활성화에 크게 일조할 것"이라고 기대했다.

자료: 〈머니투데이〉, 2012.6.19

3. 국내리츠의 종류

〈표 9-8〉 부동산투자회사의 유형별 구분

구 분	부동산 유형	상근 임직원	관리형태
자기관리	일반부동산	있음	직접관리
위탁관리	일반부동산	없음	위탁관리
기업구조조정	기업구조조정*	없음	위탁관리

* 매각대금의 50% 이상을 기업채무 상환용으로 사용하는 부동산
자료: 국토해양부, 보도자료 2012.1

국내 리츠의 유형은 자기관리, 위탁관리, 기업구조조정(CR-리츠)리츠로 구별할 수 있다. 이외에도 개발전문형, 모자형 리츠형태도 도입되었다. 투자대상이 개발사업에 한정된다. 개발전문형은 운용구조가 자기관리 또는 위탁관리형태를 가진다.

국내 리츠시장에서 종류별 비중을 살펴보면 2012년 1월 기준으로 CR 리츠가 49%, 자기관리리츠가 21%, 위탁리츠가 30%를 차지하고 있다.

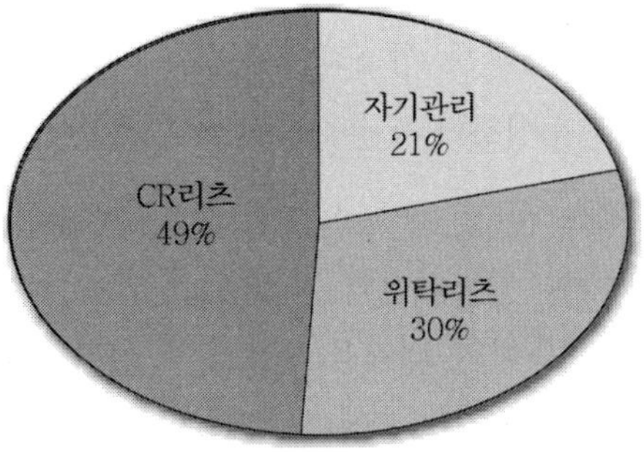

자료: 국토해양부, 보도자료, 2012. 1

(1) 자기관리형 리츠

자기관리형 리츠는 실제회사가 영속적으로 존재하는 형태로 상근임직원을 두고 자산의 투자·운용을 직접 수행한다. 자기관리리츠에는 골든나래리츠(인가일: 2008.10.24)(투자대상: 경남 거제 주상복합개발, 가평 콘도니엄 개발), 이코리아리츠(인가일: 2010.10.5)(투자대상: 부산 도시형 생활주택), 광희개발리츠(인가일: 2011.1.26(투자대상: 서울 영등포 도시형 생활주택), 케이탑(인가일: 2011.2.24)(여의도 업무시설) 등이 있다. 골든나래리츠, 이코리아리츠, 광희개발리츠, 케이탑은 한국거래소에 상장되어 있다.

(2) 위탁관리형 리츠

위탁관리형 리츠는 명목회사 형태로 설립되며 상근 임직원은 없으며 투자 및 자산운용 업무는 자산관리회사가 담당한다. 위탁관리형 리츠에는 케이비부국 제1호(인가일:2011.6.1), 트러스와이 제7호(인가일: 2011.3.21), 제이알 제7호(인가일: 2011.9.22) 등이 있다.

(3) CR리츠

1) CR리츠의 구조

CR리츠란 투자자로부터 자금을 받아 기업이 구조조정을 위해 매각하는 부동산에 투자하여 이를 관리·운용하고 투자수익을 투자자에게 분배하는 뮤추얼 펀드 형태의 부동산투자회사이다. CR리츠는 운용구조가 일반리츠와 동일하나 운용대상이 구조조정용 부동산으로 제한되어 있는 점이 다르다.

CR리츠를 설립하려면 국토해양부장관의 인가를 받아야 하는데 인가시 금융감독위원회의 의견을 반영해야 한다. CR리츠의 최저 자본금은 일반리츠와 동일한 50억원이다. CR리츠는 회사의 설립 및 청산을 용이하게 하기 위해서 서류상의 회사(paper company)형태로 설립된다.

〈그림 9-3〉 CR리츠의 구조

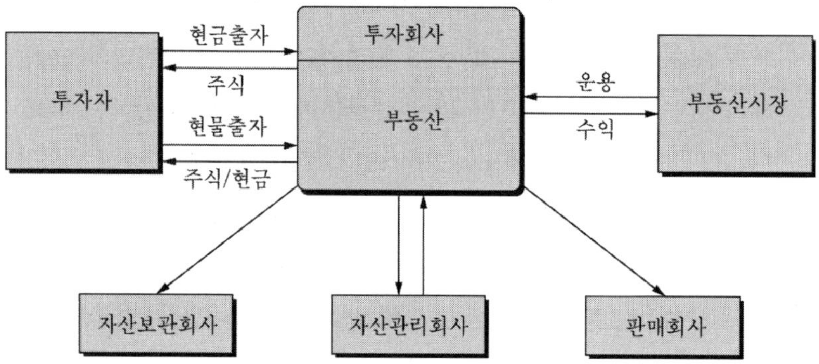

자료: 재정경제부, 기업구조조정부동산투자회사 도입추진, 보도자료, 2001.4.

자산관리회사는 CR리츠로부터 그 자산의 투자·운용업무를 위탁받아 수행하며 자산보관회사는 CR리츠가 투자한 부동산의 관리 및 수익수령, 배당지급 등의 업무를 담당한다. 판매회사는 CR리츠를 투자자에게 판매하는 회사로 주로 증권회사가 판매업무를 담당한다.

〈그림 9-4〉에서 보듯이 KT가 공동투자자로 참여한 K-리얼티 CR리츠(인가일: 2011.12)는 KT가 보유중인 20개의 사옥을 매입하여 KT에 임대하여 임대수익을 얻는 수익구조를 가지고 있다.

〈그림 9-4〉 K-리얼티 CR리츠의 사업구조도

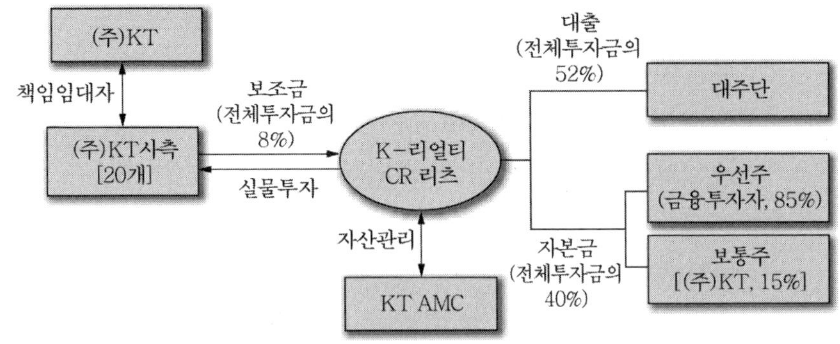

자료: 국토해양부, 보도자료, 2012.1

2) CR리츠의 현황

CR리츠는 2001년 11월 교보-메리츠 1호가 공모를 한 후 2002년 5월과 11월 코크렙 1호 · 2호가 각각 공모 · 상장되었다. 코크렙 2호의 경우 명동의 패션상가인 유투존 빌딩을 자산으로 편입하였는데 이 빌딩은 워크아웃 기업인 신원이 소유하고 있던 건물이다. 2002년 10월 판매된 케이원은 사모형태로 모집되어 증권거래소에 상장되어 있지 않다.

2003년 5월에는 교보생명, 트랜스 컨티넨털 리얼티 인베스터(Trans-continental Realty Investors, Inc.), LG화재, 동양화재, 신한은행, 리얼티 어드바이저스 코리아 등을 발기인으로 하여 리얼티 코리아1호가 판매되었다.

같은 해 7월에는 대한생명, 동양화재, 금호생명, 동성화학 등이 출자한 유레스 메리츠 제1호 CR리츠(모집금액 약 500억원)가 판매되었다. 유레스메리츠 제1호 CR리츠는 유레스가 소유하고 있는 할인점 세이브존(성남점, 노원점, 대전점)과 한신스포츠센터(서울시 노원구 소재 단지내 상가), 정유워터피아(주) 소유의 장유아쿠아웨이브(경남 김해시 소재) 등이다.

2003년 7월에는 우리은행, 한국산업은행, 조흥은행, 대한지방행정공제회, 금호생명, 삼성생명, 삼성화재, 제일화재가 출자한 코크렙 3호(자본금

680억원)가 판매되었다. 코크렙 3호는 한화증권빌딩(서울시 영등포구 여의도 소재), 아이빌 힐타운(서울시 강남구 논현동 소재)에 투자하였다.

2003년 11월에는 외국계 투자회사로서는 처음으로 호주의 맥쿼리은행이 CR리츠(자본금 약 763억원)를 판매하였다. 맥쿼리 CR리츠는 맥쿼리은행 이외에도 슈로더 아시안 프라퍼티 펀드, 삼성생명, 삼성화재 LG화재, 등이 출자에 참여하였고 투자대상 부동산은 론스터 펀드가 소유하고 있는 극동빌딩(서울시 중구 충무로 소재)이다.

2004년 4월에는 코람코 자산관리회사에 의해 자본금 760억원 규모의 코크렙 4호가 설립되었다. 코크랩 4호의 투자대상은 서울 중구 남대문로 YTN타워과 한솔M닷컴빌딩이다.

2006년 3월에는 농협과 C9자산관리회사가 C9인피니티 CR리츠를 설립신청하였다. 이 CR리츠는 총자산 608억원으로, 자본금 365억원으로 하이브랜드빌딩의 지분 14%를 580억원 매입하여 모토로라에 임대하였다.

CR리츠시장은 수요에 비해 공급이 부족한 상황인데 이는 2002년 들어 워크아웃이나 화의에서 벗어나는 기업이 증가하면서 투자대상이 감소하였다.

2007년에 들어 기업들의 구조조정으로 인해 2007년 4월 STX남산타워에 투자한 코크렙11호 CR리츠(총자산: 2,202억원)가 설립되었고 같은 해 10월에는 코크렙ARIEF제1호 CR리츠(총자산: 1,751억원)가 설립되었다. 코크렙ARIEF제1호는 아바타쇼핑몰을 매입하였다. 또한 금호그룹이 매각한 대우센터빌딩에 투자하기 위해 케이알원(KR1)CR리츠가 설립되었다. 케이알원은 총자산이 9,363억원 이는 국내 리츠 중 가장 큰 자산 규모이다.

2009년 3월과 8월 우투하우징 기업구조조정 부동산투자회사 제1호와 제2호가 각각 영업인가를 받았다. 〈표 9-8〉은 우투하우징 제1호 CR-REITs 내용이다. 2009년 3월에는 플러스타 제1호 CR리츠도 영업인가를 받았다.

〈표 9-8〉 우투하우징 제1호 CR-REITs

<table>
<tr><td>리츠의 개요</td><td colspan="4">-대림 삼호가 건설한 준공 후 미분양아파트 483호(약 1,581억원 규모)를 CR-REIT에 매각, REITs 운용에 필요한 비용을 건설사가 출자
-토지주택공사가 미분양아파트 매각 및 운용 수익금을 관리
-운용기간 동안 매각되지 않은 잔여 물량은 토지주택공사에서 매입확약해 선순위 투자자 수익보전</td></tr>
<tr><td rowspan="4">금융구조</td><td rowspan="2">선순위</td><td>tranch 1</td><td>담보부 사모사채</td><td>50,507 백만원</td><td rowspan="2">펀드</td></tr>
<tr><td>tranch 2</td><td>잔여재산분배우선주</td><td>56,799 백만원</td></tr>
<tr><td rowspan="2">후순위</td><td>tranch 3</td><td>보통주, 무의결권</td><td>50,845 백만원</td><td rowspan="2">대림, 삼호</td></tr>
<tr><td>tranch 4</td><td>보통주, 무의결권</td><td>33,134 백만원</td></tr>
<tr><td>금리</td><td colspan="5">-선순위 연 7%
-대림과 삼호가 tranch 4 금액만큼 먼저 출자해 기간이자 확보</td></tr>
<tr><td>담보인정가액</td><td colspan="5">분양가의 약 70%</td></tr>
<tr><td>원금회수</td><td colspan="5">미분양아파트 매각</td></tr>
</table>

자료: 생보부동산신탁, 2009.

2010년 6월 업무용빌딩에 투자한 제이알 제4호 CR리츠(총자산: 659억원), KT지사 사옥에 투자한 지이프리미어제1호 CR리츠(총자산: 1,047억원)가 설립되었고 같은 해 9월 리츠타워에 투자한 케이비와이즈스타제2호 CR리츠(총자산: 352억원)가 설립되었다. 2011년 6월에는 강변테크노마트에 투자한 제이알제6호 CR리츠(총자산: 5억원)가 설립되었다.

3) CR리츠의 자산운용

CR리츠는 총자산의 70% 이상을 구조조정용 부동산에 투자해야 한다. 구조조정용 부동산이란 기업이 채무를 상환하기 위해 매각하는 부동산, 채권금융기관과 재무구조 개선을 위한 약정을 체결하고 당해 약정 이행 등을 위해 매각하는 부동산, 회사정리절차 및 화의계획에 따라 매각하는 부동산, 구조조정을 지원하기 위해 금융위원회가 인정하는 부동산이다.

부동산 취득시 납부하는 취득세, 등록세의 경우 CR리츠는 30% 면제이고, 배당가능이익의 90% 이상을 배당하면 법인세 감면 혜택이 있다.

(4) 모자형 리츠

모자형 리츠란 모리츠가 다른 리츠(자리츠)에 투자하는 리츠이다. 〈그림 9-5〉는 모자형 리츠구조를 나타내고 있다. 모자형 리츠는 2012년 1월 국민연금의 리츠투자를 활성화시키기 위한 대안으로 도입되었다. 〈표 9-9〉는 모자형 리츠에 대해 설명을 하고 있다. 모자형 리츠는 50%이상 투자하는 경우 공모의무가 면제되고 모리츠는 자리츠의 주식을 발행주식 총수의 30%이상 소유할 수 있다. 또한 모리츠의 자리츠 주식에 대한 투자를 부동산으로 간주하고 모리츠 총자산의 5%를 초과하여 자리츠 주식에 투자가 가능하다.

〈그림 9-5〉 모자형 리츠

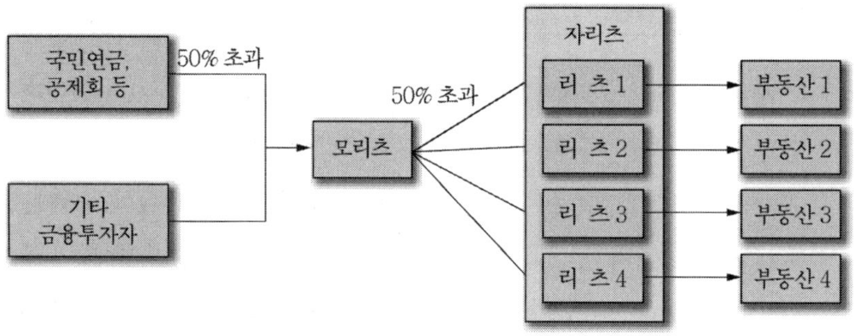

자료: 국토해양부, 보도자료, 2012.1

〈표 9-9〉 모자형 리츠에 대한 규제완화 내용

규제 사항	리츠에 대한 규제 내용(현행)	모자형리츠 완화 내용(개정)
공모 의무	· 리츠 발행주식총수의 30%를 일반청약에 제공 *국민연금 등이 30% 이상 인수시 예외 인정	· 모리츠(국민연금 등이 50% 초과 투자)가 50%를 초과하여 자리츠에 투자시 자리츠는 공모의무가 면제
1인당 주식 소유한도	· 투자자 1인은 리츠 발행주식총수의 30% 초과하여 소유할 수 없음 * 국민연금 등은 예외 인정	· 모리츠(국민연금 등이 50% 초과 투자)는 자리츠 발행주식총수의 30% 초과 소유 가능
자산의 구성	· 리츠 자산은 부동산 70% 이상, 부동산과 부동산 관련 증권 80% 이상으로 구성되어야 함 *부동산이 자산의 80% 이상인 법인주식 등은 부동산으로 간주	· 자리츠 주식에 대한 모리츠의 투자금액도 부동산으로 간주
증권에 대한 투자 제한	· 리츠는 총자산의 5%를 초과하여 동일인이 발행한 증권에 투자할 수 없음 *부동산이 자산의 80% 이상인 법인주식 등에 투자시 예외 인정	· 모리츠 총자산의 5%를 초과하여 자리츠 주식에 투자 가능

자료: 국토해양부, 보도자료, 2012.1

제 4 절 리츠의 가치평가

1. 리츠의 운용성과에 영향을 미치는 요인

(1) 리츠 운용성과 개요

리츠의 가치평가는 기초 현금흐름의 결정, 현금흐름의 기대 성장평가, 적정 할인율의 산정으로 이루어지는데 이를 리츠 가치평가의 기본 3요소라고 한다.

기초현금흐름의 결정시 임대료, 관리 및 리스수입 등에서 발생하는 수익과 공공요금, 유지비, 부동산세, 유지비, 보험료, 홍보비 등의 운영비용, 인건비, 기자재비용 등의 관리비용, 금융비용인 이자비용, 리스비용, 보수비용 등과 같은 자본지출을 고려한다. 한편, 리츠수익의 구성요소는 다음과 같다.

- 부동산 : 임대수입, 매각시에는 자본이득(capital gain)
- 부동산 관련 유가증권 : 유가증권 매매에 따른 자본이득
- 현금 : 금융기관에 예치에 따른 이자수입
- 자산을 처분하는 경우 : 양도차익에 따른 자본이득
- 리츠 주식의 주가상승에 따른 이익

한편, 부동산투자회사의 가치는 보유부동산의 가치와 기업가치의 합이라고 할 수 있는데 보유부동산의 가치는 부동산 자체의 가치를 의미하며 기업가치는 경영자의 능력, 부동산투자회사의 재무구조, 기업의 성장성 등에 의해 결정된다.

2003년 10월 코크랩 2호 CR리츠는 신원명동빌딩의 공실률이 20%가

넘고 하나로빌딩의 임차인인 비코렉트가 임대 및 관리금을 미지급하면서 예상배당수익률을 지급하기 어려워지자 주주의 손실을 최소화하기 위하여 청산배당을 고려하였다. 리얼티 1호 CR리츠도 2003년 투자한 빌딩(로즈데일빌딩, 엠바이엔빌딩, 세이백화점)의 임차인이 이전을 추진함에 따라 공실률이 올라 배당수익률이 악화될 것이라는 우려가 발생하였다. CR리츠의 배당수익률 하락에 대한 우려는 증권시장에서 리츠주식의 약세현상을 초래하였다.

코크렙1호 펀드는 2002년 한화석유화학으로부터 1,860억원에 매입한 장교동 사옥을 풋백옵션에 의해 2007년 3,500억원에 매각하여 2배 정도의 매각차익을 얻었다. 코크렙1호는 매각차익 이외에 보유기간 5년 동안 한화계열사에 이 빌딩을 임대하여 임대수익을 얻었다. 유가증권시장에서 코크렙 1호의 주가는 이러한 매각차익으로 인해 11,000원대에 거래되었다.[6)]

〈부동산금융 사례〉

리츠와 펀드가 뜬다

코람코자산신탁이 2008년 설립한 '코크렙제14호'는 서울 영등포구의 랜드마크인 '타임스퀘어' 업무시설에 투자하는 리츠다. 이 리츠는 지난해 2분기 3.29%의 배당수익률을 올렸다. 연간으로 환산하면 배당수익률은 13.14%에 이른다. 그러나 개인투자자들이 손쉽게 투자할 수 있는, 주식시장에 상장된 리츠들은 적지않은 위험성도 내포하고 있다. 지난 2010년 5월 상장한 골든나래리츠의 경우 주가가 액면가(500원)에도 못 미치는 200~300원대에서 거래되고 있다.

이 리츠의 공모가는 5,000원이었다. 만약 공모가(5,000원)에 투자한 투자자들의 경우는 투자원금이 20분의 1토막이 난 셈이다.주식시장에 상장된 자기관리리츠는 주로 대형 오피스 건물보다는 도시형생활주택 건설을 주사업으로 한다. 주택업자들이 프로젝트파이낸싱(PF) 대출을 받기 어렵게 되자 새로운 자금조달 수단으로 삼기 위한 목적으로 이런 리츠를 설립한 경우가 많기 때문이다.

이 때문에 상장된 리츠들의 주가는 분양이 잘되면 대박 안되면 쪽박이라는

6) '한화석유화학, 5년간 1조 벌어 사옥 되샀다', 〈이데일리〉, 2007.2.9

논리가 적용되며 주가의 급등락이 심하다.상장된 리츠인 광희리츠의 경우 지난해 당초 계획했던 서울 구로구 오류동의 도시형생활주택 개발사업을 접고 당산동 한국철도공사 사원아파트 부지 개발사업에 투자하기로 변경했다.

이코리아리츠도 부산 민락동의 도시형생활주택 매입사업이 난항을 겪으면서 지난해 8월 소형 오피스텔로 변경했다. 이코리아리츠는 원래 부산시 민락동 도시형생활주택 매입사업, 오산시 원동 파크스퀘어 매입사업, 서울시 구의동 백송빌딩 매입사업을 진행했는데 난항을 겪으면서 이들 사업을 대구시 범어동 위브더제니스 상가 매입, 양주시 그랑시떼 상가 매입 건 등으로 변경했다.

골든나래리츠는 거제 주상복합 개발사업에서 도시형생활주택 134가구의 3.3㎡당 평균 분양가를 790만원에서 728만원으로 낮췄다. 현재 주식시장에 상장된 리츠는 코크렙제8호위탁관리, 케이알제2호위탁관리, 코크렙제15호기업구조조정, 트러스와이어제7호위탁관리 등 총 4개의 CR리츠와 골든나래리츠, 광희리츠, 케이탑리츠, 이코라이리츠 등이다.

한국리츠협회가 집계한 지난해 2분기 리츠 수익률 현황에 따르면 킴스클럽 등 건물을 사들여 재임대한 '뉴코아강남'은 7.43%의 배당수익률을 기록했다. 연간 환산 수익률은 15%에 육박한다. 쌍용양회 인천공장 등을 보유한 '에스와이인더스' 역시 연환산 배당수익률이 14.20%에 이르고, STX남산타워에 투자한 '코크렙제11호'도 12.87%다.

대우건설 사옥에 투자한 '제이알제1호'도 연 환산 배당수익률이 10.83%로 양호한 편이다. 그러나 '우투신영하우징제1호'와 '에프엔뉴하우징제1호' '플러스타제1호' 등 미분양 아파트에 투자한 8개 리츠는 한푼도 배당하지 못했다.

자료: 〈이데일리〉, 2012.03.03

(2) 부동산시장

부동산시장도 다른 투자시장과 마찬가지로 수요와 공급에 의해 자산의 수익률과 가치가 결정된다. 부동산시장에서 공급과잉이 발생하면 부동산의 임대수익 및 자산가치에 직접적인 영향을 준다.

시장에 수요량보다 많은 양의 부동산 공급이 이루어지면 임대공간에 대한 공급과잉이 발생하여 공실률이 증가하고 임대인들은 한정된 임차인을 유치하기 위해 경쟁적으로 임대료를 인하하게 된다. 이 경우 시장은 임차인에 의해 주도되는 임차인 시장으로 바뀌게 되며, 임대수익의 하락과 자산가치의 하락이 뒤따르게 된다.

그리고 투자대상에 따른 포트폴리오를 구성해야 한다. 자산유형별(오피스빌딩, 주거용 건물 등), 지역별로 자산의 속성에 따라 다른 부동산에 분산투자하여 위험을 감소시키는 것이 바람직하다.

(3) 경제적 요인

리츠의 도입은 부동산과 주식, 채권 등 자본시장과의 관계를 매우 밀접하게 만들고 있다. 주식시장의 변동이 리츠의 주식가치에 영향을 준다.

지분형(equity) 리츠는 모집한 자금을 가지고 부동산을 매입(부동산임대수입이 주수입원)하는 리츠이고, 모기지형(mortgage) 리츠는 부동산관련 대출이나 저당담보증권에 투자(이자 수입이 목적)하는 리츠이다.

지분형 리츠의 경우 기본적으로 부동산경기에 좌우되지만 최근 주식시장의 영향을 크게 받는 것으로 나타나고 있다. 또 장기적으로 볼 때 금리의 영향을 받게 된다. 모기지형 리츠의 경우 금리에 민감하게 반응하는 만큼 채권의 성격이 강하다.

금리상승은 기업의 영업활동을 둔화시키는 역할을 하기 때문에 오피스빌딩의 공실률이 올라갈 가능성이 있고, 상승된 금리를 신속하게 임대료에 반영하지 못하면 영업이익률이 낮아질 가능성이 있다. 그리고 금리상승은 리츠 경영에 수반되는 금융비용을 증가시킨다.

2006년부터 2007년 초까지 리츠는 높은 수익률을 올렸으나 2007년 중반 금리상승과 미국 서브프라임 부실사태가 발생하면서 부동산시장 불안정해짐에 따라 리츠의 수익률이 감소하였다.

(4) 리츠수익률과 관련된 연구결과

상장된 리츠는 부동산 투자 상품이지만 주식시장에서 거래되고 있기 때문에 리츠의 주가흐름이 부동산시장 뿐만 아니라 전체 주식시장흐름에 의해서도 영향을 받는지에 대해 관심이 많다.

장병기・심훈(2007)은 리츠의 경우 부동산시장에 비해 주식시장의 영향력은 미비한 것으로 밝혔다. 김범석(2009)은 CR리츠가 주식시장(종합주가지수, 건설업지수)과 채권시장(3년 만기 회사채수익률)과 상관관계

낮다고 보고하였다. 이치주 · 이강(2010)은 리츠가 주식시장과 부동산시장에는 영향을 받지만 건설경기에 상대적으로 영향을 덜 받는다고 분석하였다.

조현민 · 김경민(2011)은 국내의 경우 대부분 만기가 존재하기 때문에 리츠수익률에 가장 큰 영향을 미치는 요인은 장기적인 리츠자산의 가치라고 밝혔다. 이는 투자자들이 만기도래시 매각차익을 염두에 두고 있기 때문에 주식시장에서 리츠의 유동성을 감소시키는데 기여한다고 주장하였다.

김범석(2010)의 국내리츠 및 부동산펀드와 미국리츠주가간의 동조화 연구에 의하면 단기적으로 미국리츠지수와 미국 주가지수가 국내 상장된 리츠와 부동산펀드에 영향을 미치는 것으로 나타났고 그 영향은 서브프라임 모기지 부실사태이후 더 강해진 것으로 나타났다. 하지만 장기적으로는 상관관계가 약한 것으로 나타났다.

김범석(2011)은 아시아-태평양지역 공모리츠 주가와 미국리츠주가간의 연구에서 서브프라임 모기지 부실사태이후 변동성 전이효과가 더욱 높아진 것을 밝혔다.

〈부동산금융 사례〉

부동산경기 침체에 '리츠' 투자자도 우울

부동산 리츠(REITS) 투자자가 주가 하락에 우울한 시기를 보내고 있다.

종목	연초 주가	12월 5일 종가	하락률
이코리아리츠	1만4,750원	5,040원	65%
케이탑리츠	5,680원(2월 상장)	3,490원	38%
광희리츠	5,980원	4,175원	30%
케이비부국위탁리츠	5,200원(6월 상장)	4,025원	22%
코크랩 8호	5,130원	4,830원	5%

소액 투자가 가능하고 환금성이 뛰어나 부동산 대체 투자처로 인기를 모았으나 부동산경기 침체로 수익성에 빨간불이 켜졌기 때문이다. 리츠란 소액 투자자들로부터 자금을 모아 부동산에 투자해 발생한 수익을 투자자에게 배당하는 간접투자상품이다.

6일 건설과 증권업계에 따르면 국내증시에 상장된 8개 리츠 중 6개가 올 초 대비 5일(종가) 기준 마이너스 변동률을 기록했다. 연초 대비 하락한 종목은 ▲이코리아리츠 ▲코크렙8호 ▲트러스제7호 ▲광희리츠 ▲케이탑리츠 ▲케이비부국위탁리츠 등이다. 상승 종목은 코크렙15호, 골든나래리츠 등 2개다. (중략)

리츠 주가가 바닥을 기는 것은 부동산경기 침체 탓이다. 케이탑리츠는 출시 이후 한 차례도 배당을 실시하지 않았다. 현재 부산시 쥬디스태화백화점과 인천 오피스텔을 운영하고 있지만 경기침체로 임대수익률이 높지 않아서다. 케이탑리츠 관계자는 "보유 부동산의 공실률은 낮지만 투자상품의 규모가 작다보니 수익성에 한계가 있다"며 "금리가 낮아 상가나 오피스텔 매각가격이 너무 높게 형성된 점도 수익이 낮아지는 한 이유"라고 설명했다.

이코리아리츠는 경기도 양주시 상가투자가 지연돼 손실을 봤다. 이 회사 관계자는 "지난해 11월 경기도 양주시 그랑시떼 상가의 취득이 지연되면서 주가 하락이 컸다"며 "현재 추진중인 울산 삼산동 성원상떼빌 미분양아파트 지분투자 사업을 성공적으로 이끌어 수익률을 끌어올릴 것"이라고 말했다.

내년에도 리츠주가 전망은 밝지 않다. 부동산경기 회복이 불투명하지만 투자처를 쉽게 바꿀 수 없어서다. 리츠는 단기간 사업구조를 바꿀 수 없어 수익률은 당분간 저조할 것으로 전문가들은 내다보고 있다. 증권사 한 애널리스트는 "리츠가 투자한 상가나 아파트가 공실이 발생하면 수익률이 크게 떨어지기 때문에 장기적인 사업성을 주의깊게 살펴야 한다"며 "총자산 중 70% 이상을 부동산에 투자하다보니 부동산 불황기엔 리츠도 큰 힘을 발휘하기 힘든 구조"라고 말했다.

자료: 〈뉴스핌〉, 2012.12.07

2. 리츠의 평가방법

(1) 운영수입(FFO: Funds From Operation)

리츠 주식의 가치를 평가할 때는 운영수입(FFO)이 사용된다. 운영수입은 리츠가 주주에게 배당할 수 있는 현금흐름을 측정한다. 기업가치를 평가할 때 일반적으로 주당순이익(EPS: Earnings Per Share) 개념을 사용한다. 하지만 리츠의 가치를 평가하는 경우에는 감가상각비 때문에 주당순이익 대신에 운영수입(FFO)을 사용한다. 하지만 운영수입은 부동산가치가 상승하는 경우에는 리츠의 과대평가 가능성이 낮지만 부동산 가치가 하락하는 경우 리츠의 가치를 과대평가시킬 가능성이 있다. 이러한 가치평가의 왜곡현상을 방지하기 위하여 조정운영수입(AFFO)이 도입되었다. 회계처리에 있어 부동산의 감가상각비는 경상비용으로 나타나는데, 부동산을 전문적으로 관리하는 리츠회사의 경우는 약간 다르다. 부동산의 유지·관리가 잘 이루어지면 부동산의 가치가 상승하며, 그러한 가치상승은 지가 상승, 임대수입 증가 등으로 이어진다.

〈표 9-10〉 리츠의 평가(발행주식수 : 1,000,000주)

	리츠 순이익	리츠 현금흐름
임대수입	10억원	10억원
관리비	3천만원	3천만원
영업이익	7천만원	7천만원
감가상각비	2천만원	
순이익	5천만원	
현금흐름		7천만원
EPS	50원	
FFO/주		70원

〈표 9-10〉에서 발행주식수가 1백만주, 임대수입이 10억, 관리비가 3천만원인 경우 영업이익이 7천만원이다. 한편, 순이익은 감가상각비 2천만원을 차감한 5천만원이 되고 주당순이익은 50원(5천만원/1백만주)이 된다. 그러나 운영수입(FFO)은 감가상각비를 차감하지 않으므로 영업이익 7천만원이 곧 현금흐름 7천만원이 되고 이를 발행주식수 1백만주로 나누면 주당 운영수입(FFO)은 70원(7천만원/1백만주)이 된다.

부동산을 많이 보유하게 되는 리츠회사의 감가상각을 비용으로 처리하면 리츠회사의 가치는 과소평가될 수밖에 없다. 운영수입(FFO)에서 감가상각비는 (-)가 아닌 (+)의 개념으로 나타난다. 리츠의 적정주가는 운영수입(FFO)에 주가수익비율(PER: price/earnings ratio)을 곱하여 산출한다.

하지만, 운영수입(FFO)은 모든 부동산의 가치가 지속적으로 유지된다는 가정하에 이용되는데 부동산 가치는 하락할 수도 있다. 또한 운영수입(FFO) 산출시 감가상각 전액을 다시 합산함으로써 부동산가격이 과대평가될 수 있다.

(2) 조정운영수입(AFFO: Adjusted Funds From Operation)

운영수입(FFO)은 많은 현금지출이 자본화되거나 상각되는 것으로 처리되기 때문에 리츠 영업성과에 대한 정확한 평가가 어렵다. 이러한 단점을 보완하기 위해 자산가치를 상승시키지 않고 자본화된 비용과 임대료를 운영수입에서 공제하는데 이를 조정영업수입이라고 한다. 조정운영수입에 대한 정의를 운영수입(FFO)과 달리 미국리츠협회(NAREIT)에서 공식적으로 규정한 산출방법이 없어 사용자마다 산출방법이 상이하다.

자본적 지출이란 고정자산의 내용연수를 연장시키거나 가치를 실질적으로 증가시키는 지출을 말한다. 한편 수익적 지출이란 고정자산의 원상을 회복하거나 능률유지를 위해 지출되는 비용을 말한다. 자본적 지출 중 성격이 수익적 지출과 같은 성격을 갖는 경우 운영수입에서 이를 공제하는 것이 조정운영수입의 기본 개념이다.

운영수입(FFO)에서 공제되는 사항으로는 일상적이고 반복적인 개·보수비용, 임대인을 유치하기 위한 일정기간 동안 면제되는 임대료 또는 실내수리비용, 중개수수료 등이 있다. 일정기간 동안 균등화된 임대료, 부채조기상환으로 인한 손익 등도 운영수입에서 공제된다.

2011년 중구 수하동 '센터원'(32층), 종로구 중학동 '트윈트리'(17층), 인의동 '종로플레이스'(14층)가 준공되면서 서울도심 오피스시장의 공급과잉현상이 발생했는데 공실률 해소를 위해 몇 달 임대료를 무료로 해준다든지, 인테리어 비용을 지원해 준다든지 하는 방식으로 임차인 모시

기에 나서는 사례가 보도되었다.7)

〈표 9-11〉 운영수입(FFO)과 조정운영수입(AFFO)의 산출방법 비교

운영수입(FFO)	조정운영수입(AFFO)
리츠의 총수입	운영수입
(-) 영업비용	(-) 계속적으로 발생하는 자본적 지출
(-) 감가상각과 이연상각비용	(-) 임차인을 위해 지불된 이연상각 수리비용
(-) 이자비용	(-) 중개수수료를 자본화한 이연상각비용
(-) 일반관리비용	(-) 임대수입을 균등화를 위한 조정부분
= 리츠의 순이익	= 조정운영수입(AFFO)
(+) 감가상각비	
(-) 부동산 판매 순수입	
= 운영수입(FFO)	

제5절 리츠의 자금조달

리츠는 일반기업과 달리 법인세 감면혜택을 위해 수익의 상당부분을 배당으로 지급해야 하는 배당요건과 자산구성 방법에서 있어서 규제를 받고 있다. 이러한 특수성으로 인해 리츠의 자본구조 또는 자금조달방법에 영향을 미치는 요인이 일반기업과 다른 것으로 인식되고 있다.8)

국내 리츠의 경우 부동산투자회사법에 의해 지분분산요건과 차입 및 사채발행에 대한 규제가 이루어지고 있다.

7) 종일주차 3천원 '..공실률 8% 육박, 동시다발 공급에 도심 대형빌딩 공실률 고공비행 임대료 하락세..임차인 모시기 경쟁 치열', 이데일리, 2011.5.30

8) 정완성, 리츠의 자본구조에 영향을 미치는 요인에 대한 실증연구, 부동산학보 제34권, 2009, 54-72.

1. 자금조달방법

(1) 주식

부동산투자회사법을 살펴보면 일반 리츠의 경우 회사 설립시 발행 주식의 30% 이상을 일반투자자에게 공모하도록 되어 있다. 반면에 CR리츠의 경우에는 일반 리츠와 같은 별도의 제한규정이 없다는 것이 특징이다.

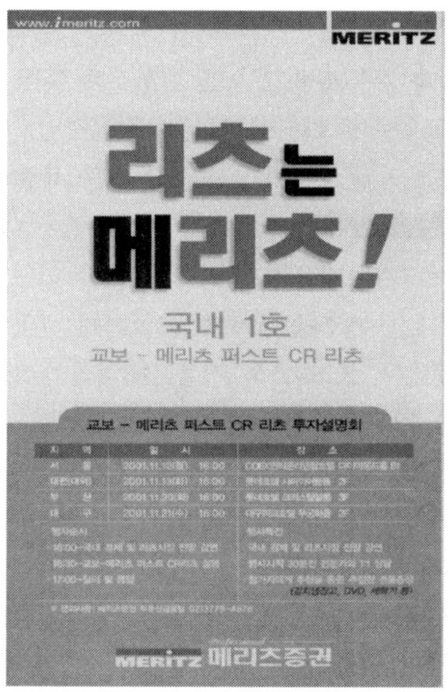

1인당 최소청약 한도와 최고금액 제한 등에 대한 관련규정이 없기 때문에 개인청약 한도는 리츠회사에서 자율적으로 결정하게 된다.

(2) 채권

리츠는 영업인가를 받은 후 자산을 투자운용하기 위하여 또는 기존 차입금 및 발행사채를 상환하기 위하여 금융기관으로부터 자금을 차입하거나 사채를 발행할 수 있다. 자금차입 및 사채발행은 자기자본의 2배 이상을 초과할 수 없다. 2012년 2월 코크렙8호와 9호는 대출채권과 지분을

ABCP를 이용하여 유동화시켜 부동산매입자금을 조달하였다.

〈부동산금융 사례〉

국민연금 청진동 리츠, ABCP로 지분 유동화
대출채권 1,378억 · 지분 168억…신한은행 등 매입보장

국민연금이 출자를 약정한 부동산투자회사(리츠)의 대출채권과 지분이 자산담보부기업어음(ABCP)으로 시장에 풀렸다. 위탁관리 리츠인 코크렙8호와 9호가 GS건설이 시공을 맡은 서울 청진동 12~16지구 오피스빌딩 매입을 위해 조달한 자금을 유동화한 것으로 신한은행 등이 신용을 보강했다.

17일 금융권에 따르면 유동화법인(SPC) 코크렙청진제일차·이차·삼차·사차가 발행한 1,546억원 규모의 ABCP가 최근 시장에 판매됐다. ABCP는 신한금융투자가 한시적으로 보유 중이었으며 시중은행이 매입보장을 승인해 투자자를 찾았다.

ABCP의 기초자산은 SPC가 보유한 리츠의 대출채권과 출자지분이다. 코크렙8호와 9호는 청진동 오피스빌딩 매매 계약금 지급을 위해 SPC로부터 1378억원을 차입했다. 또 리츠의 지분 168억원이 SPC 소유로 돼 있다. 오피스빌딩 매입대금 중 일부를 ABCP를 발행해 조달한 것이다.

만기는 34개월이며 신한은행과 우리은행, 전북은행, 농협 등이 매입보장을 약정했다. 또 채권보전을 위해 1순위 신탁수익권을 확보했으며 국민연금 투자약정과 GS건설의 책임준공 및 책임임대차 등으로 신용을 보강했다.

리츠가 오피스빌딩 매입대금 중 일부를 ABCP에 의존한 이유는 국민연금 출자가 준공 이후로 잡혀 있기 때문이다. 계약금 지급 시기와 투자금 유입 간에 미스매칭이 발생하자 SPC로부터 차입을 일으켰다.

국민연금은 건물 준공 후 1조2,000억원을 코크렙8호와 9호에 출자해 SPC가 보유한 지분과 대출채권을 모두 양수할 예정이다. 사업 시행자인 지엘피에프브이원이 2순위 신탁수익권을 담보로 조달한 6,000억원 규모의 PF 대출도 동시에 소멸된다.

GS건설이 짓는 청진동 오피스빌딩은 서울 청진동 도시환경정비구역 청진 12~16지구 내 지하 7층~지상 24층에 연면적 17만5,200㎡ 규모로 2014년 준공 예정이다.

자료: 〈머니투데이〉, 2012.02.21

리츠의 배당기간은 전적으로 리츠회사의 자율결정에 의존한다. 대체로 3개월, 6개월, 1년 단위로 배당을 결정하게 된다.

2. 상장 및 환매제도

공모리츠는 한국거래소에 상장해야 한다. 리츠는 일반 주식과 동일한 매매방식으로 거래되며 환매를 원하는 투자자는 한국거래소에서 보유주식의 매도를 통해 투자자금을 회수할 수 있다.

〈표 9-12〉 한국거래소에 상장된 리츠(2012.12.14 현재)

리츠명	상장일	상장일 주가	2012/12/14 주가	자산관리회사
코크렙8호	2006.6.15	4,900	4,850	코람코자산신탁
코크렙15호	2010.1.29	5,000	5,100	코람코자산신탁
골든나래리츠	2010.5.3	11,500	302	
이코리아리츠	2011.3.10	5,750	6,060	
광희리츠	2011.7.14	6,320	4,240	
트러스와이7호	2011.9.30	4,280	4,015	인트러스투자운용
케이탑리츠	2012.1.31	5,130	3,975	
케이비부국리츠	2012.6.12	4,670	3,620	케이비부동산신탁

주: 골든나래리츠: 2011.5.23 액면분할 1/10. 골든나래리츠, 이코리아리츠, 광희리츠, 케이탑리츠는 자기관리리츠로 별도의 자산관리회사가 없음.

〈부동산금융 사례〉

거래소, KB부국리츠 유가증권 신규상장

한국거래소는 8일 '케이비부국제1호개발전문위탁관리부동산투자회사'(이하 '케이비부국리츠')의 주권을 오는 12일 유가증권시장에 상장한다고 밝혔다. 케이비부국리츠는 2011년 3월 설립돼 2011년 6월 국토해양부의 영업인가를 받았으며, 사모 및 공모를 통해 총 160억원의 자금을 조달했다.

케이비부국리츠는 부동산 개발을 주 영업으로 하며, 대상 부동산 개발 및 관리를 KB부동산신탁에 위탁하는 개발전문위탁관리부동산투자회사다. 현재 서울시 송파구 잠실동 194번지 일대 대지에 오피스텔 및 근린생활시설(상가) 건립 및 분양을 추진 중이다.

최대주주는 윤봉섭(80만주, 25.0%), 김민형, 김민철(80만주, 25.0%(각 12.5%))씨며, 최대주주 및 김인 대표이사(60만주, 18.8%) 보유주식(총 220만주, 68.8%)은 상장일로부터 1년간 보호예수된다.

케이비부국리츠는 개발사업 대상 건축물의 상가 분양이 완료되지 않아도 청산될 수 있다. 시초가는 5,000원을 기준가격으로 해 상하 15% 범위 내에서 결정된다.

자료: 〈머니투데이〉, 2012.6.8

〈부동산금융 사례〉

더블에셋리츠 상장예비심사 '탈락'

부동산시장 장기 불황..사업계속성 불확실성 부각

더블에셋리츠가 유가증권시장 상장예비심사에서 탈락했다. 20일 투자은행(IB)에 따르면 더블에셋리츠는 지난 19일 열린 유가증권시장 상장위원회 심사 결과 미승인 판정을 받았다.

더블에셋리츠는 자기관리형부동산투자신탁(리츠·REITs)으로 직접 부동산개발 사업을 하고 있다. 하지만 상장위는 부동산시장의 장기적인 불황으로 부동산 직접 투자에 대한 리스크가 큰 것을 판단했다. 사업계속성에 대한 불확실성이 미승인의 주된 사유인 것으로 파악된다.

현재 서울 강남구 역삼동의 고급형 도시형생활주택 개발사업을 진행하고 있다. 현재 분양률은 72%로, 10월말쯤 완공(공정률 40%)될 예정이다. 상장 이후 더블에셋리츠는 세종신도시와 동탄2신도시내 택지지구에서 조성할 대규모 아파트단지를 차기 사업으로 계획 중이었다.

자료: 〈이데일리〉, 2012.6.20

제 6 절 외국의 리츠제도

1. 미국의 리츠제도

현재 미국 리츠의 60% 이상은 뉴욕증권거래소에 상장되어 있다. 리츠의 투자자금은 대체로 지분투자자 모집을 통해 조달되고 있다. 전체 리츠 가운데 지분형 리츠가 80% 이상을 차지하고 있다. 미국 리츠의 투자자로는 뮤추얼펀드, 연기금 등의 기관투자자가 큰 역할을 차지하고 있다. 투자자금의 운용은 오피스 빌딩, 아파트, 호텔 등 안정적인 수익이 보장되는 부동산에 집중되고 있다.

미국 리츠는 크게 지분형 리츠(Equity REITs), 모기지형 리츠(Mortgage REITs), 혼합형 리츠(Hybrid REITs)로 구분된다. 지분형 리츠는 총 투자자산의 75% 이상이 부동산으로 구성된 리츠를 말하며, 모기지형 리츠는 총투자자산의 75% 이상이 모기지로 이루어진 리츠를 말한다. 혼합형 리츠는 지분형과 모기지형이 혼합된 리츠를 말한다.

(1) 지분형 리츠

실물자산을 직접 소유해서 운용하는 리츠를 말한다. 다른 회사와의 공동소유방식도 채택한다. 부동산의 가치상승과 임대료 상승을 동시에 얻을 수 있는 대상이 좋다.

(2) 모기지형 리츠

토지매수융자, 개발, 건설융자 등의 모기지론이다. 투자대상으로는 주택개발, 리조트개발, 단순저당권대출 및 이익참가형 저당권대출과 CMO(collateralized mortgage obligations)가 있다. 지분형 리츠에 비하여 위험이 높으며 시장금리 동향에 민감하여 시장금리가 높은 때에는 수익률이 높으나, 금리가 낮은 때에는 수익률도 낮다.

(3) 혼합형 리츠

지분형과 모기지형을 혼합한 것으로서 직접 부동산을 소유하고 동시에 모기지론의 융자도 행한다. 부동산의 가치상승에 따른 자본이득과 일정한 이자수입을 동시에 얻을 수 있다.

2. 일본의 리츠제도

(1) 저당증권제도

저당증권은 대출채권과 대출채권을 담보로 한 저당권을 하나로 묶은 일종의 유가증권이며 저당증권의 발행대상은 토지, 건물 등에 대한 저당권에 한하고 있다.

저당증권회사가 주택자금 수요자에게 주택자금을 대출하고 관할 등기소에 저당증권의 교부를 신청하면 등기소가 저당증권을 발행하며 저당증권회사는 발행된 저당권을 저당증권보관기관에 예치한 후 보관증을 교부받아 모기지 증서와 보관증을 합쳐 투자자에게 개별적으로 판매하고 있다.

(2) 주택저당증서제도

주택저당증서제도는 다수의 대출채권을 일괄적으로 양도하여 금융기관의 자금조달과 운용상 기간불일치를 완화하기 위한 제도이다. 주택자금대출기관이 주택자금 수요자에게 자금대출을 하여 확보된 주택저당채권들 가운데 비슷한 대출조건으로 이루어진 주택저당채권집합을 바탕으로 주택저당증서를 발행하여 투자자에게 판매하고 있다.

(3) 주택저당채권 신탁제도

주택저당채권 신탁제도는 주택금융전문회사의 주택자금조달 활성화를 위해 도입되었다. 주택금융전문회사가 주택자금대출 후 확보하게 된 주택저당채권을 신탁은행에 위탁하고 신탁은행은 주택저당채권을 바탕으로 수익권증서를 발행, 투자자에게 매각한다. 신탁은행은 투자자에게 수익을 정기적으로 배당하고 만기시 원금을 상환한다.

(4) 특정목적회사(SPC)의 도입

일본정부는 자산유동화제도를 보완하는 차원에서 SPC(Special Purpose Company)법을 도입하였다. SPC를 활용하여 특정자산을 유동화시키는 제도이며 유동화시키려고 하는 자산에 대한 증권을 발행하여 생긴 자금으로 다른 자산을 취득한 뒤, 관리·처분하여 생긴 수익금으로 증권에 대한 원리금을 지불하는 구조이다.

특정자산의 관리 및 처분은 수탁자에게 위탁되며 SPC의 발행증권은 지분형과 채권형을 모두 포함한다.

(5) J-리츠

J-리츠의 운용방식은 미국식 회사형 리츠에 가깝다. 일반 빌딩, 사업용 빌딩, 아파트 등 부동산을 매입한 뒤 전문자산관리회사에 위탁운용토록 하면서 임대수익이 생기면 투자자에게 이익을 배당하는 형식이다. 일반투자자의 참여 활성화를 위하여 1구좌를 5만엔으로 하여 서민들도 투자하게 하였다. 운용자산의 절반 가량은 고정적인 임대수입을 얻을 수 있는 빌딩, 아파트 및 이를 담보로 발행한 유가증권에 투자하도록 하여 최소한 원금은 지킬 수 있도록 했다.

2012년 상반기 현재 도쿄증권거래소에 상장된 리츠 수는 35개이며 시가총액은 약 450억달러이다.

〈표 9-13〉 일본의 리츠 현황

리츠명	상장일
Nippon Building Fund	2001.9.10
Japan Real Estate	2001.9.10
Japan Retail Fund Investment	2002.3.12
Orix JREIT	2002.6.12
Japan Prime Realty Investment	2002.6.14

Primer Investment Corporation	2002.9.10
Tokyu REIT	2002.9.10
Global One Real Estate Investment	2002.9.25
Nomura Real Estate Office Fund	2003.12.4
United Urban Investment	2003.12.22
Mori Trust Sogo REIT	2004.2.13
Nippon Residential Investment	2004.3.2
Invincible Investment Corporation	2004.5.17
Frontier Real Estate Investment	2004.8.9
New City	2004.12.15
CRESCENDO Investment	2005.3.8
Japan Logistic Fund	2005.5.9
Fukouka REIT	2005.6.21
Prospect REIT Investment	2005.7.12
Japan Single Residence REIT	2005.7.13
Kenedix Realty Investment	2005.7.21
Sekisui House SI Investment	2005.7.28
LaSalle Japan REIT	2005.9.7
FC Residential Investment	2005.10.12
DA Office Investment	2005.10.19
Hankyu REIT	2005.10.26
Advance	2005.11.12
Starts Proceed Investment	2005.11.30
Japan Hotel and Resort, Inc	2006.2.15
TOP REIT, Inc	2006.3.1
Japan Office Investment	2006.3.15
BLife Investment	2006.3.22
LCP	2006.5.23
Nippon Hotel Fund Investment	2006.6.14
Japan Rental Housing Investment	2006.6.2
Japan Excellent, Inc.	2006.6.27
Nippon Accommodations Fund	2006.8.4
MID REIT	2006.8.29
Nippon Commercial Investment	2006.9.26
Mori Hills REIT Investment	2006.11.30
Nomura Real Estate Residential Fund	2007.2.14
Industrial & Infrastructure Fund	2007.10.18
Advance Residence Investment	2010.3.2
Starts Proceed Investment Corporation	2010.7.27
Kenedix Residential Investment Corporation	2012.4.26
Activia Properties Inc.	2012.6.13
Daiwa House REIT Investment Corporation	2012.11.28

〈부동산금융 사례〉

日 리츠에 돈 몰린다..REIT지수 1000선 회복
지난 4월 이후 5개월여 만에 1000선
오피스시장 살아나며 리츠투자 견인

일본 리츠(REITs)에 자금이 계속 유입되고 있다. 도쿄증권거래소 리츠지수는 지난 25일 1,003.79로 전날보다 0.97% 상승했다고 니혼게이자이신문이 26일 보도했다. 상장된 부동산투자신탁의 가격 변동을 나타내는 리츠지수가 1,000선을 회복한 것은 5개월만에 처음이다.

지난 4월과 5월에 급락했던 리츠지수는 지난 6월부터 상승 반전에 성공했다. 당시 자금이 안정적 수익이 장점인 주택쪽으로 몰렸지만 최근에는 오피스 상승세가 눈에 띈다. 오피스빌딩 중개업체 미키상사에 따르면 도쿄 도심 오피스빌딩의 평균 공실률은 지난달 말까지 두 달째 하락했다. 임대료도 바닥을 찍었다는 분석이 나오고 있다.

이달 들어 오피스분야의 모리힐즈리츠투자와 다이와오피스투자는 각각 9%, 8% 올랐다. 주택분야의 노무라부동산레지덴셜투자와 인빈시블투자는 5%대 상승률을 보였다.

배당비율도 리츠가 주식보다 우세했다. 리츠의 배당수익률은 평균 5.2%로 도쿄증권거래소 1부의 예상 배당수익률(약 2.5%)과 장기 금리(0.79%)보다 높았다. 신문은 증권업계 분석을 인용해 리츠시장이 중장기적으로 상승기조가 유지될 것으로 보고 있다.

그러나 최근 가격 상승이 단기적으로 리츠 시세 상승을 억누를 수도 있다고 풀이했다.

토리 히로후미 SMBC닛코증권 수석애널리스트는 "정부가 부동산투자신탁의 자산 규모를 2020년까지 늘려가겠다는 목표를 밝혔다"며 "투자자들은 정부 정책을 믿고 있다"고 말했다.

아라키 토모히로 노무라증권 수석애널리스트는 "고액의 세입자가 더 저렴한 임대료 물건을 찾는 움직임이 두드러지면 오피스부동산 수익 확대 기대감이 줄어들 수 있다"고 설명했다.

자료: 〈이데일리〉, 2012.09.26

3. 호주의 상장 부동산신탁증권(LPT)

호주는 상장 부동산신탁증권(LPT : Listed Property Trusts)을 통해 부동산을 증권화하여 유동성을 제고시키고 있다. 호주 LPT는 부동산에만 투자하기 위하여 불특정 다수의 투자자들로부터 자금을 모집할 수 있는 신탁증권 방식의 상장제도이다.

LPT의 지분은 자본시장에 상장되어 자유롭게 거래되며, 주주는 수익을 분배받고, 지분범위 내에서 유한책임을 부담한다. LPT를 통해 조달된 자금은 신탁규약에 의해 수탁자가 관리하며, 수탁자는 LPT의 주주를 위해 부동산을 보유, 매입, 처분 등을 통해 이익을 창출한다.

호주의 주요 LPT는 금융기관이 설립한 경우와 부동산 개발업자 가 설립한 경우가 많다. 기관투자가의 투자비율이 LPT지분의 70~80%를 차지하고 있다. 자산운용은 상업용 부동산인 오피스, 소매시설, 공장, 호텔 등을 특화하여 투자하고 있으며, 이에 비해 주거용 부동산투자는 적은 편이다.

4. 싱가포르의 리츠제도

싱가포르는 정부(MAS: Monetary Authority of Singapore)의 적극적인 규제완화 정책으로 일본을 제외한 아시아 국가들 중에서 리츠산업이 활발한 편이다. 싱가포르 정부는 1998년 리츠 가이드라인을 제정하였으나 투자자들의 리츠에 대한 관심이 적어 리츠가 설립되지 않았다. 3년 뒤인 2001년 10월 싱가포르 정부는 최초의 리츠인 SingMall Property Trust를 설립하고자 공모를 실시하였지만 미국 9.11테러사태 등으로 증권시장이 약세를 보임에 따라 실패하였다.

그러나 2002년 7월에 설립된 CapitaMall Trust는 정부당국과 협상을 통해 리츠에 대한 법인세 면제 혜택을 받게 되었다. 이 리츠는 투자자에게 높은 투자수익률을 제공함에 따라 인기를 얻었다. CapitaMall Trust의 성공적인 리츠시장의 진입으로 인해 계속해서 여러 리츠가 설립·상장되기 시작하였다. 2004년에서는 개인투자자의 배당소득에 대해서도 면제혜택이 주어졌다. 싱가포르 리츠의 경우 당해 연도 이익배당한도의 90%를 주주에게 배당으로 지급해야 한다. 한편, 차입금 한도는 총자산의 60%이다.

2012년 상반기 현재 싱가포르 주식시장에서 상장된 리츠 수는 26개(싱가포르 주식시장에 상장된 해외 리츠 포함)이며 시가총액은 약 333억달러이다.

〈표 9-14〉 싱가포르의 리츠 현황

리츠명	상장일
CapitaMall Trust	2002.7.12
Ascendas REIT,	2002.11.19
Fortune REIT,	2003.8.12
CapitaCommercial Trust	2004.5.11
Suntec REIT	2004.12.9
Mapletree Logistics Trust	2005.7.28
Sunhill Global REIT	2005.9.20
Fraser Commercial Trust	2006.3.30
Ascott Residence Trust	2006.3.31
K-REIT REIT	2006.4.28
Fraser Centrepoint Trust	2006.7.5
CDL Hospitality Trusts	2006.7.19
Cambridge Industrial Trust	2006.7.25
CapitaRetail China Trust	2006.12.8
First Real Estate Investment Trust	2006.12.11
AIMS AMP Capital Industrial REIT	2007.4.19
Ascendas India Trust	2007.8.1
Parkway Life REIT	2007.8.23
Saizen REIT	2007.11.9
Lippo-Mapletree Indonesia Retail Trust	2007.11.19
Indiabulls Properties Investment Trust	2008.6.11
Cache Logistics Trust	2010.4.12

5. 홍콩의 리츠제도

홍콩의 경우 2005년 11월 최초의 리츠인 Link REIT는 현금유동성이 부족한 홍콩주택청(Hong Kong Housing Authority)가 약 151개 쇼핑센터와 약 79,000개의 주차장을 매각하고자 설립되었다. 홍콩 정부는 시정부 소유 부동산을 민영화하기 위해 2003년 리츠제도를 만들었다. 하지만 투자자의 리츠에 대한 인식부족과 법적인 문제 등으로 2005년까지 리츠가 설립되지 않았다.

2004년 말 이후 중국정부의 위안화 절상화 조치 기대감과 홍콩달러의 미국 달러 페그제에 대한 압박감 등으로 홍콩 금융시장은 풍부한 유동성으로 인해 이자율이 하락하였다. 이러한 경제적 여건으로 인해 수익률 면에서 2005년 11월에 공모를 실시한 Link REIT는 투자자에게 매력적인 투자수단이 되었다.

Link REIT의 성공적인 자금조달에 힘입어 몇 주 후 Prosperity REIT가 공모를 실시, 홍콩증권거래소에 상장되었다. 이후 추가로 3개의 REIT가 상장되었다.

리츠에 대한 법인세의 경우 보유부동산을 자산유동화회사(SPC)를 통해 보유하는 경우 면제 혜택을 받는다. 한편 개인투자자의 배당소득에 대해서는 면제혜택이 주어졌다. 차입금 한도는 총자산의 45%이며 당해 연도 이익배당한도의 90%를 주주에게 배당으로 지급해야 한다.

2012년 상반기 현재 홍콩증권거래소에 상장된 리츠 수는 9개이며 시가총액은 약 163억달러이다.

〈표 9-15〉 홍콩의 리츠 현황

리츠명	상장일
Link REIT	2005.11.25
Prosperity REIT	2005.12.16
GZI REIT	2005.12.21
Champion REIT	2006.5.24
Sunlight REIT	2006.12.21
Regal REIT	2007.3.30
RREEF CCT REIT	2007.6.22
Fortune REIT	2010.4.20

〈표 9-16〉 대만의 리츠 현황

리츠명	상장일
Fubon No.1 REIT	2005.3.10
Cathay No.1 REIT	2005.10.3
Shin Kang No.1 REIT	2005.12.26
Fubon No.2 REIT	2006.4.13
Trident REIT	2006.6.26
Kee Tai star REIT	2006.8.14
Cathay No.2 REIT	2006.10.13
Gallop No.1 REIT	2007.5.15

〈그림 9-6〉 아시아 주요국가의 상장리츠 수 추이, 2006~2012 (단위: 개)

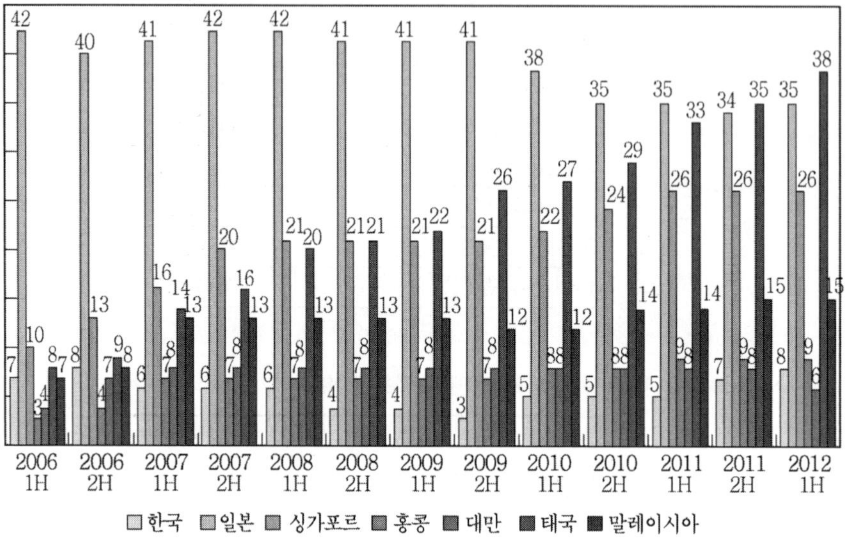

자료: asia.cbre.com.hk

〈그림 9-7〉 아시아 주요 국가의 리츠 시가총액 추이, 2006~2012(단위: 백만달러)

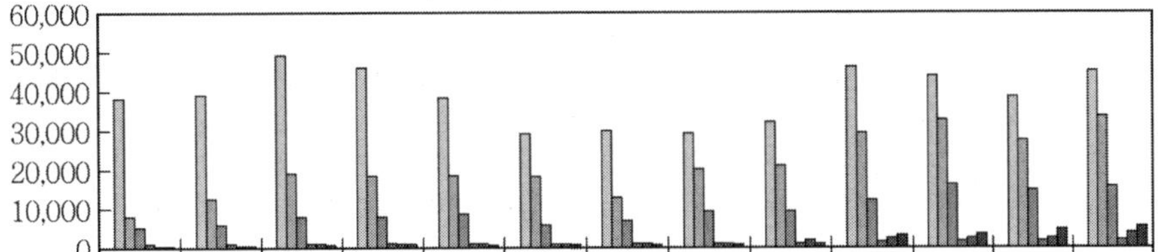

	2006 1H	2006 2H	2007 1H	2007 2H	2008 1H	2008 2H	2009 1H	2009 2H	2010 1H	2010 2H	2011 1H	2011 2H	2012 1H
□한국	700	840	604	611	410	187	238	132	198	144	158	195	200
■일본	38,011	39,177	49,148	46,035	38,011	29,292	29,883	29,473	32,024	45,630	43,620	38,239	45,000
■싱가포르	8,680	12,847	19,234	18,841	18,802	18,914	13,115	20,617	21,140	29,266	32,472	27,535	33,300
■홍콩	5,480	6,458	8,654	8,467	8,843	5,987	7,595	9,521	9,883	12,167	16,562	14,923	16,300
■대만	1,280	1,756	1,903	1,676	1,919	1,454	1,634	1,800	1,764	2,123	2,247	2,426	2,400
■태국	560	835	1,317	1,470	1,741	1,364	1,537	1,972	2,248	2,737	3,047	3,091	4,300
■말레이시아	590	657	1,451	1,615	1,520	1,176	1,313	1,540	1,735	3,408	3,796	5,134	5,600

자료: asia.cbre.com.hk

참고문헌

Block, Ralph L., *Investing in REITs*, Bloomberg Press, 1998.

Kim, Jinu, Lee Sang-Young, and Denny McGeorge, *The Rise and Fall of of Real Estate Trust Institutions in Korea, 2002 AsRES/AREUEA Joint International Conference,* July 04-06, Seoul, Korea.

Whiting, Dominic, *Playing the REITs Game: Asia's New Real Estate Investment Trusts*, John & Wiley. 2007.

강교식, "부동산투자회사제도의 개관, 리츠의 투자기회 요인 및 시장전망", 제3회 국제부동산박람회 - 부동산간접투자시대 개막 대비 세미나, 2001.6.

김범석, "2007-2008년 국제금융위기를 전후한 국내리츠/부동산펀드와 미국 리츠의 주가동조화 현상", 부동산연구 제20권, 2010, 115-137.

______, "리츠(REITs)주가와 주식시장간의 관계: 코크렙 1호 CR리츠 & 교보-메리츠 CR리츠", 경영관련학회 통합학술대회, 2007.

______, "리츠를 이용한 항공사의 자금조달전략: 교보-메리츠 CR리츠", 『한국항공경영학회지』, 5(1): 145-158, 2007.6

______, "REITS 도입의 의의와 정책과제", 『시사금융』 2001.5

______, "The Cointegration and Spillover Effects between the U.S. and Asia-Pacific REITs: Evidence from the U.S. subprime mortgage crisis", 부동산연구 제21권, 2011, 251-275.

______, "The Relationship between REITs and Financial Markets" Evidence from Korean CR-REITs", 부동산연구 제19집, 2009, 313-338.

노상범 · 고동원, 『부동산금융법 : 이론과 실무』, 박영사, 2012.

두성규, "부동산투자신탁제도의 법적 문제점과 개선방안", 『정책연구』 2000.06, 한국건설산업연구원, 2000.11.

박상덕, "부동산투자회사법상 리츠설립허가절차 및 자산운용지침 해설, 리츠의 투자기회 요인 및 시장전망", 제3회 국제부동산박람회 - 부동산간접투자시대 개막 대비 세미나, 2001.6.

왕세종, "계약형 부동산투자신탁제도: 현황, 전망 및 시사점", 『정책연구』 2000.05, 한국건설산업연구원, 2000.11

______, "일반 투자자의 REITs 투자전략", 한국건설산업연구원, 2001.5

이상영 · 서후석 · 김진우 · 신웅식, "부동산투자회사 제도의 도입방안에 관한 연구", 『정책연구』 99.02, 한국건설산업연구원, 1999.1.

이치주 · 이강, "리츠와 건설경기, 부동산경기, 주식시장과의 관계분석", 한국건설관리학회논문집 제11권, 2010, 41-52.

장병기 · 심상훈, "한국의 리츠 부동산인가? 주식인가?, 주택연구 제15권, 2007, 31-52.

정완성, 리츠의 자본구조에 영향을 미치는 요인에 관한 실증연구, 부동산학보 제34권, 2009, 54-72.

조현민 · 김경민, "한국부동산시장 및 자본시장과 부동산투자회사()간의 연관성 분석", 국토연구 제71권, 2011, 69-86.

한국투신협회, "한국미국의 부동산투자신탁 현황 및 시사점", 2002.12.

제10장

부동산펀드

제1절 부동산펀드의 개념

1. 부동산펀드의 개요

부동산펀드란 투자자로부터 자금을 모아 부동산에 투자하여 그 수익을 투자자에게 배당하는 부동산간접투자기구이다. 부동산펀드는 2004년 1월 간접투자자산운용법의 제정시 펀드의 투자대상을 기존의 유가증권 이외에 장외파생상품, 실물자산 뿐만 아니라 부동산으로 확대함에 따라 도입되었다.

'자본시장과 금융투자업에 관한 법률(자본시장법)'에서는 펀드자산(집합투자재산)의 40% 초과 투자자산에 따라 펀드를 5종류로 구분한다. 펀드는 펀드의 운용대상에 따라 증권펀드 · 부동산펀드 · 특별자산펀드 · 혼합펀드 · 단기금융펀드(MMF)로 구분된다.[1] '자본시장과 금융투자업에

1) 자본시장법에서는 집합투자재산 구분이 되는 투자대상자산의 비율을 40% 이상으로 대통령령이 초과비율을 별도로 정하도록 되어 있다. 현재 시행령에서는 그 비율을 50%로 정하고 있다.

관한 법률'에서 펀드를 집합투자기구라고 한다. 자본시장법은 집합투자자산을 부동산에 투자운용하는 데 대해서 규제를 하고 있다.

2. 부동산 간접투자상품의 비교

부동산투자회사(REITs: Real Estate Investment Trusts)(이하 '리츠')는 2001년 7월 제정된 부동산투자회사법에 의해 설립된 부동산 투자상품으로 부동산 투자를 전문으로 하는 펀드이다. 리츠는 주식 발행을 통하여 다수의 투자자로부터 투자자금을 모아서 부동산에 투자·운영하고 이런 활동을 통하여 발생된 수익을 투자자에게 돌려주는 회사이다. 리츠는 기업구조조정 부동산에 주로 투자하는 CR 리츠와 일반 부동산에 투자하는 일반리츠로 구분된다.

〈표 10-1〉 부동산간접투자상품 비교

구분	부동산펀드	리츠	부동산투자신탁
관련 법령	자본시장법	부동산투자회사법	신탁업법
자산운용사	자산운용사(은행, 투신, 보험 등)	자산관리회사	은행
투자기간	3년 이상	3년 이상	2~3년
투자방법	아파트, 개발사업, 빌딩임대 등	주로 부동산 임대	아파트건설 사업자에게 대출
중도환매여부	증권거래소	증권거래소	환매불가
투자자 보호	주주총회, 이사회	주주총회, 이사회	없음
최소 자본금	계약형: 없음 회사형: 10억원	100억원	없음

자료: 〈머니투데이〉, 2004.5.17.

부동산투자신탁은 투자자로부터 수탁받은 자금을 부동산에 투자·운용하여 수익금을 투자자에게 배당하는 금전신탁의 일종이다. 부동산투자신탁은 1998년 4월 신탁업법의 개정으로 신탁자산의 부동산 투자가 허용되면서 도입되었다. 부동산투자신탁은 리츠와 달리 별도의 자산운용회사가 필요가 없고 은행의 신탁부서에서 자금을 운용·관리한다. 부동산투자신탁은 2000년 7월 첫 상품이 출시된 후 인기를 얻었으나 간접투자자산운용법에 의해 은행이 자산운용회사와 같은 조직을 갖추어야 하므로 경쟁력이 약화되었다.

부동산펀드는 간접투자자산운용법의 제정에 따라 도입된 부동산 투자상품으로 리츠에 비해 자금조달 면에서나 자산구성 면에서 규제가 적은 편이다.

부동산펀드는 설정기간이 2~3년 정도로 건설자금대여, 오피스·상업시설 매입과 같은 방식으로 자산운용을 하는 반면 리츠는 특정 5년 이상 장기적인 관점에서 특정 부동산 매입, 부동산 개발 등과 같은 방식으로 자산운용을 한다.

제2절 부동산 펀드의 구조 및 운용

1. 부동산펀드의 구조

(1) 운용구조

자산운용회사는 증권회사나 은행('판매회사')을 통해 부동산펀드를 투자자에게 판매함으로써 자금을 조달한다. 이렇게 조달된 자금은 부동산개발사업이나 부동산 임대 등에 투자되며 이를 통해 얻은 이득을 투자자에게 배당금으로 지급한다. 한편 수탁회사는 투자신탁재산의 보관 및 관리 역할을 담당한다.

〈그림 10-1〉 부동산 펀드의 구조

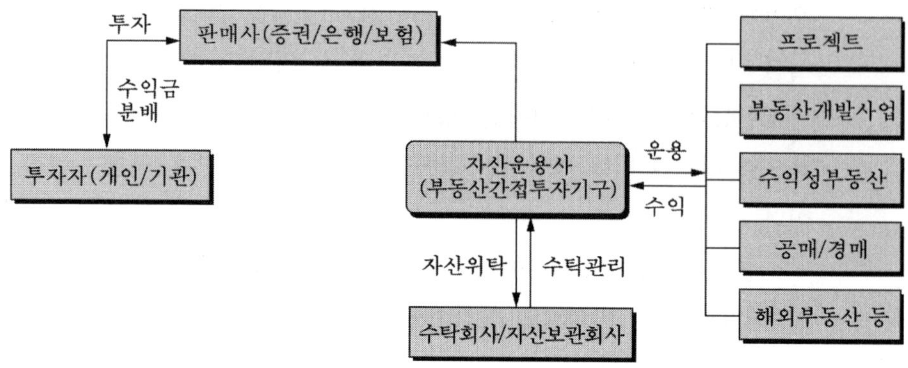

자료: 한국펀드평가

(2) 자산운용회사

부동산펀드를 운용하는 운용회사는 증권운용전문인력 이외에 부동산운용전문인력을 확보해야 한다. 부동산운용전문인력의 자격요건은 감정평가사로서 해당 분야 5년 이상, 부동산관련 석사이상으로서 부동산운용업무 3년 이상, 외국 부동산투자회사에서 5년 이상 근무한 자로서, 부동산운용업무 3년 이상, 부동산투자회사, 부동산투자자문회사, 자산관리회사, 부동산신탁회사, 은행 · 보험회사 등의 금융기관 그 밖에 금융위원회가 인정하는 부동산관계회사나 기관 등에서 부동산운용업무에 3년 이상, 증권운용전문인력으로 한국금융투자협회에서 정하는 부동산운용업무 관련 교육을 이수한 자를 의미한다.

2. 부동산펀드의 설립방법

부동산펀드 설립방법에 대해서는 특별한 규정이 없고 자산운용회사가 투자신탁약관을 제정하여 사전에 금융감독원에 보고한 후 동약관에 따라 수탁회사와 신탁계약을 체결하면 된다.

프로젝트 파이낸싱형 부동산펀드의 경우 차주가 대출금 조기상환 옵션을 행사하면 조기상환되는 경우도 있다. 2005년 6월 대투운용이 설정한 '대한클래스원루미아트부동산투자신탁1호'(펀드규모: 430억원)는 평택시 용이지구 아파트개발 사업에 투자하는 프로젝트 파이낸싱 방식의 부동산 펀드인데 차주가 대출금 조기상환옵션을 행사하여 조기상환되었다.

3. 부동산펀드의 운용

(1) 부동산펀드의 운용대상

부동산펀드의 운용방법은 부동산 관리·개량·개발·임대인데 펀드재산으로 자금을 대여하는 것도 가능하다.

또한 부동산개발사업영위법인의 부동산관련 사업과 관련하여 부동산에 대해 담보권을 설정하거나 시공사 등으로부터 대여금 상환액의 지급보증을 받는 경우 자금을 대여할 수 있는데 단 대여자금은 펀드재산 순자산 총액의 100%를 초과해서는 안된다.

부동산펀드 자산총액의 100%이내에서 자산유동화에 관한 법률에 따라 발행되는 유가증권으로 부동산, 부동산매출채권 또는 부동산담보부채권을 기초로 발행된 유가증권, 한국주택금융공사법에 따라 발행되는 주택저당 증권에 투자할 수 있다.

2012년 부동산펀드의 최소투자비율(50%) 준수기한을 6개월에서 2년으로 연장되었다. 현행법상 증권펀드는 펀드설립 후 1개월 이내에 증권에 50% 이상을 투자해야 하나 부동산 및 특별자산 펀드는 투자대상 자산의 특수성 등을 감안해 기간을 6개월로 설정했다.

자산운용회사는 부동산펀드가 부동산을 취득하거나 처분하는 경우에는 당해 부동산의 현황, 거래가격 등이 포함된 실사보고서를 작성·비치하여야 한다.

〈표 10-2〉 부동산 펀드의 주요 운용 내용

구분	내 용
펀드의 최저 자본금	계약형 : 없음, 회사형 : 10억
형태	계약형, 회사형
설정방법	현금 납입, 부동산 현물납입, 폐쇄형
운용방법	부동산 관리·개량·개발·임대
자금 대여·차입	펀드 순자산총액의 100% 범위 내에서 대여가능 펀드 순자산총액의 2배 범위 내에서 차입가능
운용제한	부동산 취득 후 3년 내에 취득한 부동산을 처분할 수 없음. 각 부동산펀드 자산총액의 30% 초과하여 부동산개발사업 투자불가, 건축물 그 밖의 공작물이 없는 토지(나대지)로서 당해 토지에 대해 부동산개발사업 시행전 처분 불가
평가방법	부동산은 원칙적으로 취득가격으로 평가

또한 특정한 부동산의 개발을 위하여 존립기간을 정하여 설립된 회사(부동산개발회사)의 투자증권을 취득할 수 있다고 부동산펀드의 신탁약관에 정한 경우 부동산펀드 자산총액의 100% 이내에서 부동산개발회사가 발행한 동일종목의 유가증권에 투자할 수 있으며 또한 부동산펀드의 자산총액 또는 자산운용회사가 운용하는 전체 부동산펀드의 자산총액으로 동일한 부동산개발회사가 발행한 주식총수의 100% 이내에서 투자할 수 있다.

(2) 부동산펀드의 자금조달

부동산펀드의 경우 부동산을 담보로 제공하는 등의 방법으로 금융기관, 보험회사, 기금으로부터 차입이 허용되는데 차입금 규모가 펀드재산 순자산총액의 2배를 초과하지 않아야 한다.

(3) 부동산펀드의 자산운용제한

자본시장법은 부동산 펀드의 운용방법에 대해 다음과 같이 제한을 두고 있다. 부동산펀드는 부동산 취득 후 3년 내에 취득한 부동산을 처분할 수 없다. 또한 건축물 그 밖의 공작물이 없는 토지(나대지)로서 당해 토지에 대해 부동산개발사업 시행 전에는 처분할 수 없다.

다만, 해외자산인 경우 취득 후 6개월이내에 매각할 수 있다. 투자자보호를 위해 펀드를 합병 · 해지 · 해산하는 경우 3년 이내에 자산을 매각할 수 있다.

(4) 부동산펀드의 평가

부동산펀드는 시가평가가 원칙이다. 하지만 시가평가가 어려울 경우 공정가액으로 평가할 수 있다. 공정가액이란 감정평가사가 제공하는 가격을 기초로 펀드재산평가위원회가 평가한 가액을 말한다. 부동산평가방법에 대해서는 제 장 부동산감정평가에 서술되어 있다.

제3절 국내 부동산펀드 현황

1. 부동산펀드 도입 배경

부동산 간접투자상품은 1991년 신탁업이 도입된 이후 등장하였다. 이후 1999년 4월 은행의 금전신탁에 대해 부동산투자를 허용하면서 부동산투자신탁상품이 활성화되었고 2001년 7월 부동산투자회사법이 제정되면서 펀드형태의 부동산간접투자상품이 국내에 도입되었다. 그러나 회사형 부동산투자회사 즉, 리츠(REITs)가 세제면이나 자금조달 및 운용면에서의 제약 때문에 기대보다는 활성화되지 못하였다. 이에 따라 2001년 12월 세제면에서 일반 리츠보다 유리한 기업구조조정 리츠(CR-REITs)가 도입되었는데 기업구조조정 리츠는 활성화가 되었다.

2002년부터 간접투자시장에 대한 관련 법규를 금융기관별로 규정함에 따라 금융기관간 형평성문제가 발생하고 유사한 내용의 규정이 여러 법률에 산재해 있다는 문제점이 제기되었다. 이에 따라 간접투자상품에 대한 법체계를 금융기관별로 묶기보다는 기능별로 재정비하는 것이 더 바람직하다는 의견이 대두되었다. 이에 정부는 2003년 10월 각 법규에 흩어져 있는 간접투자상품에 대한 규정을 하나로 묶은 간접투자자산운용법이 제정(2004년 1월부터 시행)하였다. 또한 간접투자자산운용법을 제정하면서 간접투자상품의 자산운용대상의 범위를 주식이나 채권과 같은 유가증권 뿐만 아니라 장외파생상품 그리고 부동산으로까지 확대하였다.

〈표 10-3〉 부동산간접투자제도 연혁

연도	부동산간접투자 법규	부동산 간접투자상품
1991.2	신탁업법	부동산신탁 도입
1998.4	신탁업법	은행의 부동산투자신탁도입
1998.9	자산유동화에 관한 법률	자산담보부증권(ABS) 도입
1999.1	주택저당채권유동화회사법	주택저당증권(MBS) 도입
2001.7	부동산투자회사법	회사형 부동산투자회사 (K-REITs) 도입
2001.7	부동산투자회사법	계약형 기업구조조정 부동산투자회사(CR-REITs) 도입
2004.1	간접투자자산운용법	신탁형 부동산펀드 도입
2004.12	간접투자자산운용법	회사형 부동산펀드 도입
2005.4	부동산투자회사법	명목상의 회사형태의 부동산투자회사 도입
2009.2	자본시장법	금융투자회사의 업무영역 확대

자료: 한국투자신탁운용

그러나 2004년 1월에 도입된 부동산 펀드는 신탁형으로 부동산 등기 자체가 불가능하여 펀드 내에 부동산을 편입하거나 부동산개발 사업에 투자하기가 사실상 어려운 문제점이 있었다. 따라서 신탁형 부동산 펀드로서는 프로젝트 파이낸싱에 대한 대출 등 자금운용 수단이 제한적이었다. 이러한 부동산 등기나 세제 관련 문제점을 해결하기 위하여 2004년 12월 회사형 부동산펀드가 도입되었다.

2009년 2월 금융기능별로 규율체제를 확립하고 금융투자업의 업무를 확대할 목적으로 간접투자자산운용법을 포함한 금융업 관련 6개의 법규를 통합한 자본시장법이 제정되었다. 이에 따라 리츠와 부동산펀드의 조직 및 운영과 관련된 사항은 자본시장법에 따른다.

〈부동산금융 사례〉

강남 '큰 손' 몰린 부동산펀드, 이틀만에 '품절'

다올운용, 하나대투증권 사옥 기초자산 실물형… 목표수익률 연 6.5%

부동산 프로젝트파이낸싱(PF) 대출채권에 투자한 부동산펀드가 만기연장, 이자 미지급 등으로 '죽'을 쑤고 있지만 부동산 실물에 투자하는 펀드는 '품귀' 현상을 빚을 정도로 높은 인기를 끌고 있다. 부동산에 관심이 있지만 마땅한 투자처를 찾지 못한 거액 투자자들이 앞 다퉈 실물형 부동산펀드 가입에 나서기 때문이다.

9일 관련업계에 따르면 다올자산운용이 하나대투증권 여의도 사옥을 기초자산으로 만든 부동산펀드 '다올랜드칩부동산투자신탁1호'가 사전 예약판매를 실시한지 이틀 만에 조기종료 됐다. 다올운용은 오는 15일부터 펀드 운용을 시작한다.

다올운용은 하나대투증권 사옥을 약 2,900억원에 사들였다. 1,300억원은 하나은행 부동산담보대출로 조달했고, 나머지는 기관투자가와 개인투자가를 상대로 각각 800억원씩 펀드를 팔았다. 공모펀드는 하나은행 프라이빗뱅크(PB)고객을 상대로 지난 2일부터 사전 예약을 받았다. 그런데 예약 주문이 쏟아져 다음날 판매 한도를 다 채웠다. 공모형이라 규정상 가입금액 제한은 없지만 1억원이상으로 주문을 받았음에도 반응이 폭발적이었다. 하나은행 PB 관계자는 "주로 1억원에서 5억원 사이에서 가입한 고객들이 많았고, 10억원이 넘는 뭉칫돈을 투자한 고객도 있었다"면서 "조기 종료 이후에 추가로 가입하겠다는 고객도 있었지만 한도가 소진돼 발길을 돌려야 했다"고 귀띔했다.

이 펀드는 한 번 가입하면 중도해지가 불가능한 폐쇄형이다. 부동산펀드 특성상 만기가 5년으로 긴 편이다. 장기간 거액이 묶이는데도 '큰 손' 투자자들의 주문이 폭주한 것은 매력적인 수익률 덕분이다. 펀드의 목표 수익률은 연 6.5%다. 여기에 3개월마다 일정 수준의 이자가 지급되는 구조라 복리효과도 무시할 수 없다. 연 3%후반인 정기예금 금리보다 2배 가량 높다. 부동산을 직접 살 경우 가격하락, 세금 및 임대료 문제 등 신경 써야 할 게 한둘이 아니다. 이 때문에 안정적인 펀드를 선호한 것.

자산운용업계 관계자는 "실물 투자형 부동산 펀드를 만들고 싶지만 국내 시장에선 적당한 매물을 찾아보기 힘들다"면서 "하나대투는 정말 드물게 나온 케이스로 임대 계약, 공실률 부분에서 매력적인 투자처"라고 설명했다.

그렇다고 모든 부동산펀드가 큰손 고객의 '러브콜'을 받는 것은 아니다. 실물이 아닌 PF대출 채권에 투자한 특별자산펀드는 고전을 면치 못하고 있다. 골든브릿지자산운용은 지난 7일 '골든브릿지특별자산8호'(설정액 650억)를 278억원(42.86%) 상각 처리했다. 시행사 부도 탓이다. 두 번째 만기연장을 위해 이달 말 수익자총회를 열 계획이다.

자산운용업계 관계자는 "경기가 좋아져야 부동산 개발 사업이 활성화 되는데 현재는 신규수요도 나오지 않고 있다"면서 "PF대출 채권에 투자하는 부동산펀드는 지지부진한 사업진행으로 이자지급은커녕 원금 손실 위기를 맞고 있다"고 말했다.

한편 펀드평가사 제로인에 따르면 공모 부동산펀드 순자산 규모는 8,041억원(8일 기준)이다. 이 가운데 대출채권형 펀드(7,741억원) 비중이 96%로 압도적이다.

자료: 〈머니투데이〉, 2010.12.9

2. 부동산펀드의 현황

〈그림 10-2〉에서 부동산펀드 설정액 추이를 살펴보면 부동산펀드가 처음 도입된 2004년 말에는 설정잔액이 약 8,631억원이고 펀드 수가 약 25개이었다. 2004년 6월에 판매된 국내 최초의 부동산펀드인 맵스자산운용회사의 맵스프론티어부동산투자신탁1호와 한국투신운용사의 부자아빠 하늘채 부동산투자신탁1호는 투자자들의 인기를 끌었다.

이후 저축상품의 수신금리가 하락함에 따라 부동산펀드는 대안투자수단으로서 투자자들의 관심을 얻으면서 다양한 형태의 부동산펀드가 판매되고 펀드 수도 증가하였다.

부동산개발 PF에 투자하거나 해외부동산에 투자하는 부동산펀드에 대한 투자자들의 수요가 증가하여 설정잔액이 2007년 말에는 6조 4,508억으로 크게 증가하였고 펀드 수도 약 212개로 증가하였다.

〈그림 10-2〉에서 보듯이 부동산 순자산총액 추이를 살펴보면 부동산펀

드 설정액은 2005년 말 2조 4,073억원에서 2011년 말 15조 5,838억원으로 크게 증가하였다.

〈그림 10-2〉 부동산펀드의 순자산총액 및 펀드 수 추이, 2004~2011(단위: 억원)

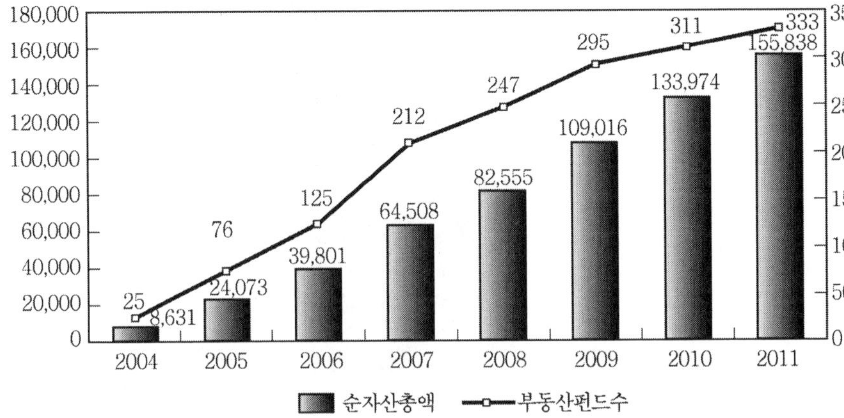

자료: 금융투자협회(www.kofia.or.kr)

〈부동산금융 사례〉

부동산펀드 작년 12월 20곳 설립

부동산 펀드 투자 비중(단위 : %)

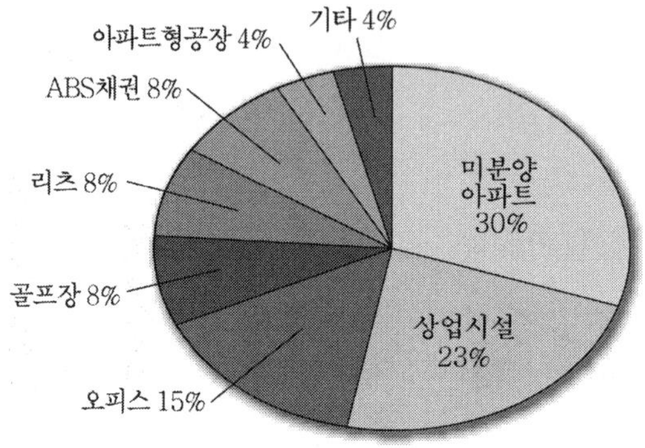

2010년 4/4분기 설정 기준

자료 : 교보리얼코

경기 회복과 규제완화 등의 영향으로 부동산펀드 투자규모가 급증하고 있다.

특히 지난해 12월에는 한 달 만에 20개 부동산펀드가 설립됐으며 투자(설정)액만 1조2,312억원에 달해 월별 설립건수 및 투자액 기준으로 역대 최대치를 기록했다.

■ 규제완화로 펀드설립 급증

7일 부동산 업계와 교보리얼코 등에 따르면 지난해 4·4분기에 설립된 부동산 펀드는 26개이며 설정액은 1조4,377억원에 달한다. 이는 2009년 3·4분기(44개 1조6,665억원) 이후 5분기 만의 최대치다. 더불어 지난해 3·4분기 설정액(1조960억원)에 비해 31.1%(3417억원) 증가했으며 같은해 1·4분기에 비해서는 591.8% 급증한 것이다.

부동산펀드 설립 건수 및 설정액은 2009년 3·4분기 44개 1조6,665억원으로 정점에 다다른 뒤 지난해 1·4분기에는 15건 2,078억원으로 크게 줄었다. 이후 펀드설립 및 투자요건 완화 등 정책적 지원에 힘입어 2·4분기에 26건 5,969억원, 3·4분기에는 25건 1조960억원으로 계속 증가세를 보이고 있다.

특히 지난해 12월에는 4·4분기에 설립된 26개 펀드 중 20개 1조2,312억원이 설정돼 교보리얼코가 부동산펀드 관련 통계를 집계하기 시작한 2005년 6월 이후 월간 기준 최대치를 나타냈다. 앞서 11월에 4개 1,390억원, 10월에 2개 575

억원이 설립 및 설정된 것과 비교하면 폭증세다.

■ 펀드투자 실물부동산 선호

지난해 4·4분기에 설정된 부동산펀드는 프로젝트파이낸싱(PF) 대출형 펀드가 줄고 대신 오피스, 미분양아파트, 상업시설 등 실물 부동산을 직접 매입, 개발하는 펀드가 늘었다는 게 가장 큰 특징이다. 이는 부동산 시장이 본격적인 상승세로 접어들 것으로 판단, 장기투자보다는 단기투자로 전환하고 있다는 것을 뒷받침한다.

투자형태별로는 총 26개 펀드 중 68%인 18개가 실물부동산에 직접 투자했고 PF대출은 11%(3개)에 그쳤다. 또 재간접펀드와 자산유동화증권(ABS) 채권이 각각 8%(2개)를 차지했다.

투자대상별로는 미분양아파트에 투자한 펀드가 8개(7,259억원)로 전체의 30%를 차지해 가장 많았다. 2009년까지만 해도 미분양아파트보다는 골프장과 아파트형공장 투자가 훨씬 많았지만 최근 주택시장 회복세가 두드러지면서 흐름이 바뀐 것이다. 이어 상업시설이 23%(5개)로 뒤를 이었으며 오피스(15%), 골프장(8%), 리츠(8%), ABS채권(8%), 아파트형공장(4%) 등의 순이다.

한편 지난해 전체 신규 부동산펀드 설정 건수 및 설정액은 92건 3조5,475억원으로 2009년의 117건, 3조8,060억원에 비해 각각 27%(25건), 7.2%(2,585억원) 감소했다. 투자 형태별로는 국내 실물부동산이 54%(50건)로 가장 많았고 PF대출은 27%(25건)였다. 또 채권 11%(10건), 재간접펀드 8%(7건) 등이 뒤를 이었다.

교보리얼코 김소진 대리는 "지난해에는 미분양아파트에 투자하는 펀드가 늘어난 반면 오피스나 상업시설, 아파트형공장 등은 상대적으로 줄었다"면서 "이는 주택시장이 본격적인 회복 국면에 접어들 것이라는 것을 반영하는 것으로 해석된다"고 말했다.

자료: 〈파이낸셜 뉴스〉, 2011.2.7

3. 부동산펀드의 유형

부동산펀드의 유형은 임대형, 개발형, 경매형, PF형, 해외형 등으로 구분할 수 있다.

〈그림 10-3〉 부동산펀드 유형

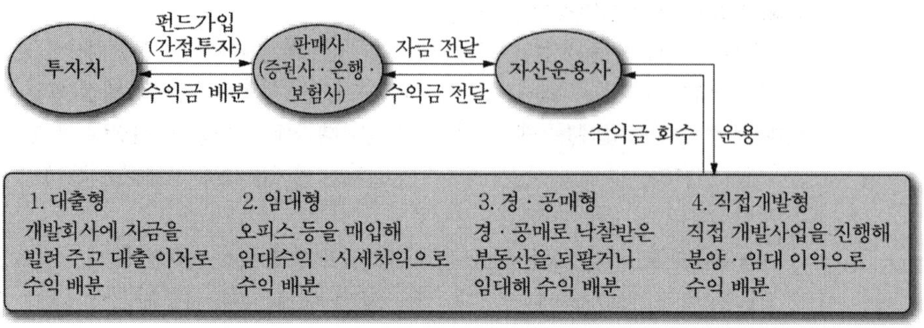

자료: 중앙일보, 2012.6.25

(1) 계약형과 회사형

부동산펀드의 설립 형태는 계약형 또는 회사형이 있다. 계약형 부동산펀드의 경우 최저 원본제한 규정이 없는 반면 회사형 부동산펀드는 최저 순자산액이 10억원 이상이어야 한다. 계약형의 부동산펀드는 설립등기를 할 필요가 없으나 회사형 부동산펀드의 경우는 정관작성 · 주식대금납입 · 이사선임 등 절차를 거친 후 설립등기를 해야 한다.

한편, 회사형인 부동산펀드는 펀드재산의 70% 이내에서만 부동산에 투자할 수 있다.

(2) 공모형와 사모형

부동산펀드의 모집방법은 공모 또는 사모형태 모두 가능하다. 사모형은 사모집합투자기구에 대한 특례의 적용을 받아 상장등록의무가 없고 투자설명서제공 · 회계감사 · 결산서류비치 · 자산운용보고서 제공 의무를 면제받는다. 또한 사모형은 광고를 할 수 없고 판매회사에 판매수수료를 지불할 필요가 없으며 모집기간도 짧기 때문에 공모형에 비해 설립비용이 낮고 설립방식이 간편한 편이다.

맵스자산운용은 Y22 금융투자회사라는 사모펀드를 설립하여 여의도

'파크원'에 투자하였다.[1)]

부동산펀드의 형태는 폐쇄형만 허용된다. 부동산펀드는 공모형인 경우 수익증권 최초 발행일로부터 90일 이내 유가증권시장에 상장되어야 한다.

〈표 10-4〉 공모와 사모부동산펀드의 순자산총액 및 펀드 수 추이, 2004~2011

(단위: 억원)

	순자산총액		펀드 수	
	공모	사모	공모	사모
2004	6,274	2,357	6	9
2005	12,829	11,253	7	46
2006	11,767	28,304	6	102
2007	11,159	53,349	12	192
2008	6,853	75,703	20	235
2009	3,810	105,206	23	287
2010	4,178	129,796	30	304
2011	3,768	152,070	26	327

자료: 금융투자협회

〈부동산펀드 사례〉

미래에셋 빌딩투자 펀드, 7년간 105% 수익 '대박'

미래에셋자산운용은 2005년 10월 설정한 '맵스프런티어17호' 사모펀드를 설정 7년 만에 만기 청산했다. 이 펀드는 서울 중구에 위치한 연면적 4만3,450㎡의 지하 5층, 지상 21층 규모의 업무용 오피스 빌딩인 '에이스타워'에 투자하는 펀드다. 이 펀드의 7년간 누적 수익률은 105%에 달한다.

미래에셋 측은 당시 1,400억원에 매입한 빌딩을 국내 금융사에 1,890억원에 매각했다. 지난 8월 매각 주관사를 통해 매매협상을 진행한 지 2개월 만이다. (중략) 펀드 누적 수익률은 매각 차익과 운영 중 임대수익을 모두 합한 금액으

1) 여의도 파크원은 72층과 59층 2개동으로 구성된 오피스타워로서 지상 6층 쇼핑몰, 국제비지니스 호텔 등으로 구성된 대규모 복합용도 프로젝트로 2010년과 2011년 완공예정이다. '미래에셋증권, 오피스빌딩에 2,000억 PI투자', 〈머니투데이〉, 2007.11.19

로 산출됐다. 펀드규모는 700억원이며 계열사인 미래에셋생명을 포함한 대형 보험사들이 주요 투자자로 참여했다. 이들은 투자기간 연 7~11%의 배당 수익을 챙긴 것으로 알려졌다.

자료: 〈매일경제신문〉, 2012.10.23

(3) 임대형

임대형 부동산펀드는 조달된 자금으로 빌딩을 구입하여 임대수입을 얻고자 설립된 펀드이다. 임대형 부동산펀드는 임대수익과 매각수익을 얻을 수 있다.

임대형 부동산펀드는 부동산펀드가 직접 부동산을 매입하여 운용하는 경우와 재무적 투자방법으로 구분할 수 있다. 재무적 투자방법이란 부동산 임대수입을 기초자산으로 발행된 유동화증권에 투자하는 경우이다.

임대형 부동산펀드는 오피스빌딩, 상가 등을 일정기간 임대하고 추후 매각해 수익을 얻는 방식이다. PF형 펀드가 약정된 이자율에 따라 안정적인 수익을 얻을 수 있는 반면 임대형 부동산펀드는 건물의 공실률 여부에 따라 수익률이 결정된다. 또한 대상 부동산 매각시 부동산 가격이 상승하면 차익을, 부동산 가격이 하락하면 손실을 입을 수 있다.

2004년 12월 미래에셋자산운용의 맵스프론티어 부동산펀드 5호(모집금액: 187억원)가 설정되었다. 이 펀드는 서울시 송파구 가락동 동원증권빌딩을 매입 한 후 임대수익을 투자자에게 배당하였다.

2007년 2월에 설정된 미래에셋맵스리얼티 1호는 임대수익을 위해 경기도 성남시 분당구 서현동에 있는 대신증권 사옥을 매입했다. 또한 이 부동산펀드는 판교 중심상업지구 내의 토지와 서울시 상암동 DMC내 토지를 매입하였다.

〈부동산펀드 사례〉

이지스부동산펀드, 홈플러스 4개점포 6,300억에 매입

교직원공제회, 군인공제회 등 투자 참여

홈플러스의 4개 점포가 교직원공제회, 군인공제회 등 기관투자자들이 투자한 부동산펀드에 6,300억원 규모로 매각됐다. 23일 관련업계에 따르면 이지스자산운용(구 PS자산운용)의 부동산펀드인 이지스 KORIF사모부동산투자신탁13호는 홈플러스의 4개 점포(서울 영등포점, 금천점, 경기도 동수원점, 부산 센텀시티점)를 6,325억원에 매입했다.

이 펀드는 에쿼티(자기자본)로 2,530억원을 투자했고, 나머지는 금융권 담보대출(3,440억원) 및 홈플러스의 임대 보증금(350억원)으로 매입비용을 마련했다. 부동산펀드에는 교직원공제회가 1,000억원, 군인공제회가 500억원을 각각 투자했다. 이 밖에 경찰공제회, 과학기술인공제회, 삼성화재, 교보생명, 우리은행 등의 다수 기관 투자자가 참여한 것으로 알려졌다.

펀드 투자기간은 10년이며, 운용기간 연평균 배당 수익률은 8.84%(매각 차익 제외)로 전망되고 있다. 교직원공제회 관계자는 "투자 대상인 홈플러스 4개 매장은 홈플러스 영업 매장 가운데 매출액 순위 20위 내에 포함되고, 9년 이상의 영업실적이 검증된 매장"이라고 설명했다.

이어 "이번에 투자하는 홈플러스 4개 점포는 안정적인 영업 실적, 모기업인 영국 유통회사 테스코의 노하우, 양호한 사업 입지, 임차인의 재무구조 등을 감안할 때 펀드 만기 시 자산 매각을 통해 투자금을 안정적으로 회수할 수 있을 것"이라고 덧붙였다.

자료: 〈머니투데이〉, 2012.8.23

〈부동산금융 사례〉

하이트진로 서초사옥 팔린다 … 엠플러스자산운용에 매각

하이트진로가 서울 서초동 사옥을 엠플러스자산운용이 운용하는 부동산 펀드에 매각한다. 페르노리카코리아(옛 진로발렌타인) 지분 30% 매각도 추진 중이다. 이를 통해 2,000억원대의 현금을 마련, 재무구조 개선에 활용할 계획이다.

23일 투자은행(IB)업계에 따르면 하이트진로는 서초동 사옥을 엠플러스자산운용에 '세일즈 앤드 리스백(sales & lease-back)' 방식으로 매각하기로 하고 조만간 계약을 체결할 예정이다. 세일즈 앤드 리스백은 건물을 매각한 뒤 임차해 사용하는 것을 말한다. 엠플러스운용은 군인공제회 자회사인 대한토지신탁이 100% 출자한 부동산 전문 자산운용사다.

자료: 〈한국경제신문〉, 2012.5.23

(4) 개발형

개발형 부동산펀드는 부동산개발사업에 투자하는 펀드로서 개발형 부동산펀드는 투자성격에 따라 지분형과 대출형으로 구분할 수 있다. 지분형은 다시 부동산개발사업에 직접 투자하는 경우와 유동화전문화회사(SPC)에 투자하는 경우로 구분할 수 있다. 대출형의 경우는 부동산개발회사 또는 건설회사의 대출채권에 투자한다.

2004년 12월에 판매된 KB웰스코리아사모부동산펀드2호(설정액: 130억원)은 경기도 이천지역의 물류시설개발에 투자하였다. 2004년 부자아빠 하늘채 부동산신탁1호와 KTB웰빙특별자산(설정액: 300억원)은 경기도 용인시 코오롱건설의 아파트개발사업에 대한 금융회사의 확정금리 대출채권에 투자하였다.

맥쿼리인프라펀드·베트남개발1호펀드는 자본시장법에 의하면 특별자산펀드로 분류된다.[2)]

〈부동산금융 사례〉

한창 뜨는 호텔펀드…한류 관광객 덕에 10%대 수익 예상

중국, 일본 관광객이 몰려들면서 국내 비즈니스 호텔이 인기를 끌자 새로운 펀드상품까지 등장했다. 바로 비즈니스 호텔에 투자하는 호텔펀드다. 호텔펀드는 말 그대로 자금을 모아 새로 호텔을 건설하거나 기존 오피스빌딩, 쇼핑몰을 호텔로 개조하는 데 투자하는 펀드다.

2) 자본시장법은 증권투자신탁상품을 펀드자산의 40% 초과 투자자산에 따라 5종류(증권, 부동산, 특별자산, 혼합, MMF)로 구분한다.

돈이 된다고 판단한 몇몇 자산운용사들이 뛰어들었다. 미래에셋맵스자산운용은 경기 판교 상업중심지, 서울 광화문 옛 금강제화 부지, 용산역세권 등에서 호텔 개발 사업을 추진 중이다.

판교에는 지하 6층, 지상 10층짜리 약 3만9,669㎡ 규모 비즈니스 호텔을 짓고 있다. 준공 예정일은 2014년이고 총 투자 금액이 1,800억원에 달한다. 거래소에 상장된 공모펀드 맵스리얼티1 자본도 투입됐다.

서울 광화문에는 6성급 관광호텔(약 6만2,809㎡) 건설을 추진 중이다. 올 8월 착공 예정으로 미래에셋맵스자산운용은 이 호텔 운영을 위해 만다린, 포시즌 등 글로벌 호텔 사업자들과 협의 중이다. 용산역세권에도 최고급 관광호텔을 짓기 위해 지난해 4월 용산역세권개발로부터 사업부지를 2,318억원에 사들였다.

아시아자산운용은 경기도 화성시 반송동에 640억원을 투자해 고급 비즈니스 호텔을 짓고 있다. 내년 8월 준공 예정이다. 일본계 노무라이화자산운용은 서울 을지로 스타클래스 오피스빌딩을 리모델링해 134개 객실의 라마다동대문호텔을 오픈하기도 했다. 국내외 대형 빌딩에 주로 투자하던 국민연금도 지난해 말 6,200억원짜리 부동산펀드를 만들어 비즈니스 호텔 등 부동산상품 투자에 나섰다.

자산운용사들이 호텔펀드에 뛰어드는 이유는 뭘까. 외국인 관광객이 급증하면서 비즈니스 호텔 같은 관광숙박시설이 인기를 끌고 있기 때문이다. 한국관광공사에 따르면 지난해 외국인 입국자는 979만4,000명으로 2010년 대비 11.3% 늘었다. 이 중 일본인이 328만명, 중국인이 222만명으로 절반 이상을 차지한다. 외국인 입국자는 2009년부터 매년 10% 이상 늘면서 올해도 1,080만명가량 외국인 관광객이 한국을 찾을 것으로 보인다. 하지만 호텔 객실은 2만8,900실에 불과해 1만5,000~2만개 정도가 부족할 것이란 우려다. 서울시에 따르면 역세권 중심으로 40곳에서 6,300여실 규모의 비즈니스 호텔이 사업 인가를 받아 건축 중이다.

비즈니스 호텔 수익률이 높은 것도 호텔펀드가 생겨나는 이유다. 현재 업계에서 예상하는 호텔펀드의 수익률은 8~15% 수준이다. 일부 대형 오피스빌딩 투자수익률이 연 4%대로 떨어진 걸 감안하면 높은 수익률이다. 부동산펀드의 주 투자 대상이었던 오피스빌딩이 공급과잉 우려에 시달리는 것도 호텔 투자로 관심이 쏠리는 이유다.

입지·매입단가가 변수물론 아직은 초기 단계다. 호텔펀드가 고수익을 보장할 것으로 판단하긴 이르다. 당장은 비즈니스 호텔 공급이 부족하지만 호텔이 서울 곳곳에 들어서서 공급과잉 사태가 나타나면 호텔펀드 수익률도 추락할 수밖에 없다. 김용희 현대증권 애널리스트는 "국내 호텔펀드는 아직 초창기라 부동산펀드에서 차지하는 비중도 작고 수익률도 제대로 산출하기 힘든 실정"이라고 설명한다.

비즈니스 호텔 운영 노하우에 따라 수익률이 천차만별이기 때문에 위탁 운영사 선정도 중요하다. 호텔은 초기 투자비용이 높아 투자비를 환수하는 데 최소 20년 이상 기간이 걸린다는 점도 변수다. 거액을 투자해야 하기 때문에 일반인 대상의 공모펀드는 거의 없다는 것도 문제다. 김재오 메리츠종금증권 프로젝트금융팀 과장은 "호텔펀드 수익률은 얼마나 싸게 매입했느냐에 달려 있다. 오피스빌딩이나 리테일 시장에 비해 비즈니스 호텔 성장 가능성이 높지만 부동산펀드로 안착할지 여부는 좀 더 두고 봐야 한다"고 설명한다.

자료: 〈매경이코노미 제1650호〉(12.3.28~4.03일자)

(5) 경매형

경매형 부동산펀드는 경·공매를 통해 시가보다 상가, 아파트, 토지 등과 같은 부동산을 저렴하게 매입한 후 임대수익을 얻는 펀드이다. 경매형 부동산펀드는 경·공매를 통해 매입한 부동산을 매각하는 경우 시세차익도 얻을 수 있다. 경매형 부동산펀드는 경매를 통해 부동산을 매입한 뒤 임대 또는 매각을 통해 수익을 창출하기 때문에 적당한 경매 대상 부동산을 찾는데 어려움이 있는 것이 단점이 있다. 따라서 각 펀드별 수익률 편차가 심하다.

2005년 1월 와이즈에셋자산운용과 현대증권이 공동 개발한 현대경매부동산펀드 1호(모집금액: 1,500억원)가 판매되었다. 경매형 부동산 펀드에는 골든브릿지자산운용의 골드브릿지경매부동산1호, 굿앤리치자산운용의 굿앤리치부동산공경매2호 등이 판매되었다.

굿앤리치자산운용의 굿앤리치부동산공경매1은 경매를 통해 군포시 산본동에 위치한 토지를 83억에 사들었다.

(6) PF형

PF형 부동산펀드는 부동산개발에 필요한 자금을 대출해 주고 이자수익을 얻는 펀드이다. PF형 부동산펀드는 은행예금 금리보다 더 높은 수익률을 제공하고 토지가 담보로 설정되어 있으며 신용도 BBB^- 이상 건설회사가 일정 부분을 책임진다.

PF형 부동산펀드는 준공률, 분양률이 펀드의 운용성과에 영향을 미친다.

2004년 12월 동양종합금융증권은 한화마스터피스 부동산펀드 1호(모집금액: 200억원)를 판매하였다. 이 펀드는 인천 서구 불로택지지구의 신축아파트 개발사업에 프로젝트 파이낸싱방식으로 투자하는 상품이다.

이외에도 경기도 수원시 매산로 쇼핑센터 개발 목적으로 설립된 KB웰리안부동산7, 안양 비산동 상가 개발사업에 투자하기 위해 설립된 KB편안한부동산1, SH자산운용회사가 서울 중구 정동에 노인보지주거시설 개발을 위해 공모한 TOPS상림원부동산1, 서울자산운용의 한일골든립부동산2, CJ자산운용의 CJ부동산1, 마이에셋자산운용의 마이에셋부동산9 등이 판매되었다.

〈부동산금융 사례〉

한국투신운용 베트남에 250억 빌딩 세웠다

부동산펀드, 하노이에 18층 '한베타워' 준공...토지부터 시공까지 업계 첫 개발사업

한국투신운용의 부동산펀드인 '한국 월드와이드 베트남 부동산 특별자산펀드 1호(이하 월드와이드 베트남 부동산펀드)'가 베트남 수도인 하노이에 250억원 규모의 오피스 빌딩을 세웠다. 펀드를 설정한 지 4년여만의 결실이다.

그동안 해외 상업용 빌딩을 매입해 임대수익을 올리는 부동산펀드는 있었지만 토지매입부터 인허가, 시공까지 총괄하는 개발사업을 통해 빌딩을 지은 것은 한국투신운용이 처음이다. 특히 건설자본이 아닌 금융자본이 해외 부동산시장을 개척한 것으로 의미가 크다는 평가다.

펀드명	한국월드와이드베트남부동산개발특별자산1호
최초 설정일	2007년 3월 16일
설정액	1,026억원
운용사	한국투자신탁운용
투자대상 및 규모	하노이 한배타워 준공(250억)
	호치민 아파트 레지던스 착공
수익구조	임대 매매 수익 배당

7일 자산운용업계에 따르면 한국투신운용은 최근 월드와이드 베트남 부동산 펀드의 첫 프로젝트인 하노이 '한베타워(HanViet Tower)' 공사를 끝내고, 지난 5일 준공식을 가졌다. 이날 준공식에는 정찬형 한국투신운용 사장이 직접 참석했다.

하노이 도심에 위치해 있는 이 오피스 빌딩은 지하 1층(연면적 1,653㎡), 지상 17층(1만7,920㎡) 규모로 지어졌다. 총 사업규모는 2,200만 달러(약 250억원) 수준이다. 빌딩 시공은 포스코건설의 베트남 현지 자회사인 포스코베트남이 맡았다.

지난 2007년 3월 1,000억원 규모로 설정된 월드와이드 베트남 부동산펀드는 베트남 내의 주택(일반 아파트 · 주상복합), 호텔, 상가, 골프장 및 리조트 등을 개발 · 분양 · 임대하는 사업에 주로 투자하는 특별자산펀드다.

특히 이 펀드는 부동산 실물에 직접 투자하는 것이 아니라 부동산 개발사업을 시행하는 베트남 현지 합자회사(JVC) 지분을 확보하는 형태로 운용된다. 한국운용은 JVC지분을 90% 이상 가지고 있다.

기존 부동산펀드의 프로젝트파이낸싱(PF) 방식처럼 대출을 통해 이자를 받는 것이 아닌 지분 투자비율 만큼 배당을 받아 투자자들에게 돌려주는 구조다. 한국운용은 직접 건물을 짓고 임대 운용수익을 올리는 것은 물론 2~3년 후 빌딩을 매각해 매각차익을 추구한다는 계획이다.

정찬형 한국투신운용 사장은 "토지매입부터 인허가, 시공까지 모두 진행하는 해외 현지 개발사업이기 때문에 시간이 오래 걸렸다"며 "펀드 설정이후 금융위기가 터져 어려움도 있었지만 한베빌딩 준공으로 안정적인 운용수익은 물론 향후 추가적인 펀드 프로젝트도 본 궤도에 오를 것"이라고 말했다.

월드와이드 베트남 부동산펀드는 오피스 사업과 함께 현재 아파트와 레지던스 개발사업 등 2개 프로젝트를 추가로 진행하고 있다.

호치민시 7군 푸미홍 신도시 내 중심상업지역 추진 중인 레지던스 개발사업은 지하 2층, 지상 12층 규모로 진행되고 있으며 총 사업규모는 1,800만 달러(약 150억원) 수준이다. 지난 2008년 12월 최종 건축허가를 얻고 현재 착공 공사가 한창으로 내년 완공 목표다. 아울러 같은 지역에서 진행하고 있는 아파트

개발사업은 인허가를 마치고 착공을 앞두고 있다.

자료: 〈머니투데이〉, 2011.8.8

(7) 해외형

해외형 부동산펀드는 해외부동산에 투자하는 펀드이다. 2004년 12월 한국투자증권은 사모형태로 탑스미국부동산특별자산투자신탁(모집금액: 270만 달러)을 판매하였다. 이 펀드는 미국 캔자스시에 있는 오피스빌딩을 매입해 고급 아파트로 개조한 다음 분양하는 사업에 투자한다.

해외형 부동산펀드는 부동산에 직접 투자하는 펀드도 있지만 해외 부동산펀드나 부동산관련 기업의 주식이나 리츠에 투자하는 펀드도 있다. 우리은행과 우리투자증권이 공동으로 판매한 '블루랜드 글로벌 부동산 재간접펀드'는 펀드 전체 자산의 80%를 미국, 일본을 비롯한 아시아지역과 영국을 비롯한 유럽지역 등 전세계 부동산펀드에 투자하고 나머지는 리츠나 부동산 관련 기업의 주식에 투자하였다.

대한투자증권은 2006년 9월 글로벌 부동산시장에 투자하는 CJ-SLI-글로벌 Property 재간접 펀드를 판매하였다. 이 펀드는 유럽, 미국, 캐나다, 호주, 아시아의 사무실 빌딩, 쇼핑센터, 호텔 등을 투자대상으로 하는 40여개의 리츠와 펀드에 투자하는 재간접펀드이다.

2007년 7월 미래에셋 맵스자산운용의 미래에셋맵스AP부동산펀드는 홍콩의 섬폭플람의 아파트단지인 레지던스 벨-에어 한 개동을 PCCW의 부동산 자회사인 PCPD로부터 18억 6,000만 홍콩달러에 매입하였다. 이 펀드는 임대수입을 통해 투자자금을 회수하고자 하였다.

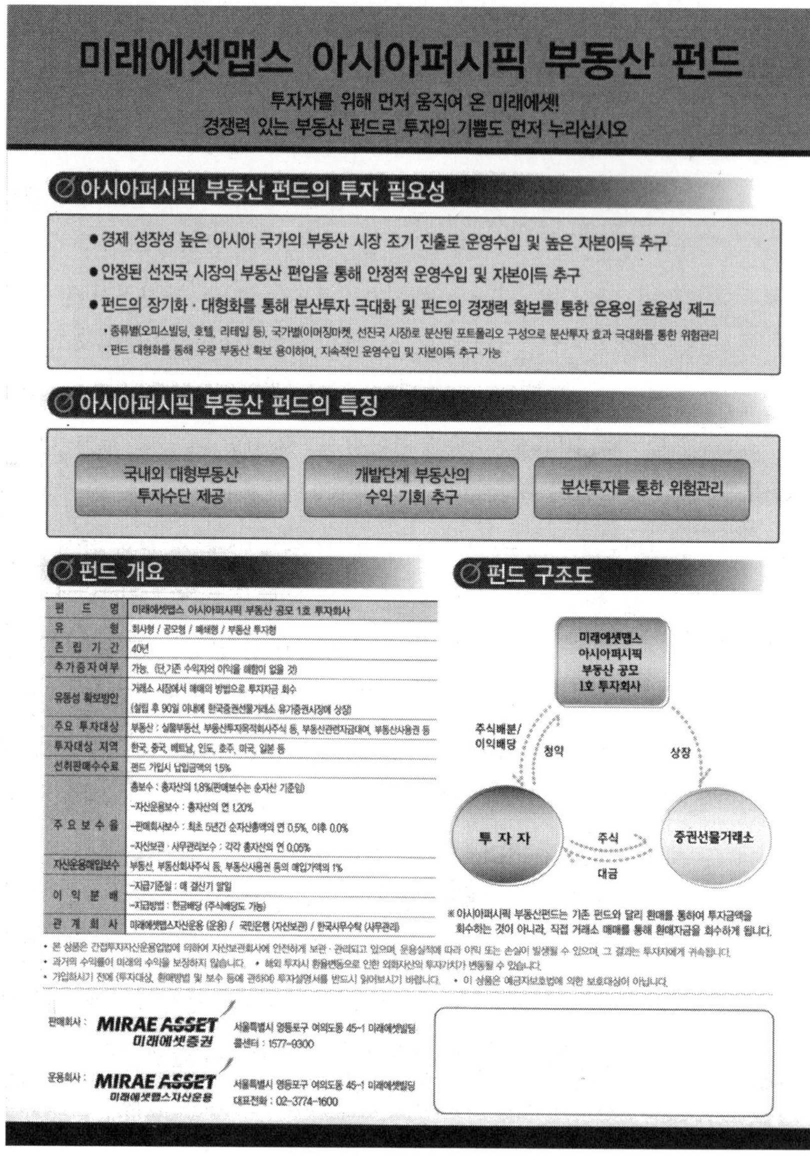

〈그림 10-4〉 미래에셋맵스 아시아퍼시픽 부동산펀드

한화생명은 안정적인 임대수익을 목적으로 영국 런던의 금융타운인 우드 스트리트에 위치한 국제법률회사 소유의 에버쉬즈건물을 보유한 부동

산펀드에 2,500억을 투자하였다.[3)]

〈표 10-5〉 국내형과 해외형 부동산펀드의 순자산총액 및 펀드 수 추이, 2004~2011

(단위: 억원)

	순자산총액		펀드 수	
	국내	해외	국내	해외
2004	8,631	0	25	0
2005	24,073	0	76	0
2006	36,936	2,865	118	7
2007	56,932	7,576	194	18
2008	68,181	14,375	207	40
2009	91,314	17,702	234	59
2010	108,600	25,374	241	70
2011	127,368	28,470	262	71

〈부동산금융 사례〉

[재테크]부동산펀드, 국내보다는 해외가 좋았다
*연초이후 펀드 자금유입 해외형 ↑, 국내형 ↓

국내 부동산 경기가 침체를 벗어나지 못하면서 부동산 임대 및 개발, 대출채권 등에 투자하는 국·내외 부동산펀드에 대한 투자자의 관심도가 큰 차이를 보이고 있다. 국내 부동산펀드에서는 자금이 빠져나가는 반면 해외 부동산펀드에는 자금이 유입되고 있는 것. 수익률 또한 국내 펀드보다는 해외펀드의 성적이 더 좋게 나타나고 있다.

17일 펀드평가사 제로인에 따르면, 전날 기준으로 운용순자산 10억원 이상인 국내외 부동산 공모펀드는 국내펀드 14개, 해외펀드 19개로 모두 33개다. 하지만 이들 펀드에 대한 투자자들의 관심은 확연한 차이를 보이고 있다. 특히 펀드에 들어오는 자금 유출입 상황을 보면 더욱 명확해진다.

올해 들어 국내 부동산공모펀드에서 빠져 나간 자금은 68억원으로 부동산대출채권에 투자하는 상품에서 32억원, 부동산임대 상품에서 36억원이 유출됐다. 반면 해외 부동산공모펀드의 경우 글로벌부동산 상품에 대한 관심으로 249억원

3) '한화생명, 런던 금융가 빌딩펀드 투자', 매경이코노미, 2012.10.17

의 자금이 순유입되며 대조를 이뤘다.

국내 부동산공모펀드와 해외 부동산공모펀드의 수익률도 뚜렷한 차이를 나타내고 있다. 두 유형 펀드의 6개월 수익률을 살펴보면, 6개월 이상 운용되고 있는 국내 부동산공모펀드 14개의 수익률은 최저 마이너스 23.35%에서 플러스 7.98% 수준인데 반해 해외 부동산공모펀드(18개)는 1.2~17%대의 수익을 올렸다.

특히 해외 부동산공모펀드 중 10%이상의 수익을 올린 펀드도 15개(83.3%)나 됐다. 반면 국내 부동산공모펀드의 경우 14개 펀드 중 4개(28.6%)가 손실을 기록했다. '하나UBS클래스원특별자산 3C 1'이 23.35%의 손실을 내며 가장 나쁜 성적을 냈고 'KB웰리안부동산 8'(-2.59%)과 '골든브릿지특별자산 8'(-0.36%)이 뒤를 이었다.

한편 부동산사모펀드의 경우, 6개월 이상 운용되고 있는 국내 부동산사모펀드 273개중 플러스 수익을 내고 있는 펀드의 비율은 72.5%(198개)로 해외 부동산사모펀드(56개)의 71.4%(40개)보다 다소 좋은 성적을 냈다. 하지만 10%이상 손실을 보고 있는 펀드는 국내펀드에서 5.9%(16개)인 반면 해외펀드는 3.6%(2개)에 그쳤다.

자료: 〈아시아투데이〉, 2012.5.17

4. 부동산펀드의 운용성과

(1) 순자산가치

펀드의 성과는 순자산가치(NAV: net asset value)를 이용하여 측정한다. 순자산가치란 펀드가 보유하고 있는 자산의 합계에서 펀드의 부채와 기타 준비금을 공제한 금액(순자산총액 = 자산총액 - 부채총액)이다. 순자산가치를 총수익증권 좌수로 나누면 1주당 순자산가치를 산출할 수 있다. 순자산가치는 펀드의 기준가격이다. 자산운용회사는 기준가격을 매일 공고・개시해야 한다. 〈그림 10-5〉는 2007년 4월부터 2012년 12월까지의 미래에셋맵스 아시아퍼시픽 부동산 공모 1호의 순자산가치 추이를 나타낸다. 순자산가치는 5,000원~6,000원 범위내에서 큰 변동없이 움직이는 모습을 보이고 있다.

순자산가치는 2가지 요인에 의해 결정된다. 첫째, 펀드가 보유하고 있는 자산가치가 상승하면 순자산가치도 상승하고 자산가치가 하락하면 순자산가치도 하락한다. 둘째, 1주당 순자산가치는 총수익증권 좌수에 의해 결정된다. 수익증권 좌수가 증가하면 1주당 순자산가치가 하락하고 수익증권 좌수가 감소하면 1주당 순자산가치는 상승한다.

순자산가치는 펀드에 대한 투자수요 및 환매 등에 의해 변화하기 때문에 순자산가치가 하락한다고 해서 펀드가치가 하락하는 것은 아니다. 투자자가 펀드투자에 하여 실제 얻는 수익은 배당금·이자수입 등이 있기 때문이다. 따라서 투자자가 펀드에 투자하여 얻는 이익을 계산하기 위해서는 총수익률을 살펴봐야 한다.

특히 부동산펀드의 경우 보유 부동산의 가치에 대한 공정가격(fair price)이 없기 때문에 기준가가 부동산 펀드의 실제 가치를 정확하게 반영하지 못할 수 있다.

〈그림 10-5〉 미래에셋맵스 아시아퍼시픽 부동산 공모 1호의 순자산가치 추이, 2007.2~2012.12

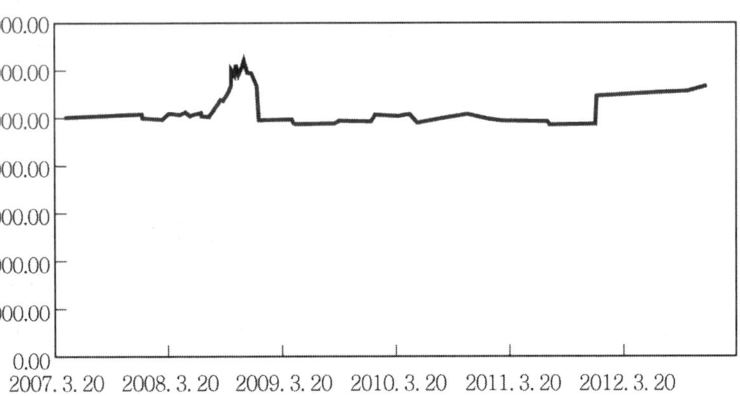

자료: 미래에셋자산운용

(2) 총수익률

총수익률은 순자산가치에 배당금·이자수입과 시세차익을 합한 금액이다. 특히 부동산펀드의 경우 주식형 펀드와 달리 임대료, 이자수익, 배당금이 일정 기간마다 발생하기 때문에 일정기간 단위로 총수익률이 중요하다고 하겠다.

〈표 10-6〉에서 미래에셋맵스 아시아퍼시픽 부동산 공모 1호의 기간별 운용실적을 살펴보면 최근 1년간 총수익률이 19.1%이고 설정(2007.2 설정)이후 32.35%의 수익률을 보였다.

〈표 10-6〉 미래에셋맵스 아시아퍼시픽 부동산 공모 1호의 운용실적

3개월	6개월	1년	3년	설정이후
2.03%	2.62%	19.1%	20.04%	32.35%

자료: 미래에셋자산운용

고성수・김은주・강원(2009)의 연구결과에 의하면 부동산펀드의 수익률이 펀드유형에 따라 차이가 있고 규모가 클수록 수익률이 하락하는 것으로 나타났다. 송요섭・이용만(2011)은 부동산펀드의 성과를 위험조정 초과수익률(수익률 - 위험)로 측정하였는데 공모형 부동산펀드가 사모형 부동산펀드보다 초과수익률이 더 높은 것을 발견하였다. 또한 임대형 부동산펀드의 초과수익률이 대출형 부동산펀드의 초과수익률보다 더 높은 것으로 나타났다.

(3) 투자성과지수

펀드의 투자성과를 측정방법에는 자본자산결정모형을 이용한 단일모형 - 샤프지수(Sharpe ratio), 트레이너 지수(Treynor ratio), 젠센(Jensen)의 알파모형 - 과 다요인 모형이 있다. 주식이나 채권펀드에 비해 부동산펀드에 대한 성과측정연구는 연구자료의 제약 때문에 미비한 편이다.

제4절 부동산펀드의 상장

공모형 부동산펀드의 경우 환금성보장의 특별한 방법을 정하지 않는다면 최초 발행일로부터 90일 이내에 증권시장에 상장해야 한다.

한국거래소에 상장된 부동산펀드의 경우 유동성 부족으로 가격변동폭이 낮은 편이다.

수익증권 형태로 설립되는 부동산펀드도 공모를 통해 투자자금을 모집하는 경우 리츠와 같이 한국거래소에 상장해야 한다. 부동산펀드를 한국거래소에 상장하는 것은 주식형 펀드와 달리 환매가 되지 않기 때문에 투자자들에게 환금성을 보장해 주기 위해서이다.

증권시장에 상장된 부동산펀드의 경우 부동산 매입매각, 자금대여 및 회수 등의 내용을 수시로 공시해야 한다.

〈표 10-7〉 한국거래소에 상장된 부동산펀드 현황

구분	상장일	자산운용사
맥쿼리인프라	2004.18	맥쿼리자산운용
맵스리얼티1	2007.4.9	미래에셋자산운용
베트남개발1	2007.6.13	한국투자신탁운용

〈부동산금융 사례〉

요즘 상장 폐쇄형 펀드 잘 나간다
선박·인프라 등 대체투자…배당으로 꼬박꼬박 수익
ETF처럼 HTS통해 사고팔아, 예금·채권 비해 고수익 가능…펀드 청산 때 원금손실 날수도

상장 폐쇄형펀드 종류

종류	대표펀드	2011년 분배수익률 분배 횟수	
부동산투자펀드	코크렙 15호	8.60%	연 2회
인프라투자펀드	맥쿼리인프라	6.80%	연 2회
선박투자펀드	아시아2호	5.90%	연 4회
원자재투자펀드	한국ANKOR유전	2012년 설정	연 4회

상장 폐쇄형펀드 장점과 단점

장점	단점
주식채권 외 대체투자 가능	복잡한 상품 구조
배당형 수익 구조	배당금 변동 가능성
거래소 통해 매매 가능	유동성 부족시 매매 어려움

※분배수익률은 2010년 말 매수해 2011년 말까지 보유했을 경우
자료=금융감독원, 금융투자협회

거래소에 상장돼 거래되는 상장 폐쇄형 펀드가 주목받고 있다. 부동산, 선박, 인프라스트럭처 등 대안상품에 투자해 배당을 통해 수익을 돌려주는 구조를 가진 펀드가 대부분이라 저금리 시대에 투자 대안으로 떠오르고 있기 때문이다.

상장 폐쇄형 펀드가 주목받은 것은 올해 4월부터다. 지하철 9호선 요금 인상을 두고 사회적인 논란이 커진 상태에서 이 지하철 9호선에 맥쿼리인프라펀드가 투자한 것이 알려졌기 때문이다. 맥쿼리인프라펀드는 대표적인 상장 폐쇄형 펀드로 각종 인프라에 투자해 얻은 수익을 1년에 두 번씩 투자자들에게 나눠준다. 맥쿼리인프라를 2010년 말에 사서 2011년 말까지 1년간 보유했다면 분배금에 따른 수익률은 6.8%에 달한다.

이처럼 상장 폐쇄형 펀드는 예금이나 채권 같은 고정수익 상품에 대한 투자 대안으로 인기를 끌고 있다. 저금리에도 비교적 높은 수익률을 주기 때문이다. 김웅철 신영증권 APEX패밀리오피스 부장은 “상장 폐쇄형 펀드는 전형적인 중위험 중수익 상품”이라면서 “시장금리가 점점 내려가 채권투자 세후수익률이 낮아지면서 고객들이 이런 상품을 많이 찾고 있다”고 설명했다.

배당주와 달리 주가 변동이 크지 않다는 것도 장점이다. 배당주는 주식시장이 나빠지면 주가가 떨어져서 배당수익보다 매매 손실이 더 커지는 일이 있지만 상장 폐쇄형 펀드는 주식시장에 비하면 변동성이 훨씬 작기 때문이다.

다만 특수한 상황에는 가격이 크게 움직이기도 한다. 예를 들어 펀드 자체에 대해 투자자들이 높이 평가하면 주가가 꾸준히 오르기도 한다. 맥쿼리인프라는 높은 배당 매력이 부각되면서 올해에만 주가가 31%나 올랐다. 반대로 주식시장이 패닉에 빠져 투매가 나오면 펀드 가격도 크게 떨어진다. 부동산 투자 펀드인 맵스리얼티1은 2008년 금융위기 때 44%나 폭락했다. (중략)

상장 폐쇄형 펀드 투자 시 위험한 점은 투자 기간이 끝나고 펀드를 청산할 때다. 예금이나 채권처럼 투자 원금을 고스란히 돌려주지 않기 때문이다. 부동산펀드인 코크렙15호는 연 8.6%의 높은 분배수익률을 내고 있는 상품이었다. 그런데 최근 이 펀드는 보유한 부동산을 매각하고 조기청산을 결정했다. 이 경우 이 펀드가 청산될 때 펀드를 보유한 투자자들이 돌려받는 원금은 매각 가격에 따라 달라진다. 비싼 가격에 팔면 현재 가격보다 높은 돈을 돌려받겠지만 반대라면 원금 손실이 발생할 수 있다.

유동성 문제도 있다. 맥쿼리인프라, 한국ANKOR유전, 맵스리얼티1 등 대표적인 펀드들은 거래량이 많아 사거나 파는 데 큰 어려움이 없지만 대부분 상장 폐쇄형 펀드는 유동성이 부족하다.

자료: 〈매일경제신문〉, 2012.10.15

참고문헌

김동호, 『부동산투자회사법에 대한 이해』, The 2nd International Real Estate Seminar, EUCCK, 2007.6

김은주 · 고성수 · 강원, 부동산펀드의 성과와 규모효과에 관한 연구, 국토연구 제62권, 2009, 181-197.

서후석 외 5인, 부동산펀드의 자산운용전략, 부동산114, 2004.

송요섭 · 이용만, 우리나라 부동산펀드의 성과측정에 관한 연구, 주택연구 제19권, 2011, 49-75.

Kim, Daniel, Korean REITs Market: Current Trends and Challenges, The 2nd International Real Estate Seminar, EUCCK, 2007.6

Maddux, Merritt, Asian REITs, Comparative Case Studies and Critical Success Factors, The 2nd International Real Estate Seminar, EUCCK, 2007.6

Mitchell, Peter, Current Status & Future of REITs in Asia, The 2nd International Real Estate Seminar, EUCCK, 2007.6

Park, Ray, Korea Real Estate Market Perspective and KR1 CR REITs,: A Foreign Investor's Perspective, The 2nd International Real Estate Seminar, EUCCK, 2007.6

Real Estate Market Report, No. 2. 부동산금융연구소, 메리츠증권, 2007.8

제5부

부동산 증권화

제11장 주택저당증권

제 1 절 주택저당증권의 개요

1. 주택저당증권의 개념

주택저당증권(MBS : mortgage backed securities)이란 금융기관이 주택구입자에게 주택자금을 대출해 주고 대출금을 회수할 권리인 주택저당채권을 기초자산으로 발행되는 증권을 말한다.[1] 주택저당채권유동화 회사법에서는 주택저당채권을 주택의 구입 또는 건축에 소요되는 대출자금과 동 자금의 상환을 위한 대출자금에 대한 채권으로서 당해 주택에 설정된 저당권에 의하여 담보된 채권이라고 정의하고 있다.[2] 주택저당증권은 주택저당채권을 기초로 발행되는 수익증권으로 주택저당증권은 자산유동화증권의 한 종류이다.

1) 일반적으로 은행에서 주택구입을 위해 대출을 받는 경우 은행은 주택을 담보로 대출자금을 제공하면서 주택에 대해 근저당을 설정한다. 은행은 구입하는 주택에 대해 근저당을 설정해 둠으로써 만약 주택구입자가 채무를 불이행하면 은행은 주택을 담보로 대출금을 회수한다.

2) 주택저당채권유동화회사법 제2조 1항 2호

은행, 보험회사 등과 같은 금융기관이 주택구입자에게 주택대출을 제공하는 시장을 제1차 저당시장이라고 하며 주택대출을 기초자산으로 증권이 발행되는 시장을 제2차 저당시장이라고 한다. 제2차 저당시장이 발달하게 된 원인은 주택담보대출을 제공하는 금융기관이 제2차 저당시장을 통하여 대출자금을 조기에 회수하여 이 자금을 다시 새로운 주택구입자에게 주택담보대출을 제공하는 자금의 선순환 현상을 초래하기 때문이다.

주택저당증권을 발행하기 위해서는 신용도·만기·이자율 등이 다양한 저당권을 이용하여 이를 재구성하기 때문에 고도의 금융기법이 요구된다.

2. 주택저당증권의 현황

(1) 국내 주택저당증권 시장

국내의 경우 1997년 12월 외환위기 이전부터 자산유동화제도 도입필요성에 대해서는 논의가 있어 왔으나 실행되지 못하였다. 자산유동화제도를 적극 도입하게 된 것은 1997년 12월 외환위기로 인해 막대한 규모의 부실채권이 발생함에 따라 부실채권을 효율적으로 처리하기 위해서였다. 이를 위해 자산유동화제도를 도입하고 자산관리공사(KAMCO, www.kamco.or.kr)를 설립하였다. 1998년 9월에는 자산유동화에 관한 법률이 제정되어 자산유동화를 위한 법적 근거가 마련되었다. 자산유동화는 일정한 현금흐름을 가진 매출채권, 임대료, 신용카드매출채권 등을 기초로 증권을 발행, 유동화시키는 것이다.

1999년 1월 주택저당채권유동화회사법이 제정되어 주택담보대출을 기초자산으로 주택저당증권을 발행할 수 있게 되었다. 주택담보대출을 기초자산으로 발행되는 주택저당증권도 자산유동화의 일부라고 할 수 있다. 1999년 9월 한국주택저당채권유동화(주)(KoMoCo : Korea Mortgage Corporation)가 설립되어 국민주택기금의 주택담보대출을 기초자산으로 주택저당증권을 발행하였다.

2000년 3월 뉴스테이트캐피탈(www.newstate.co.kr)은 자사가 보유하고 있는 주택담보대출채권을 기초로 589억원 규모의 주택저당증권을 발행하였다. 2000년 4월에는 한국주택저당채권유동화(주)가 국민주택기금을 기초로 3,976억원 규모의 주택저당증권을 발행하였다. 이후 뉴스테이트캐피탈과 한국주택저당채권유동화(주)는 각각 8차례, 7차례에 걸쳐 주택저당증권을 발행하였다.

특히, 한국주택저당채권유동화(주)는 국민주택기금의 주택담보대출만을 기초자산으로 주택저당증권을 발행하였으나 2002년 1월에는 민간기업인 삼성생명이 보유하고 있는 주택담보대출을 기초자산으로 주택저당증권이 발행되었다. 2003년에는 농협중앙회가 보유하고 있는 주택저당채권을 기초자산으로 한 주택저당증권이 한국주택저당채권유동화(주)에 의해 발행되었다.

2004년 3월 장기주택금융제도의 정착을 위해 설립된 한국주택금융공사는 모기지론('보금자리론')을 기초자산으로 하여 주택저당증권을 지속적으로 발행하고 있다. 〈표 11-1〉은 한국주택금융공사의 연도별 · 만기별 주택저당증권 발행현황을 나타낸다.

〈표 11-1〉 한국주택금융공사 연도별·만기별 MBS 발행현황, 2004~2012.9(단위:억원, %)

구분	1년	2년	3년	5년	7년	10년	15년	20년	21년	21년 초과	합계
2004	100	320	4,840	5,900	6,400	6,000	4,900	1,700	0.70	-	30,160.70
2005	1,820	2,590	4,900	7,300	7,550	7,050	5,650	1,750	0.90	-	38,610.90
2006	1,824	2,200	2,200	3,550	3,200	2,400	1,750	400	7.20	-	17,531.20
2007	2,251	3,260	2,950	4,700	3,800	2,900	1,450	550	23.00	-	21,884.00
2008	1,863	2,800	3,250	5,300	5,350	4,550	2,650	700	17.03	-	26,480.03
2009	3,536	4,400	6,100	7,900	6,000	5,150	2,500	800	116.00	49365.19	85,867.19
2010	5,362	9,050	8,600	12,300	9,300	7,800	3,300	1,300	120.00	20841.46	77,973.46
2011	9,329	10,850	14,300	15,500	9,700	8,000	3,300	1,500	177.00	12567.78	85,223.78
2012	11,216	16,300	15,400	26,900	17,700	15,600	4,900	2,300	323.00	10858.37	121,497.37
합계	37,301	51,770	62,540	89,350	69,000	59,450	30,400	11,000	784.83	93632.80	505,228.62
비중	7.18	9.82	12.36	17.12	13.43	11.65	6.08	2.23	0.14	19.99	100.00

주: 후순위증권(공사 인수보유), 모기지 MBS 스왑방식에 의한 민간유동화실적
자료: 한국주택금융공사

2004년 한국주택금융공사가 발행한 주택저당증권 발행금액은 약 3조원

수준이었다. 이후 보금자리론을 기초자산으로 하는 주택저당증권이 꾸준히 발행되어 주택저당증권의 발행금액은 2009년에는 약8조 5천억원, 2010년에는 7조 7천억원, 2011년에는 8조 5천억원을 기록하였다. 2012년 2분기에 출시된 한국주택금융공사의 적격대출 주택담보대출상품에 대한 수요가 증가하면서 주택저당증권 발행금액이 급증하였다.

〈부동산금융 사례〉

중형사들, MBS 상위권 경쟁 치열

[DCM/MBS] 대형사 참여 확대 추세…향후 전망 '안갯속'

주택저당증권(MBS) 발행이 급증하면서 증권업계의 인수 경쟁이 치열해지고 있다. HMC투자증권을 비롯해 MBS 시장에 주력해 온 중형 증권사들이 공격적으로 실적을 늘리는 가운데 대형 증권사도 꾸준히 인수 물량을 늘리고 있다. HMC투자증권과 KB투자증권이 선두를 놓고 엎치락뒤치락 하고 있는 가운데, 하이투자증권이 무서운 기세로 치고 올라오고 있다. 중위권에서도 대형사와 중형사간에 순위 경쟁이 치열하다.

◇ 적격대출 유동화로 MBS발행액↑…연간 200억 수수료 시장 도래

머니투데이더벨이 집계한 MBS 리그테이블에 따르면 주택금융공사는 올 들어 3분기까지 총 12조4,000억 원의 MBS를 발행했다. 이는 지난 해 동기에 발행된 5조6,500억 원의 2배를 넘어서는 것이다. 지난 한 해 발행액 8조2,200억 원에 비해서도 50% 이상 증가한 수치다.

MBS 발행액이 크게 늘어난 것은 주택금융공사가 적격대출 유동화를 본격화했기 때문이다. 주택금융공사는 2분기부터 은행이 보유한 장기 고정금리 주택담보대출(적격대출)을 양도받아, 이를 기초자산으로 유동화증권을 발행하기 시작했다.

은행의 적격대출 영업이 본격화되면서 분기 당 1조 원도 되지 않았던 MBS 발행액은 올해 3분기에 6조5,200억 원으로 급증했다. 올해 발행된 MBS의 절반 이상이 3분기에 발행된 셈이다. 9월 발행액만 3조 원에 이른다. 국민은행이 9월에 적격대출 유동화를 시작한데 이어 다른 시중은행도 적격대출 유동화에 속속 동참할 계획이다. 분기 발행물량이 4분기부터 10조 원을 넘어설 공산도 배제할

수 없는 상황이다.

자료: 〈머니투데이〉, 2012.10.2

(2) 미국 주택저당증권 시장

주택저당증권은 미국 주택금융시장에서 유동성을 높여 주택대출자금을 증가시키려는 정부의 주택금융정책에 의해 도입되었다. 1938년 대공황으로 인해 주택대출금융기관이 부실화됨에 따라 주택대출자금 부족현상이 발생하였는데 미국정부는 이를 해결하고자 연방모기지공사(FNMA : Federal National Mortgage Association 또는 '패니매' Fannie Mae, www.fanniemae.com)를 설립하였다. 연방모기지공사는 연방주택청(Federal Housing Administration)과 재향군인회(VA : Veterans Administration)으로부터 주택저당채권을 이전 받아 이를 기초자산으로 주택저당증권을 발행하였다.[3]

1968년 미국정부는 연방모기지공사(FNMA)를 정부모기지공사(GNMA : Government National Mortgage Association 또는 '지니매' Ginnie Mae, www.ginniemae.gov)과 연방모기지공사(FNMA)로 분할하였다. 정부모기지공사(GNMA)는 정부산하기관으로 정부보조주택에 대한 대출을 지원하고 연방모기지공사(FNMA)는 민영화된 이후 제2차 저당시장에서 연방주택청(FHA)이나 재향군인회의 보증을 받지 않고 발행되는 주택저당증권에 투자하고 있다.

미국정부는 1970년 주택대출자금을 시장에 추가로 공급하기 위하여 1970년에는 12개의 연방주택금융은행(Federal Home Loan Bank) 및 상호저축은행(savings institutions)들이 상호출자한 공기업 형태의 연방주택대출모기지회사(FHLMC: Federal Home Loan Mortgage Corporation 또는 프레디매 'Freddie Mae', www.freddiemac.com)를 설립하였다.

이후 1989년 FIRREA법(The Financial Institutions Reform Recovery

3) 김민정, 미국 모기지회사의 현황과 신용평가 - Fannie Mae와 Freddie Mac을 중심으로, special report, 한국신용평가, 2004.9.

and Enforcement Act)에 따라 연방주택대출모기지회사는 연방모기지공사처럼 민영화되어 제2차 저당시장에서 주택대출자금의 유동성 제고를 위한 역할을 수행하고 있다. McCarthy & Peach(2002)에 의하면 패니매, 프레디 맥은 미국 주택저당증권시장의 활성화에 기여한 것으로 나타났다.[4)]

한편, 정부모기지공사(GNMA), 연방모기지공사(FNMA), 연방주택대출모기지회사(FHLMC)에 의해 발행보증되는 주택저당증권을 정부발행 MBS(agency MBS)라고 하며 민간 금융회사에 의해 발행되는 주택저당증권을 민간발행 MBS(non-agency MBS)라고 한다.

정부모기지공사(GNMA), 연방모기지공사(FNMA), 연방주택대출모기지회사(FHLMC)과 같은 정부지원 모기지회사의 주요 기능은 첫째, 주택금융시장에 주택관련 대출자금이 원활하게 공급되도록 유동성을 제공하는 것이며 둘째, 주택자금대출에 필요한 유동성을 공급함으로 주택금융시장의 안정을 도모하는 것이다.[5)]

또한 1980년대 초와 1980년대 중반 고금리시대와 저금리시대를 거치면서 주택담보대출자들의 중도상환 및 리파이낸싱(대출 갈아타기)이 활발히 이루어지고 주택대출관련 금융기관들이 이자율위험에 노출됨에 따라 리스크관리를 위해 적극적으로 주택저당증권을 발행하게 되었다.

---

4) McCarthy, J. & R.W. Peach, Monetary policy transmission to residential investment, Economic Policy Review, Federal Reserve Bank of New York, 2002, 139-161.

5) 정부지원 미국 모기지회사의 역할에 대해서는 다음 글을 참조할 것. Feldman, J. Ron, Martgage rates, homeownership rates, and government-sponsored enterprises, Federal Reserve Bank of Minneapolis, Annual Reports, 2001., Fannie Mae, The government's role in promoting financial sector stability, papers, vol.II no.3, July 2003.

3. 주택저당증권의 경제적 효과

(1) 대출금융기관 측면

첫째, 주택저당증권은 주택대출금융기관의 재무건전성을 제고시킨다. 주택대출금융기관은 주택담보대출로 인해 대손위험을 감수해야 하고 대출규모에 따라 대손충당금을 적립해야 한다. 그러나 주택저당증권을 발행하는 경우 주택담보대출채권이 투자자에게 이전됨으로써 주택대출 금융기관은 대출에 따라 부도위험과 대손충당금 적립부담을 덜 수 있다. 또한 주택저당증권은 재무상태표상 위험가중치가 낮아 주택담보대출채권을 보유하는 것보다 은행의 BIS자기자본비율 제고에 유리하다.

둘째, 주택저당증권은 위험관리 효과가 있다. 주택대출 금융기관은 주택담보대출채권의 유동화를 통해 장기대출에 따른 자금의 고정화 위험을 줄이고 자금조달과 운용간 만기불일치에 따른 운용위험을 줄일 수 있다.

또한 자산실사와 발행실무 등을 통해 융자, 투자, 포트폴리오 운용의 선진기법 습득 등 부수적인 효과를 기대할 수 있다.

셋째, 주택저당증권은 주택대출 금융기관의 영업기반 확대에 기여한다. 주택대출 금융기관은 주택담보대출채권을 기초로 주택저당증권을 발행함으로써 자금을 조기에 회수, 주택자금을 다시 제공할 수 있어 자금의 회전율을 높일 수 있다.

이러한 장점에도 불구하고 2007년 이전까지 국내은행 중에서는 SC제일은행만이 MBS를 발행하였다. 이는 은행들이 자금조달이 어렵지 않았기 때문이며 또한 외형경쟁 때문에 자산이 축소되는 대출채권의 유동화에 적극적이지 않았다.

2007년 펀드투자의 활성화 등으로 시중자금이 증시로 몰리면서 은행이 자금을 조달하기가 어려워졌다. 자본시장법이 시행되면 이러한 현상은 심화될 것으로 예상된다. 이에 은행들은 자금을 확보하기 위하여 MBS발행에 관심을 갖기 시작했다. 대출업무를 하는 금융회사들 입장에서는 주택담보대출과 같은 장기 대출에 따른 위험을 줄이고 자금을 안정적으로 조달하기 위하여 MBS발행이 바람직한 방안이 될 수 있다. 또한 MBS발행을 통해 자산관리자로서 수수료 수입을 얻을 수 있고 신인도 제고 효과도 얻을 수 있다.[6)]

국민은행은 MBS발행조건으로 '스타모기지론3'를 판매하였다.

2012년 한국주택금융공사의 적격대출 상품에 대한 수요가 증가하면서 주택저당증권의 인수 및 주관수수료 시장규모가 확대되었다. 이에 증권회사들간 주택저당증권 발행 주관업무 인수를 위한 경쟁이 심화되고 있다.

(2) 투자자 측면

첫째, 주택저당증권은 발행시 보증이나 후순위채 발행 등의 방법으로 신용보강이 되고 담보가 주택이기 때문에 급격한 주택가격의 하락이 발생하지 않는 한 일반적으로 안전성이 높은 편이다.

둘째, 단기·장기투자자에게 적합하게 현금흐름이 구성되어 있기 때문에 투자자가 투자기간 및 조건에 따라 채권을 선택할 수 있다.

한국주택금융공사의 투자기반을 다양화하고 보험사의 자산운용에 따른 어려움을 해소하기 위해 2006년 3월 한국주택금융공사에서 발행하는 주택저당증권이 보험사의 자산운용시 투자한도(총자산의 7%이내 동일채권 운용) 예외증권으로 승인되었다.[7)]

셋째, 동일한 신용등급의 회사채보다 금리가 높은 편으로 수익성에 있어서도 매력적이라고 할 수 있다.

6) '은행도 자산유동화로 자금 확보', 한국경제신문, 2007.10.19
7) 한국주택금융공사, 뉴스레터 제4호, 2006.3

〈부동산금융 사례〉

주택금융公, 펀드 MBS · MBB 투자한도 확대

자산총액 최대 30%..부동산펀드는 100%까지

주택금융공사 주택저당증권(MBS)과 주택저당채권담보부채권(MBB)에 투자할 수 있는 펀드 한도가 자산총액의 10%에서 최대 30%(부동산펀드는 100%)까지 늘어난다. 주택금융공사는 29일 자본시장법 시행령 개정에 따라 MBS와 MBB에 대한 투자한도가 확대된다고 밝혔다.

조현곤 유동화증권부장은 "이번 시행령 개정으로 증권사와 투신사 등의 투자수요가 확대될 것"이라며 "공사의 조달금리가 낮아지면서 저금리 장기 · 고정금리 주택담보대출 공급이 활성화될 것"이라고 말했다. 한편 5월 말 현재 공사의 MBS, MBB 발행규모는 45조원이며 주요 투자기관으로는 은행(36.8%)과 보험(32.7%), 연기금(12.0%) 등이다.

자료: 〈이데일리〉, 2012.6.29

(3) 주택구입자

주택저당증권시장이 활성화되면 주택대출취급 금융기관의 대출여력 확대에 따라 주택자금 공급이 확대되어 대출금리의 하락과 대출기간의 장기화 등 대출조건이 주택구입자에 유리하게 작용하여 주택대출 상환부담이 낮아진다.

또한 상환방법 · 만기 · 이자율 등 다양한 주택담보대출상품이 개발되어 주택금융상품에 대한 선택의 폭이 넓어지는 한편 수요자 중심의 주택금융시장이 형성된다.

한국주택금융공사는 2006년 2월 30년 고정금리 보금자리론 판매를 시작하였다. 동 상품은 거치기간을 1년에서 3년까지 확대하고 대출금 일부의 만기일시 상환금 비율을 30%까지 허용하고 있다.[8)]

---

8) 한국주택금융공사, 보도자료, 2006.1.24

(4) 금융시장

주택저당증권은 국내 장기채권에 대한 투자를 활성화시킨다. 미국 채권시장의 경우 주택저당증권 발행규모가 국채 발행규모보다 더 많고 주택저당증권이 주요한 투자수단으로 자리잡고 있다.

4. 주택저당증권의 문제점

첫째, 주택저당증권 발행시 역선택문제(adverse selection)가 발생할 수 있다. 대출금융기관이 우량 주택담보대출은 금융기관의 장부에 남겨두고 비우량 주택담보대출을 유동화기관에 매각할 수 있다. 대출금융기관과 유동화기관 그리고 주택저당증권 투자자간의 정보의 비대칭으로 이러한 역선택문제는 발생할 수 있다. 담보자산의 부실로 인해 손실은 결국 주택저당증권의 투자자가 부담하게 되고 1997년 미국의 서브프라임 모기지 부실사태와 같이 주택저당증권 시장의 붕괴로 이어질 수 있다.

둘째, 유동화증권의 발행기관의 도덕적 해이 현상이 발생할 수 있다. 1997년 미국의 서브프라임 모기지 부실사태에서 보듯이 미국의 주택저당금융기관인 프레디 맥, 패니매 등이 묵시적인 정부보증하에서 적정한 신용평가를 실시하지 않거나 과도하게 주택담보대출을 매입함으로써 주택담보대출의 부실사태로 인해 경영상에 큰 타격을 입었고 이는 주택금융시장의 불안과 주택금융시장 경색현상으로 이어졌다.

셋째, 주택저당증권의 적절한 가치평가와 신용평가가 이루어지기 어렵다. 주택저당증권시장이 성장세를 보이면서 다양한 형태의 구조화된 주택저당증권이 등장하였다. 이는 수익률과 투자위험 측면에서 다양한 투자자에게 투자욕구를 충족시켜 주는 장점도 있지만 주택저당증권의 구조가 복잡해지면서 일반투자자들이 이해하기 어려운 주택저당증권 상품도 판매되었다. 이러한 현상은 주택저당증권 시장에서 발행기관과 투자자간에 주택저당증권의 현금흐름, 조기상환위험, 부도위험 등에 대한 정보의 비대칭을 심화시킨다.

5. 주택저당증권의 발행절차

주택저당증권의 발행절차는 제10장 자산유동화증권의 발행절차와 유사하다. 〈그림 11-1〉에서 주택저당증권의 발행절차를 살펴보면 먼저 주택저당채권을 보유한 주택대출 금융기관(이를 '자산보유자'라고 함)이 주택저당채권의 유동화를 위해서 설립된 유동화전문회사(SPC: Special Purpose Company)에 주택저당채권을 양도한다. 주택저당채권을 양도받은 유동화전문회사는 주택저당채권으로부터 발생하는 원금과 이자 등 현금흐름을 재조정하여 일정기간 원금과 이자가 지급되는 수익증권을 만들어낸다. 이러한 수익증권을 주택저당증권(MBS)이라고 한다.

〈그림 11-1〉 주택저당증권 발행절차

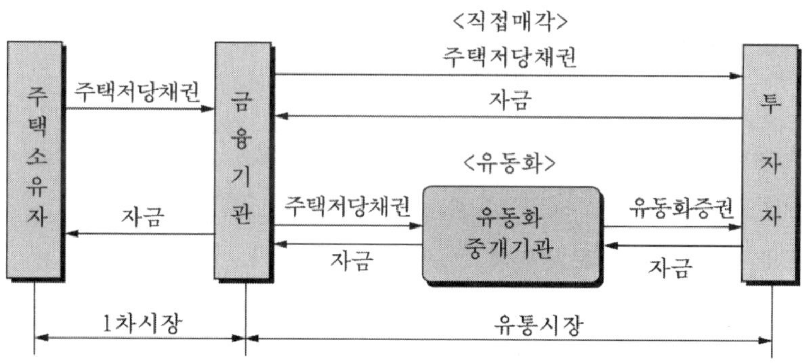

자료: 우리나라 주택저당증권 발행현황 및 전망, 2001.5, 한국은행

주택저당증권의 발행구조는 기초자산에서 발생할 것으로 예상되는 현금흐름에서 조기상환율, 연체율, 손실회복률 등을 고려하여 현금흐름을 재조정하고 스트레스 테스트나 시뮬레이션을 통해 현금흐름을 추정하는 과정을 통해 설계된다.

유동화전문회사는 주택저당증권을 자본시장에서 투자자에게 매각하여 대금을 주택대출금융기관에 지급한다. 주택저당증권의 주요 투자자들은 주택저당증권의 단위가 크기 때문에 대규모 자금을 운용하는 대부분 기관투자자들이다.

〈그림 11-2〉 한국주택금융공사의 주택저당채권 유동화 운용과정

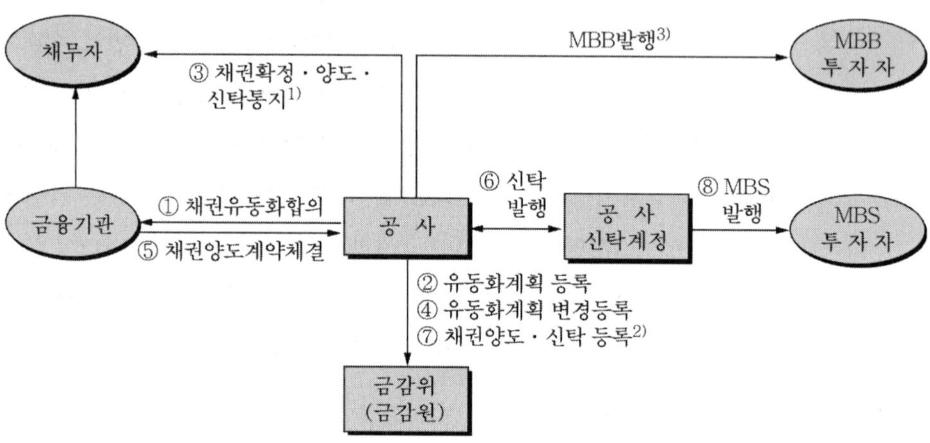

주 : 1) 채무자에 대한 대항요건 구비(양도 · 신탁 일자 명시)
2) 근저당권 취득(→제3자에 대한 대항요건 구비)
3) 신탁을 설정하지 않고 발행(③ 신탁통지, ⑥ 신탁계약, ⑦ 신탁등록은 불필요)

① 금융기관과 공사는 유동화 편익에 관한 분석결과를 기초로 채권유동화에 대한 합의를 하고,
② 이를 토대로 공사는 금감위에 채권유동화계획을 등록하며,
③ 공사와 금융기관은 근저당권으로 담보된 채권을 확정하여 그 전부를 ○○년 ○○월 ○○일자로 공사에 양도하고, 공사는 동일자로 이전받은 채권의 전부를 신탁한다는 내용을 채무자에게 내용증명우편으로 통지하고,
④ 공사와 금융기관은 채무자에 대한 통지와 대상자산의 실사를 통하여 채무자의 이의 또는 부적격자산을 제외하여 ②에서 등록한 채권유동화계획을 변경하여 금감위에 등록하며,
⑤ 위 ④의 과정을 몇 차례 거친 후 채권유동화에 적합한 우량채권을 공사와 금융기관이 확정하여 채권양도계획을 체결하고,
⑥ 공사는 금융기관으로부터 양도받은 대출채권을 자신을 수탁자로 하여 신탁설정계약을 체결하면서
⑦ 공사는 채권양도계약서를 기초로 금융감독위원회에 채권양도 · 신탁등록을 하여 채권을 담보하는 근저당권을 등기 없이 취득하게 되며, 제3자에 대한 대항요건을 갖추게 되고,
⑧ 공사 신탁계정은 채권과 근저당권을 기초자산으로 하여 MBS를 발행하고, 이를 증권거래소에 상장하여 유통이 되도록 함.

자료 : 한국주택금융공사법안(정부 제출) 검토보고, 국회 재정경제위원회, 2003. 10.

주택저당증권의 신용등급은 주택대출금융기관의 신용등급과 관계가 없

고 주택저당증권의 현금흐름 내용에 의해 결정되는 것이 특징이다. 주택저당증권은 발행시 목표 신용등급을 설정하고 이를 위해 신용보강(보증제공 또는 후순위채발행 등)을 하기 때문에 주택저당증권의 신용등급이 자산보유자의 신용등급보다 높게 책정되는 경우도 발생한다.

〈그림 11-3〉 MBS 운용흐름

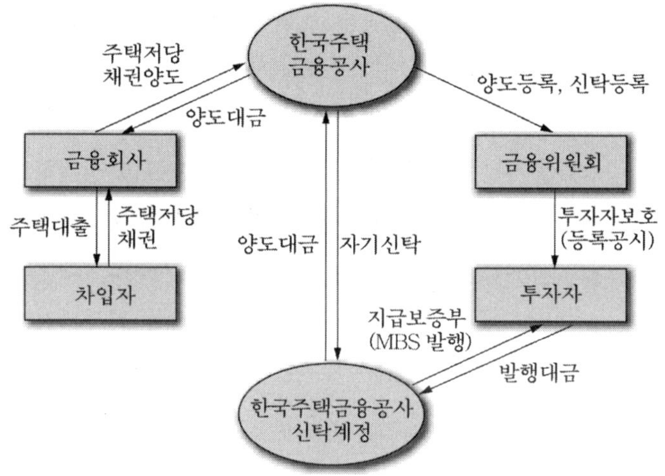

자료: 한국주택금융공사

제2절 주택저당증권의 종류

1. 저당대출지분이전증권

저당대출지분이전증권(pass-through securities)은 저당대출채권의 소유권이 증권발행자에서 투자자에게로 이전되고 현금흐름(이자 & 원금)은 차입자가 지불하는 대로 투자자에게 그대로 이전되는 형태이다. 이 형태의 증권은 투자자가 조기상환위험(주택담보대출 차입자가 상환일 이전에 원리금을 일부 또는 전부 상환하는 것)이나 부도위험을 부담하는 것이 특징이다.

저당대출지분이전증권은 1970년 정부모기지공사(GNMA)에 의해 처음 발행되었고 1971년에는 연방주택대출모기지회사(FHLMC)가 저당대출지분이전증권을 발행하였다. 1981년에는 연방모기지공사(FNMA)가 저당대출지분이전증권을 발행하였다.

1980년대에 공공기관 이외에 일반 주택대출금융기관에 의해서도 저당대출지분이전증권이 발행되기 시작하였다. 이후 1980년대 중반 이후에도 발행금액이 꾸준히 증가하였는데 이는 1980년대 초 금리인상으로 손실을 겪은 주택대출기관들이 금리인상으로 인한 손실을 방지하기 위해 고정금리 주택대출을 증권화를 통해 처분하였기 때문이다.

저당대출지분이전증권은 절대적 규모뿐만 아니라 다른 채권상품에 비해서도 더 많이 증가하였는데 발행규모 면에서 회사채시장과 거의 비슷하다. 미국의 주택대출규모를 미루어 보아 주택저당증권 유통시장은 성장잠재력이 매우 높다고 할 수 있다.

2. 주택저당채권 담보부채권

주택저당채권 담보부채권(MBB: Mortgage Backed Bond)은 발행자가 주택저당채권의 소유권을 보유하고 주택저당채권으로부터 발생하는 현금흐름(원금 & 이자)을 재조정하여 투자자에게 채권형태로 매각하는 형태를 말한다.

주택저당채권담보부채권은 주택저당채권을 담보로 하여 발행되는 채권으로서 주택저당채권담보부채권에 투자한 투자자는 기초자산인 주택저당채권 집합(pool)에서 발생하는 현금흐름에 상관없이 만기까지 매기 약정된 이자만을 지급받고 만기에 원금을 상환받게 된다.

〈표 11-2〉 주택저당증권 비교

구분	형태	특징
저당대출지분이전증권	지분형	-저당대출채권의 소유권이 증권발행자에서 투자자에게 이전 -차입자가 상환하는 현금흐름이 그대로 투자자에게 이체
저당대출담보부채권	채권형	-저당대출채권의 소유권을 증권발행자가 보유 -차입자가 상환하는 현금흐름을 재조정하여 투자자에게 지급
저당대출원리금이체증권	지분・채권 혼합형	-저당대출채권의 소유권을 증권발행자가 보유 -차입자가 상환하는 현금흐름을 그대로 투자자에게 이체

3. 저당대출원리금이체증권

저당대출원리금이체증권(pay-through securities)은 증권발행자가 저당대출채권의 소유권을 보유하나 저당대출채권으로부터 발생하는 현금흐름은 재조정없이 투자자에게 그대로 이전되는 것이 특징이다. 따라서 현금흐름의 불확실성 위험이 투자자에게 이전된다.

저당대출원리금이체증권은 저당대출지분이전증권과 저당채권담보부채권의 특징을 결합한 것이라고 할 수 있다. 즉, 저당대출채권을 담보로 하여 발행되는 저당대출원리금이체증권이 발행회사의 부채로 처리된다는 점이 저당대출담보부채권과 유사하고, 담보로 발생되는 현금흐름이 재조정없이 그대로 투자자에게 이전된다는 점이 저당대출지분이전증권과 유사하다.

4. 다계층주택저당증권

다계층주택저당증권(CMO : Collateral Mortgage Obligation)은 다계층주택저당증권(CMO) 발행기관이 주택저당채권의 소유권을 보유하고 주택저당채권을 담보로 발행된 채권이며, 다계층주택저당증권(CMO)은 원리금과 조기상환 원금이 투자자에게 이전되는 점에서 저당대출원리금이체증권(pay-through securities)과 같다.

다계층주택저당증권(CMO)은 1983년 프레디 맥(Freddie Mac)에 의해 최초로 발행되었는데 다양한 종류의 주택저당대출채권을 기초자산으로 하여 원금과 이자상환으로 발생하는 현금흐름을 투자자의 요구에 알맞게 세분화하여 다양한 현금흐름이 발생하도록 재구성하는 것이 특징이다.

다계층주택저당증권(CMO)은 현금흐름의 위험을 채권 투자자가 부담하는 것은 저당대출지분이전증권과 동일하나 저당대출지분이전증권이 1개의 계층(이를 tranches 또는 종목이라고 함)을 가지는 것과는 달리 다계층주택저당증권(CMO)은 복수의 트랜치를 갖는다. 투자자는 위험선호도 및 자산운용계획에 따라 트랜치를 선택하여 투자한다.

예를 들어, 여러 개의 트랜치가 있는 경우 기초자산으로부터의 발생하는 원리금이 트랜치 1에 우선 지급되어 가장 먼저 원금이 상환된다. 트랜치 2 투자자는 트랜치 1에 대한 원금상환이 이루어지는 동안에는 이자만 지급받다가 트랜치 1에 대한 원금상환이 끝나면 원금상환을 받게 된다. 이러한 방식으로 후순위에 있는 트랜치에 대한 원금상환이 이루어진다.

〈표 11-3〉은 KHFC MBS 2012-28은 한국주택금융공사가 발행한 주택저당증권으로서 다계층주택저당증권(CMO) 형태이다.

주택담보증권에 수반되는 위험 중 주택담보증권의 수익률에 가장 큰 영향을 미치는 것은 조기상환위험으로 채무자가 차입금을 상환일 이전에 상환함으로써 투자자가 예상보다 상환금을 조기 회수하거나 재투자위험에 노출되는 것을 말한다.

주택저당증권에 투자하는 투자자의 종류에는 원금을 가급적 조기에 회수하려는 단기투자자가 있고 한편으로는 원금을 가급적 늦게 회수하기 원하는 장기투자자가 있다. 다계층주택저당증권(CMO)은 이러한 투자자들의 투자성향에 맞추기 위해 담보대출채권으로부터 발생하는 현금흐름을 재조정, 채권구조를 구성하는 것이다.

다계층주택저당증권(CMO)의 종류는 회수되는 원금만 조정하는 방법과 원리금을 조정하는 방법이 있다. 원금만 조정하는 방법을 통해 발행되는 다계층주택저당증권(CMO)의 종류에는 순차상환구조(Sequential pay class, Plain Vanilla), PAC(Planned Amortization Classes: 계획상환구조), TAC(Targeted Amortization Classes), Z-class 등이 있으며 원금과 이자를 재조정하는 다계층주택저당증권(CMO)의 종류에는 이자만 지급하는 IO(Interest Only), 원금만 지급하는 PO(Principal Only) 등이 있다.

〈표 11-3〉 만기별 발행구조 예 KHFC MBS 2012-28

구분	내 용
상품명	KHFC MBS 2012-28
발행일	2012년 9월 27일
대상자산	경남은행 301억원 광주은행 74억원 기업은행 124억원 대구은행 47억원 삼성생명보험 2,514억원 우리은행 97억원 하나은행 137억원 한국시티은행 358억원 현대캐피탈 120억원 SC은행 1,900억원
대상자산총액	총 3,791억원(3,585건)
발행금액	3,851억원(선순위 3,936억원/후순위 15억원)
가중평균발행금리	가중평균발행금리 3.16%(9.21-9.25 일영업일 국고채 5년물 평균금리 2.89+26.6bps)
신용보강	선후순위 구조/선순위 MBS에 대한 공사 지급보증 -선순위: AAA 신용등급 취득, 공모, 상장(채권시장) -후순위: BB 신용등급 취득, 사모(공사 인수·보유)
발행참여자	주관회사: IBK투자증권, 대우증권 신용평가사: 한국기업평가 회계법인: 삼일회계법인

자료: 한국주택금융공사, 2012.10

제3절 주택저당증권의 가치평가

주택저당증권은 만기내에 원리금을 상환받는 점에서 일반 채권과 유사한 특징을 가지고 있다. 따라서 주택저당증권의 가치평가를 위해서는 우선 일반 채권의 가치평가에 대한 이해가 필요하다.

주택저당증권의 수익률에 영향을 미치는 요인은 조기상환위험(prepayment risk), 시장이자율위험(interest rate risk), 채무불이행 위험(credit risk), 유동성 위험(liquidity risk) 등이 있다.

따라서 주택저당증권의 가치평가를 위해서는 시장이자율변동이 주택저당증권의 가치에 미치는 영향, 시장이자율이 조기상환율에 미치는 영향과 이로 인한 주택저당증권의 가치변동, 상환기간이 주택저당증권의 가치에 미치는 영향 등을 분석할 필요가 있다.

1. 주택저당증권의 가격결정

(1) 채권의 기초개념

채권(bonds)이란 만기일이전에는 일정기간 마다 이자를 지급하고 만기일에는 원금을 지급하는 유가증권이다. 채권은 만기일에 상환되는 금액인 액면가(face value), 매 기간마다 지급되는 이자금액(coupon)을 나타내는 표면이자율, 만기(maturity)로 있다.

채권의 종류에는 발행주체에 따라 정부 및 공공기관이 발행하는 국공채, 금융기관이 발행하는 금융채, 일반기업이 발행하는 회사채가 있으며 채권의 만기에 따라 단기채(만기가 1년 이하), 장기채(만기가 1년 이상)로 분류된다. 또한 보증유무에 따라 보증채와 무보증채로 분류되며 담보유무에 따라 담보채와 무담보채로 구분된다. 이외에도 만기이전에 매 기간마다 이자를 지급하는 이표채와 만기이전에 이자를 지급하지 않고 만기일에 원금을 지불하는 무이표채 또는 제로쿠폰채권(zero coupon bonds)이 있다.

주택저당증권(MBS)은 회사채의 일종으로 주택저당증권의 가치는 채권가치를 구하는 방법과 유사하다.

(2) 채권가치(내재가치)의 산출

채권의 가치는 (식 11-1)과 같이 이자지급액과 액면가(즉, 원금)를 일정 할인율로 할인한 현재가치라고 할 수 있다. 할인율은 시장이자율, 만기, 신용등급 등을 반영하여 결정되는데 할인율은 채권에 투자하여 얻을 것으로 기대되는 수익률과 동일하다. 채권을 만기까지 보유하였을 경우 얻게 되는 수익률을 만기수익률(YTM : yield to maturity)이라 한다. 하지만, 채권의 가격은 채권시장에서 해당 채권에 대한 수요와 공급에 의해 결정된다.

주택저당증권(MBS)의 수익률(yield)은 원리금상환으로 발생하는 현금흐름의 현재가치와 주택저당증권의 가격을 일치시키는 할인율이다.

$$\text{채권가치} = C \times PVIFA(r,\ t) + F \times PVIF(r,\ t) \qquad \text{(식 11-1)}$$

$$= \text{이자지급액의 현재가치} + \text{액면가의 현재가치}$$

단, C: 표면이자, F: 액면가, r: 할인율, t: 기간

(예 11-1) 3년 만기, 표면이자율 12%, 액면가 10,000원인 채권이 있다. 이 채권의 가치는 얼마인가? 단, 요구수익률 14%이다.

$$P = 1{,}200 \times PVIFA(14\%,\ 3) + 10{,}000 \times PVIF(14\%,\ 3)$$

$$= 1{,}200 \times 2.3216 + 10{,}000 \times 0.6750$$

$$= 9{,}536\text{원}$$

(예 11-1)에서와 같이 표면이자율이 시장이자율보다 낮은 경우, 채권가치(9,536원)는 액면가(10,000원)보다 낮은데 이러한 채권을 할인채권(discount bonds)이라고 한다. 할인채권의 경우 채권발행 기업입장에서는

시장이자율보다 낮은 이자를 부담하지만 투자자는 시장이자율만큼의 이자를 요구하므로 할인채권을 투자자에게 매각하기 위해서는 이 채권이 수익률이 시장이자율과 동일하게 되도록 채권가격을 액면가 이하로 판매해야 한다.

투자자입장에서는 채권의 표면이자율이 시장이자율보다 낮지만 액면가보다 더 싸게 채권을 매입하므로 만기시에는 액면가만큼의 원금을 상환받으므로 결국에는 시장이자율만큼의 수익을 얻을 수 있다.

(예 11-2) 3년 만기, 표면이자율 12%, 액면가 10,000원인 채권이 있다. 이 채권의 가치는 얼마인가? 단, 요구수익률 12%이다.

$$P = 1{,}200 \times PVIFA(12\%, 3) + 10{,}000 \times PVIF(12\%, 3)$$
$$= 1{,}200 \times 2.4018 + 10{,}000 \times 0.7118$$
$$= 10{,}000원$$

(예 11-2)의 경우 표면이자율이 시장이자율과 동일하다. 이러한 채권의 경우 채권가치(10,000원)과 액면가(10,000원)가 동일하다.

(예 11-3) 3년 만기, 표면이자율 12%, 액면가 10,000원인 채권이 있다. 이 채권의 가치는 얼마인가? 단, 요구수익률 10%이다.

$$P = 1{,}200 \times PVIFA(3, 10\%) + 10{,}000 \times PVIF(3, 10\%)$$
$$= 1{,}200 \times 2.4868 + 10{,}000 \times 0.7513$$
$$= 10{,}497$$

(예 11-3)에서와 같이 표면이자율이 시장이자율보다 높은 경우, 채권가치(10,497원)는 액면가(10,000원)보다 높은데 이러한 채권을 할증채권(premium bonds)이라고 한다. 할증채권의 경우 채권발행 기업입장에서는 시장이자율보다 높은 이자를 부담하지만 채권액면가 보다 더 많은 자금

을 조달할 수 있다.

한편, 투자자입장에서는 시장이자율보다 더 높은 이자를 지급받으므로 수익률이 시장이자율과 동일하게 되는 범위내에서 액면가보다 더 높은 가격을 지불하고도 이 채권을 매입한다.

〈그림 11-4〉는 할인채권, 할증채권의 만기까지 가격변화를 나타낸다. 투자자입장에서 볼 때 할인채권은 채권의 이자율이 시장이자율보다 낮고 액면가보다 싸게 매입하지만 만기시에는 액면가만큼의 원금을 상환받게 된다. 할증채권은 채권의 이자율이 시장이자율보다 더 높지만 액면가보다 비싸게 매입하지만 만기시에는 액면가만큼만 원금으로 상환받게 된다.

따라서 만기까지 이자수익과 시세차익(손실)(채권가격 - 액면가)을 고려하면 할인채권이든 할증채권이든 수익률은 동일하게 된다.

〈그림 11-4〉 표면이자율과 채권가격

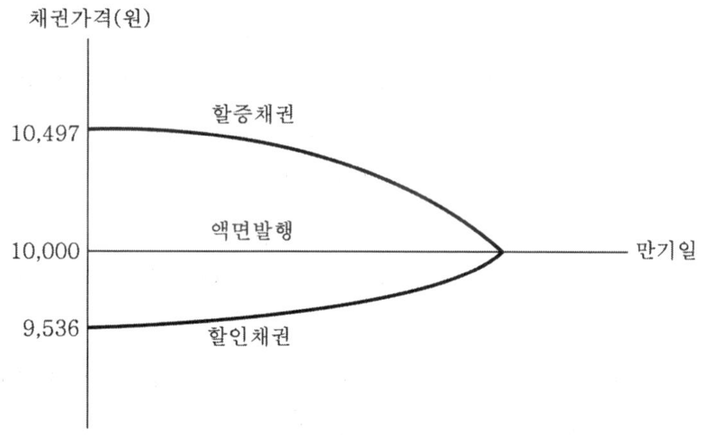

(3) 시장이자율과 채권가격간의 관계

채권의 가치는 시장이자율의 변동에 따라 변화한다. 즉, 시장이자율이 상승하면 채권의 가치는 하락하고 반대로 시장이자율이 하락하면 채권의 가치는 하락한다.

(예 11-4) 만기 5년, 표면이자율 15%, 액면가 100,000원인 채권이 있다. 현재 시장이자율이 15%라고 하면 이 채권의 가치는 다음과 같이 구할 수 있다.

$$\begin{aligned} P &= 15{,}000 \times PVIFA(15\%, 5) + 100{,}000 \times PVIF(15\%, 5) \\ &= 15{,}000 \times 3.3522 + 100{,}000 \times 0.4972 \\ &= 50{,}283 + 49{,}720 = 100{,}000\text{원} \end{aligned}$$

1년 후 시장이자율이 15%에서 20%로 상승하였다면 시장이자율이 이 채권의 표면이자율보다 높기 때문에 투자자는 이 채권에 투자하는 것보다 다른 투자수단 또는 표면이자율이 20%인 신규로 발행되는 채권에 투자하는 것이 유리하다. 따라서 이 채권에 대한 수요는 하락하여 채권의 가치는 100,000원에서 82,601원으로 하락한다.

$$\begin{aligned} P &= 15{,}000 \times PVIFA(20\%, 4) + 100{,}000 \times PVIF(20\%, 4) \\ &= 15{,}000 \times 2.5887 + 100{,}000 \times 0.4323 \\ &= 38{,}830.5 + 43{,}230 = 82{,}601\text{원} \end{aligned}$$

2년 후 시장이자율이 20%에서 10%로 하락하였다면 이 채권의 가격은?

$$\begin{aligned} P &= 15{,}000 \times PVIFA(10\%, 3) + 100{,}000 \times PVIF(10\%, 3) \\ &= 15{,}000 \times 2.4868 + 100{,}000 \times 0.7513 \\ &= 37{,}302 + 75{,}130 = 112{,}432\text{원} \end{aligned}$$

2년 후 시장이자율이 20%에서 10%로 상승하였다면 시장이자율이 이 채권의 표면이자율보다 낮기 때문에 투자자는 이 채권에 투자하는 것이 다른 투자수단 또는 표면이자율이 10%인 신규로 발행되는 채권에 투자하는 것보다 유리하다. 따라서 이 채권에 대한 수요는 증가하여 채권의 가치는 82,601원에서 112,432원으로 증가한다.

(4) 듀레이션과 콘벡서티

듀레이션(D : duration)이란 채권에서 발생하는 원리금을 현재가치개념을 이용하여 산출한 채권의 가중평균기간이다. 듀레이션을 산출하는 방법은 다음과 같다. 매 기간 회수되는 현금흐름의 현재가치를 구한 다음 기간을 곱한 값을 구한 다음 이 값을 총현금흐름의 현재가치로 나누어 준다.

$$D = \sum_{t=1}^{T}\left(\frac{PV(CF_t)}{P_0} \times t\right) \qquad \text{(식 11-2)}$$

P_0 : 채권의 시장가격, CF_t : t년도에 발생하는 현금흐름,
t : 연도(시기), r : 만기수익률

듀레이션은 채권의 평균회수기간을 산출하는데 이용될 뿐만 아니라 시장이자율변동에 따른 채권가격의 변화를 측정하는데 활용된다. 다른 조건이 동일한 경우 표면이자율이 높을수록 듀레이션이 길어지고 만기수익률이 높을수록 듀레이션이 짧아진다.

듀레이션을 이용하여 시장이자율 변화에 따른 채권가격의 변화는 다음과 같이 측정된다.

$$\Delta P / P_0 = -D[\Delta r / (1 + r_0)] \qquad \text{(식 11-3)}$$

P_0 : 기준시점의 채권가격
r_0 : 기준시점의 만기수익률
D : 듀레이션
ΔP : 채권가격의 변화분
Δr : 만기수익률의 변화분

(예 11-5) 듀레이션이 4.5년인 채권이 있다. 시장이자율이 현재 5%에서 4%로 하락한다면 채권의 가격상승률 얼마인가?

(식 11-3)을 이용하면

$$\Delta P/P_0 = -D[\Delta r/(1+r_0)]$$
$$= 4.5[-0.01/(1 + 0.05)]$$
$$= 0.0428 \text{ 또는 } 4.28\%$$

시장이자율이 변화율과 채권가격간에는 이론적으로는 선형관계가 존재하지만 실제로는 〈그림 11-5〉와 같이 비선형관계가 존재한다. 즉, 듀레이션을 이용하여 채권가격을 추정하는 실제 채권가격과 차이가 존재한다는 것이다. 이러한 추정오차를 설명하기 위하여 콘벡서티(convexity)라는 개념을 사용한다.

〈그림 11-5〉 듀레이션과 콘벡서티

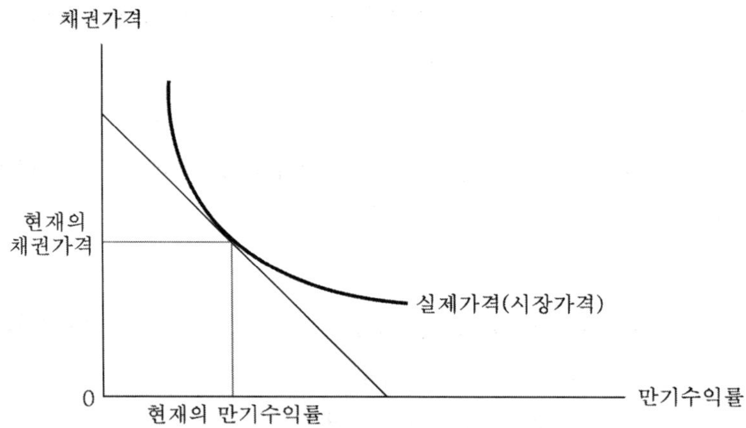

콘벡서티는 시장이자율 변화에 따른 채권의 실제가격과 듀레이션에 의한 추정채권가격간의 차이를 말한다. 일반 채권의 경우 시장이자율이 변화할 때 실제 채권가격이 듀레이션에 의한 추정가격보다 항상 높은 수준에서 형성되기 때문에 콘벡서티는 (+)의 값을 가진다. 콘벡서티가 (+)인 값을 갖는 경우 시장이자율이 하락시 채권가격의 상승률이 시장이자율이

상승시 채권가격의 하락률보다 더 크다.

주택저당증권의 콘벡서티는 (-)값을 갖는다. 따라서 시장이자율이 하락시 채권가격의 상승률이 시장이자율이 상승시 채권가격의 하락률보다 더 작다. 특히, 조기상환율을 추가로 고려하면 시장이자율이 상승하는 경우 원금상환속도가 늦어져 주택저당증권의 수익률을 더 하락시킨다. 한편, 시장이자율이 하락하는 경우 원금상환속도가 빨라져 채권가격의 상승폭을 둔화시키는 작용을 한다.

〈부동산금융 사례〉

美 모기지채권-국채 금리차, 4년내 최대폭 축소

미국 연방준비제도이사회(연준)가 모기지 채권 매입 실시 계획을 알리며 이번 주 모기지 채권 과 미 국채 금리 차가 4년 내 가장 큰 폭으로 줄었다.

블룸버그가 집계하는 패니매 보증 모기지 채권 금리는 이번 주 34bp 하락하며 2008년 12월 후 가장 큰 하락세를 기록했다. 지난 13일 연준의 3차양적완화(QE3) 발표 후 2거래일 간 낙폭인 19bp도 웃돌았다.

21일 패니매 보증 모기지 채권 금리는 5년만기, 10년만기 국채 금리보다 평균 61bp 높은 수준을 기록, 사상 가장 낮은 금리 차를 나타냈다.

스콧 사이먼 뉴포트피치 모기지 대표는 "정말 이례적인 7일 이었다"고 전했다.

주택 대출 담보부 증권 비중이 높은 핌코의 토탈리턴펀드는 올해 8.8%의 투자 수익을 거두며 동종 업계 펀드 97%보다 높은 수익률을 기록했다.

연준은 지난 주 연방공개시장위원회(FOMC)에서 매 달 400억 달러의 모기지담보부증권(MBS)을 무기한 매입하겠다는 이른바 QE3 실시 계획을 밝혔다.

노무라 증권은 이전 프로그램에 따른 재투자 등이 포함, 연준이 실제로 매입하게 되는 MBS가 매 달 650억~750억달러가 될 것이라고 추산했다.

노무라는 투자자들이 차익을 노리고 모기지를 매입, 모기지와 국채 간 스프레드가 확대될 경우 어느 시점에서 연준이 국채 등 다른 자산을 매입할 것이라고 예상했다.

프레디 맥에 따르면 21일 30년 만기 모기지 금리는 3.49%로 하락하며 지난 7월 26일 후 저점을 기록했다.

자료: 〈머니투데이〉, 2012.9.22

2. 조기상환율의 측정

(1) 조기상환율 추정의 중요성

주택저당증권의 가치평가가 일반 채권과 다른 점은 시장이자율의 변화에 따라 현금흐름의 크기와 시기가 변화하는 것이다. 주택저당증권의 기초자산으로부터 발생하는 현금흐름은 원금상환액, 이자금액, 조기상환액 3가지로 구분할 수 있다.

주택저당증권의 원금상환과 이자지불방법은 원리금균등 분할상환방법과 동일하다. 즉, 고정금리 주택담보대출을 매월 상환하는 경우 만기일까지 매월 상환금액은 동일하나 기간이 경과할수록 상환금액 중 원금부분이 점차 늘어나고 이자부분은 점차 줄어든다.

하지만 주택저당증권은 원금의 조기상환이 허용되기 때문에 주택구입을 위해 주택담보대출을 받은 차입자는 여유현금이 발생하거나 금리가 하락하는 경우 리파이낸싱 등을 위해 대출금 만기이전에 차입금을 전부 또는 일부를 상환하는 현상이 발생한다. 이 현상은 모기지 시장이 발달한 미국 모기지시장에서 보편화되어 있다.

원금의 조기상환은 시장이자율변동에 따라 발생하는데 이는 주택저당증권의 수익률에 영향을 미친다. 만약, 시장이자율이 상승하면 시장이자율보다 낮은 이자율로 주택담보대출을 받은 차입자는 원금을 상환을 가급적 늦추어 조기상환율이 감소된다.

하지만, 시장이자율이 하락하면 시장이자율보다 높은 이자율로 주택담보대출을 받은 차입자는 낮은 이자율로 대출을 받아 기존의 대출금을 상환하는 것이 유리하기 때문에 시장이자율이 하락하면 조기상환율이 증가하게 된다.

이와 같이, 시장이자율의 변화는 〈표 11-4〉에서와 같이 주택저당증권의 기초자산인 주택담보대출의 원금상환액과 상환속도·상환기간에 영향을 준다. 조기상환이 발생하면 주택저당증권에 투자한 투자자의 예상현금흐름에 변동이 발생하는 한편 주택저당채권의 수익률에 영향을 미친다.

따라서 주택저당증권의 적정가치를 산정하기 위해서는 주택저당증권 발행당시 조기상환율을 미리 추정하여 이를 주택저당증권의 가격에 반영하는 것이 매우 중요하다. 하지만 조기상환율을 경제환경 및 차입자의 상환동기 등 여러 가지 요소에 의해 결정되기 때문에 예측하기가 매우 어려운 것이 사실이다.[9)]

이에 따라 주택저당증권시장의 역사가 오래된 미국의 경우 조기상환율을 추정하기 위한 여러 방법이 개발되어 사용되고 있다. 국내의 경우 주택저당증권시장의 역사가 매우 짧아 조기상환율을 추정하는 많은 어려움이 있다.

〈표 11-4〉 시장이자율의 변동과 조기상환율, 만기간의 관계

시장이자율	조기상환율	평균만기
하락	증가	감소
상승	감소	증가

〈표 11-5〉는 KHFC MBS 2010-1의 조기상환율을 나타낸다. 조기상환율은 2010년말 2.48%, 2011년말 2.19%, 2012년 8월말 4.95%를 기록하였다. 조기상환율은 각 시기별로 상승 또는 하락하는 경향을 나타내고 있다.

9) 조기상환율 측정과 주택저당증권의 가치평가문제에 대해서는 다음과 같은 논문을 참고. Dunn, K. B. & J. J. McConnnell, A Comparison of Alternative Models for Pricing GNMA Mortgage-Backed Securities, Journal of Finance 36, 471-483., Schwartz, Eduardo S. & W. N. Torous, Prepayment and the Valuation of Mortgage-Backed Securities, Journal of Finance vol.LIV, no.2, 1989, 375-392., McConnell, John J. & Manoj Singh, Rational Prepayments and the Valuation of Collateralized Mortgage Obligations, Journal of Finance vol.XLIX no.3, 1994, 891-921., Stanton, Richard, Rational Prepayment and the Valuation of Mortgage-Backed Securities, Review of Financial Studies vol.8 no.3, 1995, 677-708.

〈표 11-5〉 조기상환율 사례: KHFC MBS 2010-1(단위: 천억, %)

기준년월	만기전 상환금액	당월상환액	대출잔액	만기전상환율
2010/1/31	1,965,767	1,674,832	427,918,441	0.46
2010/2/28	2,796,892	3,525,032	424,393,409	0.65
2010/3/31	3,226,324	3,699,010	420,694,399	0.76
2010/4/30	4,058,825	4,753,023	415,941,376	0.96
2010/5/31	5,307,458	5,772,118	410,169,258	1.28
2010/6/30	4,637,948	5,216,448	404,952,810	1.13
2010/7/31	7,238,326	7,795,351	397,157,459	1.79
2010/8/31	6,376,643	7,009,663	390,147,796	1.61
2010/9/30	4,902,261	5,563,286	384,584,510	1.26%
2010/10/31	6,960,194	7,881,604	376,702,906	1.81%
2010/11/30	9,130,001	10,122,767	366,580,139	2.42%
2010/12/31	9,084,000	9,967,026	356,613,113	2.48%
2011/1/31	6,037,183	6,828,932	349,784,181	1.69%
2011/2/28	7,033,922	8,044,118	341,740,063	2.01%
2011/3/31	7,325,886	7,993,610	333,746,453	2.14%
2011/4/30	9,396,185	10,134,762	323,611,691	2.82%
2011/5/31	5,695,825	6,703,756	316,907,935	1.76%
2011/6/30	7,033,005	8,132,630	308,775,305	2.22%
2011/7/31	7,346,413	8,098,883	300,676,422	2.38%
2011/8/31	8,523,755	9,345,997	291,330,425	2.83%
2011/9/30	9,359,455	10,199,802	281,130,623	3.21%
2011/10/31	8,354,408	9,106,378	272,024,245	2.97%
2011/11/30	8,078,271	8,790,428	263,233,817	2.97%
2011/12/31	5,766,997	6,454,077	256,779,740	2.19%
2012/1/31	6,266,127	7,156,517	249,623,223	2.44%
2012/2/29	6,731,936	7,358,642	242,264,581	2.70%
2012/3/31	7,259,934	7,854,423	234,410,158	3.00%
2012/4/30	7,716,645	8,335,004	226,075,154	3.29%
2012/5/31	7,477,573	8,067,324	218,007,830	3.31%
2012/6/30	5,693,687	6,237,973	211,769,857	2.61%
2012/7/31	6,193,719	6,795,935	204,973,922	2.92%
2012/8/31	10,1555,536	10,707,554	194,266,368	4.95%

자료: 한국주택금융공사

박연우・김필규・이현진・정재선(2008)은 KoMoCo MBS와 KHFC MBS에 대해 PSA 모형을 적용하여 MBS의 조기상환 유형을 분석하였다. 주택담보대출이자율 변동, 대출경과기간, 계절적 요인이 조기상환율에

(+)의 영향을 미친다고 보고하였다.

전준규 · 김진규(2011)는 한국주택금융공사가 발행한 주택저당증권의 조기상환에 영향을 미치는 요인분석에서 이자율변동, 소진효과(현재 대출잔액/최초 대출잔액), 대출경과기간, 계절적 요인이 조기상환율에 (+)의 영향을 주는 것을 확인하였다.

박연우 · 방두완(2011)의 연구결과에 의하면 주택담보대출이자율 변동, 주택가격 상승률, 주택거래량이 조기상환율에 (+)의 영향을 미치는 것으로 나타났다.

(2) 조기상환율 추정방법

1) 평균만기법

평균만기법(average maturity)은 주택저당증권의 만기에 따라 원금이 전액상환되는 것으로 가정한다. 하지만 조기상환이 발생하는 경우 실제로 만기 이전에 원금이 전액 상환된다.

2) SMM(Single Monthly Mortality)

SMM은 월 조기상환율을 나타내는 지표로서 조기상환이 발생하는 해당 월의 잔액에 대한 조기상환금액의 비율을 말한다. 즉, SMM은 조기상환액/(월초 원금잔액 - 조기상환액)이라는 공식을 이용하여 산출할 수 있다.

예를 들면, 월초에 상환되어야 할 원금잔액이 100억원이고 이번 달에 상환되는 원금이 5천만원인데 원금상환액이 1억원이다. 이 경우 조기상환율은 0.5025%[5천만원/(100억원 - 5천만원)]가 된다.

3) 고정조기상환율법

고정조기상환율법(CPR: constant prepayment rate)은 〈그림 11-6〉과 같이 주택저당증권의 만기 이전에 조기상환이 일정 비율로 이루어진다고 가정한다. 주택저당채권의 집합(pool)이 다수의 주택저당채권으로 구성되어 있는 경우 일정기간의 조기상환율은 일정기간 동안 원금잔액 비율로 측정된다. 예를 들면, 상환금을 매월 지불하고 고정조기상환율(CPR)이월 1%(연 12%), 월초 원금 2천만원, 월상환금 20만원인 주택저당채권의 경우 예상조기상환금액은 198,000원[(20,000,000 - 200,000) × 0.01]이다.

고정조기상환율(CPR)은 연 조기상환율을 나타내고 SMM은 월 조기상환율을 나타내기 때문에 SMM과 CPR은 다음과 같은 관계가 있다.

$$1 - \text{CPR} = (1 - \text{SMM})^{12} \text{ 또는 } \text{SMM} = 1 - (1 - \text{CPR})^{1/12}$$

〈그림 11-6〉 고정조기상환율법

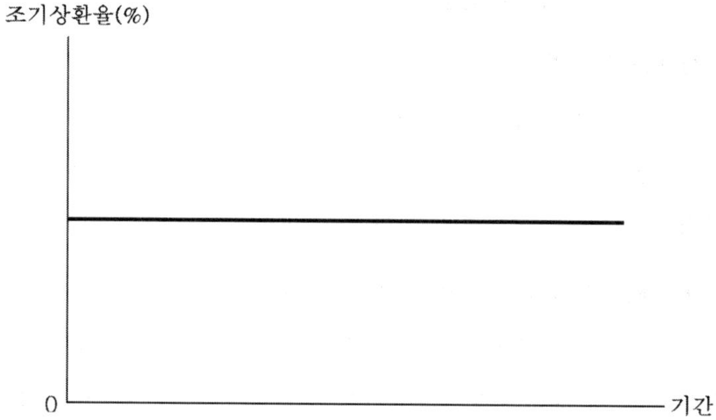

4) FHA 조기상환율

FHA(Federal Housing Administration : 연방주택청) 조기상환율(prepayment experience)은 FHA의 경험에 근거한 조기상환율을 사용하는 방법이다. FHA는 보험계획의 일환으로 주택저당채권의 만기종료에 대한 광범위한 자료를 축적하였다. FHA는 만기 30년 동안 매년 주택저당채권의 잔존율표(mortality table)를 산출하여 발표하고 있는데 이 표는 1957년 이후 FHA의 주택저당채권에 대한 조기상환율을 기초로 작성되었다. 〈그림 11-7〉은 FHA 조기상환율을 나타낸다.

이 자료는 부도율이나 재상환율에 대한 정보뿐만 아니라 특정 연도동안 주택저당채권 만기종료에 대한 자료도 포함하고 있다. 만약 투자자의 서로 다른 전망 때문에 저당대출의 빠른 또는 느린 조기상환이 예상된다면 FHA 조기상환율은 FHA의 경험보다 100%보다 적게 또는 100%보다 많게 조정될 수 있고 수익률도 투자자에게 공개될 수 있다.

FHA 자료의 단점은 과거 조기상환에 대한 원인이 불명확하기 때문에 과거 자료를 현재 주택저당채권 집합(pool)에 적용하는 것은 문제가 있다는 것이다. 또한 과거의 조기상환 패턴이 미래에도 동일하게 반복되라는 보장도 없다. 또한 FHA 자료는 각 저당대출 종류별, 차입자의 종류별 자세한 조기상환율이 없어 체계적인 연구가 불가능한 것이 단점으로 지적되고 있다.

〈그림 11-7〉 FHA 조기상환율

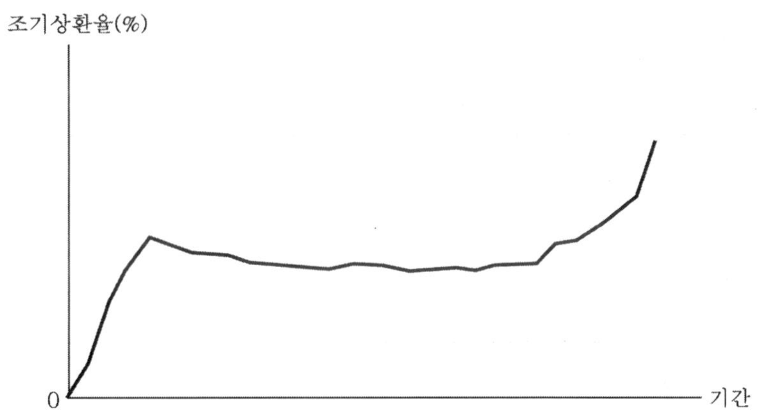

5) PSA 조기상환모델

PSA 조기상환모델(prepayment model)은 FHA의 경험에 근거한 조기상환 모델을 단순화하고자 PSA(Public Securities Association)에 의해 개발되었는데 PSA 조기상환 모델은 FHA 경험과 CPR를 결합한 형태이다. PSA 조기상환 모델은 조기상환율을 산출하는데 표준방법으로 사용되고 있다.

PSA 조기상환모델은 월 조기상환율에 근거하는데 조기상환율은 주택저당증권의 기초자산이 되는 주택저당채권의 상환기간 동안 변화한다. 즉, 현재 표준 PSA 조기상환율 곡선(보통 100% PSA)은 첫 해 매월 0.2%의 조기상환이 발생하여 30개월이 될 때까지 매달 0.2%씩 증가하고 이후 만기까지는 매월 0.5% 또는 매년 6%의 조기상환이 발생하는 것으로 가정하고 있다. 이 때 조기상환율이 증가하는 기간을 램프(ramp)라고 한다. 〈그림 11-8〉은 각 PSA의 배수에 따른 원금상환흐름을 나타내는데 0% PSA는 조기상환이 없는 경우이다.

주택저당증권의 조기상환율은 PSA 조기상환율은 배수(이를 'speed'라고 함)로 표시되는데 예를 들면 200% PSA란 첫 달의 조기상환율은 0.4%(2×0.2%), 두 번째 달의 조기상환율은 0.8%(0.4%+0.4%), 30개월째에 12%가 되고 이후 만기까지 조기상환율이 계속해서 12%인 경우를 말한다.

〈그림 11-8〉 PSA 램프(ramp)와 PSA의 배수(speed)

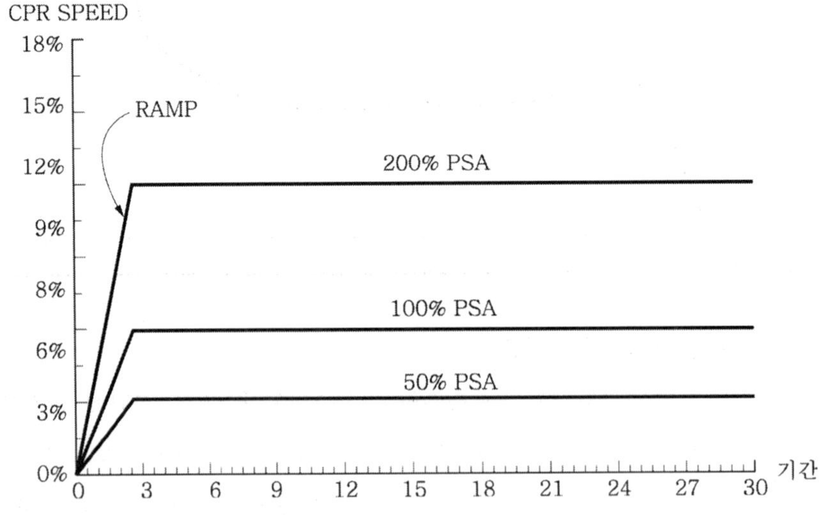

투자자와 발행자 모두 조기상환율이 투자수익률에 영향을 미치는 것을 알고 있기 때문에 PSA 가정은 가격이나 수익률에 대한 정보를 투자자에

게 전달하는데 사용된다. 투자자에게 조기상환율의 변화에 따른 수익률 변화에 대한 정보를 제공하기 위하여 주택저당증권 발행시 투자안내서에 여러 조기상환율(75% PSA, 150% PSA)에 따른 수익률 변화를 제공한다.

6) 시계열모델

시계열 조기상환율 모델(econometric prepayment models)은 조기상환에 영향을 미치는 변수들을 분석하는 방법이다. 분석대상으로는 주택담보대출 만기, 계절적 요인, 예상시장이자율, 주택담보 대상지역, 연령, 소득, 재산상태와 같은 차입자의 특징 등이 이용되고 있다.

3. 주택저당증권의 조기상환권

일반적 채권의 경우 발행자가 만기 이전에 원금을 상환할 수 있는 권리를 약관에 미리 규정하는데 이러한 권리를 콜옵션(call options)이라고 한다.

주택저당증권 발행자도 만기 이전에 주택저당증권을 조기 상환할 권리를 신탁설정계약서에 미리 규정하여 두는 것이 일반적이다.

주택저당증권을 만기 이전에 조기상환하는 이유는 기초자산이 되는 주택저당채권의 잔액이 일정 이하로 감소하는 경우 주택저당증권을 관리하는데 소요되는 고정경비를 지출하기보다는 조기에 원금을 상환하는 것이 비용면에서 유리하기 때문이다. 이러한 콜옵션을 클린업 콜(clean-up call)이라고 한다.

〈표 11-6〉은 2012년 8월 한국주택금융공사가 KHFC 2009-5 1-1호 증권에 대해 콜옵션을 행사한 내역이다. 만기일이 2039년 7월인 주택저당증권에 대해 발행금액의 1.15%(행사금액: 3,800백만원)에 대해 콜옵션을 행사한 내역이다.

〈표 11-6〉 KHFC MBS 2009-5 콜옵션행사 확정 내역

1. 대상증권: MBS 2009-5 1-1호 - 발행일: 2009.6.30 - 만기일: 2039.7.20(30년 20일) - 발행금액: 329,225백만원 - 예정배당수익률: 3.75%
2. 행사금액: 3,800백만원 (배당수익: 170,813백만원 × 3.75% × 31/365 = 554,027,705원)
3. 행사비율: 발행금액의 1.15%
4. 행사일: 2012.8.20

4. 주택저당증권의 분석방법

(1) 정태분석방법

주택저당증권의 가치를 평가하는 방법 중 정태분석방법(static valuation)은 일반 채권의 가치평가방법과 유사하다. 주택저당증권의 주요 평가요인은 기초자산인 주택저당채권에서 발생하는 현금흐름이다. 그러나 주택저당증권의 가치평가에 있어서 문제점은 일반적으로 발생하는 조기상환으로 인하여 현금흐름이 불확실하다는 점이다. 따라서 주택저당증권의 가치평가를 위해서는 〈표 11-7〉과 같이 조기상환율과 연체율 등에 대한 가정이나 추정이 필요하다.

〈표 11-7〉 KoMoCo MBS 2001-2 현금흐름의 추정

□조기상환율 (단위: %)

잔존만기	1년	2년	3년	4년	5년	6년	7년	8년	9년	10년	11년 이상
상환율	4.13	2.13	1.23	0.88	0.75	0.69	0.57	0.58	0.52	0.57	0.47

• 국민주택기금 분석자료('97'98년까지 3년간)와 MBS 2000-11호, 2호, 3호의 조기상환율 실적치를 잔존만기별로 평균하여 산출

□연체율(34.86%) 및 회수기간 적용 (단위: %)

기간	1개월	2개월	3개월	4개월	5개월	6개월	7개월	8개월	9개월	10개월	11개월	12개월
회수속도	41.81	18.83	11.58	7.71	5.54	3.80	2.56	1.85	1.30	0.95	0.74	3.33

• 연체율은 MBS 2000-1호, 2호, 3호 대상자산의 실적치 적용
• 회수속도는 국민주택기금 분석자료('97 '98년까지 3년간)와 MBS 2000-11호, 2호, 3호의 회수속도 실적치를 평균하여 산출
자료: KoMoCo MBS 2001-2 투자설명회 자료, 2001.9.11

일단 조기상환율에 의해 현금흐름을 추정되고 증권시장에서 주택저당증권의 시장가격을 알면 주택저당증권의 수익률을 구할 수 있다. 즉, 주택저당증권(MBS)의 수익률(yield)은 원리금상환으로 발생하는 현금흐름의 현재가치와 주택저당증권의 가격을 일치시키는 할인율이다. 이러한 주택저당증권의 수익률을 현금흐름수익률(cash flow yield)이라고 한다. 한편, 일반적으로 주택저당증권 수익률은 국채(Treasury) 수익률과 비교하기 위해 채권수익률(bond-equivalent yield)로 전환시켜 사용한다.[10)]

주택저당증권 수익률은 재투자위험과 금리변동위험을 정확히 반영치 못해 정확한 수익률을 산출하는데 문제점이 있다. 특히, 주택저당증권은 매월 원리금이 상환되기 때문에 재투자위험에 대한 고려가 중요하다. 따라서 실제로는 원리금상환금액, 재투자수익률, 주택저당채권 가격의 변화로 인한 시세차익 또는 손실을 고려한 총수익률(total rate of returns)이 주택저당증권의 가치평가를 하는데 사용된다.

일반적으로 주택저당증권의 수익률은 만기가 유사한 국채(Treasury)에 대한 가산금리 즉, 스프레드로 표시된다. 예를 들면, 특정 트랜치와 가중평균기간(WAL)이 동일한 국채 수익률이 4%이고 가산금리가 0.52% 또는 52베이시스 포인트(1베이시스 포인트=0.01%)라고 하면 트랜치의 수익률은 4.52%(4%+0.52%)이다.

주택저당증권의 수익률은 현금흐름 수익률과 가중평균기간을 이용하여 국채에 대해 가산금리를 더하여 산출할 수 있는데 이를 명목상의 스프레

10) 국채(Treasury)는 6개월마다 이자가 지급되고 주택저당증권은 매월 원금상환이 발생하므로 국채의 수익률과 주택저당증권의 수익률을 비교하기 위해서는 주택저당증권의 수익률을 국채수익률 산출방식으로 전환하여야 한다.

드(nominal spread)라고 한다. 하지만 명목상의 스프레드는 조기상환율 위험을 제대로 반영하지 못하는 단점이 있다.

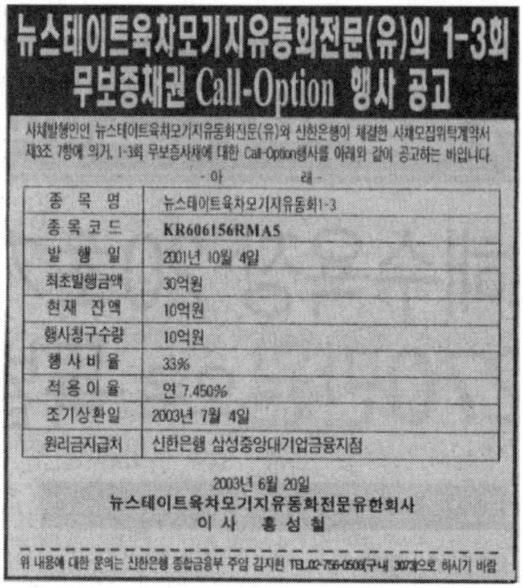

뉴스테이트육차모기지유동화전문(유)의 1-3회 무보증채권 Call-Option 행사 공고

사채발행인인 뉴스테이트육차모기지유동화전문(유)와 신한은행이 체결한 사채모집위탁계약서 제3조 7항에 의거, 1-3회 무보증사채에 대한 Call-Option행사를 아래와 같이 공고하는 바입니다.

- 아　　래 -

종 목 명	뉴스테이트육차모기지유동화1-3
종목코드	**KR606156RMA5**
발 행 일	2001년 10월 4일
최초발행금액	30억원
현재 잔액	10억원
행사청구수량	10억원
행사비율	33%
적용이율	연 7.450%
조기상환일	2003년 7월 4일
원리금지급처	신한은행 삼성중앙대기업금융지점

2003년 6월 20일
뉴스테이트육차모기지유동화전문유한회사
이 사　홍 성 철

위 내용에 대한 문의는 신한은행 종합금융부 주임 김지현 TEL.02-756-0506(구내 307)으로 하시기 바람

한편, 주택저당증권의 만기는 가중평균기간 개념을 이용하여 산출되는데 가중평균기간(WAL: weighted average life)은 매 기간 상환되는 원금에 기간을 곱한 다음 이를 합산하여 전체 상환되는 원금으로 나누어 산출한다.11)

$$WAL = (원금상환액 \times 기간)의\ 합/총원금상환액$$

$$= 1\sum(원금상환액\times1)+(원금상환액\times2)+\cdots+(원금상환액\times T)$$

$$12\ (총원금상환액)$$

단, T=개월수, 매월 이자지급

〈표 11-8〉은 KHFC 2005-5의 트랜치(종목)별 예상만기 즉, 원금가중평균만기를 나타낸다.

11) 원금회수기간을 산출하는데 있어서 가중평균기간은 원금만 고려하나 듀레이션은 원금과 이자를 모두 고려한다. 하지만, 주택저당증권의 경우 조기상환이 발생하기 때문에 듀레이션이 바람직한 원금회수기간 측정방법이라고 할 수 없다.

〈표 11-8〉 KHFC 2005-5의 종목별 예상만기(원금가중평균만기)

만기(년)	base	200%	300%
5	4.06	2.06	1.20
7	6.03	4.23	3.38
10	8.48	5.90	4.68
15	12.34	8.91	7.03
20	16.15	14.04	13.65

주: 조기상환율 base로부터 200%~300%로 변동됨에 따른 call option이 부여된 MBS의 원금가중평균만기를 추정한 것임.
자료: 한국주택금융공사

수익률과 가중평균기간은 조기상환율 추정치에 따라 변동하기 때문에 여러 금리수준에 따른 수익률과 가중평균기간의 변동을 살펴보는 시나리오 분석방법이 사용된다. 〈그림 11-9a, 11-9b〉는 만기나 원리금상환기간(payment window)은 동일하지만 원금의 조기상환속도에 따라 가중평균기간의 변화를 나타낸다.

〈그림 11-9a〉 가중평균만기와 원금상환흐름: 조기에 상환되는 경우

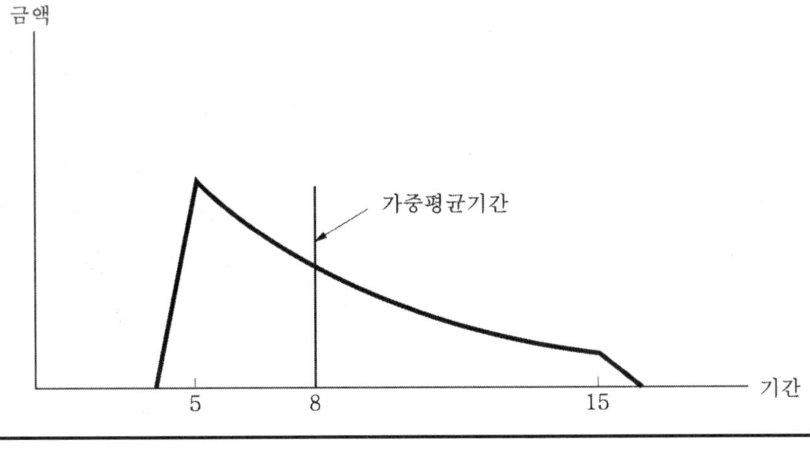

〈그림 11-9a〉는 원금이 상대적으로 조기에 상환되는 경우이고 〈그림 11-9b〉는 원금이 상대적으로 느리게 상환되는 경우를 나타내는데 가중평

균기간은 〈그림 11-9a〉의 경우가 〈그림 11-9b〉의 경우가 보다 짧게 나타난다.

〈그림 11-9b〉 가중평균만기와 원금상환흐름: 느리게 상환되는 경우

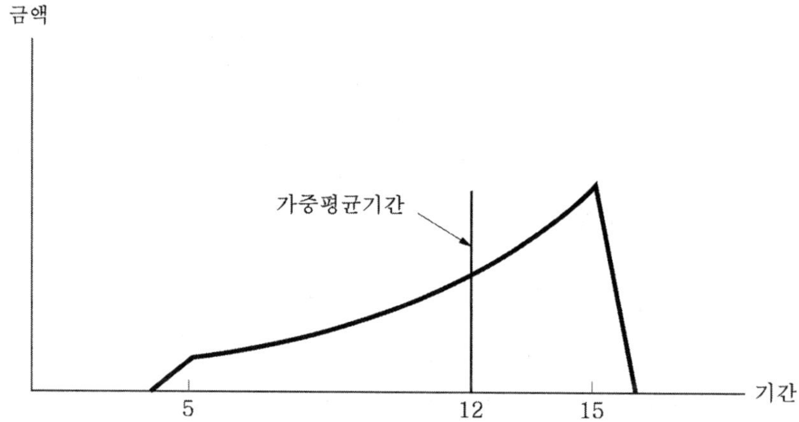

(2) OAS 분석방법

정량적 분석방법은 이자율과 현금흐름이 변동하지 않는다고 가정하고 있다. 그러나, 시장이자율과 조기상환율은 시간이 경과함에 따라 불규칙하게 변동하는 것이 현실이다. 이러한 단점을 보완하고자 시장이자율변화에 따른 조기상환율의 변화를 옵션개념을 이용하여 측정·분석하는 OAS(option-adjusted spread) 분석방법이 많이 사용되고 있다.

주택담보대출을 받은 차입자는 만기 이전에 원금을 상환할 수 있는데 이는 차입자가 마치 콜옵션을 매입하고 대출자는 콜옵션을 매도한 것과 같다. 따라서 대출자는 항상 차입자가 조기에 원금을 상환할 가능성에 직면하고 있다.

OAS 분석방법은 주택저당증권의 가치평가시 주택저당증권이 이와 같은 옵션과 같은 특징을 가지고 있다는 점에 착안하여 조기상환위험과 원리금상환시기를 분석하는 방법이다.

OAS는 옵션부 가산금리라고 할 수 있는 OAS를 산출하는 방법은 먼

저 시뮬레이션을 통해 MIRP(multiple interest rate path)기법 (또는 scenario interest rate path) 이용하여 시장이자율의 변화율을 추정한다. 시장변화율을 추정한 다음에는 시추정시장률에 따라 조기상환율 및 재투자수익률을 추정하고 추정된 조기상환율과 재투자수익률에 따라 일정기간마다(예: 월별) 현금흐름을 추정한다. 이렇게 산출된 현금흐름의 현재가치와 주택저당증권 시장가격을 일치시키는 할인율이 OAS이다. OAS는 가중평균만기로 표현되지 않고 일반적으로 국채(Treasury)에 대한 가산금리(spread)로 표시된다.

이외에도 OAS방법을 이용하여 듀레이션과 콘벡서티(convexity)를 측정하여 금리변동에 대한 주택저당증권의 가격변동성을 측정한다.

OAS 분석방법은 조기상환율, 금리변동상한선(caps), 금리변동하한선(floors) 등 주택저당증권의 다양한 옵션구조를 평가하여 이를 가치평가에 반영하기 때문에 OAS 분석방법을 이용하는 경우 다양한 형태의 주택저당증권을 다른 고정금리 금융상품과 비교하기가 쉽다.

그러나 OAS 분석방법을 이용한 주택저당증권의 가치평가는 조기상환율 추정모델의 타당성, 금리변동상한선(caps), 금리변동하한선(floors) 추정치의 정확성 등에 의해 영향을 받는다. 즉, 조기상환율 추정모델이 예측력이 약한 경우나 이자율변동에 대한 가정(예: 장래에 시장이자율이 변화하는 회수 및 시장이자율의 변동폭)이 부적절한 경우 OAS 분석방법에 주택저당증권의 가치평가에 대한 신뢰성이 하락한다. 또한 다른 파생상품의 가치평가에서는 변동성 곡선을 이용하여 변동성을 산출하는데 비해 OAS 분석방법은 1개의 변동성만 가정하여 사용한다.

5. 주택저당증권의 신용평가방법

(1) 신용평가 절차

주택저당증권을 발행하기 위해서는 신용평가회사로부터 신용등급을 부여받아야 한다. 신용평가는 법률적인 문제, 발행구조의 안정성, 관련기관의 신용도, 기초자산의 신용도, 목표신용등급, 신용보강 수준 등을 종합적으로 고려하여 결정된다.

신용평가시 고려해야 할 사항은 신용위험, 조기상환위험, 이자율변동위험, 법률적 위험 등이 있다. 조기상환위험에 대해서는 제11장 제3절 주택저당증권평가에서 다루었기 때문에 여기서는 신용위험 측정에 대해서만 설명한다.

주택저당증권의 신용평가는 제2장 제5절 자산유동화증권 〈그림 2-5〉와 같은 과정에 따라 이루어져 신용등급이 부여된다. 제2장 자산유동화증권 〈표 2-1〉은 각 신용등급별 내용을 나타낸다.

(2) 신용위험 분석

신용평가에서 중요한 부분은 주택저당채권을 구성하고 있는 자산포트폴리오의 신용위험을 분석하는 것이다. 신용위험이란 조기상환율, 손실률(loss severity), 연체율 등을 말한다. 신용위험을 분석하는 방법에는 유동화 풀 접근법과 건별 접근법이 있다.

1) 유동화 풀 접근법

유동화 풀 접근법은 과거 유사한 특성을 가진 풀의 성과(performance) 자료와 현재 주택저당채권 풀의 조기상환율, 대손율, 연체율, 회수율 등을 비교·분석하여 기본손실률을 산정하고, 채무불이행률(default frequency)과 손실률(loss severity)을 추정한다. 아후 목표 신용등급별 배수를 이용하여 스트레스수준을 결정하고 신용등급별로 채무불이행률과 손실률을 곱하여 손실보강률(loss coverage)을 산출한다.

$$손실보강률 = 채무불이행률 \times 손실률$$

채무불이행률이란 채무자의 채무불이행으로 담보자산의 처분절차가 개시되는 비율을 말한다. 손실률은 채무자의 채무불이행시 저당권을 실행한 후에도 회수하지 못하는 대출금의 비율을 말한다.

손실정도(loss severity)란 주택담보대출을 받은 채무자가 채무불이행시 대출금융회사가 경매 등을 통하여 저당권을 행사, 해당 주택을 매각하는 경우 저당권 실행비용, 미지급이자, 세금, 주택관리비용 등을 말한다.

채무불이행률과 손실률에 영향을 미치는 요인으로는 LTV(담보인정비율), DTI(총부채상환비율), 대출의 종류, 대출만기, 대출금액 등이 있다.

한편, 유동화 풀 접근법은 정태적 풀(static pool analysis) 분석방법과 동태적 풀(dymanic pool analysis) 분석방법으로 구분할 수 있다.

① 정태적 풀 분석방법

정태적 풀이란 주택저당채권이 발생한 시점부터 소멸하기까지 원금상환흐름을 분석하는 방법이다. 즉, 기초자산을 여러 상환기간으로 구분하여 각 구간별로 주택저당채권 풀(pool)을 배분하고 이들 풀(pool)의 조기상환율, 대손율, 연체율, 회수율 등을 분석한다. 각 구간별로 분석이 끝난 후 다시 전체 기간동안의 조기상환율, 대손율, 연체율, 회수율 등을 분석한다.

이러한 작업이 완료되면 자산양도방식의 일관성을 측정하기 위해 청구월 대비 조기상환율 · 연체율 · 대손율을 분석하고 외부경제환경의 변화가 주택저당채권 풀(pool)의 원금상환흐름에 미치는 영향을 분석하기 위해 발생월 대비 조기상환율 · 연체율 · 대손율을 측정한다. 또한 경과시점별 조기상환율 · 연체율 · 대손율을 분석할 필요가 있다. 이러한 분석 이후 신용공여(credit line)수준, 지급보증, 후순위채 비중, 대손발생시 회수율 및 회수시점, 전체적인 주택저당증권의 구조를 고려하여 신용보강 수준을 결정하게 된다.[12)]

② 동태적 풀 분석방법

한편, 동태적 풀(pool)은 일정 시점에 있어서 주택저당채권의 풀(pool)의 원금상환흐름 상태를 나타내는 것이다. 일반적으로 동태적 풀(pool)

12) 주택저당증권의 신용평가에 대해서는 문창호, MBS의 구조적 특징과 신용평가, special report, 한국신용평가, 2003.5.1., 김민정, 한국주택금융공사 설립에 즈음하여(I) -MBS발행현황과 주요 신용평가방법-, special report, 한국신용평가, 2003.11.10.를 참조.

분석방법은 정태적 분석방법의 보조적 자료로 사용된다.

2) 건별 접근방법

건별 접근방법은 표준 주택저당채권 집합(base mortgage pool)과 건별 유동화대상 주택저당채권을 비교하여 건별 유동화 주택저당채권의 채무불이행률(default frequency)을 조정한다. 건별 채무불이행률에서 계량적 비계량적 요인을 고려하여 건별 손실률(loss severity)을 산출한 건별 손실보강률(loss coverage)을 산정한다. 건별로 손실보강률을 합산하여 총손실보강률을 산정함으로써 신용보강수준을 결정하는 방법이다.

우리나라의 경우 표준주택저당채권 집합에 적합한 주택담보대출상품을 선정하기 어렵고 과거 자료도 부족하며 이를 분석할 시스템이 부족한 편이다.[13)]

(3) 신용보강 수준의 결정

1) 손실보강 수준 결정절차

일반적으로 주택저당증권 발행시 목표 신용등급을 결정하여 이에 적합하도록 자산을 구성하고 신용보강(credit enhancement) 방안을 강구한다. 〈표 11-9〉는 신용평가 고려해야 할 위험요소와 신용보강 수단을 나타낸다.

주택저당증권의 신용보강 수준은 주택저당채권 풀(pool)의 특성을 고려하여 신용등급별로 주택저당채권 풀(pool)의 채무불이행 확률과 손실률을 추정하여 부도 발생시 예상 손실 정도 즉, 손실보강률을 측정한다.

신용보강 수준 결정시 일반적으로 목표 신용등급을 결정하고 신용등급에 맞춰 신용보강 수단을 강구한다.

2) 채무불이행과 손실률에 영향을 미치는 요인

주택저당채권의 부도율에 영향을 미치는 요인으로는 주택저당대출 대 주택가격비율(LTV : loan to value ratio), 주택저당대출기간(단기, 장기),

---

13) 한국신용정보, MBS, 2006 NICE Structured Finance Rating Methodology, 2006.3

주택저당대출의 규모, 주택저당대출의 종류(고정금리와 변동금리), 상환방식(만기일시상환, 분할상환), 주택저당대출의 목적, 주거여부, 주택종류, 채무자의 신용도, 주택저당대출의 지역적 분포 등이 있다.[14)]

〈표 11-9〉 MBS 신용평가시 주요 위험요소 및 통제방안

위험요소	의미 및 통제방안
신용위험	- 주택저당채권의 채무불이행으로 MBS의 원리금 상환이 되지 못할 위험 - 채무자의 연체와 담보주택의 처분으로 발생하는 손실 - loss coverage를 산출하고 신용보강수단을 마련함 - 신용보강수단 ▷ 내부신용보강수단:, 후순위 증권, 초과수익, 초과담보, 유보금 ▷ 외부신용보강수단: 한국주택금융공사의 지급보증, 신용공여
조기상환 위험	- 주택저당채권의 조기상환으로 현금흐름이 불확실한 위험 - MBS의 형태와 상환구조에 따라 위험부담 상이 - Pay-through형, 조기상환율이 예상보다 상승하는 경우: negative carry - Pass-through형, 조기상환율이 예상보다 하락하는 경우: 유동성부족
이자율변동위험	- KHFC MBS의 경우 call option의 행사와 공사의 지급보증으로 통제 - 주택저당채권과 MBS의 이자율 지급방식(고정, 변동)의 차이에서 발생 - 이자율스왑계약, 이자율 스트레스, 시나리오 분석을 통해 통제 - KHFC MBS의 경우에는 금리지급방식이 고정금리로서 동일

자료: 2006 NICE Structured Finance Rating Methodology, 한국신용정보

주택저당대출 대 주택가격비율은 부도율 추정에 가장 중요한 요소로서 주택저당대출 대 주택가격비율이 높을수록 예상 부도율이 높아져 신용보강수준이 높아지고 주택저당대출 대 주택가격비율이 낮을수록 예상 부도율이 낮아져 신용보강수준이 낮아진다. 한편, 주택저당대출 기간이 짧을수록 예상 부도율이 낮아져 신용보강수준이 낮아지고 주택저당대출 기간이 길수록 예상 부도율이 높아져 신용보강수준이 높아진다.

14) 개별 주택저당채권(loan-by-loan)분석시 필요한 자료 내용에 대해 김민정, 한국주택금융공사 설립에 즈음하여(I) - MBS 발행현황과 주요 신용평가방법 -, special report, 한국신용평가, 2003.11.10.를 참조.

또한 고정금리형 주택저당대출이 변동금리형 주택저당대출보다 현금흐름이 안정적이기 때문에 신용보강수준이 낮은 편이다. 주택저당대출이 특정 지역에 집중되어 있는 것보다 여러 지역에 분산된 경우가 예상 부도율이 낮아 신용보강 수준이 낮다.

제 4 절 다계층주택저당증권(CMO)

1. 다계층주택저당증권(CMO)의 개념

저당권담보채권 또는 다계층주택저당증권(CMO : Collateral Mortgage Obligation)은 여러 종류의 주택저당채권 집합(pool)에서 발생하는 이자와 원리금상환으로 발생하는 현금흐름을 세분화하여 다양한 현금흐름이 발생하도록 만든 주택저당증권이다.

저당대출지분이전증권이나 저당대출원리금이체증권은 원금상환액과 이자를 주택저당증권에 투자한 모든 투자자에게 일정비율에 따라 배분하지만 다계층주택저당증권(CMO)은 원금상환금액과 이자지급순서가 다른 2개 이상의 트랜치(tranches 또는 bond classes)로 구성되어 있다.[15] 즉, 트랜치별로 만기가 서로 다르게 하거나, 조기상환위험이 낮은 대신 수익률이 낮은 트랜치와 조기상환위험을 더 부담하는 대신에 수익률이 더 높은 트랜치를 설정하는 등 원금과 이자상환 순서(prioritization) 및 방법을 변경시켜 트랜치별로 원금과 이자상환 순서에 차이를 두어 트랜치별로 현금흐름의 크기나 발생시기를 조정한다.[16]

한편, 이자만 지급되는 기간을 원금상환유보기간(principal lockout period)이라고 하며 원금이 상환되는 기간을 원금상환기간(payment win-

15) 트랜치(tranche)는 불어로 조각(slice)을 의미한다.
16) 원리금 상환 현금흐름을 재조정하는 기준을 무빙 나이프(moving knife)라고 한다.

dow)이라고 한다. 다계층주택저당증권(CMO)을 구성하고 있는 각 트랜치의 원리금상환흐름구조는 예상조기상환율에 기초하여 설계되는데 이 예상조기상환율을 프라이싱 스피드(pricing speed)라고 한다.

다계층주택저당증권(CMO)은 저당채권담보부증권(MBB)과 같이 다계층주택저당증권(CMO) 발행기관이 주택저당채권의 소유권을 보유하고 주택저당채권을 담보로 발행된 채권이라고 할 수 있다. 또한, 다계층주택저당증권(CMO)은 원리금과 조기상환 원금이 투자자에게 이전되는 점에서는 저당대출지분이전증권이나 저당대출원리금이체증권과 같다.

〈표 11-10〉 MBS의 구조: KHFC MBS 2012-28(단위: 억원, %)

구분	발행구조	발행금액	만기	금리	이자지급	신용등급	call조건
선순위	1-1	436	1	3.03	3개월이표	AAA	
선순위	1-2	600	2	3.03	3개월이표	AAA	
선순위	1-3	500	3	3.02	3개월이표	AAA	
선순위	1-4	1,000	5	3.13	3개월이표	AAA	3개월이후
선순위	1-5	600	7	3.18	3개월이표	AAA	2년 이후
선순위	1-6	600	10	3.17	3개월이표	AAA	3년 이후
선순위	1-7	100	15	3.20	3개월이표	AAA	4년 이후
선순위	1-8	100	20	3.30	3개월이표	AAA	5년 이후
후순위채	2-1	15	21	14.09	만기일시 연단리	BB	

주: 원금지급은 만기일시 조건임.
자료: 한국주택금융공사

〈표 11-10〉은 한국주택금융공사가 발행한 주택저당증권(KHFC MBS 2012-28)으로 다계층주택저당증권(CMO) 형태로 발행되었다.

이 다계층주택저당증권(CMO)은 선순위증권의 경우 만기가 1년, 2년, 3년, 5년, 7년, 10년, 15년, 20년으로 구성된 8개의 트랜치(또는 종목)로 구성되어 있다. 각 트랜치별로 원금은 만기에 일시상환되며 이자는 3개월 후급이다.

각 트랜치의 발행금액과 만기를 살펴보면 트랜치 1은 발행금액이 436

억원이며 만기가 1년으로 가장 짧다. 발행금리는 3.03%로 만기가 긴 다른 트랜치보다 낮다. 만기가 5년인 트랜치 1-4부터 트랜치 1-8까지는 콜옵션이 부여되어 있다.

후순위증권은 만기가 21년이며 원리금(총 15억원)은 만기에 일시상환되며 이자지급방식은 단리이다.

2. 다계층주택저당채권(CMO)의 등장배경

1983년 연방주택대출모기지회사(FHLMC 또는 Freddie Mac)에 의해 다계층주택저당증권(CMO)이 처음 도입된 이래 다계층주택저당증권(CMO)은 발행규모면이나 구조면에서 계속 발전해 오고 있다. 다계층주택저당증권(CMO) 발행이 계속 증가하는 원인은 첫째, 주택저당채권의 대량공급과 둘째, 투자자의 필요에 맞추어 원리금 상환흐름을 다양하게 설정하는 다계층주택저당증권(CMO)의 특성으로 인해 다계층주택저당증권(CMO)에 투자수요가 증가하였기 때문이다.

1983년 연방주택대출모기지회사(FHLMC)에 의해 처음 도입된 다계층주택저당증권(CMO)은 3개 계층으로 구성되어 있었으나 1987년에는 5~6개의 트랜치를 가진 다계층주택저당증권(CMO)이 주종을 이루었고 1992년에는 20개의 트랜치를 가진 다계층주택저당증권(CMO)도 등장하였다.

1986년 세법 개정으로 발행회사에 세제혜택과 회계처리에 있어서 특례가 인정되는 부동산저당채권 유동화회사(REMIC : real estate mortgage investment conduit)를 이용한 다계층주택저당증권(CMO) 발행이 허용됨에 따라 부동산저당채권 유동화회사를 통한 다계층주택저당증권(CMO)의 발행규모가 크게 증가하였다.[17)]

이후 1992년~1993년 시장이자율이 급격히 하락하여 조기상환율이 증가함에 따라 다계층주택저당증권(CMO)에 대한 수요가 더 증가하게 되었고 1990년 후반 들어서는 발행규모 면에서 다계층주택저당증권(CMO)이

17) 다계층주택저당채권(CMO)은 레믹(REMIC)과 동의어로 사용된다.

미국 주택저당증권에서 차지하는 비중이 50%를 넘어섰다. 국내에서 발행되는 주택저당증권은 대부분 다계층주택저당증권(CMO) 형태라고 할 수 있다.

1994년에서 1996년 동안에는 다계층주택저당증권(CMO)의 발행규모가 축소되었는데 이는 경기침체에 따른 신규 주택담보대출이 줄어들고 다계층주택저당증권(CMO)의 구조가 지나치게 복잡하게 설계되어 투자자들이 기피하게 되었기 때문이다.

그러나 현금흐름이나 만기구조 등의 재설계, 공시체제 강화, 위험관리 시스템 구축 등을 다계층주택저당증권(CMO)의 개선에 노력을 기울었다. 이로 인해 1997년 이후 발행규모는 2002년을 제외하고는 꾸준히 증가하여 서브프라임 모기지부실사태 이전까지 약 1조달러 규모의 시장으로 성장하였다.

정부발행 다계층주택저당증권(CMO)은 일정 금액이하의 주택저당채권으로 구성되어 있는 반면 민간발행 다계층주택저당증권(whole-loan CMO)은 소위 점보 론(jumbo loan)이라는 금액이 큰 주택저당채권 풀(pool)로 구성되어 있다.

3. 다계층주택저당증권(CMO)의 종류

다계층주택저당증권(CMO)의 종류는 Sequential-pay, PAC, TAC, and companion과 같이 원금을 재분배하는 구조, 프로어터스(floaters)와 역프로어터스(inverse floaters)와 같이 표면이자율을 조정하는 구조, IO(interest-only)와 PO(principal-only)와 같이 이자흐름을 재분배하는 구조로 구분할 수 있다.

파보지 · 바타크라야 · 베르리너(2007)는 MBS의 조기상환율 측정, CMO의 다양한 구조, MBS의 가치평가에 대해 자세히 설명하고 있다.

(1) 순차상환형 CMO(sequential pay CMO)

1983년 6월 처음 도입된 CMO는 각 트랜치에 대해 원리금이 연속적으로 균등분할상환(amortized)되는 순차상환형(sequential pay) CMO이었다. 순차상환형 CMO는 주택저당채권의 집합(pool)을 가지고 다양한 만기와 듀레이션(duration)을 가진 여러 트랜치로 구성된 주택저당증권이다. 최초로 발행된 다계층주택저당증권(CMO)의 목적은 투자자들이 다양한 만기구조를 선택하여 투자할 수 있도록 하기 위한 것이었는데 이를 일반적인 구조(plain vanilla) 또는 클린 구조(clean structure)라고 한다.

〈그림 11-10a〉 순차상환형 CMO: 조기상환율이 예상과 일치하는 경우

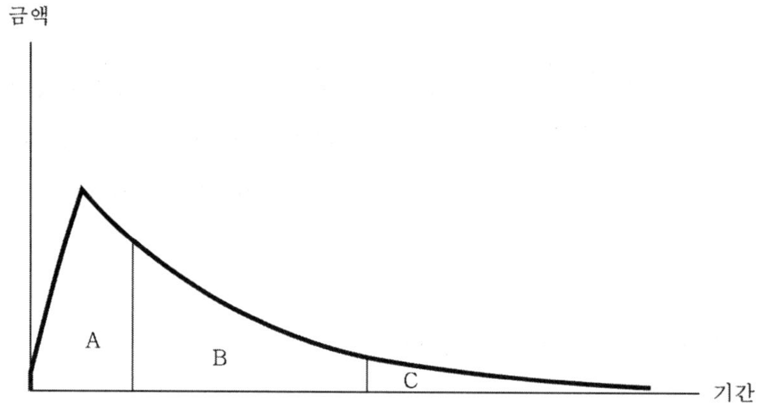

순차상환형 CMO는 예상 조기상환율하에 상환되는 원리금을 일련의 트랜치에 연속적으로 재분배하는 방법으로 원리금 상환이 이루어진다.[18] 즉, 원리금상환금액과 조기상환액을 우선 만기가 가장 짧은 트랜치의 원리금상환에 사용하고 다른 트랜치에 대해서는 이자만 지급된다. 만기가 가장 짧은 트랜치에 대해 원리금이 전액 상환되면 다음 순서 즉, 다음으로 만기가 짧은 트랜치에 대한 원리금 상환이 이루어지고 이와 같은 방

18) 주택저당증권의 경우 조기상환이 일반적이 현상이기 때문에 주택저당증권의 가치결정시 원금의 상환속도인 예상조기상환율에 대한 이해가 필요하다. 이러한 예상조기상환율을 프라이싱 스피드(pricing speed)라고 한다.

식으로 마지막 트랜치에 대해서까지 원리금이 상환된다.

원금이 상환되는 트랜치를 액티브 트랜치(active tranche)라고 한다. 한편, 이자만 지급되고 원금이 지급되지 않는 기간을 원금지급정지기간(principal lockout period)이라고 하며 원금이 지급되는 기간을 원금지급기간(payment window)이라고 한다. 〈그림 11-10a〉는 조기상환율이 예상과 일치하는 경우 순차상환형 CMO, 〈그림 11-10b〉는 조기상환율이 예상보다 더 높은 경우 순차상환형 CMO, 〈그림 11-10c〉는 조기상환율이 예상보다 더 낮은 경우 순차상환형 CMO를 나타낸다.

〈그림 11-10b〉 순차상환형 CMO: 조기상환율이 예상보다 더 높은 경우

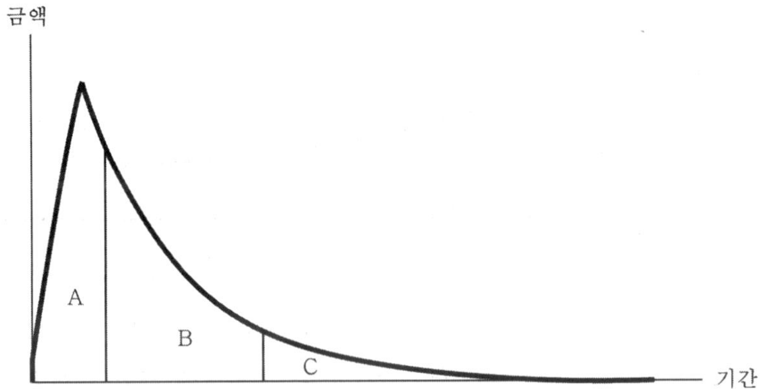

순차상환형 CMO의 발행으로 단기채 투자자는 만기가 짧은 계층에 투자하여 만기불일치를 해소할 수 있어 장기채 투자자는 만기가 긴 계층에 투자하여 조기상환으로 인한 위험을 회피할 수 있다.[19] 또한 연속지불형의 경우 수익률곡선이 (+)인 경우 즉, 단기이자율보다 장기이자율이 높은 경우, 단기 트랜치(tranche)는 낮은 금리로 발행할 수 있는 장점이 있다.

하지만 순차상환형 CMO는 각각 채권의 표면이자율이나 원금상환 계획을 조정하지 않아 투자자의 욕구에 충분히 충족시키지는 못했다. 〈그림

19) 조기상환이 이루어지면 조기상환액은 만기가 짧은 계층의 원금상환에 사용되므로 조기상환위험은 만기가 짧은 계층에 투자한 투자자가 부담하게 된다.

11-10〉에서와 같이 순차상환형 CMO는 예상조기상환율에 근거하여 원리금 상환 현금흐름을 재구성한 것이다. 그러나 조기상환율은 시장이자율의 변화에 따라 변화하므로 순차상환형 CMO은 투자자에게 조기상환율 위험을 회피하는데 충분한 수단이 되지 못하였다.

〈그림 11-10c〉 순차상환형 CMO: 조기상환율이 예상보다 더 낮은 경우

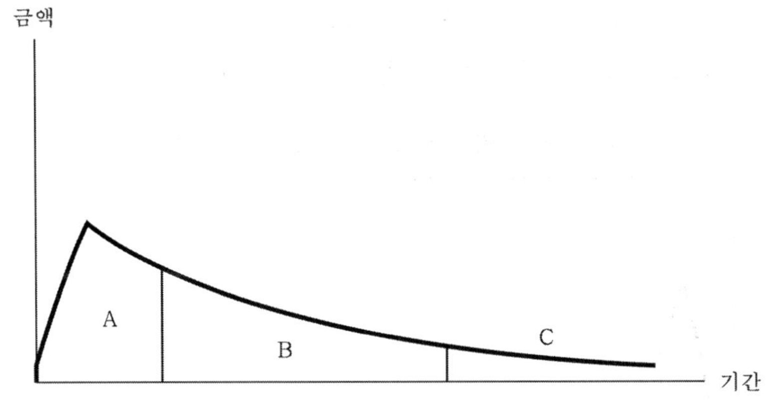

1983년 10월에는 순차상환형 CMO보다 듀레이션이 길고 볼록성(convexity)이 큰 accural 또는 Z-bonds이라는 CMO가 등장했다. 1986년에는 투자자의 욕구에 맞는 듀레이션과 볼록성을 가진 다계층주택저당증권(CMO)을 만들어내는 방법이 등장하였는데 즉, 원금상환 계획 및 우선순위를 조정하거나(예: PACs과 TACs), 표면이자율을 조정하거나(예: floaters 및 inverse floaters), 이자부분과 원금부분의 분리하는(예: IOs과 POs) 스트리핑(stripping) 기법이 사용되었다.

(2) Z-bonds

Z-bond이란 다계층주택저당증권(CMO)의 여러 트랜치 중 만기가 더 짧은 채권의 원리금이 지급되는 동안에는 원리금이 지급되지 않고 만기가 더 짧은 트랜치의 원리금이 지급된 후에 원리금이 지급되는 락아웃(lockout)형태의 다계층주택저당증권(CMO)이다. Z-bond는 원리금이 누

적되는 단계인 누적단계(accrual phase)와 원리금이 지급단계(payment phase) 2단계로 구분할 수 있다.[20]

Z-bond가 있는 다계층주택저당증권(CMO)의 경우 Z-bond에 지불되어야 하는 원리금이 다른 트랜치의 원리금 상환에 사용되므로 다른 트랜치의 만기는 짧아지는 효과가 있다.

Z-bond는 이표채(만기이전에 일정기간마다 이자를 지급하는 채권)보다 액면가가 매우 낮은 편이다. 그러나 Z-bond는 원리금누적(accretion) 기간 동안 재투자위험이 없고 만기가 동일한 국공채 무이표채보다 더 높은 수익률을 제공한다.

(3) PACs/컴패니언 구조

1980년대 중반 시장이자율 하락으로 인해 리파이낸싱과 조기상환이 증가하고 순차상환형 CMO이 조기상환위험에 대해 투자자에게 충분한 보호를 제공하지 못하였다. 1986년에는 순차상환형 CMO의 단점을 보완할 수 있는 PACs(Planned Amortization Classes) 형태의 CMO가 나타났다. PACs은 재투자위험과 조기상환으로 인한 가중평균만기(WAL : Weighted Average-Life) 변동성 위험을 회피할 수 있도록 설계된 다계층주택저당증권(CMO)의 일종으로 1989년 이후 발행된 다계층주택저당증권(CMO)의 주종을 이루고 있다.

PACs은 〈그림 11-11〉에서와 같이 조기상환율이 증가하거나 감소하더라도 일정 금액의 원금은 상환된다는 경험에 근거하고 있다. 즉, 원금상환금액을 일정 수준으로 상환되는 부분과 예상보다 더 많이 또는 더 적게 상환되는 부분으로 구분·분리하여 안정적인 투자를 원하는 투자자에게 일정 수준으로 발생하는 원금상환부분을 판매하고 고위험/고수익을 원하는 투자자에게는 예상보다 더 많이 또는 더 적게 상환되는 부분을 판매하는 것이다.

20) 원리금을 만기 때까지 누적시키는 것을 'accretion'이라고 한다.

〈그림 11-11〉 PACs의 구조

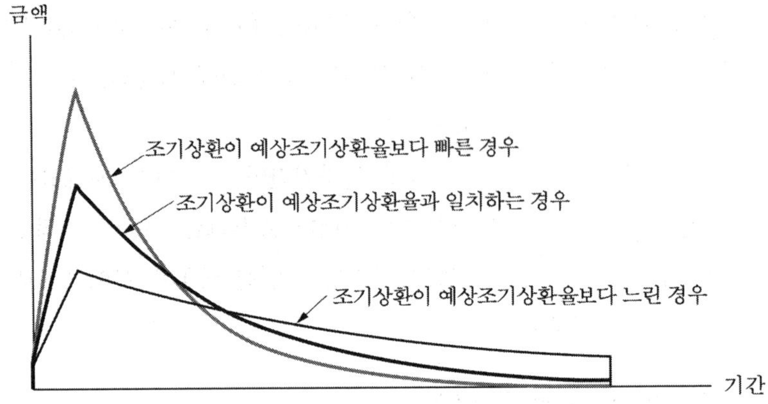

PACs 구성내용을 구체적으로 살펴보면 PACs은 2개의 조기상환율에 근거한 원금상환일정 중 가장 적은 원금상환이 발생하도록 원금상환계획이 설계되어 있다. 예를 들면, 예상조기상환율이 275% PSA와 100% PSA인 다계층주택저당증권(CMO)이 있다면 원금상환초기에는 100% PSA의 원금상환액이 275% PSA보다 적고 만기가 가까워질수록 275% PSA의 원금상환액이 100% PSA보다 적다. 이 경우 PACs의 원금상환일정은 원금상환초기에는 100% PSA의 원금상환일정에 따르고 만기가 가까워질수록 275% PSA의 원금상환계획에 따른다. 즉, PACs은 2개의 조기원금상환계획 중 원금이 가장 적게 발생하는 원금상환일정에 따라 원금상환 현금흐름이 발생하도록 설계된다.

일단 전체적인 원금상환일정이 확정되면 PACs은 순차상환형 CMO와 같이 단기 · 중기 · 장기 등 만기별로 다시 나눌 수도 있다.

한편, PACs의 원금상환일정보다 실제로 조기상환율이 높거나 낮을 경우 원래의 PACs의 원금상환일정에 벗어난 현금흐름이 발생하는데 이러한 현금흐름은 별도로 적립하여 두는데 이를 컴패니언(companions 또는 supports)이라고 한다. 컴패니언에 적립된 금액도 상환일정에 따라 원금상환일정과 동시에 컴패니언에 대한 투자자에게 분할상환(amortization)

된다.

〈그림 11-12a〉 PAC과 컴패니언(companion): 조기상환율이 예상과 일치하는 경우

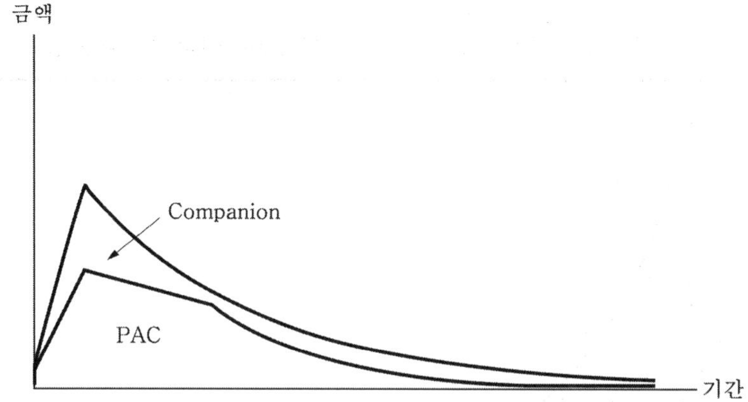

〈그림 11-12a, 11-12b, 11-12c〉는 조기상환율의 변화에 따른 PAC·컴패니언·가중평균만기의 변화를 나타낸다. 조기상환율이 예상조기상환율보다 더 높은 경우 PACs의 원금상환일정보다 더 많은 원금이 상환되는데 초과원금상환액은 컴패니언에 흡수된다. 따라서 주택저당증권의 가중평균만기는 짧아지게 된다.

역으로, 조기상환율이 예상조기상환율보다 낮은 경우 현재 지불해야 하는 원금상환액이 부족하지 않도록 컴패니언의 분할상환(amortization)이 연기되기도 한다. 따라서 주택저당증권의 가중평균만기는 길어지게 된다.

조기상환율의 변화에 대한 컴패니언의 가중평균만기는 변화율이 높은 편이고 이로 인해 PACs의 각 트랜치보다 수익률이 높게 형성되는 경향이 있다. 즉, 조기상환율이 예상보다 더 높은 경우 컴패니언이 가중평균만기보다 더 이른 시일내에 분할상되고 역으로 조기상환율이 예상보다 낮은 경우 컴패니언이 가중평균만기 이상으로 연장될 수도 있다.

순차상환형 CMO와 PACs을 비교하면 PAC은 일정 범위의 조기상환율내에서 원금상환액이 안정적이고 조기상환율이 예상범위를 벗어난 경우에도 이러한 현금흐름을 조절하는 컴패니언이 있기 때문에 안정적이다.

따라서 PAC의 가격은 동일한 만기를 가진 순차상환형 CMO보다 국고채(Treasury)에 가산되는 스프레드(spread)가 더 낮고 컴패니언은 순차상환형 CMO보다 스프레드가 더 높다.

〈그림 11-12b〉 PAC과 컴패니언(companion): 조기상환율이 예상보다 높은 경우

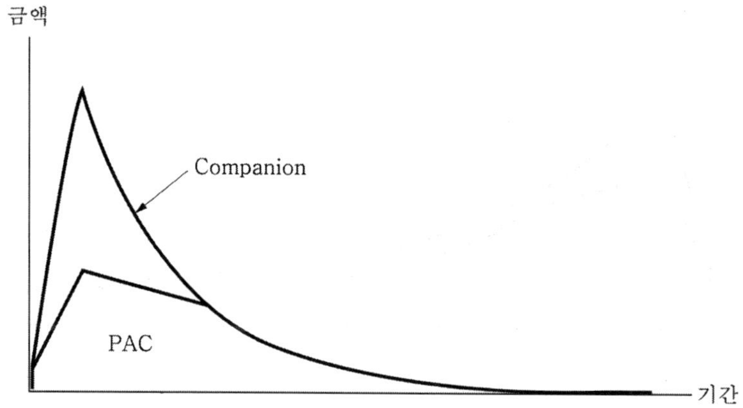

〈그림 11-12c〉 PAC과 컴패니언(companion): 조기상환율이 예상보다 낮은 경우

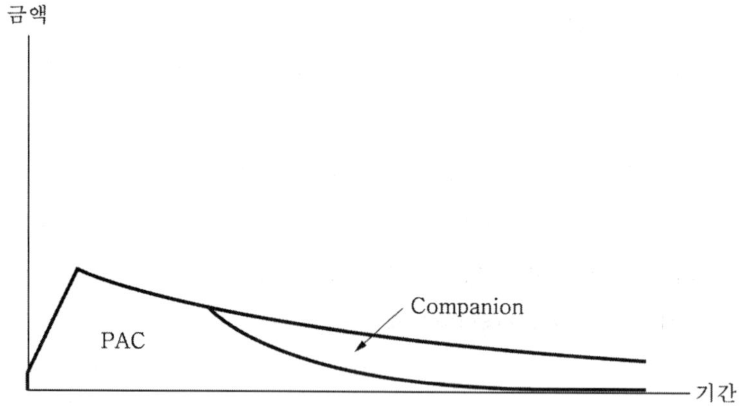

2개의 조기상환율에 근거하여 발생하는 원금상환흐름의 크기를 실제 PAC 범위(예: 100%~275% PSA)라고 하는데 PAC의 가치평가에 있어서는 실제 PAC 범위(bands)가 중요하다. 이 범위는 PAC의 원금상환일

정의 실제 조기상환율 범위를 결정한다.

〈그림 11-13〉에서 만기가 짧은 PAC이 만기가 긴 PAC보다 실제 PAC의 상한범위가 더 높은데 이는 컴패니언에 적립된 잔액이 많고 또한 컴패니언에 적립된 금액이 PACs의 가중평균만기가 짧아지기 전에 일단 먼저 지불되도록 설계되어 있기 때문이다.

한편, 실제 PAC 범위는 조기상환율에 따라 시간이 경과하면서 변동하는데 이를 PAC 밴드 드리프트(band drift)라고 한다.

〈그림 11-13〉 PACs과 PSA

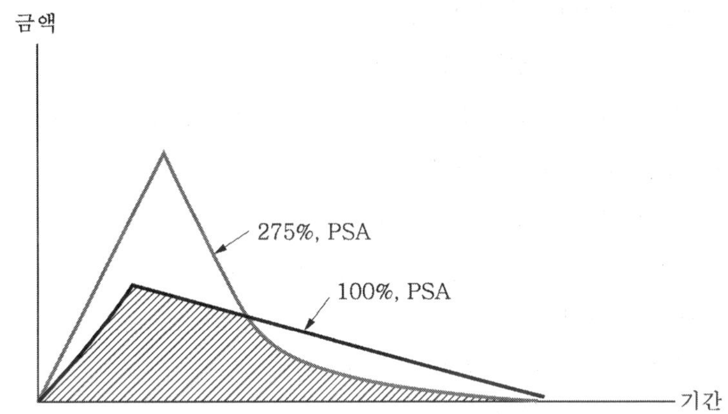

(4) TACs(Targeted Amortization Classes)

TACs은 조기상환율이 일정 범위내에서 발생하면 원금상환이 예정대로 지급되고 조기상환율이 예상보다 높은 경우 초과되는 원금상환금액을 컴매니언에 할당하여 조기상환에 의해 만기가 짧아지는 것은 방지하지만 조기상환율이 일정 범위이하로 하락하는 경우 TACs의 가중평균만기가 연장되는 것에 대해서는 보호하지 않는다.

PACs은 조기상환으로 인해 발생하는 콜옵션위험(call option risk)과 만기연장위험(extention risk)을 보호하지만 TACs은 콜옵션위험만 보호한다. 한편, 역 TAcS(Reverse TACs)은 만기연장위험을 보호하지만 콜옵션위험을 보호하지 않는다.

금리가 하락하는 경우 투자자는 조기상환으로 인한 다계층주택저당증권(CMO)의 만기가 짧아지는 것에 대해 우려하기 때문에 만기연장위험에 대한 보호를 받을 수 있는 PACs보다 TACs에 투자하여 더 높은 수익률을 얻으려고 하는 경향이 있다.

(5) 플로어터스(Floaters)와 역플로어터스(Inverse Floaters)

Z-bonds, PACs, TACs 등은 원금상환일정과 지급방법을 조정하는 형태의 다계층주택저당증권(CMO)이다. 이들 다계층주택저당증권(CMO)은 다계층주택저당증권(CMO)을 구성하고 있는 각 트랜치의 표면이자율이 고정되어 있는 고정금리형 CMO이다.

1986년 9월에는 쉬어슨 리만 브라더스(Shearson Lehman Brothers)사는 고정금리형태의 CMO를 플로어터스와 역플로어토스로 구분하여 변동금리형 CMO를 처음 발행하였다. 단기 금융상품을 취급하는 금융회사의 경우 만기가 단기인 금융상품의 원리금 지불을 위해 만기가 단기인 투자상품을 선호한다. 즉, 자산·부채관리(ALM : asset-liabbilites management)를 위해 예금상품과 투자자산간의 만기를 일치시킨다. 이러한 금융회사들은 변동금리형 CMO인 플로어터스를 선호한다.

플로어터스(Floaters : FLT)는 다계층주택저당증권(CMO)을 구성하고 있는 각 트랜치의 이자율을 특정 이자율지표(예: 리보금리)에 가산금리(spread)를 더한 이자율과 연동시켜 일정기간(예: 매월)마다 조정하도록 설계된 다계층주택저당증권(CMO)이다. 플로어터스는 주택저당증권 전체를 변동금리형으로 전환시키는 것이 아니고 일부 트랜치만을 대상으로 만들어진다. 하지만 시장이자율이 급격히 상승하여 주택저당증권의 이자금리를 상회하는 경우 투자자는 손실을 입게 된다.

이러한 문제점을 해결하기 위해 일반적으로 플로어터스를 설계하는 경우 동일한 트랜치로부터 역플로어터스를 같이 설계한다. 역플로어터스(Inverse Floaters: INV)는 특정 이자율지표(예: 리보금리)에 가산금리

(spread)를 차감한 이자율과 연동시켜 이자율과 역으로 움직이도록 설계된 것이다. 따라서, 역플로어터스의 금리수준은 플로어터스의 이자율수준과 역으로 움직인다. 역플로어터스에 대한 이자율은 이자율변동에 관계없이 트랜치에서 발생하는 이자금액이 일정하게 유지되는 수준에서 결정된다. 한편, 플로어터스와 역플로어터스는 표면이자율에 상한선과 하한선이 설정되는데 상한선과 하한선은 만기까지 일정하거나 사전에 명시된 경우 변경도 가능하다.

(예 11-6) 아래와 같은 조건인 경우 표면이자율이 7.5%인 트랜치의 플로어터스 금리와 역플로어터스 금리(I)는 다음과 같이 산출된다.

Libor 금리(L): 3.75%, 플로어터스의 리보금리에 대한 가산금리: 0.5%

트랜치 중 플로어터스의 비중(WF): 75%,

트랜치 중 역플로어터스의 비중(WI): 25%

C: 표면이자율 상한선, 트랜치의 금리: 7.5%

플로어터스 금리(F):

F = Libor 금리+플로어터스의 리보금리에 대한 가산금리

= 3.75% + 0.5%

= 4.25%

I = C - 배수 × L이므로 먼저 배수를 구하면,

배수 = WF / WI

= 75%/25%

= 3

다음으로 표면이자율 상한선은 다음과 같이 구할 수 있다.

트랜치의 가중평균금리 = WF × F × WI × I

$$7.5\% = 0.75 \times F + 0.25 \times I$$
$$= 0.75 \times (L + 0.5) + 0.25 \times (C - 3 \times L)$$
$$= 0.375 + 0.25C$$

$$C = 7.125/0.25 = 28.5\%$$

따라서, 배수와 표면이자율 상한선을 다음 식에 대입하면

$$I = C - \text{배수} \times L$$
$$= 28.5\% - 3 \times 3.75\%$$
$$= 17.25\%$$

플로어트스와 역플로어터스는 순차상환형, PACs, TACs, companions 등과 결합되어 설계될 수 있으며 금리변동위험을 회피하고자 하는 투자자에게 적합한 상품이다.

(6) IO(interest-only)s와 PO(principal-only)s

1986년 미국의 연방모기지공사(Fannie Mae)는 주택저당증권을 9% 표면이자율과 12% 표면이자율 2개로 구성된 주택저당증권을 발행하였는데 이를 strip MBS라고 한다. 최근 strip MBS는 주택저당증권에서 발생하는 원리금 현금흐름을 이자부문(이를 STRIP IOs함)과 원금만을 받는 부분(이를 STRIP POs)으로 나누어 별도 판매하는 형태이다.

IOs와 POs의 가치는 조기상환율과 시장이자율 변화에 민감하게 변동한다. 〈그림 11-14〉는 시장이자율 변화에 따른 IOs와 POs의 가치변화를 나타낸다.

조기상환율이 높은 경우 원금잔액이 상환계획보다 더 일찍 감소함에 따라 향후 이자지급액이 감소되어 IOs의 가치가 하락하게 된다. 그러나 원금상환이 조기에 이루어질수록 원금상환속도가 증가하므로 POs의 가치

는 증가한다. 역으로, 조기상환율이 낮은 경우 IOs의 가치는 증가하고 POs의 가치는 하락한다.

〈그림 11-14〉 시장이자율변화에 따른 POs와 IOs의 가치변화

▶시장이자율 상승시

POs: 할인율 ↑ 가치 ↓
조기상환율 ↓ 가치 ↓
순효과 ↓

IOs: 할인율 ↑ 가치 ↓
조기상환율 ↓ 가치 ↑
순효과 ↑

▶시장이자율 하락시

POs: 할인율 ↓ 가치 ↑
조기상환율 ↑ 가치 ↑
순효과 ↑

IOs: 할인율 ↓ 가치 ↑
조기상환율 ↑ 가치 ↓
순효과 ↓

한편, 시장이자율이 하락하는 경우 POs는 할인율이 낮아져 POs의 가격이 상승한다. 따라서 POs는 시장이자율 하락시 높은 수익률을 얻을 수 있는 투자수단이다. 한편, 시장이자율이 하락하는 경우 IOs의 가격은 상승하지만 조기상환율의 상승으로 인한 가격하락이 시장이자율 하락에 따른 가격상승효과보다 더 크기 때문에 IOs의 가치는 하락한다.

시장이자율이 상승하는 경우에는 조기상환율이 감소하고 할인율 증가로 인해 POs의 가격이 하락함에 따라 POs의 가치는 하락한다. 그러나 IOs의 경우 할인율 상승으로 인해 가격이 하락하지만 조기상환율 하락으로 인한 가치상승 효과가 더 크기 때문에 IOs의 가치는 상승한다.

IOs와 POs는 조기상환율에 대한 시장의 척도가 되며 IOs와 POs의 듀레이션 특성으로 인해 다른 고정금리 금융상품과 결합하여 금리위험에 대한 유용한 헤지수단이 되고 있다.

참고문헌 및 웹사이트

김민정, 한국주택금융공사 MBS의 성과분석, 한국신용평가, 2006.4

김범석, "한국주택금융공사의 설립과 MBS시장의활성화", 시사금융, Vol. 19-10 No. 224, 2003.10.

박연우 · 김필규 · 이현진 · 정재선, 모기지의 조기상환 모형에 근거한 MBS 가격결정에 관한 연구 - OAS 방법을 중심으로, 한국증권연구권, 연구보고서 08-04. 2008.

박연우 · 방두완, "고정금리 주택담보대출 조건부 조기상환율의 결정요인 분석 - 풀(pool)단위 시계열 회귀분석 중심으로", 주택연구 제19권, 2011, 77-99.

이준희, 주택저당채권가격의 평가와 위험측정, 주택금융월보, 2005년 6월호, 한국주택금융공사

전준규 · 김진규, 우리나라 모기지론의 조기상환모형에 관한 실증연구, 재무관리연구 제28권, 2011, 173-199.

한국기업평가, 2006 평가방법론-RMBS, 2006.5

한국신용정보, 2006 NICE Structured Finance Rating Methodology, 2006.3.

한국주택저당채권유동화, "주택저당채권유동화(MBS)제도의 발전 방향", 코모코 창립 1주년 기념 MBS 국제세미나, 2000.12.20.

한국주택저당채권유동화, 주택금융 및 MBS 제도 발전을 위한 세미나 자료집, 한국주택저당채권유동화(주), 2001.6.

Fabozzi, F. & Bhattacharya, A. & Berliner, W., Mortgage Backed Securities: Products, Structuring, and Analytical Technique, Wiley, 2007.

Ganwani, Sunil, MBS Structuring: Concepts and Techniques, The Securitization Conduit vol.1 no.3, 1998.

He, Jia & Ming Liu, Mortgage Prepayment Behavior in a Market with ARM only, Journal of Asian Real Estate Society vol.1 no.1, 1998, 64-80.

Lee, Joong-Hee, Mortgage Securitization in Korea, ASRES-AREUEA Joint International Conference, July 4-6, 2002, Seoul, Korea.

Rosen, Richard, The Role of Securitization in Mortgage Lending, Chicago Fed Letter, 2007.

Taff, Laurence, Investing in Mortgage Securities, AMACOM, 2003.

The Handbook of Mortgage-Backed Securities 5th ed, Fabozzi, Frank J., ed., McGraw-Hill, 2001.

Salomon Smith Barney Guide to Mortgage-Backed and Asset-Backed Securities, Hayer, Lakhbir, ed., John Wiley & Sons, Inc., 2001.

www.bondmarkets.com

www.fanniemae.com

www.freddiemac.com

www.ginniemae.com

www.kisrating.com

www.korearating.com

www.nice.co.kr

제 12 장

커버드 본드

제 1 절 커버드 본드의 개념

1. 커버드 본드의 정의 및 등장배경

커버드 본드(covered bond)란 금융기관이 중장기 자금조달을 위해 주택담보대출채권 등을 담보로 발행하는 채권이다. 금융회사의 커버드 본드 발행에 관한 법률은 커버드 본드를 적격발행기관이 제공하는 기초자산집합(cover pool)에 대하여 제3자에 우선하여 변제받을 권리를 가지며 이를 통해 변제가 충당하지 아니하는 경우에는 발행기관에 대한 청구권을 가지는 채권이라고 정의하고 있다.

커버드 본드의 발행목적은 장기자금조달이며 주택담보대출, 공공부분대출, 선박대출을 담보자산으로 발행되는데 그 중 주택담보대출의 비중이 높은 편이다.

2. 커버드 본드의 특징

커버드 본드의 담보자산은 발행회사의 재무제표내에 계속 존재(on-balance)하지만 발행회사의 파산위험으로부터 절연(bankruptcy remoteness)된다. 투자자는 발행회사의 도산시 담보자산에 대한 우선청구권을 보장받으며 담보자산으로 상환재원이 부족할 경우 발행회사의 여타 자산에 대해서도 청구권을 보유하는 이중청구권(dual recourse)이 있다. 커버드 본드는 이중청구권으로 인해 발행회사의 신용등급보다 더 높은 신용등급의 채권을 발행할 수 있다.

커버드 본드의 발행주체는 주로 자산을 보유한 금융기관이며 발행목적은 자금조달이다. 또한 발행금리는 주로 고정금리이며 대부분 조기상환이 불가하다.

〈표 12-1〉 커버드 본드

발행자 입장	투자자 입장
• 우량자산을 기초자산으로 발행되기 때문에 높은 신용도 확보 • 높은 신용등급으로 인한 조달비용 절감 효과 • 자금조달 원천의 다변화	• 주택저당채권국채 등 이외에 우량자산에 투자함으로써 포트폴리오 위험 분산 효과 • 높은 신용등급으로 인해 낮은 위험·높은 수익률 확보 • 이중상환청구권으로 인해 투자의 안정성 제공

자료: 가계부채 위험완화를 위한 모기지 유동화시장 환경점검 - 커버드 본드를 중심으로 -, 한국주택금융공사 주택금융월보 제94호, 2012.5

3. 커버드 본드의 연혁

커버드 본드는 대부분 유럽에서 발행되고 있는데 독일에서는 1900년대부터 법적 장치가 체계적으로 마련되면서 저당채권(Pfandbrief)이라는 커버드 본드가 발행되어 왔다. 1769년 프러시아전쟁 이후 프러시아의 영주들이 자신들의 영지를 담보로 채권을 발행한 것이 커버드 본드의 시초로 알려져 있다. 독일은 커버드 본드발행 역사가 오랜 된 만큼 커버드 본드에 관한 제도가 유럽 국가 중 가장 잘 정비되어 있는 편이다.

1990년대 이후에는 프랑스, 스페인, 네덜란드 등 다른 유럽국가에서 커버드 본드가 발행되기 시작하였다. 1990년 독일통일, 1999년 유로출범도 커버드 본드의 발행규모 증가에 기여하였다. 2011년 발생한 유럽재정위기로 인해 은행의 자금조달 수단으로 커버드 본드에 대한 관심이 증가하면서 여러 유럽 국가들이 제도적 정비에 나서고 있다. 그리스·이탈리아·스페인·아일랜드·포르투갈 등 유럽국가들의 재정위기로 인해 정부국채 발행이 쉽지 않은 상황에서도 2011년 상반기중에 약 1,300억 유로 규모의 커버드 본드가 발행되었다.[1)]

주택저당증권이 주로 발행되는 미국의 경우에도 글로벌 금융위기 이후 금융기관의 유동성 확보를 위해 커버드 본드의 도입을 위한 제도적 장치를 마련하고자 준비 중이다.

4. 커버드 본드의 국내 도입 배경

2007년 글로벌금융위기 이전에는 금융시장에서 풍부한 유동성에 의해 금융기관들이 주택담보대출을 이용하여 자금을 조달할 필요성이 적었다. 하지만 2007년~2008년 글로벌 금융위기 이후 신용경색으로 인해 유동성 부족 현상이 발생하고 글로벌금융위기의 원인으로 서브프라임 주택담보대출이 거론되면서 주택담보대출을 이용한 주택저당증권에 대한 신뢰가 무너져 주택저당증권 발행이 어려워졌다.

이에 따라 금융기관이 안정적인 자금조달수단을 확보할 수 있는 대안으로 커버드 본드에 대한 관심이 높아졌다. 또한 가계부채를 해결하고 자

---

1) 신승용, "주택담보대출 유동화시장 현장 점검," 한국주택금융공사 주택금융월보 제84호, 2011.7, 22-36.

본확충을 위한 수단으로서 커버드 본드의 도입이 거론되었다. 금융위원회는 2011년 가계부채 연착륙 종합대책의 후속조치로 은행의 우선변제부채권 발행 모범규준을 제정하여 커버드 본드의 발행기반을 마련하였다. 2012년 10월에는 금융회사의 커버드 본드 발행에 관한 법률을 제정하였다.

제 2 절 커버드 본드의 구조 및 특징

1. 커버드 본드의 구조

커버드 본드는 발행기관과 발행기관이 제공하는 기초자산집합에 대한 우선변제권을 통해 투자자에게 이중상환청구권을 보장하는 채권이다. 적격발행기관은 기관요건과 건전성 요건을 충족해야 한다. 기관요건에는 은행 · 한국주택금융공사 · 정책금융공사 또는 이에 준하는 기관으로서 대통령령이 정하는 기관이 있다. 적격성 요건에는 자본금(1,000억원 이상), 자본비율(BIS 자기자본비율 10% 이상), 자금의 조달운용구조리스크관리 시스템의 적정성이 있다.

커버드 본드의 담보로 제공되는 기초자산집합은 기초자산·유동성자산·기타 자산으로 구성되며 최소담보비율이 105% 이상이어야 한다. 기초자산으로는 적격 주택담보대출, 국가공공기관 대출채권, 국공채 등이 있으며 유동성 자산으로는 현금, 타행 발행 만기 100일 이내 CD가 있다. 기타 자산으로는 회수금, 자산의 관리 · 운용 · 처분에 따라 취득한 재산, 환율·이자율 헤지를 위해 체결한 파생금융거래 채권 등이 있다.

커버드 본드를 발행하는 경우 발행기관, 금리 · 만기 등 발행조건, 발행시기, 발행총액 등이 포함된 발행계획과 자산의 종류명세, 평가총액 · 평가내용, 담보유지비율, 기초자산집합 관리방법, 수탁관리인 및 기초자산감시인에 관한 사항 등이 포함된 기초자산집합에 관한 사항을 금융위원회에 등록해야 한다.

커버드 본드 투자자는 기초자산집합으로부터 제3자에 우선하여 변제받을 권리를 보유한다. 만약 우선변제를 받지 못하는 경우 발행기관의 다른 자산에 대해 무담보 선순위채권자들과 동등한 지위를 가진다.

발행기관은 커버드 본드의 발행 및 상환에 관련한 위험관리 체계를 별도로 구축해야 하며 분기별 1회 이상 모든 위험을 고려한 기초자산집합의 현재가치를 공시해야 한다.

〈그림 12-1〉 주택저당채권 담보부채권(또는 커버드 본드) 유동화 구조

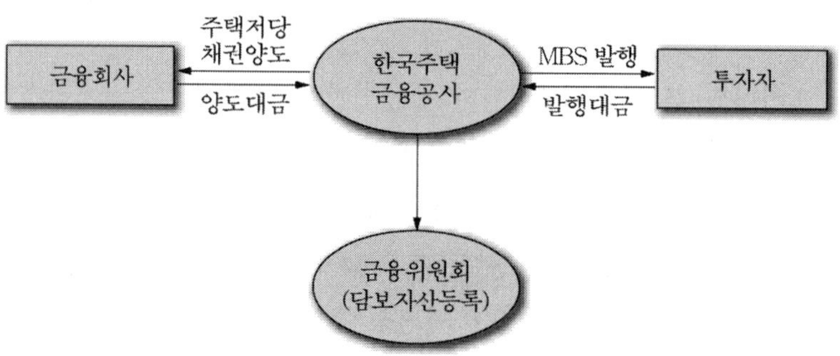

자료: 한국주택금융공사

〈표 12-2〉는 2012년 3월 한국주택금융공사가 발행한 주택저당채권 담보부채권(또는 커버드 본드) 내용이다. 이 채권은 2개의 트렌치로 구성되어 있다. 만기가 2년인 채권은 발행금액이 500억원이며 금리가 3.84%이며 만기가 3년인 트렌치는 발행금액이 2,000억원이며 금리가 3.92% 부분이다. 주택저당채권 담보부채권은 주택저당증권에 비해 만기가 짧은 편이며 적은 수의 트렌치로 구성되어 있다.

〈그림 12-2〉 주택저당채권 담보부채권(또는 커버드 본드) 운용흐름

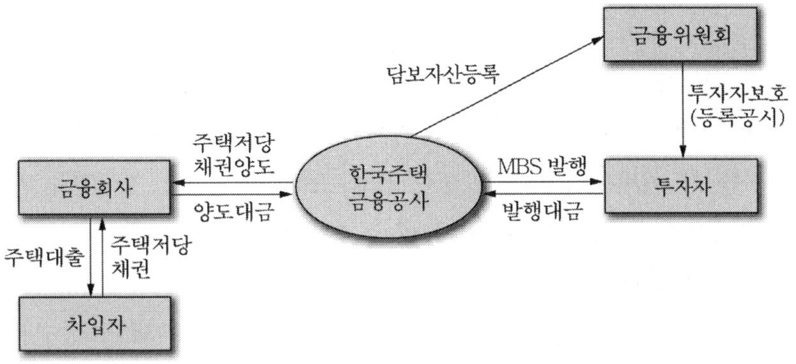

〈표 12-2〉 KHFC MBB 2102-1 내용

구분	내용
상품명	KHFC MBB 2012-1
발행일	2012년 3월 30일
대상자산	경남은행 10억원 광주은행 4억원 국민은행 734억원 기업은행 904억원 대구은행 1억원 삼성생명 25억원 신한은행 862억원 우리은행 79억원 하나은행 453억원 현대캐피탈 1억원
대상자산총액	3,072억원(혼합형 보금자리론)
발행금액	2,500억원(선순위: 2,500억원)
가중평균금리	3.91%(3년 만기 국고채 + 29.9bps)
신용보강	초과담보, 신용등급 AAA, 공모, 상장
발행참여자	주관사: HMC투자증권, 현대증권 신용평가사: 한국신용평가 법무법인: 지평·지성

자료: 한국주택금융공사

2. 커버드 본드와 주택저당채권의 비교

<표 12-3>에서 커버드 본드와 주택저당증권(MBS)의 차이점을 살펴보면 첫째, 커버드 본드는 기초자산이 되는 담보자산에 대한 청구권 뿐만 아니라 커버드 본드를 발행한 금융기관에 대해서도 청구권을 가져 이중 청구권을 가지고 있다. 이에 비해 주택저당증권은 기초자산이 되는 담보자산에 대해서만 청구권을 가진다. 둘째, 커버드 본드는 기초자산이 발행기관의 장부에 담보로 기록되어 남아 있는 반면 주택저당증권은 기초자산이 되는 담보가 발행기관의 장부에 제외는 부외거래이다.

<표 12-3> 커버드 본드와 주택저당채권의 비교

		커버드 본드	MBS
자금상환청구권의 대상	담보	가능	가능
	대출기관	가능	불가능
발행구조	발행주체	대출기관	SPC
	자산보유	자산은 담보로 등록되고 발행기관의 대차대조표에 남아 있음	SPC
거래성격		부내거래	부외거래
발행동기		금리위험 경감, 자금조달	금리위험 경감, 자금조달
조기상환 부담의 전가		조기상환시 새로운 담보자산의 보충가능	조기상환용이, 조기상환에 따른 담보가치 하락은 투자자에게 전가
담보자산의 변경		다른 담보자산으로 변경 가능	변경 곤란
담보자산의 투명성		제한적	높음
트랜치		없음	있음
발행금리 유형		고정금리	변동금리

자료: 가계부채 위험완화를 위한 모기지 유동화시장 환경점검 - 커버드 본드를 중심으로 -, 한국주택금융공사 주택금융월보 제94호, 2012.5

셋째, 커버드 본드는 조기상환 수수료가 비교적 높아 조기상환이 용이하지 않은 편이나 주택저당증권은 조기상환이 용이한 편이며 조기상환으로 인해 담보자산의 가치가 하락하는 경우 손실은 투자자에게 전가된다. 넷째, 커버드 본드는 발행이후에도 기초자산이 되는 담보의 변경이 용이하지만 주택저당증권은 발행 이후에는 담보자산을 변경하기 어렵다.

한편 발베르드, 로젠, 페르단데즈 (2011)의 커버드 본드가 주택저당증권을 대체할 수 있을까 하는 연구에 의하면 커버드 본드는 주로 은행들이 유동성 제고를 위해 발행되고 주택저당증권은 주택담보대출과 관련한 위험을 축소시키기 위해 발행되는 것으로 밝혀졌다.

3. 국내 커버드 본드 발행현황

〈표 12-4〉는 2010년 이후 국내 금융기관에 의해 발행된 커버드 본드 현황이다. 발행금액이 달러표시로 되어 있는 경우 해외에서 발행된 커버드 본드이다.

2009년 국민은행은 주택담보대출과 신용카드매출채권을 담보자산으로 하여 해외에서 10억달러 규모의 커버드 본드를 발행하였다. 2010년 7월에는 한국주택금융공사는 주택금융공사법에 의해 커버드 본드인 주택저당채권 담보부 채권(MBB: mortgage backed bond)을 발행하였다.

〈표 12-4〉 커버드 본드 발행 현황

상품명	발행금액	만기	신용등급	담보자산 규모
국민은행	$10억	5년	Aa2	1.98조원
KHFC MBB 2010-1	$5억	5년 6개월	Aa3	1.12조원
KHFC MBB 2011-1	$2억	2년	AAA	2,861억원
KHFC MBB 2011-2	2,500억원	2년/3년	AAA	3,106억원
KHFC MBB 2011-3	$5억	5년 6개월	Aa3	9,533억원
KHFC MBB 2011-4	2,900억원	2년/3년	AAA	4,292억원
KHFC MBB 2011-5	2,500억원	2년/3년	AAA	3,827억원
KHFC MBB 2012-1	2,500억원	2년/3년	AAA	3,072억원

자료: 한국주택금융공사

〈표 12-5〉 MBB(주택저당채권 담보부채권) 연도별만기별 발행현황, 2010~2012.3, (단위: 억원, %)

구분	1년	2년	3년	5.5년	합계
2010	-	-	-	6,075	6,075
2011	-	3,472	6,600	5,307	
2012	-	500	2,000	-	2,500
합계	-	3,972	8,600	11,382	
비중	-	16.58	35.90	47.51	

〈부동산금융 사례〉

보험사, 커버드본드 도입 앞두고 화색
금융위 최근 입법 예고

저금리로 몸살 앓던 업계 "안정적 투자처 찾았다"

정부가 가계부채 해법으로 추진 중인 커버드본드와 주택저당채권(MBS) 등이 저금리 기조로 역마진 우려가 큰 보험산업에 새로운 투자 대안으로 떠오르고 있다. 현재 보험사들은 국고채 투자 비중이 높은 편인데 이 비중을 줄이고 커버드본드, MBS 등에 대한 투자를 늘려 안정성과 수익률 '두 마리 토끼'를 잡겠다는 것이다.

우선 커버드본드란 은행 등의 금융회사가 주택담보대출채권 등 우량 자산을 담보로 발행하는 장기채권이다. 금융당국은 커버드본드 도입을 통해 장기고정금리 대출 재원을 확보해 가계부채 구조개선을 진행한다는 계획이다. (중략)

이와 관련, 커버드본드가 활성화되면 저금리 기조 장기화로 마땅한 투자처를 찾지 못하는 보험사 자산운용에 숨통을 틔울 수 있을 것이라는 전망도 나오고 있다. 보험사의 경우 장기간 운용해야 하는 특성상 장기 국고채에 대한 투자가 주를 이루게 된다. 그러나 저금리 기조가 지속되면서 장기 국고채에 대한 공급 및 수익성이 악화돼 보험사 자산운용에 큰 부담이 되고 있다.

보험은 고객이 보험에 가입하면 리스크 헤지를 위해 가입기간에 맞춰 채권 구입 등을 통해 매칭해야 하는 구조다. 그런데 최근 환경은 장기채권 매입을 통한 안정적인 자산운용을 어렵게 하고 있다.

보험연구원 관계자는 "수익률이 낮아진 국고채 투자 비중을 줄이고 커버드본드 등에 투자를 확대하는 방안을 고려해 볼 만하다"며 "이를 통해 안정성의 훼손을 최소화하고 자산운용수익률을 높일 수 있을 것으로 기대된다"고 말했다. 한편 금융위는 커버드본드 발행 한도를 은행 총자산의 4% 선으로 제한키로 했다. 지난 6월 말 현재 국내 은행의 총 자산은 2,049조원으로 커버드본드로 최소 80조원 가량을 조달할 수 있게 될 전망이다.

아울러 올해 상반기 MBS 발행액은 5조8,386억원으로 전년 동기(4조2,850억원)보다 37.2% 증가했다. MBS 발행 증가는 은행권의 적격대출과 주택금융공사의 보금자리론 확대에 따른 것으로 분석된다. 보험업계 관계자는 "적격대출, 보금자리론과 같이 유동화를 전제로 한 대출의 증가는 주택담보대출 시장뿐만 아니라 채권시장 구조에도 영향을 줄 것으로 예상된다"며 "이에 따라 보험사도 이를 대비해야 한다"고 말했다.

자료: 〈파이낸셜뉴스〉, 2012.11.14

참고자료

김완중, 가계부채 위험완화를 위한 모기지 유동화시장 환경점검 - 커버드 본드를 중심으로 -, 주택금융월보 제94호, 2012.5.

금융위원회, 금융회사의 커버드본드 발행에 관한 법률 제정안 입법예고, 2012.

신승용, "주택담보대출 유동화 시장 현장 점검", 한국주택금융공사 주택금융월보 제84호, 2011.7, 22-36.

KD산업은행, 글로벌 커버드 본드시장의 추세 및 국내시장의 영향, 금융경제이슈, 2012.

Valverde, S., Rosen, R. and Fernandez, F. Are Covered Bonds a Substitute for Mortgage Backed Securities?, Federal Reserve Bank of Chicago, WP 2011-14, 2011.

제6부

부동산개발금융

제13장

프로젝트 파이낸싱

제 1 절 프로젝트 파이낸싱의 개념

1. 프로젝트 파이낸싱의 개요

프로젝트 파이낸싱(PF: project financing)이란 은행 등 금융회사들이 담보나 기업체 신용도가 아닌 사업의 미래 현금흐름을 근거로 자금을 제공하고 투자지분 비율에 따라 미래의 현금흐름을 배분받거나 손실을 분담하는 금융기법이다. 프로젝트 파이낸싱은 장기간 대규모의 투자자금이 소요되는 사업에 대해 사업주체의 신용도보다는 사업자체의 수익성, 투자위험에 근거하여 대출이 이루어지며 대출금도 사업에서 발생하는 수익에 의해 상환된다.

프로젝트 파이낸싱은 본래 사회간접자본(SOC: social overhead capital)시설에 소요되는 자금조달에 사용되었으나 국내에서는 부동산개발사업에도 많이 사용되고 있다. 최근에는, 엔터테인먼트산업, 방송산업 등 여러 산업분야에서 활용되고 있다.

〈표 13-1〉은 프로젝트 파이낸싱과 일반 기업금융과 차이점을 설명하고

있다. 프로젝트 파이낸싱의 경우 차입주체가 프로젝트 전담회사인 반면 기업금융의 경우 모기업이다. 담보대상의 경우 프로젝트 파이낸싱의 경우 사업에서 발생하는 현금흐름이 담보가 되지만 일반 기업금융의 경우 차입자의 자산이나 제3자의 보증이 담보로 제공된다. 또한 프로젝트 파이낸싱의 경우 모기업에 대해 소구권이 제한되는데 비해 일반 기업금융은 일반적으로 모기업에 대해 소구권이 행사된다. 대출심사 기준의 경우 프로젝트 파이낸싱의 경우 사업자체에 대한 수익성과 위험이 중요시되는 반면 일반 기업금융의 경우 담보위주의 대출심사가 이루어진다.

〈표 13-1〉 프로젝트 파이낸싱과 일반 기업금융의 차이점

구분	프로젝트 파이낸싱	일반 기업금융
차입주체	프로젝트 전담회사	기업
담보	해당 프로젝트의 현금수입 및 자산	차입자의 자산, 제3자의 보증
상환재원	프로젝트의 현금흐름	기업의 전체 재원
소구권 행사	모기업에 대한 소구권 제한	모기업에 대한 소구권 행사
채무수용능력	부외금융으로 채무수용능력 제고	부채비율 등 기존차입에 의한 제한
대출심사 기준	사업성 평가(현금흐름, 자산가치)	담보가치, 차주의 신용도
차입기간	장기	단기・장기
사후관리	참여기관에 의한 엄격한 사후관리	채무불이행시 채무회수

2. 프로젝트 파이낸싱의 연혁 및 현황

(1) 프로젝트 파이낸싱의 유래

1960년대 이후 개발도상국들은 경제개발을 위해 자원개발 및 사회기반시설에 대한 투자에 나섰다. 이러한 사회간접자본에 대한 투자는 막대한 규모의 자금을 필요로 하는데 경제성장 초기단계에 있는 개발도상국들의 정부재정 상태는 대규모 사회기반시설에 투자하기에는 불충분하였다. 또한 개발도상국가들은 외환이 부족하여 국제금융시장에서 차입형식으로 막대한 자금을 지속적으로 조달하는 것도 여의치 않은 상태였다. 따라서,

개발도상국가들은 국제민간자본에 의존하게 되었는데 국제민간자본은 자금을 단순히 대출해 주는 것보다 개발사업으로부터 발생하는 수익 중 일부를 배분받는 것이 수익성 면에서 더 유리하다고 판단하였다.

이러한 국제금융 투자환경으로 인하여 사회기반시설의 건설에 필요한 자금조달시장에서 수익공유 형태의 프로젝트 파이낸싱이 활성화되기 시작하였다. 현재에는 개발도상국가들 뿐만 아니라 자원개발 및 사회간접자본시설 건설, 항만·공항건설 등 각종 대규모 자금이 소요되는 사업에 프로젝트 파이낸싱 기법이 사용되고 있다.

(2) 국내 프로젝트 파이낸싱 현황

사회간접자본에 필요한 민간자본을 유치하기 위하여 정부는 1991년 '민자유치특례법'을 제정하였으나 사회간접자본시설 건설에 민간자본 유치가 활성화되지 못하였다. 1994년 8월에는 '사회간접자본 시설에 대한 민간자본 유치촉진법'을 제정되었고 이 법은 1999년에 '사회간접자본시설에 대한 민간투자법으로 개정되었다. 정부는 2001년 내수 진작의 일환으로 사회간접자본 구축에 대한 금융지원을 담당할 특수목적회사를 설립하기 위하여 '프로젝트 금융투자회사(PFV: project financing vehicle)법' 제정을 추진하였다. 2003년에도 정부는 세제혜택, 정부보증, 출자총액 제한 예외인정 등을 내용으로 하는 '프로젝트 파이낸싱 특별법' 제정을 추진하였다.

이러한 제도적 뒷받침에 힘입어 1995년 영종도 신공항 고속도로건설에 최초로 프로젝트 파이낸싱기법이 사용되었고 1999년 5월에는 인천국제공항 열병합발전소 건설에도 프로젝트 파이낸싱기법이 사용되었다.

2000년 이후에는 은행을 중심으로 부동산개발 프로젝트 파이낸싱이 증가하기 시작하였다. 2002년 중반부터는 프로젝트 파이낸싱 시장에 은행뿐만 아니라 보험회사, 증권회사, 상호저축은행 등도 새로운 수익원 창출을 위해 프로젝트 파이낸싱에 적극 참여하고 있는 추세이다.

2000년 부산은행은 부산-대구간 고속도로 건설사업에 대해 300억원을 프로젝트 파이낸싱 방식으로 지원했고 황령산터널, 수정산터널, 백양산

터널 등 부산권 4대 사회간접자본사업에 560억원의 프로젝트 파이낸싱을 추진한 바 있다.

국민은행은 2001년 순수 민간 SOC 프로젝트인 인천남항 컨테이너터미널에 대해 1,044억원의 프로젝트 금융을 주선하였다. 2001년 한빛은행은 서울시 구로구 구로동 디지털밸리 내에 건립할 우림 아파트형 공장을 분양 수익금만을 담보로 한 300억원 규모의 순수 프로젝트 파이낸싱에 참여하였고 2001년 12월에는 용인 죽전 역세권 개발사업이 공공-민간 합동형 프로젝트 파이낸싱 방식으로 이루어졌다. 이 사업은 한국토지공사와 신세계건설, (주)신세계로 구성된 신세계 컨소시엄이 죽전역을 중심으로 복합 역사, 대형 할인점, 오피스텔 건설 등을 포함하고 있다.

2002년에는 우리은행이 대한유화공업과 노르웨이의 오드펠사가 공동투자하는 온산항의 탱크터미널사업에 단독으로 프로젝트 파이낸싱 방식에 의한 자금을 제공하였다. 교보생명은 2002년 부동산개발업체인 GMI가 시행하는 성남시 상대원동의 선택시티 아파트형 공장건설에 순수 프로젝트 파이낸싱 방식으로 300억원을 투자했다. 그러나 국내 프로젝트 파이낸싱의 경우 사업주체에게 별도의 담보를 요구하는 경우가 있는데 이러한 경우 순수한 의미의 프로젝트 파이낸싱과 차이가 있다.

2003년 산업은행은 부산-거제간 연결도로 민자사업에 1조 5,000억원의 프로젝트 금융주선을 성사시켰다. 부산-거제간 연결도로 공사에는 총사업비가 2조 1,000억원이 소요되는데 부산시 가덕도와 경남 거제간을 2개의 사장교와 국내 최초로 건설되는 1개의 해저침매터널이 건설되고 2010년 준공예정이다.

2005년에는 국민은행 대한생명 교보생명을 비롯한 12개 금융기관들이 용인경전철 건설을 위한 6,145억원 규모의 프로젝트 파이낸싱에 참여하였다. 이사업의 총사업비는 6,970억원이고 사업기간은 2005년부터 2009년이다.

2010년 이후 아랍에미리트(UAE) 원자력발전소와 사우디아라비아 주택 50만 호 건설사업 수주 등 중동 붐이 일면서 '제2의 중동 붐'을 계기로 해외 PF사업의 비중이 커지고 있다.[1)]

해외 PF 조달 규모는 2009년까지 8억달러 미만 수준이었는데 2010년부터 규모가 증가하여 2010년에는 24억 8,400만달러, 2011년에는 32억 8,500만달러를 기록하였다.

2012년에는 1.4조원 규모의 공모형PF 대구 이시아폴리스가 산업용지 100% 분양, 아파트 3,862가구 인기몰이, 상업시설 활성화 등을 통해 성공리에 사업을 마무리하였다.[2)]

2012년 12월 한국수출입은행은 삼성물산이 사우디 아쿠아(ACWA) 등과 공동으로 진행하는 '터키 키리칼레(Kirikkale) 프로젝트'에 1억5,000만달러의 PF를 제공하였다.[3)] 정책금융공사(www.kofc.or.kr)도 삼성중공업과 대우조선해양 등이 수주한 호주 익시스(Ichthys) 액화천연가스(LNG) 생산 프로젝트에 5억6,000만 달러의 PF대출을 제공하였다.[4)]

〈부동산금융 사례〉

2,500억 '향군잠실타워' 시공, 대림-한화컨소 선정

계열사 입주 책임분양 등 제안…B블록 개발사업 형태로 추진

총 공사비 2,500억원 규모의 서울 잠실 향군회관 신축공사의 시공업체로 '대림-한화건설' 컨소시엄이 선정됐다. 28일 건설업계에 따르면 재향군인회는 송파구 신천동 잠실역 사거리 인근의 옛 향군회관 터에 짓게 될 '향군잠실타워' 시공사로 대림산업(97,900원 4,100 -4.0%)과 한화건설을 지난달 말 선정한 것으로 확인됐다. (중략)

향군잠실타워는 필지를 A와 B로 나눠 각각 지상 30층 규모의 2개 오피스 빌딩을 지을 예정이다. 두 빌딩의 공사비는 대략 2,500억원 수준이다. A블록에 들어설 오피스 빌딩은 향군회관 신축 건물로 사용하고, B블록의 오피스 빌딩은 컨소시엄과 재향군인회 등이 설립한 특수목적회사(SPC)에 매각할 계획이다. 이번에 선정된 대림-한화건설 컨소시엄은 향군회관 오피스 빌딩의 도급 공사를

1) '해외 PF 인력빼가기 너무해', 동아일보, 2012.8.9
2) '성공한 1.4조 공모형 PF 대구 아시아폴리스', 머니투데이, 2012.6.1
3) '수출입은, 터키발전사업에 1.5억달러 PF 제공, 조선비즈, 2012.12.11.
4) '정책금융공사, 호주 LNG 생산에 5.6억달러 금융지원, 이데일리, 2012.12.18.

맡는 동시에 B블록 오피스빌딩 개발 사업을 위한 우선협상대상자 지위를 갖는다. (생략)

재향군인회는 B블록 오피스 빌딩의 개발 사업을 재추진하면서 최저낙찰금액과 재무적기여 등 2가지 평가항목에 동일한 배점을 뒀다. 재무적기여의 경우 프로젝트파이낸싱(PF)을 위한 금융권의 안정적인 자금조달 방법과 빌딩의 공실률을 낮출 수 있는 책임분양 계획 등이 포함됐다. B블록 개발 사업 업체로 선정되면 단순 도급인 A블록 오피스빌딩의 시공까지 맡는 구조다. (중략)

재향군인회 관계자는 "B블록의 경우 개발 사업자들을 중심으로 SPC를 만들고 재향군인회에서도 출자를 해 주주로 참여해 운영 수익을 나누는 구조"라며 "대림-한화 컨소시엄과 본계약을 체결하고 법인 설립을 하면 이르면 4월부터 착공이 가능할 것"이라고 설명했다.

자료: 〈머니투데이〉, 2011.02.28

3. 프로젝트 파이낸싱의 장 · 단점

(1) 장점

프로젝트 파이낸싱은 다음과 같은 장단점을 가지고 있다. 첫째, 프로젝트 파이낸싱은 다수의 금융기관을 비롯한 투자자들이 참여(syndicated loan)함으로써 투자위험이 참여자들 사이에 공유 · 분산되므로 사업위험이 높아 특정 개별 기업이나 단체가 추진하기 어려운 대규모 사업을 추진하는데 적합한 형태이다.

둘째, 프로젝트 파이낸싱은 비상환청구권금융(non-recourse financing) 또는 제한적 상환청구권금융(limited recourse financing)이다. 프로젝트 파이낸싱은 사업주체와 별개의 독립적인 형태로 특수목적회사(SPC)를 설립하여 수익의 배분이나 도산위험을 프로젝트의 현금흐름 범위내에서 이루어진다.

따라서 프로젝트를 추진하는 사업주체에 대한 상환청구권이 제한된다. 그러나 일반적으로 프로젝트를 추진하는 사업주체가 원리금 상환에 대해 일정 부분 보증하거나 또는 담보를 제공한다.

셋째, 프로젝트 파이낸싱에 있어서 개별 기업이나 단체의 신용도보다는 개별 사업의 수익성을 더 중요시하기 때문에 비록 개별 기업이나 단체의 신용도가 낮은 경우에도 사업 자체의 수익성이 높은 경우 추진될 수 있다.

넷째, 프로젝트 파이낸싱은 사업주체와 별도의 독립적인 형태로 추진되므로 사업주체의 재무상태표상에는 나타나지 않는다. 이러한 효과를 부외금융(off-balance sheet financing)효과라고 한다.

다섯째, 결제위탁계정(escrow account)이 설치되어 시행사업에 발생하는 현금흐름이 결제위탁계정에 집중·지출됨으로써 사업주체의 도덕적 해이 현상을 방지할 수 있다.

(2) 단점

프로젝트 파이낸싱은 상기와 같은 장점도 있지만 다음과 같은 단점도 가지고 있다. 첫째, 프로젝트 파이낸싱은 사업의 경영성과에 따라 수익이 배분되고 수익창출기간이 장기간이므로 일반 기업금융에 대한 대출보다 금융회사가 부담해야 하는 투자위험이 더 높은 편이다.

둘째, 프로젝트 파이낸싱은 사업허가, 각종 관련 계약서 작성 등 복잡한 절차와 이로 인한 비용부담이 높은 편이며 사업내용에 대한 타당성 분석이 일반 기업금융보다 더 필요하다.

셋째, 프로젝트 파이낸싱은 사업추진과 관련하여 사업에 참여하는 당사자간의 이해관계가 대립할 가능성이 높고, 이해관계에 대한 조정이 원활하지 않을 경우 사업이 원만히 추진되지 않을 수 있다.

〈표 13-2〉 프로젝트 파이낸싱의 활용 동기

이해관계자	내　용
정부	• 프로젝트 파이낸싱은 주로 SOC, 플랜트사업 등 국가경제발전에 중요한 역할을 하는 사업이면서 막대한 투자비용이 소요되는 사업임. • 정부재정으로만 추진하기 어려운 사업에 민간자본을 활용함. 민간기업의 시공능력이나 효율성을 활용함.
출자자	• 프로젝트 파이낸싱의 경우 차주는 프로젝트 회사이므로 출자자의 재무상태에 영향이 적고 부외거래임. • 프로젝트 파이낸싱은 사업의 수익성에 의해 결정되므로 출자자의 신용도에 크게 영향을 받지 않고 자금조달이 가능함.
금융기관	• 해당 기업이 아니라 특정 사업에 대한 위험을 부담하므로 상대적으로 채무불이행이 위험이 적음. • 특정 사업을 대상으로 대출을 제공하는 것이기 때문에 금융기관과 채무자간의 정보의 비대칭이 적은 편임.

4. 프로젝트 파이낸싱의 종류

프로젝트 파이낸싱은 사회간접자본 프로젝트 파이낸싱(SOC PF)과 부동산개발 프로젝트 파이낸싱(부동산개발 PF)으로 구별할 수 있다.

사회간접자본 프로젝트 파이낸싱은 대규모 자금이 소요되는 유전개발, 발전소·통신시설, 공항, 고속도로 등 사회간접자본시설 건설 등에 사용된다. 사회간접자본 프로젝트 파이낸싱은 사업방식에 따라 BTO, BTL 방식으로 구분된다.

부동산개발 프로젝트 파이낸싱은 아파트·오피스텔·주상복합 등 주거용 부동산개발사업, 상가·위락시설·상업유통시설·리조트·골프장 등 상업유통시설 및 레저용 부동산개발사업에 필요한 사업부지매입 비용이나 초기 사업경비를 조달하기 위해 사용된다.

〈표 13-3〉 SOC PF와 부동산개발 PF의 비교

구분	SOC PF	부동산개발 PF
대출기간	장기	1~3년
상환재원	프로젝트의 현금흐름	분양대금
공공성	강함	약함
현금흐름의 안정성	높음	낮음
참여 금융기관 수	다수	소수

제 2 절 SOC 프로젝트 파이낸싱의 종류

1. BOT 방식

BOT(Build-Operate-Transfer) 방식은 민간사업자가 프로젝트의 건설(Build)을 담당하며 프로젝트 완성 후에 그 시설의 운영(Operate)을 맡아 수입을 획득함으로써 프로젝트의 건설비용 등 투자비를 회수하고 그 후에 국가나 지방자치단체에 양도(Transfer)하는 방식이다. 즉, 일정기간동안 민간사업자가 당해 시설의 소유권을 가지며 그 시설을 운영하게 된다. 그리고 그 기간의 만료시 시설소유권이 국가 또는 지방자치단체에 귀속되게 된다. 이에 비해 BOO(Build-Own-Operate) 방식은 시설의 준공과 동시에 민간사업자가 당해 시설의 소유권을 보유하며 시설을 운영하는 방식이다.

2007년 3월 현대중공업은 사우디의 쥬베일・얀부 수전력회사와 11억달러 규모의 2,700Mw급 발전소 공사계약을 내달 중 체결할 예정이다. 이번 공사는 사우디 전력청과 현대중공업이 참여한 벨기에 SEI 컨소시움간에 진행 중인 발전담수설비 프로젝트의 일환이다. 이 컨소시움은 주베일・얀부 수전력회사와 BOT(건설-운영-이전) 계약을 체결했으며 현대중공업은 발전설비 공사를 단독으로 수행하게 된다.[1)]

2007년 8월 '콩고-말레이시아-한국컨소시엄(CMK컨소시엄)'은 17일 콩고공화국 수도인 브라자빌의 올림픽팔라스 호텔에서 콩고 정부와 '철도건설과 자원개발을 맞교환하는 내용의 기본계약(HOA)'을 체결했다. 이번 프로젝트는 우리 기업이 콩고에 BOT(Build-Own·Operate-Transfer, 건설-운영-이전)방식으로 1,500km의 남북 및 동서 종단 민자 철도를 건설하고 그 재원 조달을 위해 콩고의 천연자원 사업권을 받는 사업이다.[2)]

2. BTO 방식

BTO(build-transfer-operate)방식은 수익형 민자사업으로서 민간사업자인 사업주체가 시설 완공(build)후 발주자 즉, 정부 또는 공공기관에게 시설의 소유권을 이양(transfer)하고 발주자는 시설의 운영권(operate)을 민간사업자에게 부여한다.

2002년 12월 개통된 천안~논산간 고속도로는 BTO방식에 의해 건설되었는데 사업주체는 천안논산고속도로 민간투자시설사업으로 준공 후 소유권을 정부에게 이전하고 관리·운영권을 지정받아 2032년까지 30년 동안 운영을 통하여 투자비와 적정 이윤을 회수하도록 하였다. 천안~논산간 고속도로 총 투자비는 1조 5,953억원이며 이 중 민간투자비는 1조 1,589억원이었다.

2006년 숭실대와 이랜드그룹은 숭실대입구역에 상업교육시설을 건립할 계획을 추진 중인데 완공 후 이랜드개발의 사업비와 일정 수익을 얻을 때까지 운영하고 그 이후에는 운영권을 숭실대에 넘겨주는 수익형 민자사업방식으로 진행할 예정이다.[3)]

---

1) '현대중, 삼성ENG, 사우디서 잇단 대규모 수주', 〈머니투데이〉, 2007.3.25
2) '한국기업, 콩고서 30조 자원개발', 〈머니투데이〉, 2007.8.19
3) 매일경제신문, '숭실대-이랜드그룹 캠퍼스 안에 복합시설 건립', 2006.3.16

산은자산운용은 서강대학교 내에 960명을 수용할 수 있는 국제학사와 지하캠퍼스 및 지하주차장 등 부대 편의시설을 건립해 학교에 기부하고 학교로부터 20년간 시설운영권을 받아 수익을 얻는 민간투자사업(BTO)를 위해 400억원 규모의 '산은 서강사랑 사모특별자산 투자신탁 1·2호'를 설정하였다.[4)]

KODIT(코딧) 신용보증기금은 2006년 12월 '평택당진항 양곡부두 민간투자시설사업'에 총 1,215억원의 보증을 지원하였다. 평택당진항 양곡부두는 해양수산부가 '전국 항만기본계획'에 따라 BTO방식으로 추진하는 민간투자사업이다. BTO(Build-Transfer-Operate) 방식이란 민간이 자기부담으로 사회간접자본시설을 완공해 국가에 그 시설을 귀속시킨 후 관리운영권을 취득, 일정기간 동안 사용료나 수수료를 징수하는 방식이다.[5)]

국민은행과 신한은행은 2008년 1월 '부산신항 2-3단계' 건설을 위한 부산항신항 민간투자사업의 건설 운영 자금 6,000억원의 대출 주선하였다. 부산항신항(2-3단계) 민간투자사업은 160만TEU를 기본으로 최대 연간 270만 TEU를 처리하는 컨테이너부두 4선석을 건설하는 대규모 국책사업이다. 이 사업은 BTO방식으로 진행돼 항만 준공과 동시에 항만시설의 소유권은 정부에 귀속되며, 정부는 관리운영권을 29년 3개월 동안 부산항신항 컨테이너 터미널에게 부여하게 된다.[6)]

4) 머니투데이, '산은운용, 서강대 기숙사펀드 선보여', 2007.3.12
5) 머니투데이, '코딧, 평택당진항 민자사업에 1215억 보증지원', 2007.12.14
6) 머니투데이, '국민, 신한은, 부산신항 투자 금융주선', 2008.1.24

〈그림 13-1〉 BTO 방식

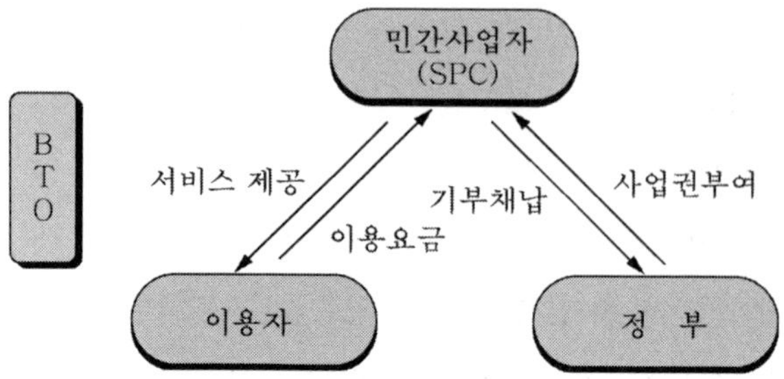

자료: 기획예산처, BTL민간투자사업

3. BTL 방식

(1) BTL방식의 개요

BTL(build-transfer-lease)방식은 민간사업자인 사업주체가 시설을 완공(build)한 후 발주자인 정부 또는 공공기관에게 시설의 소유권을 이전(transfer)하면 발주자는 시설임대로부터 발생하는 임대료(lease)를 사업주체에 직접 지급하는 방식이다. 민간사업자가 직접 관리·운영하기 어렵거나 최종수요자에게 사용료를 직접 부과하기 어려운 경우 적합한 방식이다.

신한은행은 서울 용산소재 미8군 기지내에서 미국정부가 발주하는 성남 K-16 공군기지에 미군숙소건설을 위한 프로젝트 파이낸싱 약정서를 체결하였다. 이번 사업은 성남 K-16 공군기지에 필요한 주한 미군숙소 144세대를 건설 및 임대하는 프로젝트로서 건설기간은 약 20개월이 소요될 것으로 예상되며 완공 후 미국정부는 동 숙소를 15년간 임차할 예정이다. 이 사업은 미국정부가 한국에서 추진하는 최초의 BTL방식의 프로젝트로 향후 예정되어 있는 3~4조원 규모의 용산미군기지 평택이전 및 주한미군 2사단의 한강 이남 재배치 등을 고려할 때 선도적인 의미가 있다.[7)]

정부는 2004년 종합투자계획안을 발표하면서 사회기반시설에 대한 민간투자 활성화를 위해 기존의 BTO, BOT 외에 민간이 공공시설을 짓고 정부가 이를 임대해서 사용하는 BTL방식을 추가하기로 했다. 이를 위해 기존의 도로와 철도 등 민간투자가 가능한 SOC시설 외에 BTL방식으로 추진이 가능한 대상시설을 기숙사·도서관·군인막사·노인요양시설 등 9개 시설로 확대했다.[8] 또 BTL방식의 민자사업이 신속히 추진될 수 있도록 예비타당성 검토 등 대상사업지정절차를 간소화하고 수익률은 국채금리+α로 하되 α는 시장참여자간의 경쟁을 통해 결정하도록 하였다.

2006년 5월 국민은행, 5개 지방은행, 보험회사 등 12개 금융기관들은 한반도BTL사모특별자산 투자신탁을 결성하였다. 이 펀드는 도로·항만·경전철 등 사회 인프라사업에 투자되는 SOC펀드와 달리 정부가 BTL방식으로 추진하는 공공복지시설, 군인아파트, 국립대 기숙사, 노후하수관거 정비, 철도복선화 사업에 집중적으로 투자된다.[9]

환경부는 2006년 하수관거 BTL사업에 약 1조 3,070억원을 투입한다고 발표하였다. 정부는 2004년 말 68% 수준인 하수관거 보급률을 2010년까지 78%로 높이기 위해 2005년부터 2008년까지 총 5조 6,000억원의 민자를 투자해 8,824km의 하수관거 확충을 추진하고 있다. 2005년 BTL사업의 경우 대상지역 17개 지자체 중 14개 지자체는 착공에 들어갔다.[10]

〈부동산금융 사례〉

인천대에 BTL 방식 기숙사 2015년까지 증축

인천시는 오는 2015년까지 인천대학교 송도캠퍼스에 민간투자유치사업(BTL) 방식으로 기숙사를 증축한다고 18일 밝혔다. 인천시는 국제 교류 학생, 외국인 초빙 교수 증가 등의 요인으로 기숙사 수요가 늘면서 증축 사업을 추진하게 됐다.

---

7) 머니투데이, '신한은행, 미군숙소 건설 PF 약정서 체결, 2005.11.2
8) 머니투데이, 'BTL사업 본격 시동 건다', 2006.3.17
9) 머니투데이, 국민은행, '7,550억 BTL전용펀드 결성', 2006.5.30
10) 한국경제신문, '하수관거BTL사업 1조 3,070억 투입, 2006.8.30

교육과학기술부의 '2013년 국립대학 기숙사 BTL 확충 사업'에 선정돼 사업이 확정됐고 현재 기획재정부에서 사업 규모안을 검토하고 있다. 민간투자 기간인 20년간 교과부와 인천대가 각각 430억원, 462억원 등 총 892억여원을 임대료 등으로 부담하게 된다.

인천대는 1인 당 1학기 기숙사비 87만2천원(2인실 기준)에 매년 물가 인상률을 반영해 20년간 기숙사비를 거두면 사업비를 충당할 수 있다고 밝혔다. (중략)

자료: 〈연합뉴스〉, 2012.07.18

(2) BTL 방식과 BTO방식의 비교

BTL방식은 발주자가 사업주체에게 적정수익률을 산출하여 임대료를 사업주체에게 직접 지급함에 따라 사업주체는 목표수익률을 보장받을 수 있다. 반면에 BTO은 사업주체가 사용자로부터 임대료를 수령하여 투자자금을 회수하는데 임대료 수입이 부족한 경우 발주자가 사후에 이를 보전해 준다. 따라서 최종사용자에게 사용료 부가로 투자비 회수가 어려운 경우 BTL방식이 적절하고 최종사용자에게 사용료 부가로 투자비 회수가 가능한 경우 BTO방식이 적절하다.

〈그림 13-2〉 BTL 방식

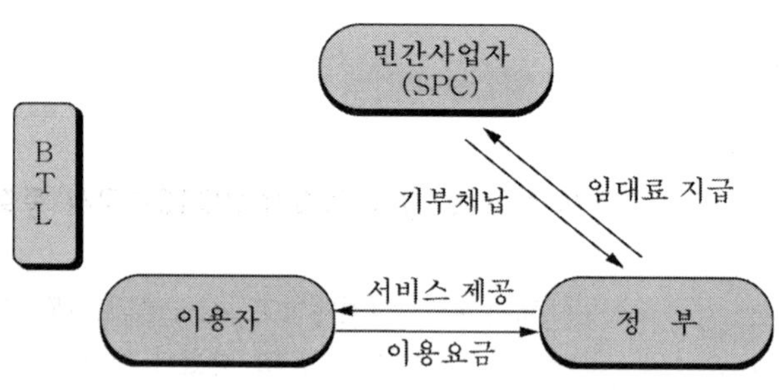

자료: 기획예산처, BTL민간투자사업

정부는 종전에도 신공항고속도로나 천안-논산고속도로 등에 BOT방식으로 민간자본을 유치하였으나 수천억원을 보전해 주는 시행착오를 겪었다. 이에 따라 국채수익률에 알파를 더해 비용을 고정시킬 수 있는 BTL

방식을 선호하게 되었다.

〈부동산금융 사례〉

민자사업 빛과 그림자‥BTO · BTL 방식은
BTO(Build-Transfer-Operate) : 완공뒤 정부에 소유권 넘겨 시행자는 일정기간 운영

BTL(Build-Transfer-Lease) : 정부서 임대료 받는 방식, 학교 · 군부대 지을 때 이용

우리나라에서 시행되는 대부분의 민자사업은 BTO 방식 또는 BTL 방식이다. 2005년 전까지만 해도 BTO(Build-Transfer-Operate) 방식이 대부분이었고 2005년부터 BTL(Build-Transfer-Lease) 방식이 많이 도입됐다.

BTO사업의 가장 큰 문제점으로 지적돼 온 최소수입보장제도는 점차 폐지되는 쪽으로 가닥이 잡혔다. 예전에 정부고시사업은 20년간 예상 수익의 90%, 민간 제안사업은 20년간 예상 수익의 80%를 보장받았다. 하지만 2003년부터 정부고시사업의 경우 5년 단위로 90%, 80%, 70%씩 15년간 보장받고 민간 제안사업은 5년 단위로 80%, 70%, 60%씩 적자분을 보전하는 것으로 바뀌었다. 2006년에는 정부고시사업의 경우 10년 단위로 75%, 65%를 보장받고 제안사업은 정부 보전이 '전면 폐지'로 바뀌었다.

BTL 방식은 민간 건설사가 공공시설을 건설(Build)하고 그 소유권을 정부에 넘기는 것(Transfer)은 BTO 방식과 같지만 건설사가 운영 수익 대신 정부로부터 받는 임대료(Lease)로 투자금을 회수한다는 점이 다르다. 민간 수요를 기대하기 어려운 학교나 군부대 숙소, 기숙사 등을 짓는 데 많이 쓰이기 시작해 지난해부터 BTO 투자금액에 거의 근접할 정도로 규모가 성장했다. 건설업계에 따르면 2005년 이후 BTO사업은 연 6조~7조원,BTL사업은 연 5조~6조원 규모에 달한다. BTL도 BTO와 마찬가지로 재정이 당장 들어가지 않기 때문에 정부 입장에서는 선호한다. 하지만 BTL도 예상 수요를 정확하게 예측하지 못하면 결국 국가재정이 들어갈 수밖에 없다는 점에서 BTO와 공통적인 문제점을 안고 있다.

국회예산정책처가 최근 발간한 'BTL에 대한 사업평가 보고서'를 보면 2009년 5월 현재까지 실시협약이 체결된 BTL사업에 대한 사업 성과 분석을 통해 정부는 향후 20년간 총 28조3,816억원을 민간사업자에 지급해야 하며 2013년

이후 매년 1조4,000억원 이상 재정이 소요될 것으로 전망했다. 이에 따라 BTL 또한 최근 민자사업 부실화의 새로운 뇌관으로 떠오르고 있다.

이외에 민자사업으로 BOT(Build-Operate-Transfer) 방식도 있다. 민간사업자가 운영이 끝난 다음 소유권을 정부에 넘기는 구조다. 소유권을 갖고 있으면 법인세를 내야 하기 때문에 많이 쓰이는 방식이 아니다.

BOO(Build-Own-Operate) 방식은 준공과 동시에 시설 소유권과 운영권을 민간사업자가 모두 갖는 것이다. 과거 물류사업단지를 만들 때 이용되던 방식이지만 사업권 자체가 특혜이기 때문에 최근에는 거의 쓰이지 않는다.

자료: 〈한국경제신문〉, 2009.07.18

프로젝트 파이낸싱 방식은 이 외에도 BLT(build-lease-transfer), BOS (build-operate-selling), BT(build- transfer) 등이 있다.

제 3 절 프로젝트 파이낸싱의 절차

1. 프로젝트 파이낸싱의 절차

프로젝트 파이낸싱 절차는 사업추진부문과 자금조달부문으로 구분할 수 있다. 〈그림 13-3〉에서 프로젝트 파이낸싱 절차를 살펴보면 프로젝트 파이낸싱은 먼저 사업과 관련된 인·허가를 취득하고 프로젝트 파이낸싱 자문단을 선정하여 자문단을 구성한다. 자문단이 구성되면 자금조달(financing)방법 및 조건을 협의하여 계약내용/자금조달(information memorandum/financing model)작성한다. 사업과 관련된 여러 계약이 체결되면 자금조달 업무를 수행할 인수단(underwriter)을 구성하며, 자금조달을 위하여 대출승인과 대출 계약을 체결한다. 만약 선행조건이 있으면 선행조건을 먼저 이행한다. 이러한 과정이 끝나면 자금을 인출(financial closing)한다.

〈그림 13-3〉 프로젝트 파이낸싱의 절차

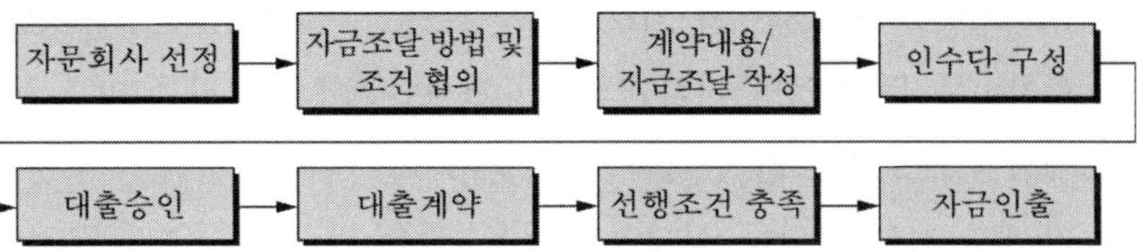

〈그림 13-4〉는 프로젝트 파이낸싱의 이해당사자와 사업진행흐름을 나타낸다.

〈그림 13-4〉 프로젝트 파이낸싱 흐름도

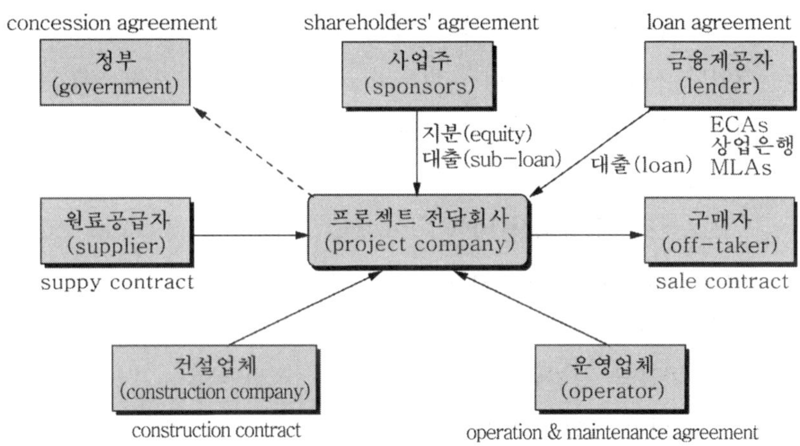

2. 프로젝트 파이낸싱의 참여자

프로젝트 파이낸싱의 당사자로서는 사업주(sponsors), 프로젝트 전담회사(project company), 금융제공자(syndication), 구매자, 원료공급자 등이 있다.

(1) 사업주

사업주는 프로젝트의 기획·개발업무를 수행하고 프로젝트 전담회사에 출자하는 등 사업의 기획단계에서 완성단계까지 그리고 이후 사후관리단계까지 프로젝트 전 단계에 걸쳐 중추적인 역할을 한다. 사업주는 사업주가 1개 회사인 단독 형태인 경우도 있고 여러 사업주가 모인 컨소시엄 형태인 경우도 있다.

2007년 시작된 알파돔시티 공모형 PF사업은 LH가 땅을 제공하고 대한지방행정공제회가 출자하였다.

(2) 프로젝트 금융회사

프로젝트 금융회사는 사업수행을 위해 사업주체와는 별도로 설립된 조직이다. 사업주체와 분리된 별도의 조직을 설립함으로써 사업의 자산관리가 용이하고 사업주체를 사업에서 발생하는 위험으로부터 분리하는 효과도 얻을 수 있다.

프로젝트 금융회사(PFV : Project Financing Vehicle 또는 PFC: Project Financing Company)는 프로젝트파이낸싱)을 위해 설립된 특수목적회사이다. 프로젝트금융회사는 SPC와 달리 금융회사 등이 주주로 참여한다. 자본금 요건이 50억원이고 회사 존립기간이 2년 이상이다. 일반 SPC와 달리 법인세, 취득세, 등록세 감면 등 세제 혜택이 있다.

프로젝트금융회사는 시공·자금조달·운영 등 프로젝트 파이낸싱 전과정에서 모든 권리의무의 당사자이다. 프로젝트 금융회사는 일반적으로 사업주와 법적으로 분리된 독립법인으로서 조합이나 유한회사(또는 파트너십)형태로 설립된다.

2011년 10월 용산국제업무지구개발을 위해 드림허브 프로젝트 금융회사가 도시개발사업 시행사로 지정되었다.

〈부동산금융 사례〉

SPC, 부동산 개발에 순기능…견제장치 필요

◆ 금융비리 온상 SPC ◆

부동산 개발에 나서는 시행사들은 거의 대부분 특수목적회사(SPC)나 프로젝트금융투자회사(PFV) 구조를 이용하고 있다. 금융권 관계자는 "SPC를 만들지 않고 시행사가 계속기업으로서 사업 주체가 되면 해당 프로젝트 외에 시행사의 다른 사업으로부터 영향을 받을 수 있기 때문에 은행이 대출을 꺼릴 수밖에 없다"고 말했다.

SPC를 만들어 해당 프로젝트가 끝난 뒤 청산하면 끝이기 때문에 채권자 입장에서도 부담이 적다는 것이다.

PFV는 법인세, 취득세 등의 세제혜택이 있어 기존 SPC를 대체하고 있다. PFV는 최소 자본금이 50억원으로 초기 설립부담이 있지만 금융권의 지원사격을 받는다는 점이 다르다.

SPC에는 은행권이 참여할 수 없지만 PFV는 금융사가 지분 5% 이상을 조건으로 출자를 할 수 있다. 게다가 자산관리회사(AMC)가 참여함으로써 전문성도 배가 된다.

이처럼 금융권이나 부동산업계 모두 SPC나 PFV가 개발사업의 유용한 틀이라는 점은 부인하지 않는다. 문제는 SPC나 PFV 모두 관리감독의 '사각지대'에 있다는 것이다.

다른 개발사업 방식인 리츠는 상장회사라 주주총회에서 의사결정이 이뤄지고 펀드 역시 투자자협의체가 운영된다. 개발신탁의 경우는 상대적으로 안정적인 신탁사가 앞장선다. 최근에는 시행사의 횡포를 막기 위해 자금 집행부터 통장 관리까지 모두 신탁사에 위탁하는 경우가 많다.

한국토지신탁 관계자는 "신탁사들이 관리형 신탁에 나서고 모든 자금 집행이 대주단의 승인하에 이뤄지기 때문에 과거처럼 시행사의 횡령 등으로 문제되는 경우는 많지 않다"며 "하지만 자발적인 사업 참여자들의 상호견제 외에는 마땅한 감독기구가 없는 게 사실"이라고 지적했다. 이 때문에 일각에선 △SPC나 PFV의 최소자본금 요건 상향 △시행사 최소자본 보유 규정 △관리감독 기능 신설 등의 필요성을 제기한다.

한 시행사 관계자는 "한국의 시행사들은 대부분 자금력이 달리는 경우가 많아 금융권에 절대적으로 의존하고 있다"며 "하지만 해당 프로젝트의 사업성을 판단할 능력이 국내 은행에는 부족하기 때문에 나중에 사업성 악화로 개발사업이 좌절되고 피해자가 양산되는 일이 반복되고 있다"고 설명했다.

금융권 관계자는 "SPC나 PFV 구조의 문제가 아니라 자금력 없는 시행사가 지급보증만 믿고 PF를 일으키는 현실이 문제"라며 "미국처럼 시행사가 총사업비의 30% 이상 자본금을 보유하도록 하는 식의 규정이 필요하다"고 지적했다.

자료: 〈매경〉, 2011.5.27

(3) 금융제공자

금융제공자는 사업에 소요되는 자금을 제공하는 회사로서 은행, 보험회사, 자산운용회사 등이 있다. 이들 금융제공자는 자금제공 뿐만 아니라 금융자문 서비스도 제공한다. 프로젝트 파이낸싱은 대규모 자금을 소요되고 투자위험이 높기 때문에 단일 금융기관이 자금제공하기보다는 일반적으로 여러 금융기관이 신디케이션을 구성한다.

2008년 2월 미래에셋증권은 벽산건설이 괌 현지 시행사인 하놈 디벨로프먼트(Hanom Development)로부터 수주받은 괌 지역 아파트공사 자금을 조달하기 위하여 해외부동산PF 자금주선(약 600억원 규모)에 나섰다.[11)]

(4) 구매자

구매자는 사업에서 생산 또는 제공되는 생산물이나 서비스를 구매하는 이해당사자로서 장기구매자를 확보하는 경우 안정적인 판매경로를 확보할 수 있다. 원료공급자는 사업에 필요한 원자재 또는 원료를 공급하는 이해당사자를 말한다.

(5) 신용평가회사

신용평가회사는 사업에 필요한 자금을 조달하기 위해 금융회사로부터 차입하거나 채권을 발행하는 경우 대출이나 채권에 대한 신용평가를 수행한다.

---

11) '미래에셋증, 600억 해외PF 자금모집', 머니투데이, 2008.2.4

제 4 절 프로젝트 파이낸싱의 타당성 분석

1. 프로젝트 파이낸싱과 관련된 위험

프로젝트 파이낸싱과 관련된 위험으로는 건설위험, 시장위험, 운영위험, 경제적 위험, 지급위험, 법적 위험 등이 있다.

고성수·류근묵(2009)은 부동산 프로젝트 파이낸싱의 리스크에 대한 실증적 분석을 실시하였다. 〈표 13-4〉는 프로젝트 파이낸싱 리스크 요인을 분류한 것이다.

〈표 13-4〉 프로젝트 파이낸싱 리스크 요인 분류

리스크 요인	내용
재무리스크	현금흐름 안정성, LTV비율, 자기자금 출자비율, 자금인출순위, 스트레스 분석
사업리스크	사업부지 확보, 사업부지 매입가격, 인허가, 민원발생 가능성
시행사리스크	시행사 사업수행 경험, 시행사 신용도, SPC 설립, 시행사 지원능력
시공사리스크	시공사 신용도, 시공사 책임준공, 공사비 변동 가능성, 공사비 비중
시장리스크	사업대상 유형, 사업대상지역, 입지여건, 예상분양률, 분양가 적정성 및 경쟁력, 사업수익성, 시장 환경상황
채권보전리스크	신용보강, 분양보증보험, 특별재무약정, 자산 및 권리보전, 자금관리 통제, 대출기간, 대출금리 및 수수료, 대출금 분할 상환구조

자료: 고성수·류근묵, "금융기관 관점에서 본 부동산 프로젝트 파이낸싱 리스크 항목의 중요도 분석", 부동산학연구 제15집, 2009, 155-173.

(1) 건설위험

건설위험(completion risk)은 공사기간이 지연되거나 또는 미완공되는 경우, 공사비가 계획보다 추가되는 경우, 부실시공이 되는 경우를 말한다. 건설위험을 회피하기 위해서 완공보증을 요구할 수도 있다. 공사가 예정된 기간내에 완성되기 위해서는 공사비용의 조달능력과 시공능력에 대한 평가가 필요하다. 공사비용의 조달능력은 프로젝트 파이낸싱의 가장 중요한 요소이다.

실제로 택지개발을 위해 대출을 받아 토지매입까지 해 놓고도 사업인허가를 받지 못하거나 미분양 등 사업성이 떨어지는 문제로 터지는 사고도 연이어 발생하고 있다.

이러한 건설위험은 2012년 한국형 원자력발전소 첫 수출인 아랍에미리트(UAE) 원전사업 사례에서 찾아볼 수 있다.

〈부동산금융 사례〉

UAE원전 170억弗 정부보증으로

美수출입은행 · CS · HSBC 신규참여로 자금조달 매듭

UAE원전 금융지원 채권단

• 참여금융회사
-수출신용기관 : 한국 수출입은행(100억 달러) 미국 수출입은행(20억 달러) -국제상업은행 : HSBC 등 -글로벌 IB : CS 등 -아부다비 현지 은행
• 총 대출금액 : 약 170억 달러
• UAE정부가 원리금 전액에 대해 보증
• 대출금리는 최종 협상 중 (역마진 나지 않도록 협의)

한국형 원자력발전소 첫 수출인 아랍에미리트(UAE) 원전사업에 대한 금융지원 구조가 UAE 정부 보증을 바탕으로 사업자에게 자금을 직접 대출해주는 기업금융 방식으로 변경됐다. 위험 부담 때문에 지지부진했던 자금 조달 구성이 사실상 마무리됨에 따라 국내 사상 최대 규모인 국외 플랜트 사업이 속도를 내게 됐다.

3일 금융당국과 금융권에 따르면 UAE 원전사업에 대해 금융 지원을 담당하는 수출입은행은 UAE 정부와 협상을 통해 금융 지원 방식을 기존 프로젝트파이낸싱(PF)에서 코퍼레이트파이낸싱(CP · 기업금융방식)으로 변경한 것으로 확인됐다.

당초 자금을 공동으로 빌려주는 금융회사인 대주단 금융 지원은 PF 방식으로 논의된 바 있다. PF 방식은 해당 프로젝트 자체에서 발생하는 수익으로 대출을 상환하는 구조다. 다시 말해 원전이 건설되면 여기서 생산되는 전력을 판매해 받는 대금으로 18년간 대출금을 갚는 것이다.

하지만 여기에는 위험이 따른다. 원전 사고가 발생하거나 기계 고장으로 원전이 제대로 작동하지 못하면 원전운용회사(SPV) 원리금 상환이 어려워질 수 있기 때문이다. 이 때문에 국내외에서는 자금 조달이 쉽지 않을 것이란 관측이 많았다.

수출입은행은 이 점을 감안해 UAE 정부에 대출 원리금 전액에 대한 보증을 요구했고 UAE 정부는 이를 전격 수용했다. 수은 고위 관계자는 "대주단의 대출 원리금 전액에 대해 UAE 정부가 보증을 서기로 했다"며 "UAE 정부 신용등급 등을 감안해 보면 채권 회수에 대한 불확실성이 거의 사라지게 된 것"이라고 의미를 부여했다.

금융 지원 구조가 정부 보증을 바탕으로 자금을 빌려주는 금융회사가 사업자에게 자금을 직접 빌려주는 CP 방식으로 바뀌면서 미국 수출입은행과 글로벌 IB들이 참여하는 대주단 구성도 사실상 마무리됐다.

자료: 〈매일경제신문〉, 2012.06.04

(2) 시장위험

시장위험(market risk)이란 사업진행에 차질이 발생하여 사업에서 발생하는 현금흐름과 예상 현금흐름간에 차이가 발생하는 것을 말한다. 시장위험은 원리금 상환을 지연시키거나 채무불이행 위험을 초래할 수 있다. 이러한 시장위험을 최소화하기 위하여 프로젝트 파이낸싱을 제공하는 금융회사는 사업주체에 시장위험 부담을 요구(최소운영수입보장 · 해지시 지급금 요구)하거나 보험 또는 제3자의 보증을 요구하기도 한다. 우면산 터널사업의 경우 실시협약 추정 교통량은 1일 51,745대이었으나 실제 교통량은 11,218대(2004년 기준)에 불과했다.

(3) 운영위험

운영위험(operation risk)이란 생산비용이나 서비스제공에 따른 운영비가 예상보다 많이 소요됨으로써 발생하는 위험이다. 운영위험이 발생하는 원인은 방만한 운영, 낮은 생산성 등이 있다. 이외에도 자연재해 등도 사업운영에 부정적 영향을 줄 수 있다.

(4) 경제위험

경제위험(economic risk)은 인플레이션위험, 환율변동위험, 금리변동위험 등을 말하는 것으로 물가상승이나 환율변동 등으로 인하여 원자재 가격의 변동하거나 프로젝트 건설 완성 후 생산제품이나 서비스 가격의 변동으로 인하여 예상 현금흐름에 변동이 발생하는 것이다. 이외에도 금리변동으로 인해 이자비용이 증가할 수 있다. 이러한 경제위험을 축소하기 위하여 상품선물옵션, 환선물옵션, 금리선물옵션 등 파생상품을 이용한다.

(5) 지급위험

지급위험(payment risk)은 채무불이행위험을 말하는 것으로 지급위험을 회피하기 위하여 정부나 금융기관의 지급보증을 요구하거나 담보를 요구한다.

(6) 법적 위험

법적 위험(legal risk)이란 대상사업과 관련된 법적 분쟁이나 법률적 해석상의 분쟁, 법규 미비 등을 말한다. 이외에도 정치적 환경변화나 제도변경 등으로 인한 공사가 지연되거나 공사비가 추가로 소요되는 경우도 있다.

〈부동산금융 사례〉

골프장 잘못 손댔다가··· 유진, 1,400억대 빚 떠안아
경기침체로 골프장 회원권 미분양
시공사, 지급보증 탓에 채권 떠안아

골프장 건설에 손댔다 PF(프로젝트 파이낸싱) 지급보증에 물려 수백억~1,000억원 이상의 빚을 떠안는 기업들이 늘고 있다. 경기침체에 따른 회원권 가격하락과 분양 실패 등으로 투자비 회수는커녕 PF 부채까지 떠안아 골머리를 앓고 있는 상황이다. (중략)

경기침체로 회원권이 미분양되면서, 이 골프장은 지난달 초 기업 회생절차를 신청했다. 여기에 250억원의 세금 체납으로 포천시가 작년 말 운영권을 연장해 주지 않아 사실상 영업을 할 수 없게 됐다. 포천시는 한국자산관리공사에 골프장 공매를 의뢰해 놓은 상태다.

영업이 정지된 이 골프장의 주인은 코리핸랜드. 하지만 속을 태우고 있는 곳은 이 골프장을 건설한 유진기업. 시행사인 코리핸랜드가 골프장 건설 단계부터 경영난에 시달리면서, 지급보증을 선 시공사 유진기업이 채무를 떠안았다.

자료 : 〈이데일리〉, 2012.01.20

2. 사업타당성 검토

프로젝트 파이낸싱에 대한 사업타당성(feasibility study) 검토란 대상사업이 성공 가능성을 분석하는 것으로 사업타당성의 종류에는 기술적 타당성(engineering feasibility study), 경제적 타당성(economic feasibility study), 재무적 타당성(financial feasibility study) 등이 있다.

천안~논산간 고속도로의 사업타당성은 피치(Fitch)사가 하였는데 우리나라 운전자들이 유료고속도로에 익숙하고 경부고속도로와 호남고속도를 이용하는 경우보다 이용료는 높으나 연료비 절감이나 시간가치를 고려하는 경우 천안~논산간 고속도로가 경쟁력을 가질 것으로 분석하였다. 천안~논산간 고속도로는 기존의 경부고속도로와 호남고속도를 이용하는 경우보다 거리는 약 30km, 시간은 약 20분이 단축된다.

(1) 기술적 타당성

기술적 타당성 검토에는 사업이 기술적으로 시공이 가능한 것인가, 시공기간 중에 예상되는 위험은 어떠한 것이 있는가 또는 공사비는 적정한가 등을 고려한다.

(2) 경제적 타당성

사업의 경제적 타당성 검토를 위해서는 사업에서 발생할 것으로 예상되는 현금흐름을 현금흐름 모델 분석을 통하여 현금흐름을 예측한다. 이러한 현금흐름을 기초로 투자안 타당성 분석을 위해서는 순현재가치(NPV: net present value)법, 내부수익률(IRR: internal rate of return)법 등을 이용할 수 있다. 또한 경제변수의 변화에 따른 현금흐름의 변화를 측정하는 민감도분석(sensitivity analysis)이 이용된다.

(3) 재무적 타당성

재무적 타당성 분석에서는 예상현금흐름의 측정 이외에도 자금조달방법이나 자금조달시 금리, 상환기간, 상환방법 등을 고려한다.

참고문헌

고성수 · 류근묵, "금융기관 관점에서 본 부동산 프로젝트 파이낸싱 리스크 항목의 중요도 분석", 부동산학연구 제15집, 2009, 155-173.

김준환, 『부동산개발금융의 이해』, 부연사, 2008

박동규, 『프로젝트 파이낸싱의 개념과 실제』, 명경사. 2003.

양재열, 프로젝트 파이낸싱 기법의 활용, 민자유치사업(BTO)에 대한 비판적 검토, 재무연구 제20권 제2호, 2007.

왕세종, "SOC 민간투자사업의 금융조달 원활화 방안", 연구보고서 2002-04, 한국건설산업연구원, 2002.

이승우 · 엄근용, 『민관 합동형 PF 사업의 현황 및 효율화 방안』, 한국건설산업연구원, 2008-07, 2008.

정구익, 부동산개발금융(PF)실무와 사례, 한국생산성본부, 2007.

주택산업연구원, "주택산업의 새로운 방향 -프로젝트 파이낸싱을 중심으로-", 2001.5.29.

한국기업평가, 2006 평가방법론-프로젝트 파이낸스, 2006.5

한국신용정보, 2006 NICE Structured Finance Rating Methodology, 2006.3

제14장

부동산 PF

제 1 절 부동산 PF의 개요

1. 부동산 PF의 개념

부동산개발사업 프로젝트 파이낸싱(PF)(이후 '부동산 PF')이란 토지, 건물 등의 부동산을 개발한 후 미래에 발생하는 임대, 분양수입을 상환재원으로 부동산개발 투자자금을 조달하는 프로젝트 파이낸싱 방법 중 하나이다.

〈그림 14-1〉에서 부동산개발사업 절차를 살펴보면 개발목적에 적합한 사업부지를 매입하고 토지입지・용도, 각종 행위에 법적 제한사항을 고려하여 개발기획을 수립한다. 이후 예상분양수입금, 토지비, 건축비, 기타 사업비용 등 사업수지분석・자금수지분석을 실시한다. 사업수지 분석이후에는 시공사를 선정하고 인허가절차를 거친 다음 분양승인 절차를 받은 분양을 실시한다. 분양실시 후 공사도급계약에 따라 공사진행을 하여 개발사업이 완료되면 사업정산절차에 들어간다.

〈그림 14-2〉에 의하면 일반적으로 PF대출은 2단계로 이루어지는 첫

단계는 주로 사업부지 확보 등 초기 사업단계에 소요되는 비용을 조달하는 것이다. 이는 주로 브릿지론 형태로 대출기간이 단기이다. 브릿지론은 주로 저축은행에 의해 공급되었다. 두 번째 단계는 개발사업에 필요한 자금을 조달하는 것으로 자금제공자는 주로 은행권이다. 한편 PF대출사업이 높은 수익률을 제공함에 따라 초기에 브릿지론 제공에 주력하였던 저축은행은 PF대출규모도 크게 증가시켰다.[1)]

〈그림 14-1〉 부동산개발 흐름도

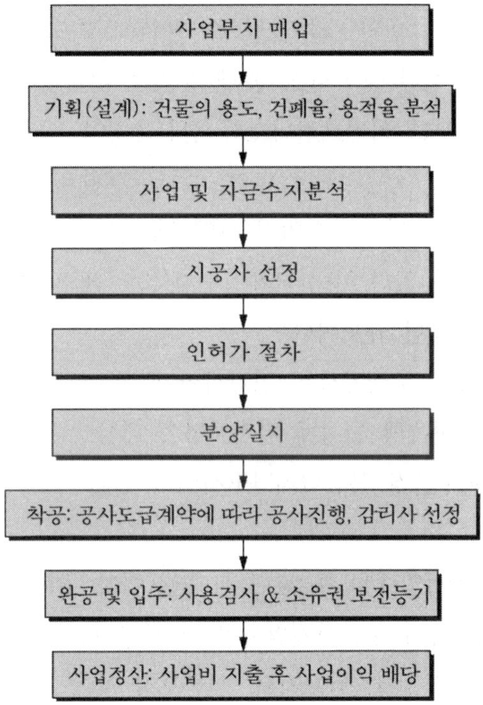

자료: 정구익, 『부동산개발금융(PF) 실무와 사례』, 한국생산성본부, 2007.

현대산업개발은 시공하는 '송파아이파크' 시행사인 대원개발산업은 2금융권의 미분양 담보대출 확약을 기초로 국민은행을 비롯한 대주단에게서

1) 저축은행의 총대출에서 PF대출이 차지하는 비중이 2002년 6.2%에서 2006년에는 26.7%로 크게 증가하였다.

1,800억 원을 대출받았다.[2)]

2. 부동산 PF 현황

2007년 8월 우림건설은 경기도 용인시 기흥구 중동 동진원구역 일대에 3,013가구 규모의 아파트 대단지를 조성하기 위하여 국민은행과 6,000억 원 규모의 PF 계약을 체결했다.[3)]

2007년 10월 쌍용건설은 서울 남산 타워호텔을 세계 최고 럭셔리 리조트 호텔인 서울 반얀트리 클럽 & 호텔'로 리모델링한다고 밝혔다. 프로젝트 시행은 어번 오아시스, 호텔 운영은 반얀트리그룹이 담당하고 세계적인 투자은행인 리먼브러더스와 신한은행이 프로젝트 파이낸싱으로 참여하였다.[4)]

용산국제업무지구 PF사업의 사업자로 삼성 · 국민연금 컨소시엄이 2007년 11월 확정되었다. 용산국제업무지구는 건축 연면적이 96만평(317m^2)에 이르는 엄청난 규모이다.[5)]

2007년 11월 주택공사는 민간사업자 공모에 참여한 SK건설, GS건설, 레코시아, 신한은행 등 4개 컨소시엄을 대상으로 심사를 벌어 SK건설 컨소시엄을 파주운정 복합단지 PF사업 우선협상대상으로 선정했다고 밝혔다.[6)]

부동산개발사업(PF)과 관련된 대출(이하 'PF대출')은 외환위기 이후 부동산가격상승과 부동산개발사업 및 분양사업의 호황, 그리고 비교적 시행사의 낮은 부실률, 담보확보, 신용보강 장치 등의 요인에 따라 은행들은 PF대출을 늘려 왔다.

---

2) 현대산업, 미분양담보대출 확약부 1,800억 PF대출, 머니투데이, 2012.12.6
3) '우림, 용인 동진원에 3,103가구 대단지, 국민은행과 6,000억 PF조인', 한국경제신문, 2007.8.23
4) '남산 타워호텔 6성급 리모델링, 쌍용건설 내년 초 착공. 리먼브러더스, 신한은행 PF참여', 매일경제신문, 2007.10.17
5) '용산 PF사업자에 삼성, 국민연금 컨소시엄', 매일경제신문, 2007.11.3
6) 'SK컨소시엄, 파주 운정신도시 PF 따내', 매일경제신문, 2007.11.9

〈그림 14-2〉 부동산 PF의 자금조달구조

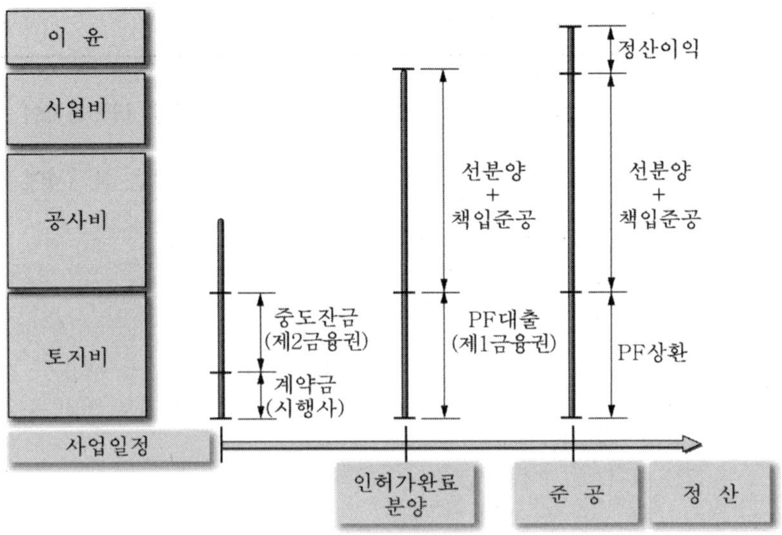

자료: 김완중외 3인, "국내 부동산개발금융 현황과 시사점", 하나금융정보, 하나금융연구소, 2012.

그러나 2004년 이후 정부의 강력한 부동산안정정책으로 인해 건설경기가 침체됨에 따라 2007년 이후 부동산 PF대출의 부실화에 대한 우려가 높아졌다. 이에 금융감독원은 2008년 9월부터 2008년 11월까지 부동산 PF관련 대출 사업장에 대해서도 전수조사를 실시하였다. 당시 금융감독원은 PF대출부실이 확산되지 않도록 ① 자산관리공사를 통해 부실화가 우려되는 「악화우려」 사업장을 중심으로 PF대출 채권을 매입하고 ② 금융권 자율로 전 금융권 「PF사업장 자율 워크아웃 협약」을 마련(2009.4월중)하여 시행하고 정상화에 필요한 추가자금 지원에 대해서는 면책제도 적용한다는 내용의 대응방안을 발표하였다.

2009년 10월에는 금융투자업자의 부동산 PF 대출채권 연체율이 상승하고 있고 PF투자규모도 증가함에 따라 〈표 14-1〉과와 같이 금융감독원에서 금융투자업자의 「부동산 PF 리스크관리 모범규준(안)」을 마련하였다. 〈표 14-2〉는 부동산 PF 리스크관리 모범규준(안) 중 심사보고서 작성시 분석필요사항(예시)이다.

〈표 14-1〉 부동산 PF 리스크관리 모범규준(안)

1. 부동산 PF 관리시스템 마련
   - 조직, 심사, 사후관리 및 의사결정방법 등 제반 절차와 내용을 내규화하여 체계적인 업무수행을 위한 시스템 구축
   - 견제와 균형의 원리에 따라 영업조직과 심사사후관리조직 등을 분리하여 부실심사 및 자산의 부실화 예방
2. 부동산 PF 익스포져 한도설정 및 관리
   - 리스크관리위원회에서 익스포져 한도 설정
   - 리스크관리조직을 통한 익스포져 한도 준수여부 모니터링
3. 투자심사 및 승인절차 강화
   - 해외 PF, 대규모 국내 PF 투자심사시 전문성을 보완하는 제도를 마련
   - 투자계획 승인시 심사조직의 전문적인 분석이외에도 리스크 검토 의견 등을 충분히 반영하여 결정하도록 권고
4. 사후관리 절차 강화
   - 사업장별로 정기적인 모니터링 실시
   - 연체채권 등 문제여신에 대해 채권회수 방안 마련
5. 주기적인 위기상황 점검
   - 부동산 PF 익스포져에 대한 주기적인 점점(stress test), 비상대응계획(contingency plan) 마련

저축은행 부실사태는 2010년 부동산 PF관련 대출채권의 부실화가 드러나면서 표면화되기 시작하였다. 2010년 6월 금융감독원은 3조 3,800억원 규모의 부동산 PF관련 부실 대출채권을 자산관리공사(캠코)를 통해 저축은행으로부터 매입하는 방식으로 공적자금을 투입하고 61개 저축은행에 대해서는 경영개선협정(MOU)을 체결하였다. 61개 저축은행 중에서 부산저축은행, 삼화, 에이스, 제일 등이 포함되어 있었다. 이 중 삼화저축은행은 2011년 1월에 영업정지를 당했고 부산제일저축은행은 같은 해 2월에 영업정지를 당했다. 에이스, 제일은 이번 9월에 영업정지 조치를 당했다.

금융위원회 자료에 의하면 2011년 영업정지된 부산저축은행의 2010년말 부동산 PF관련 대출채권 잔액을 살펴보면 약 2조 3,568억원으로 총대출금(약 3조 2,813억원)의 72%를 차지한 것으로 나타났다. 부동산 PF관

련 대출채권 규모는 부산저축은행과 계열사까지 포함하면 2010년 9월 기준으로 약4조원 이상이고 부동산 PF관련 대출채권이 총여신에서 차지하는 비중은 61%에 달하는 것으로 나타났다.

〈표 14-2〉 심사보고서 작성시 분석필요사항(예시)

구분	내용	주요 확인 사항
거래상대방	• 거래상대방 위험 분석 • 거래구조	• 시행사 · 시공사 신용도, 실적 • 계약내용협의서(term sheet) 작성 등
리스크	• PF 리스크 분석	• 금융적 위험 • 인플레이션 위험 • 법적 위험 • 유동성 위험 등
사업성	• 개발타당성 확인 수익성 분석	• 부지매입가 적정성, 공사비 타당성 • F/S 보고서, stress test 등 • 기대수익률 • 요구수익률 • 순현재가치 • 부채상환능력계수 • 현금흐름 • 내부수익률
투자회수계획 (exit plan)	• 투자회수계획(exit plan)	• risk & return 적정성 • exit 계획의 실현가능성
	• 채권보전방안	• 담보권 확보 및 보증인의 신용도 • 부보범위의 적정성
기타	• 안정적 토지확보 가능여부	• 시행사 자금투입 여부 • 계약률, 계약기간 경과여부
	• 안정적 인허가 진행 가능여부	• 개발규제, 계획구역지정여부 • 지방자치단체 입장 확인 등
	• 신용보강 여부	• 담보가치 평가 • 주가 제공가능 담보 및 연대보증 확인
	• 관련 법률 · 제도	• 토지 인 · 허가, 신용보강 등 • 각종 부동산 정책 등
	• 부동산 관련 정보	• 경기동향, 부동산가격동향 등 • 대상지 인근 유사사례 등

자료: 금융감독원, 금융투자업자의 부동산PF 리스크관리 모범규준(안) 마련, 정례브리핑 자료, 2009.10.

2011년에는 자금조달문제 등으로 인해 그동안 중단되었거나 지연된 대규모 공모형 부동산 PF사업에 대해 정부는 사업조정 신청을 받았다.

〈표 14-3〉 공모형 PF사업 현황 (2012.1 현재)(단위: 억원)

발주자	공모시기	금액	사업명	주간사
코레일	2007.8	280,000	용산국제업무단지	드림허브
LH공사	2006.8	62,000	청라국제업무단지	포스코건설
LH공사	2007.5	48,000	성남판교복합단지PF사업	롯데건설
천안시	2007.5	46,000	천안국제비지니스파크개발사업	대우건설
SH공사	2008.6	36,783	상암DMC랜드마크타워PF사업	대우건설
인천도시개발공사	2006.5	26,647	인천대이전사업	SK건설
LH공사	2007.7	26,431	파주운정복합단지개발 PF사업	SK건설

자료: 한국토지주택공사

〈그림 14-3〉을 살펴보면 부동산 PF 대출잔액은 2007년말 69조 7,000억원에서 2008년말 83조원으로 증가하여 최고치를 기록하였다. 하지만 2008년부터 부동산 PF에 대한 부실우려와 정부의 규제로 인해 2009년말 81조 5,000억원으로 감소하였다. 이후 부동산 PF 대출잔액은 2010년말 66조 5,000억원, 2011년말 58조 6,000억원을 기록하였다.

〈그림 14-3〉 부동산 PF대출잔액: 2007~2011(단위: 조원)

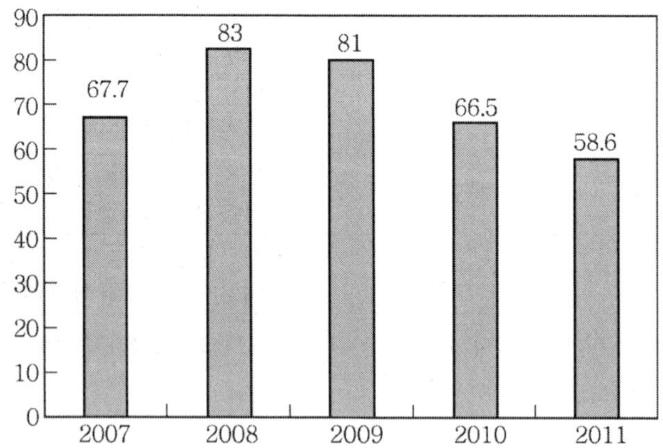

자료: 금융감독원

※ 연도별 부동산 PF 대출 관련 정부대책

2008. 9.~12.	전 금융권 PF 사업장 전수조사 실시
2008. 10. 1.	은행권 부동산 PF 리스크관리 모범규준 발표
2008. 12.~2009. 12.	구조조정기금, 캠코를 통한 부실채권 매입(전 금융권 총2.9조원)
2009. 8.	전 금융권 PF 사업장 자율 워크아웃 협약 제정 및 시행
2009. 10. 27.	금융투자업자(증권 및 펀드) 부동산 PF 리스크관리 모범규준(안) 발표
2010. 2. 26.	부동산 PF대출 및 PF ABCP 건전성 제고방안 발표(저축은행 건전성 감독 강화, 기타 업권 건전성 관리기준 강화, PF ABCP에 대한 공시 및 감독 강화 등)
2010. 4.	서민금융회사의 건전경영 유도방안 발표(PF대출 여신한도 축소, 신규 해외 PF사업 진출금지 등을 통한 자산운용규제 강화, 건전성 기준 강화, 지배구조 개선 등)
2010. 5. 28.	신용평가보고서를 통한 건설회사 PF 관련 우발채무 공시 확충 방안 발표(우발채무를 신용평가보고서에 기재하고 이를 신용평가회사 홈페이지를 통해 공시)
2010. 6. 25.	저축은행 PF대출 문제에 대한 대책 및 감독 강화방안 발표(구조조정기금, 캠코에서 부실 우려 PF채권 3.8조원 매입, PF대출 상시 감시시스템 구축, 운영 등)
2010. 9. 30.	상호저축은행 PF대출 리스크 관리 모범규준 발표

자료: 손재영, 글로벌 금융위기 이후 주택정책의 새로운 패러다임모색(하), KDI연구보고서 2012-01, 2012.

3. 부동산개발 PF 대출채권 증가 원인

이로 인해 자본금이 취약한 시행사들은 레버리지효과로 인해 부동산 PF에서 자본지출 대비 큰 수익을 얻을 수 있어 무리하게 사업을 시도하였다. 경기호황기에는 높은 분양률을 통해 사업을 성공적으로 수행할 수 있지만 경기침체기에는 큰 타격을 받을 수 있다. 시공사들은 부동산 PF가 상대적으로 도급공사비가 높기 때문에 치열한 사업수주 경쟁속에서 시행사를 대신하여 각종 보증을 제공하였다. 이러한 상황은 시행사의 부실이 시공사의 부실로 이어지는 결과를 낳았다. 대출을 제공하는 금융기관도 시공사의 보증하에 사업성검토 및 위험관리를 소홀히 하였다.

이러한 사업구조로 인해 부동산 PF사업 이해관계자간에 도덕적 해이 현상을 초래하였고 부동산 PF의 부실화는 대규모 저축은행 부실사태와 금융시장의 신용경색 현상을 발생하였다.[7]

〈부동산금융 사례〉

'한국형 PF대출' 건설위기 키웠다
시행사 브릿지론→건설사 지급보증→금융권 PF대출→분양 계약금으로 상환
- 부동산경기 침체 유동성 악화
- 다양한 자금조달기법 등 필요

#2000년대 초·중반, 수백억원에서 수천억원대 현금을 확보했다고 소문난 시행사가 즐비한 때가 있었다. 이들이 큰돈을 만진 것은 부동산경기가 호황을 누리고 부지만 확보하면 무조건 프로젝트파이낸싱(PF) 대출을 해주던 금융기관이 있었기에 가능했다.

2000년대 초 부동산경기가 최고점일 당시 시행사들은 현금 없이도 토지소유주의 동의서만 확보하면 저축은행을 찾아가 토지계약금만큼 브릿지론을 대출받을 수 있었다.

시행사는 이 브릿지론으로 땅주인들에게 계약금을 지급한 뒤 계약서에 사인을 받고 다시 이 계약서를 들고 건설사를 찾아갔다. 건설사들은 지급보증을 해주는 조건으로 금융권으로부터 수천억원대 PF대출을 받았다.

인·허가를 마치고 아파트를 분양한 후 계약금이 들어오면 브릿지론을 갚고 착공한 뒤 중도금과 잔금 등을 받아 수익을 나눴다. 시행사, 건설사, 금융기관 모두 수익을 골고루 나누는 가장 이상적인 한국형 PF대출 모델이 됐다.

#용산역세권, 판교알파돔 등 황금알을 낳을 것으로 예상되는 공모형 PF개발사업이 2000년대 중반에 집중적으로 추진되면서 비슷한 형태의 PF대출 구조가 나왔다.

당시 사업이 공모되면 건설사 주도로 사업계획서가 만들어지고 출자사를 모집한 뒤 자금조달 점수를 맞추기 위해 금융권에 손을 내밀었다. 건설사들은 수주가 급하다보니 지급보증은 물론 책임준공 등 온갖 리스크를 떠안겠다고 금융기관에 제안, PF대출 확약서를 받았다.

이 같은 PF대출 구조는 부동산경기가 좋았을 때는 문제가 없었지만 경기가

7) 손재영, 글로벌금융위기 이후 주택정책의 새로운 패러다임 모색 (하), KDI 연구보고서 2012-01, 0212

침체되면서 틀어지기 시작했다. 부동산경기 침체로 분양 자체가 불가능해지자 브릿지론과 PF대출 이자가 급격히 불어났다. 결국 시행사와 건설사는 이자를 조달하기 위해 금융기관을 통해 자산유동화증권(ABS)과 자산유동화기업어음(ABCP)을 발행, 급한 불을 껐다.

하지만 부동산경기 침체가 장기화되면서 분양사업은 시작도 못하고 ABS와 ABCP의 만기가 속속 돌아왔다. 시행사와 건설사들이 만기연장을 금융권에 요청했으나 금융기관은 만기연장 조건으로 추가 담보와 금리인상 등을 요구했다. 공모형 PF개발사업은 조금 다른 양상으로 번졌다. PF대출 규모가 수조원대에 육박하다보니 건설사들의 지급보증액은 더 확대됐다.

금융권 PF 대출 잔액(단위: 조원, 자료: 금융감독원 및 미래에셋증권)

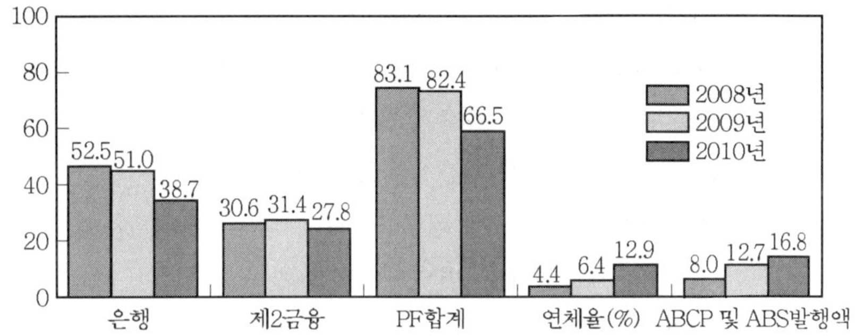

금융위기가 발발하고 건설사들의 지급보증 여력이 급속히 위축되자 건설사들은 지급보증을 거부하기에 이르렀다. 결국 용산역세권, 판교알파돔 등 주요 공모형 PF개발사업은 건설사들의 지급보증 거부로 땅값은 물론 초기 사업비를 조달하지 못해 장기 공전상태에 빠졌다.

전문가들은 국내 PF대출 문제는 시공사를 중심으로 한 개발금융기법의 한계 때문이라고 지적한다.

자료: 〈머니투데이〉, 2011.04.19

제 2 절 부동산개발사업(PF) ABS의 개요

1. 부동산개발사업(PF) ABS의 개념

부동산개발사업(PF) ABS(이하 'PF ABS')란 부동산개발업체의 개발사업 부지나 개발사업에서 발생하는 수익 즉, 분양대금, 공사대금, 대출채권, 신탁수익권 등을 기초자산으로 발행되는 자산유동화증권이다. 〈표 14-4〉는 PF ABS 대상 자산별 특징에 대해 서술하고 있다. 금융기관이 부동산개발업체에게 대출을 실행하고 이 대출채권을 유동화전문회사(SPC)에게 매각하여 자산유동화증권을 발행한다.

PF ABS는 시공사가 채무인수나 연대보증을 하기 때문에 신용도가 낮은 부동산 개발업체도 별도의 신용보강이 없이도 개발사업에 필요한 자금을 조달할 수 있는 장점이 있다.

금융기관 입장에서도 부동산개발사업에 필요한 대출을 제공함으로써 높은 수익을 올릴 수 있다. 투자자입장에서도 상대적으로 고금리 상품인 PF ABS를 선호한다.

PF관련 대출채권이 증가한 것은 국내 부동산개발 사업 방식의 변화가 주요 원인으로 지적되고 있다.

IMF 외환위기 이전에는 건설사들이 자체 자금이나 금융기관으로부터 차입을 하여 토지매입, 시공, 분양하는 형태이었다. 그러나 IMF 외환위기 이후에는 기업의 높은 부채비율의 억제정책과 재무구조의 건전성을 중요시하는 경향 때문에 건설사들은 시공만 담당하고 시행이나 분양 등은 부동산개발업체가 담당하는 것이 일반화되었다.

〈표 14-4〉 부동산개발 ABS 대상 자산별 특징

자산유형	특징
분양대금채권	- 부동산의 완공 및 인도를 전제로 회수가 가능한 장래채권의 성격 - 부동산이 완성되지 않을 경우 회수가능성이 극히 낮아짐 - 분양계약 해지시 유동화자산이 소멸
신탁수익권	- 신탁수익권자의 수익은 신탁부동산의 토지대와 최종적인 이윤부분 - 분양대금이나 공사대금을 금전신탁함으로써 생성되는 금전신탁수익권을 유동화 - 분양대금이 상환재원의 원천
공사대금채권	- 시행사가 파산할 경우 공사대금 회수 가능성 문제 - 시공사가 파산할 경우 공사가 중단되어 공사대금이 발생하지 않을 가능성 - 분양대금이 상환재원의 원천
대출채권	- 분양대금, 공사대금, 신탁수익권, 개발 중인 부동산 등을 대출 채권의 담보로 제공 - 제공된 담보로부터 발생하는 현금흐름을 유동화증권의 상환 재원으로 사용 - 분양대금이 상환재원의 원천

자료: 박성표, "부동산개발 ABS 시장 활성화를 위한 신용보강 방안 연구", 『부동산정책연구』 제7집 제2호, 2006.

2004년 이전에는 부동산개발업체들은 부동산개발에 필요한 자금을 은행 등 금융기관에서 직접 차입하였으나 2004년 이후부터는 자산유동화를 이용하여 개발사업에 필요한 자금을 조달하기 시작하였다. 자산유동화를 이용하는 경우 신용도가 낮은 부동산개발업체도 자금을 조달하기가 용이하기 때문이다.

〈표 14-5〉 동일유니버스 제2차 유동화 ABS 내용

- 부동산개발사업: 서울특별시 성북구 하월곡동 주상복합 개발사업에서 발생하는 분양대금
- 유동화자산: 경남은행이 유니버스하우징에 대출한 채권
- 자산보유자: 경남은행
- 자산관리자: 한국투자증권
- 업무수탁자: 경남은행
- 신용보강: 동일토건이 채무인수, 사업부지에 대한 담보신탁 설정

2. PF ABS의 발행 현황

2006년 하반기부터는 PF 대출 유동화가 ABS발행보다는 대부분 ABCP 발행을 통해 이루어졌다. 이러한 현상은 자산유동화법에 따른 ABS발행보다 자산유동화법의 규제를 받지 않는 ABCP발행이 더 용이하기 때문이다. 2006년 금융감독원은 ABS발행규모를 규제하였다. 2006년 하반기에는 총 PF대출 유동화 중 ABCP발행분이 78.8%이었으나 2007년 상반기에는 86.9%로 증가하였다.8)

2007년에는 부동산경기침체로 부동산 관련 ABS와 ABCP의 부실위험이 높아짐에 따라 발행규모가 감소하였다. 또한 금융감독당국은 은행들이 보유하고 ABCP를 투자가 아니라 대출로 간주하여 ABCP를 종금계정이 아니라 대출계정에 포함시키라고 지시하였다.

〈그림 14-4〉는 2003년부터 2010년까지 부동산 PF ABS와 부동산 PF ABCP(자산유동화기업어음) 발행현황을 나타낸다. 2003년 부동산 PF ABS 발행규모는 7,359억원이었으나 2005년과 2006년에는 각각 4조 8,760억원, 5조 8,979억원으로 크게 증가하였다. 하지만 이후 정부의 강력한 부동산 투기 억제정책으로 인해 발행규모가 축소되었다.

8) '2007년 상반기 ABCP 및 PF Loan 유동화시장 분석', 한국신용평가, 2007.9

〈그림 14-4〉 부동산 PF ABS와 부동산 PF ABCP(단위: 억원)

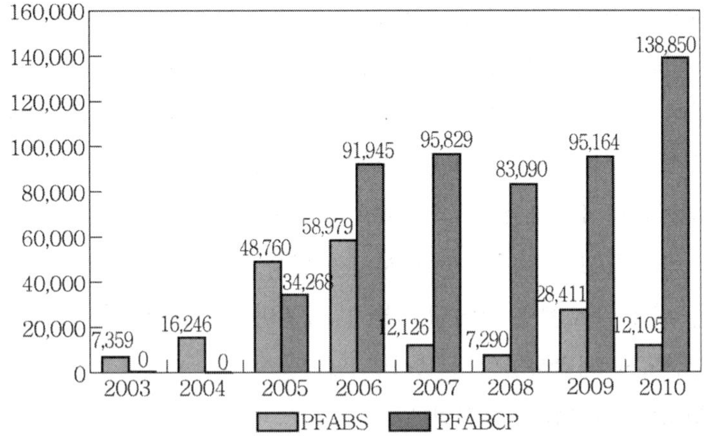

부동산 PF ABCP(자산유동화기업어음)의 경우 발행규모가 2006년 9조 1,945억원, 2007년 9조 5,829억원을 기록하였다. 하지만 금융감독당국의 규제로 2008년 발행규모가 축소되었다가 2009년 다시 증가하였고 2010년에는 발행규모가 13조 8,850억원에 달했다. 하지만 2011년 이후 저축은행 부실사태로 인해 부동산 PF ABCP 발행실적은 축소되어 2011년 PF ABCP 발행규모는 12조 5,457억원을 기록하였다.

2011년 이후 부동산 PF ABCP의 절대액은 감소추세에 있지만 발행되는 PF ABCP의 질에 대한 우려가 있었다. PF ABCP의 만기 구조가 단기화 되고 PF사업장이 분양 경기가 좋지 않은 수도권에 80%나 집중됐기 때문이다. 2012년 4월 한국신용평가 등에 의하면 2011년 4.4분기 만기 6개월 이하인 PF유동화증권의 비중이 2분기에는 42.2%이었는데 4분기에는 33.5%로 하락하였다. 우리투자증권 자료에 의하면 2012년 3월 기준 PF ABCP의 평균 만기가 4.9개월에 불과한 것으로 나타났다.[9)]

2011년 9월 한신공영은 경기도 안산시 일대에 유통업무시설을 건설하기 위한 부동산 PF를 위해 700억원 규모의 ABCP를 발행했다.[10)]

9) PF ABCP 만기단기화 수도권 비중 80%로 위험증대, 연합인포맥스, 2012.4.9.

2012년 6월 신세계건설이 서울시 종로구 청진동 오피스빌딩 개발사업 관련 사업비 조달을 위해 특수목적회사(SPC)인 '글로벌에이치제이차유한회사'를 통해 150억 원 규모의 1회차 ABCP를 발행했다.[11]

같은 해 6월 GS건설이 경기도 오산시 부산동 도시개발 사업 관련 사업비 조달을 위해 ABCP를 특수목적회사(SPC)인 '케이피일리코유한회사'를 600억원 규모의 ABCP를 발행했다. 만기는 1년이고, 업계에 따르면 금리는 대략 4%에 못 미치는 수준으로 알려졌다.[12]

2012년 11월 대우건설이 시공을 맡은 김포한강신도시 아파트 개발사업을 위해 프로젝트 파이낸싱(PF) 2,750억원을 조달하였는데 이 중 김포한강신도시 개발사업의 시행사인 웨슨플래닝이 특수목적회사(SPC)를 통해 ABCP 750억원을 발행했다.[13]

3. PF ABS의 구조

(1) PF ABS

〈그림 14-5〉는 PF ABS 발행구조를 나타낸다. 첫째, 시행사인 부동산 개발업체는 사업부지에 필요한 토지의 소유자와 토지매매계약을 맺는다. 둘째, 부동산개발업체는 사업부지 매입에 필요한 자금을 금융기관으로부터 대출을 받는다. 셋째, 금융기관은 대출채권을 유동화전문회사에 매각한다. 넷째, 유동화전문회사는 대출채권을 기초자산으로 자산유동화증권을 발행하여 투자자에게 판매한다.

시행사는 우선 사업초기단계에서 부동산개발사업에 필요한 부지를 매입에 소요되는 자금과 인허가 전에 소요되는 자금을 금융기관에서 차입을 하는데 사업이 본격적으로 개시되기 전 제공되는 대출을 브릿지론

10) 한신공영, PF 700억원 조달, 6개월만기, 머니투데이, 2011.9.28.
11) 신세계건설, 청진동 오피스빌딩 PF-ABCP 발행, 머니투데이, 2012.6.22
12) GS건설, 오산 부산동 도시개발 PF-ABCP 발행, 머니투데이, 2012.6.25.
13) 대우건설, 김포한강신도시 PF 2,750억원 조달, 한국경제신문, 2012.11.30.

(bridge loan)이라 한다. 이후 사업시행에 대한 인허가를 받은 후에는 토지를 담보로 또는 사업에 발생되는 예상 현금흐름을 등을 근거로 금융기관으로 추가로 자금을 차입한다. 부동산 PF사업 부실사태가 발생하기 이전인 2010년 이전에는 주로 저축은행 등이 브릿지론을 제공하였고 인허가 이후의 대출은 주로 은행들이 제공하는 형태였다.

〈그림 14-5〉 PF ABS 발행구조

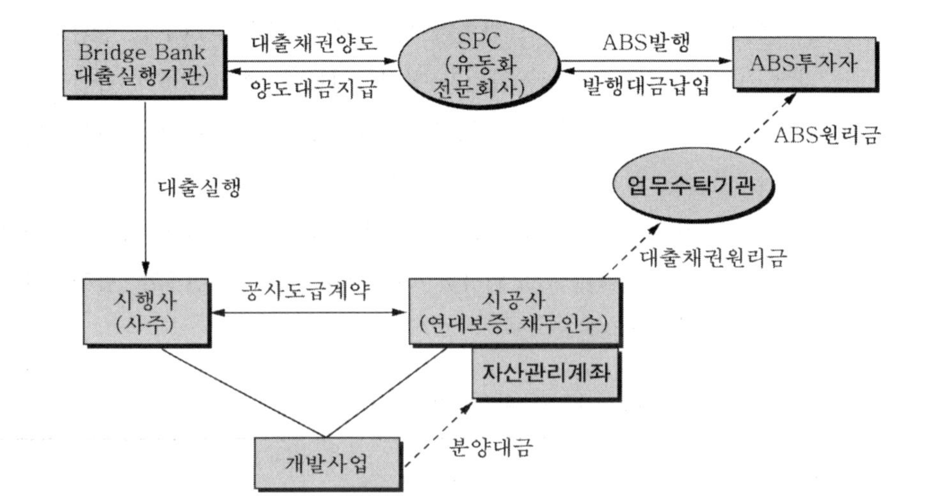

자료: PF Loans ABS 위험 발생 사례분석, KIS Weekly, 한국신용평가, 2006.4

시공사는 브리지뱅크에 지급보증이나 채무인수 약정을 체결해 준다. 또 시행사는 부동산신탁회사에 보유 토지를 담보로 맡기고 이에 대한 수익증서를 유동화전문회사에 매각한다.

일반적으로 사업부지 매입에 필요한 자금은 제2금융기관으로 대출을 받은 후 사업부지를 매입하고 사업부지를 담보로 은행으로부터 대출을 받아 제2금융기관으로 받은 대출금을 상환하는 방법이 사용된다.

이러한 자금조달구조로 인해 건설경기침체로 인한 부동산 PF부실사태는 저축은행 부실사태로 이어지고 이어 은행도 손실을 입는 연쇄 부실사태를 초래하였다.

(2) PF ABCP(자산유동화기업어음)

PF ABCP(자산유동화기업어음)를 통한 부분차환구조는 유동화전문회사가(SPC)가 먼저 자산유동화증권(ABS)을 발행하고 이 자산유동화증권(ABS)의 만기가 도래하는 경우 일부는 유동화자산에서 들어오는 수익으로 상환하고 부족한 부분은 차환목적용 ABCP를 발행하여 상환하는 방식이다. 이러한 방식으로 유동화자산에서 상환자금이 전부 회수될 때까지 계속해서 ABCP를 반복적으로 발행하여 만기가 도래한 ABCP를 상환한다.

PF ABCP의 장점은 단기금리가 장기금리보다 낮기 때문에 자산유동화증권의 이자비용을 절감할 수 있다는 것과 유동화자산에서 조기회수되는 잉여자금을 최소화할 수 있다는 점이다.

〈그림 14-6〉은 2009년 5월 군인공제회가 남사지구 시행사인 동우개발에게 제공한 2,500억원 규모의 PF 대출채권을 기초자산으로 발행된 PF ABCP 발행 절차이다.

〈그림 14-6〉 용인 남사도시개발사업 PF ABCP 발행구조

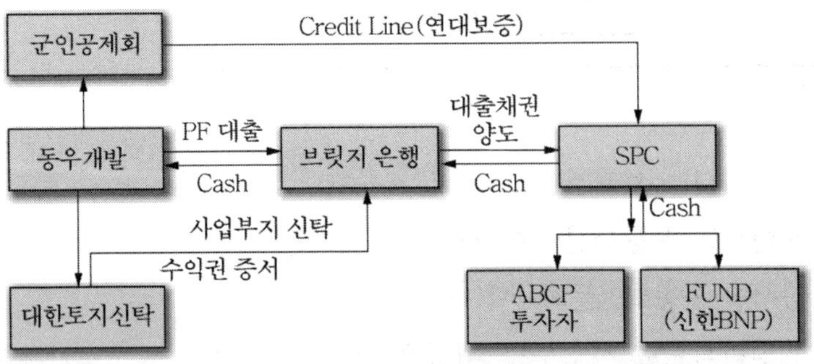

SPC 자산관리자	굿모닝신한증권(주)
SPC 업무수탁자	신한은행
ABCP 발행주관	굿모닝신한증권(주)

법률자문	법무법인 은율
자산실사, 평가	회계법인 효림
신용평가기관	한신정/한기평

〈표 14-6〉 부동산 PF ABS와 부동산 PF ABCP의 비교

구분	부동산 PF ABS	부동산 PF ABCP
근거법률	자산유동화에 관한 법률	상법
발행주체	명목상의 회사: 유동화전문회사	주식회사 또는 유한회사: 유동화전문회사
기초자산	PF 대출	PF 대출
증권형태	회사채	기업어음
만기	장기	단기
등록·신고의무	금융감독원에 발행 등록·신고 의무	금융감독원에 발행 등록·신고의무 없음
차환리스크	없음	있음

자료: 이중희, 『부동산구조화 금융의 이해』, 부연사, 2011.

2005년에는 부동산개발금융 유동화가 ABCP 도관(conduit)을 이용하는 사례가 급증하였다. ABCP를 이용한 자산유동화는 자산유동화에 관한 법률의 적용을 받는 유동화전문회사(SPC)와 상법에 근거한 회사형태의 유동화전문회사(SPC)를 이용하는 방법이 있다.[14]

ABCP conduit는 상법상의 회사로서 자산유동화에 관한 법에 근거한 특례조항의 혜택을 받지 못한다.[15] 상법상 유동화회사의 경우 유동화증권 발행이 불가능하고 기업어음만 발행이 가능하다.

그러나 도관형(conduit) ABCP 프로그램은 유동화계획 등록, 유가증권 신고 등 발행절차를 대폭 간소화할 수 있고 발행일정도 단축할 수 있는 장점이 있다. 또한 한 유동화전문회사에 다수의 시리즈를 설정할 수 있는 장점이 있다.[16]

---

14) 한국신용정보, 'ABCP", 2006 NICE Structured Finance Rating Methodology, 2006, 심은수, "ABCP 발행시장의 현황", 한국신용평가, 2006.1

15) 유동화전문회사의 사채 발행 허용, 유동화계획 등록을 통한 제3자 대항요건 구비, 이자소득에 대한 원천징수 예외 인정 등 유동화법상의 주요 특례규정에 따른 이익 크지 않다고 판단되는 경우에는 상법상의 유동화회사를 통한 유동화가 발행절차 간소화, 발행비용 절감 면에서 유리하다.

16) 2003년 6월 국내은행이 sponsor로 참여한 최초의 ABCP conduit인 골드윙(주)이 설립된 이후 주요 은행들의 ABCP conduit를 설립하여 운영하고 있다. 은행이 sponsor로 참여한 ABCP conduit는 대부분 유가증권, 약속어음, 대출채권 등의 자산을 매입하여 이를 기초로 ABCP를 발행 또는 차환발행하고 매입한 자산의

ABCP의 경우 유동화사채와 달리 사모로만 발행되어 유가증권 신고절차가 면제되어 감독당국 입장에서는 유동화증권 발행에 대한 적절한 관리가 어렵다.[17]

〈표 14-7〉 ABCP를 통한 유동화 사례

사업명	광주 광산구 수완동 아파트 신축분양사업			
시행사/시공사	(주)새한건설/(주)새한종합건설			
SPC	광주수완지구(유)			
유동화유형	PF Loan ABCP			
업무수탁자	(주)우리은행			
자산관리자	(주)우리은행			
주관회사	동부증권(주)			
ABCP매입보장기관	(주)우리은행			
신용평가기관	한국신용평가			
ABCP 발행내역 및 상한내역	회차	신용등급	발행한도(억원)	만기일
	1	A1	150	2006.9.19
	2	A1	150	2006.12.19
	3	A1	150	2007.3.19
	4	A1	150	2007.6.19
	5	A1	125	2007.9.19
	6	A1	125	2007.12.19
	7	A1	100	2008.3.19
	8	A1	100	2008.6.19
	9	A1	75	2008.9.19
	10	A1	75	2008.12.19
	11	A1	50	2009.3.19

자료: 한국신용평가 ABCP 신용등급 평가자료

관리운용처분에 의한 수익으로 ABCP를 상환하는 일종의 securities backed program이다. 이러한 유형의 ABCP program이 주로 차익거래를 목적으로 운영되기 때문에 동일한 유동화회사를 이용한 반복적 유동화를 통한 발행비용의 절감과 발행일정의 최소화가 필요했으며 이를 위해서는 유동화전문회사가 아닌 상법상 유동화회사 형태의 ABCP conduit 설립이 불가피한 상황이었다.

17) 이데일리, 사모대출, '대출이냐 회사채냐', 2005.11.25, 이데일리, ABCP와 꽂감, 2006.2.1

4. PF ABS의 신용평가

(1) 부동산개발사업의 단계별 특징 및 위험

부동산개발사업은 착공단계, 준공단계, 준공후 단계 3단계로 나누어 볼 수 있다.

착공단계는 토지 취득, 사업승인 등 착공까지의 기간을 말한다. 이 단계에서는 인·허가위험이 존재한다.

준공단계는 착공에서부터 준공까지의 기간을 말하며 이 기간동안 선분양이 이루어지기도 한다. 이 단계에서는 시장위험, 완공위험이 존재한다.

준공 이후 단계는 준공 이후의 기간 후분양 또는 미분양에 대한 처리가 이루어진다. 이 단계에서는 시장위험이 존재한다.

〈표 14-8〉 부동산개발사업 단계별 특징 및 위험

구분	초기	중기	후기
의미	• 토지 취득에서부터 사업승인 후 착공까지의 기간	• 착공에서부터 준공까지의 기간 • 건설 및 선분양이 이루어지는 기간	• 준공 이후의 기간 • 후분양 또는 미분양에 대한 처리가 이루어지는 기간
위험요인	• 인허가위험	• 완공위험 • 시장위험	• 시장위험
고려요소	• 사업승인 • 토지의 취득 및 등기 • 이해관계자 협의	• 공사중단/지연 • 건설비용/기간변동 • 분양률 • 분양대금 납입	• 분양률 • 분양대금 납입 • 건물 처분가능성

자료: 서형민, "부동산개발사업 ABS의 현황과 평가 이슈", Special Report, 한국신용정보, 2005.10

(2) 신용평가시 고려사항

PF대출은 분양대금, 공사대금 등이 담보자산으로 제공되고 시공사 등에 의해 채무보증이 이루어짐 불구하고 부동산개발사업의 특성과 위험때문에 일반적으로 신용보강이 요구된다.

PF ABS의 신용평가 절차나 고려사항은 자산유동화증권의 발행절차와 구조에서 설명한 것과 유사하다. 다만, PF ABS의 특성상 신용평가시 고려할 사항으로는 시행사의 신용위험, 사업위험, 시공사의 준공위험 등이 있다.18)

시행사의 신용위험은 담보자산에도 영향을 미치는데 시행사의 부도발생시 채권확보 등 복잡한 문제가 발생할 수 있다.

사업위험에 영향은 변수는 외생변수와 내생변수가 있다. 외생변수로는 사업인허가 관련한 위험, 부동산정책 변화로 인한 위험, 부동산 경기변동 위험 등이 있다. 내생변수로는 입지조건, 브랜드, 사업유형, 사업규모, 분양가, 분양원가, 중도금대출조건 등이 있다.

시공사의 준공위험으로는 기술적 요인과 재무적 요인이 있다. 책임준공약정을 한 시공사의 신인도는 PF ABS 신용등급에 중요한 역할을 한다. PF ABS의 구조상 원리금 상환은 분양대금을 받아 이루어지도록 되어 있으나 분양시기가 PF ABS의 발행 이후에 확정되므로 현실적으로는 분양대금을 실제 규모를 추정하기 어렵다. 또한 시공사가 부동산개발 PF에서 연대보증이나 채무인수를 약정하기 때문에 PF ABS의 신용등급은 사실상 시공사의 신용등급과 밀접한 관계를 갖고 있다.

서울보증보험은 시공사의 부족한 신용을 보완할 수 있도록 부동산 개발을 위한 PF ABS에 대한 보증보험상품을 판매하고 있다. 시공사가 신용등급의 낮은 경우 높은 금리를 적용받는데 이 보험을 이용하면 금융비용을 절감할 수 있다.19)

〈부동산금융 사례〉

건설사 ABCP 금융시장 '시한폭탄'

금융권 관계자는 "AA등급 건설업체의 경우, PF 대출보다 ABCP 발행 시 금리부담이 낮은 만큼 금리 메리트를 고려해 ABCP 발행을 확대한 것으로 분

18) 문현근, 윤기, "PF Loan 유동화", 한국신용평가, 2006.6
19) 머니투데이, 서울보증, 부동산 PF ABS보증보험 출시, 2006.6.7

석된다"며 "중견 건설업체들은 은행권의 부동산 PF 관련 리스크 관리가 강화됨에 따라 그 대안을 모색하는 과정에서 PF ABCP로 눈을 돌린 것으로 보인다"고 말했다.

문제는 최근 삼부토건-동양건설 법정관리 신청을 계기로 PF ABCP 기피 현상이 뚜렷하다는 점이다. ABCP는 만기가 짧게는 3개월에서 길어야 1년이어서 건설회사들은 만기 시 차환발행(리볼빙)으로 만기를 연장해야 PF사업 유지가 가능하다. 그런데 ABCP 수요자들이 매입해 주지 않으면 차환발행이 불가능해진다. ABCP발 금융대란 가능성이 제기되는 이유다.

우리투자증권 신환종 애널리스트는 "최근 건설사에 대한 투자자들의 투자심리가 악화되면서 중견건설사들에 대한 신용이 급격하게 경색돼 상환 시점마다 차환리스크가 부각되고 있다"고 말했다. 그는 또 "현재 A-등급에 우려가 집중되고 있으나, 리테일 투자자의 건설사에 대한 기피 분위기가 더 높은 등급으로 확대될 가능성이 있는 만큼, A등급 건설사 전반에 대한 우발채무에 대한 부담능력과 유사 시 유동성 능력에 대한 평가가 필요하다"고 강조했다.

시중은행 대기업심사부 관계자는 "삼부토건이 PF ABCP 문제로 법정관리를 신청한 이후 A등급 이상 건설사들의 PF ABCP 발행도 사실상 중단된 상태"라며 "그나마 담보가 있는 PF ABCP는 은행권에서 대환해주기도 하지만 신용등급으로 발행된 ABCP는 거들떠보지도 않고 있다"고 말했다.

자료: 〈파이낸셜 뉴스〉, 2011.5.12

참고문헌 및 웹사이트

금융감독원, 금융투자업자의 부동산PF 리스크관리 모범규준(안) 마련, 정례브리핑 자료, 2009.10.

김기형 외 4인, 『부동산개발사업의 PROJECT FINANCE』, 부연사, 2010.

김범석, "미국 서브프라임 부실사태와 향후 전망", 시사금융, 2007.8.

문현근 · 윤기, "PF Loan 유동화", 한국신용평가, 2006.6.

박성표, 부동산개발 ABS 시장 활성화를 위한 신용보강 방안 연구, 부동산정책연구 제7집 제2호, 2006.

배창성, "부동산 PF 유동화 개선방향에 대한 검토", 한국기업평가, Korearatings Weekly, 2011.4.27.

배혜원, 서형민, "부동산개발사업 ABS의 신용위험과 사후관리, Special Report, 한국신용정보, 2005.11

서형민, "부동산개발사업 ABS의 현황과 이슈, Special Report, 한국신용정보, 2005.10

이동규, 상호저축은행 PF대출분석, Special Report, 한국신용평가, 2007.

이삼영, PF우발채무의 증가와 주택건설회사의 신용평가, 한국신용정보, 2007.
이중희, 『부동산구조화 금융의 이해』, 부연사, 2011.
최은영, 부동산개발사업 관련 PF 유동화의 현황과 시사점, 주택금융월보 제42호, 2008년 1월호.
한국신용정보, "ABCP", 2006 NICE Structured Finance Rating Methodology, 2006
한국신용평가, PF Loans ABS 위험 발생 사례분석, KIS Weekly, 2006.4
Johnson, Shane A., To Securitize or Not?, in Frank J. Fabozzi, ed.: Accessing Capital Markets Through Securitization, FJF, 2001.
McPherson, Neil, in Frank J. Fabozzi, ed.: Investing in Asset-Backed Securities, 2000, Frank J. Fabozzi Associates.
Real Estate Market Report 각호, 부동산금융연구소, 메리츠증권
Zimmerman, Thomas A., Auto-Loan-Backed Securities, in Frank J. Fabozzi, ed.:The Handbook of Fixed Income Securities, 1997, Irwin.
www.kisrating.com
www.korearating.com
www.nice.co.kr

[부록] 부동산PF 부실사태의 원인과 과제

2011년 1월 서울소재 삼화상호저축은행이 부채가 자산을 초과('10.7월말 △504억원)하고 BIS기준 자기자본비율('10.6월말 △1.42%)이 지도기준(경영개선명령: 1%)에 미달됨에 따라 부실금융기관으로 결정되어 경영개선명령을 받았다. 이어서 2월에는 자산규모 기준으로 국내 1위 저축은행인 부산저축은행이 부실사태로 영업정지를 당하였다.

저축은행 부실화의 가장 큰 원인은 PF대출의 부실화에 의한 것이라고 할 수 있다. 금융위원회 자료에 의하면 2010년말 부산저축은행의 PF대출 잔액은 약 2조 3,568억원으로 총대출금(약 3조 2,813억원)의 72%를 차지했다. 이러한 PF대출 가운데 1개월 이상 연체된 대출이 전체 PF대출의 35.14%를 차지하였다. 부산저축은행과 계열사까지 포함하는 경우 2010년 9월기준으로 PF대출규모는 4조원 이상이고 총여신에서 PF대출이 차지하는 비중은 61%에 이른 것으로 밝혀졌다. 부산저축은행은 그동안 예금의 대부분을 부동산시장과 건설사 대출에 편중 운용하여 왔던 것이다.

금융위원회는 2011년 3월 17일 저축은행 문제와 관련하여 저축은행 경영건전화를 위한 감독강화 방안을 발표하였다. 보도자료 중 저축은행의 현황과 문제점에 의하면 그동안 저축은행들은 자금을 위험자산에 과도하게 운용하였다. 저축은행에 대한 규제 완화 등으로 고금리로 자금을 조달(최근 3년 평균 수신 증가율: 은행 6.5%, 저축은행 13.4%(2.1배))하여 이 자금을 부동산 PF대출(2010년 12월말 현재 부동산 관련 대출 비중은 47.9%(PF대출은 18.9%))에 편중 운용하였다.

하지만 3월 21일 이번에는 중견건설회사에 속하는 LIG건설(시공능력순위 47위)이 자금난에 빠져 기업회생절차를 신청하였다. 이는 부동산 시장의 침체로 인해 분양실적이 저조하기 때문이다. LIG건설은 프로젝트 파이낸싱(PF)의 금융비용이 약 1조원에 이르고 공사 미수금도 약 2,600억원에 달하는 것으로 알려졌다. 이는 최근 건설경기 침체로 인해 아파트 미분양 물량이 쌓이면서 자금난이 심화된 것이다.

4월 12일에는 삼부토건(시공능력순위 34위)이 PF 우발채무 만기를 하루 앞두고 법정관리를 신청했다. 삼부토건은 그동안 차입금 만기를 연장하는 방식으로 버텨 왔는데 최근 건설업체들의 연체율 상승으로 금융회사들이 차입금을 연장 대신 회수하고자 하면서 법정관리를 신청하게 되었다.

4월 15일에는 동양건설산업(시공능력순위 35위)도 PF채무부담에 법정관리 신청하였다. 삼부토건과 동양건설산업은 지난 2006년 이후 서초구 내곡동 일대에 고급 단독주택 83가구와 공동주택 236가구 등을 분양하는 사업을 추진해왔다. 하지만 분양 일정이 지연되면서 대출금 만기연장을 계속해 왔다. 건설회사들의 연쇄부도사태는 저축은행의 경영상태를 더욱 악화시킬 것이며 또한 그동안 부동산 PF대출을 해준 은행들의 경영결과에도 악영향 미칠 것이다.

금융감독원에 의하면 금융회사들의 부동산 프로젝트파이낸싱(PF) 대출 가운데 25조원이 올해 만기이다. 특히 주요 은행의 PF 대출 만기가 2분기에 집중돼 있어 PF 대출 대란에 대한 우려가 커지고 있다. 금융감독원 자료에 따르면 올해 만기가 돌아오는 PF 대출은 은행권 15조원, 비은행권 10조원으로 나타났다. 6조1,000억원의 PF 대출이 남은 우리은행은 5~6월 중 1조 3,000억원의 만기가 돌아온다. 국민은행도 이 기간에 1조원의 PF 대출 만기가 예정돼 있다. 국민은행 관계자는 "올해 만기가 돌아오는 PF 대출 3조5,000억원 중 1조5,000억원은 회수할 방침"이라고 밝혔다.

저축은행의 PF 대출 만기는 3분기에 몰려 있다. 솔로몬저축은행계열의 PF 대출 만기는 2분기 1,000억원에서 3분기 1,300억원으로 늘어난다. 현대스위스저축은행계열과 한국저축은행도 2분기 1,000억원과 300억원에서 3분기 1,200억원과 700억원으로 늘어난다. 금융권의 대출 만기 시점이 돌아오면서 건설회사의 자금난은 더 심해질 것으로 예상된다. 2010년말 기준으로 은행과 저축은행은 810곳과 623곳의 PF 사업장에 대출한 상태이다.

한편 시행사와 건설회사는 자금을 조달하기 위한 방법으로 자산유동화증권(ABS)과 자산유동화기업어음(ABCP)을 발행하였다. 부동산 PF대출 자산유동화증권은 금융기관이 부동산 즉 토지나 건물 등을 담보로 부동산개발회사에게 대출을 하고 이러한 대출채권을 기초자산으로 발행한 대출채권부 유동화증권을 말한다.

자금력이 부족한 부동산개발회사는 부동산개발사업에 필요한 부지나 공사비용을 조달하기 위해 금융기관으로부터 프로젝트 파이낸싱(PF)형태로 대출을 받는다. 금융기관은 이러한 대출채권을 기초자산으로 자산유동화증권을 발행하는데 이러한 자산유동화증권을 PF 대출 자산유동화증권이라고 한다.

부동산 PF대출 자산유동화증권의 발행규모는 2003년 전까지는 미비한 편이었으나 상법상 자산유동화회사(conduit)를 이용한 발행기법의 등장, 자금조달의 용이성, 금융회사의 적극적인 참여 등으로 2004년부터 발행규모가 증가하기 시작하였다.

2006년 9월 이전까지 부동산 PF대출 자산유동화증권의 발행규모가 증가하였으나 2005년 8.31부동산대책 이후 정부의 계속되는 부동산투기 억제정책과 PF 대출 자산유동화증권 발행 증가에 따라 정부의 자산유동화증권(ABS)에 대한 감독강화로 인해 2006년 9월 이후에는 자금조달수단으로 자산유동화기업어음(ABCP)이 활용되었다.

하지만 부동산경기 침체가 지속되면서 미분양사태가 발생하고 있는데 이런 상황에서 자산유동화증권(ABS)과 자산유동화기업어음(ABCP)의 만기가 돌아오고 있다. 시행사와 건설회사들이 만기연장을 금융권에 요청했으나 금융권은 만기연장 조건으로 추가 담보와 금리인상 등을 요구하였다. 또한 저축은행의 경우 부동산 PF대출한도가 전체 여신의 30% 이내로 제한되면서 많은 저축은행들이 이 비율을 맞추기 위하여 기존 대출에 대해 만기연장을 해주지 않고 부동산 PF대출 규모를 줄이고 있다. 이러한 금융회사의 여신축소정책은 건설회사들의 자금사정을 악화시키고 있다.

프로젝트 파이낸싱(PF: Project Financing)이란 프로젝트에서 발생하는 미래 현금흐름을 상환재원으로 자금을 조달하는 금융기법이다. 프로젝트 파이낸싱은 프로젝트의 사업성에 근거하여 자금을 조달하는 것으로 사업주의 신용이나 담보에 근거하여 자금을 조달하는 기존의 기업대출과는 성격이 다르다.

프로젝트 파이낸싱은 장점은 첫째, 부외금융 효과를 얻을 수 있다. 사업주는 프로젝트회사 또는 특별목적회사(SPC)를 설립하여 프로젝트회사 명의로 자금을 조달하기 때문에 사업주 회사의 회계장부에는 부채로 나타나지 않는다. 둘째, 프로젝트 파이낸싱은 비소구금융이다. 대출상환이 프로젝트에서 발생하는 현금흐름에 한정된다. 일반적인 기업대출의 경우 대출상환의 최종적인 책임이 사업주에 있다. 셋째, 프로젝트 파이낸싱은 관계 이해당사간에 위험을 분산시킬 수 있다.

한편 프로젝트 파이낸싱의 단점은 첫째, 금융회사 입장에서 보면 프로젝트 파이낸싱은 개발사업의 미래 현금흐름을 담보로 하기 때문에 일반 부동산담보대출보다 위험이 높은 편이다. 둘째, 프로젝트 파이낸싱은 일반 기업금융보다 복잡한 구조와 절차를 가지고 있다. 따라서 거래관계자간의 이해상충이 발생할 가능성이 높고 또한 거래상대방 위험이 높은 편이다. 또한 프로젝트 파이낸싱은 복잡한 구조와 절차로 인해 비용이 높은 편이다.

국내에서는 1994년 민자유치법의 제정을 계기로 사회간접자본시설에 대한 프로젝트 파이낸싱이 도입되었다. 프로젝트 파이낸싱은 1998년 외환위기로 인해 거의 중단되었다가 2001년 부동산경기가 활성화되면서 부동산개발을 위한 자금조달수단으로 활용되기 시작하였다. 외환위기 이후 기업금융이 위축되고 금융시장에서 저금리상태가 지속됨에 따라 금융회사는 고수익을 얻을 수 있는 부동산 프로젝트 파이낸싱시장에 진출하였고 부동산개발회사는 상대적으로 자금조달이 용이한 부동산 프로젝트 파이낸싱을 선호하게 되었다.

대한주택보증회사의 자료에 의하면 주택관련 PF대출은 2005년 이후 부동산경기 활성화와 저금리 상황에서 크게 증가하기 시작하여 2007년 최고 수준까지 올라갔다가 2008년 글로벌 금융위기 이후 하락하는 추세를 보였다. 부동산 PF

대출이 증가한 원인은 첫째, 1998년 외환위기 이전에는 건설회사가 자체 자금이나 금융회사로부터 자금을 차입하여 토지를 매입하고 시공·분양하는 형태로 건설사업을 하였다. 그러나 외환위기 이후 정부가 기업의 부채비율 감소를 통한 재무구조 개선 정책을 시행하면서 건설회사는 시공만 담당하고 시행이나 분양은 부동산개발회사가 담당하게 되었다. 앞에서 서술한 바와 같이 부동산개발회사는 2004년 이전에는 부동산개발에 필요한 자금을 금융회사에 직접 조달하는 형태를 취하였으나 2004년 이후 자산유동화기법을 활용하여 자금을 조달하였다. 자산유동화기법을 사용하는 경우 신용도가 낮은 부동산개발회사도 용이하게 자금을 조달할 수 있기 때문이다.

원래 프로젝트 파이낸싱은 개발사업으로 얻어지는 현금흐름이 상환재원이 되어야 한다. 하지만 국내 부동산 프로젝트 파이낸싱의 경우 상황이 다르게 전개되었다. 예를 들면 아파트분양의 경우 시행사는 토지소유주의 동의서를 확보한 후 저축은행으로부터 이를 근거로 토지계약금만큼 브릿지론을 대출받았다. 시행사는 저축은행으로 받은 브릿지론으로 토지소유주에게 계약금을 지급한고 계약을 맺은 후 시행사는 이 계약서를 근거로 시공사인 건설회사와 공사계약을 하였다.

시행사는 시공사인 건설회사가 지급보증을 해주는 조건으로 금융회사로부터 거액의 PF대출을 받았다. 이는 금융회사가 채권보존 장치를 위해 시공사에게 연대보증을 요구하여 왔고 시공사는 지급보증을 해왔다. 시공사들은 수주를 위해 사실상 신용공여를 제공해주고 공사수주를 얻었다. 하지만 PF대출 규모가 크게 늘어나면서 건설회사들의 지급보증액은 더 확대되었다.

시행사는 아파트공사와 관련된 인·허가를 마치고 아파트를 분양한 후 입주자들이 지불한 계약금으로 브릿지론을 갚고 아파트가 착공된 이후 계속해서 들어오는 중도금과 잔금 등을 받아 시공사에게 공사대금을 지급하는 방식으로 수익을 얻었다. 이러한 PF대출 방식은 아파트분양에만 문제가 없으면 시행사, 건설회사, 금융회사 모두 수익을 얻을 수는 구조이다.

따라서 이러한 PF대출방식으로 인해 시행사는 적은 자본을 가지고도 대규모 분양사업을 할 수 있었다. 시행사가 부동산개발사업에 필요한 자금을 조달하기 위해서 금융기관으로 대출을 받아야 하는데 신용도가 낮은 시행사가 금융회사로부터 대출을 받는 것은 어려운 실정이다. 이러한 문제점을 해결하기 위해서 금융회사는 시공사의 보증을 받고 시행사에 대출을 제공하였다.

하지만 분양실적이 예상과 달리 저조하게 되면 시행사, 시공사, 금융회사 모두 손실을 입게 된다. 실제 부동산경기가 침체되자 시행사는 분양에 어려움을 겪고 브릿지론과 PF대출 이자는 크게 증가하기 시작하였다. 용산역세권, 판교 알파돔 등 주요 공모형 PF개발사업이 건설회사의 지급보증 거부로 토지매입비용과 초기 사업비를 조달하지 못해 사업이 중단된 것은 글로벌 금융위기 이후

건설회사가 지급보증 여력이 위축되면서 지급보증을 거부하였기 때문이다.

또한 최근 건설회사의 부도, 저축은행의 부도, 은행권 부실대출 증가 등이 연속적으로 발생하는 것도 이러한 PF대출구조 때문에 발생하는 것이다. 따라서 PF대출부실 문제를 해결하기 위해서는 건설회사, 저축은행, 은행권 등을 모두 포함한 종합적인 해결방안이 필요한 것이다.

저축은행의 부동산 PF대출문제는 이미 2007년에도 거론되었던 사안이다. 2007년 6월말 저축은행의 부동산관련 대출은 22조 1,600억원으로 총대출의 51.7%를 차지하였고 이 가운데 부동산 PF대출금 규모는 12조 3,641억원으로 총대출액의 28.9%를 차지하는 것으로 국회 재정경제위원회 국정감사 자료에 나타났다. 또한 연체율도 2006년 6월 5.8%에서 2007년 7월 12.8%로 증가하였다. (머니투데이, 2007.10.30) 2007년 당시에도 부동산 PF대출은 부동산경기변동에 민감하기 때문에 부동산경기침체시 저축은행의 부실로 이어질 수 있다는 지적이 있었다.

또한 금융위원회·금융감독원은 건설경기침체로 금융권의 건설부문 PF대출 부실화가 우려됨에 따라 2008년 9월부터 11월까지 부실우려가 높은 저축은행 PF대출사업에 대한 전수조사를 실시하였다. 2008년 11월부터 2009년 1월까지 은행·보험 등의 PF대출 사업장에 대해서도 전수조사를 실시한 바 있다. 당시에도 금융당국에서는 PF대출부실이 확산되지 않도록 ① 자산관리공사를 통해 부실화가 우려되는 「악화우려」 사업장을 중심으로 PF대출 채권을 매입하고 ② 금융권 자율로 전 금융권 「PF사업장 자율 워크아웃 협약」을 마련(2009.4월중)하여 시행하고 정상화에 필요한 추가자금 지원에 대해서는 면책제도 적용한다는 내용의 대응방안을 발표하였다.

2011년 초부터 시작된 저축은행 부실사태와 건설회사 부도사태로 금융당국은 PF대출문제를 해결하기 위하여 다각적으로 정책을 검토하고 있는 것으로 알려졌다. 금융당국과 은행권이 부동산 PF대출 부실에 따른 건설사 연쇄 도산을 막기 위한 해결책으로 'PF 민간 배드뱅크(Bad bank)'를 설립키로 했다. 그러나 정작 PF 부실사태를 초래한 저축은행 PF사업장은 인수하지 않겠다는 방침이 알려지면서 건설업계는 배드뱅크 실효성에 대해 의문을 제기하고 있다.

또한 'PF 민간 배드뱅크'와 '구조조정기금 활용' 방안도 제기되고 있다. 은행들이 부동산 PF대출은 PF 배드뱅크를 통해 매입하고 저축은행들의 초기 단계 부동산 PF대출은 한국자산관리공사(캠코)가 구조조정기금을 통해 매입하는 이른바 '투 트랙(two track)'방식이다. 이러한 방안은 단기적으로 PF대출 부실이 금융권으로 확산되어 금융시장의 불안을 줄이는데 도움이 될 것으로 판단된다. (중략)

자료: 김범석, '부동산PF 부실사태의 원인과 과제', 시사금융, 2011년 5월호

부 록

부록 〈표 1〉 미래가치계수 ($FVIF_{r,t}$)

기간	이 자 율									
	1%	2%	3%	4%	5%	6%	7%	8%	9%	10%
1	1.0100	1.0200	1.0300	1.0400	1.0500	1.0600	1.0700	1.0800	1.0900	1.1000
2	1.0201	1.0404	1.0609	1.0816	1.1025	1.1236	1.1449	1.1664	1.1881	1.2100
3	1.0303	1.0612	1.0927	1.1249	1.1576	1.1910	1.2250	1.2597	1.2950	1.3310
4	1.0406	1.0824	1.1255	1.1699	1.2155	1.2625	1.3108	1.3605	1.4116	1.4641
5	1.0510	1.1041	1.1593	1.2167	1.2763	1.3382	1.4026	1.4693	1.5386	1.6105
6	1.0615	1.1262	1.1941	1.2653	1.3401	1.4185	1.5007	1.5869	1.6771	1.7716
7	1.0721	1.1487	1.2299	1.3159	1.4071	1.5036	1.6058	1.7138	1.8280	1.9487
8	1.0829	1.1717	1.2668	1.3686	1.4775	1.5938	1.7182	1.8509	1.9926	2.1436
9	1.0937	1.1951	1.3048	1.4233	1.5513	1.6895	1.8385	1.9990	2.1719	2.3579
10	1.1046	1.2190	1.3439	1.4802	1.6289	1.7908	1.9672	2.1589	2.3674	2.5937
11	1.1157	1.2434	1.3842	1.5395	1.7103	1.8983	2.1049	2.3316	2.5804	2.8531
12	1.1268	1.2682	1.4258	1.6010	1.7959	2.0122	2.2522	2.5182	2.8127	3.1384
13	1.1381	1.2936	1.4685	1.6651	1.8856	2.1329	2.4098	2.7196	3.0658	3.4523
14	1.1495	1.3195	1.5126	1.7317	1.9799	2.2609	2.5785	2.9372	3.3417	3.7975
15	1.1610	1.3459	1.5580	1.8009	2.0789	2.3966	2.7590	3.1722	3.6425	4.1772
16	1.1726	1.3728	1.6047	1.8730	2.1829	2.5404	2.9522	3.4259	3.9703	4.5950
17	1.1843	1.4002	1.6528	1.9479	2.2920	2.6928	3.1588	3.7000	4.3276	5.0545
18	1.1961	1.4282	1.7024	2.0258	2.4066	2.8543	3.3799	3.9960	4.7171	5.5599
19	1.2081	1.4568	1.7535	2.1068	2.5270	3.0256	3.6165	4.3157	5.1417	6.1159
20	1.2202	1.4859	1.8061	2.1911	2.6533	3.2071	3.8697	4.6610	5.6044	6.7275
21	1.2324	1.5157	1.8603	2.2788	2.7860	3.3996	4.1406	5.0338	6.1088	7.4002
22	1.2447	1.5460	1.9161	2.3699	2.9253	3.6035	4.4304	5.4365	6.6586	8.1403
23	1.2572	1.5769	1.9736	2.4647	3.0715	3.8197	4.7405	5.8715	7.2579	8.9543
24	1.2697	1.6084	2.0328	2.5633	3.2251	4.0489	5.0724	6.3412	7.9111	9.8497
25	1.2824	1.6406	2.0938	2.6658	3.3864	4.2919	5.4274	6.8485	8.6231	10.835
30	1.3478	1.8114	2.4273	3.2434	4.3219	5.7435	7.6123	10.063	13.268	17.449
40	1.4889	2.2080	3.2620	4.8010	7.0400	10.286	14.974	21.725	31.409	45.259
50	1.6446	2.6916	4.3839	7.1067	11.467	18.420	29.457	46.902	74.358	117.39
60	1.8167	3.2810	5.8916	10.520	18.679	32.988	57.946	101.26	176.03	304.48

* $FVIF > 99,999$

기간	이 자 율									
	12%	14%	15%	16%	18%	20%	24%	28%	32%	36%
1	1.1200	1.1400	1.1500	1.1600	1.1800	1.2000	1.2400	1.2800	1.3200	1.3600
2	1.2544	1.2996	1.3225	1.3456	1.3924	1.4400	1.5376	1.6384	1.7424	1.8496
3	1.4049	1.4815	1.5209	1.5609	1.6430	1.7280	1.9066	2.0972	2.3000	2.5155
4	1.5735	1.6890	1.7490	1.8106	1.9388	2.0736	2.3642	2.6844	3.0360	3.4210
5	1.7623	1.9254	2.0114	2.1003	2.2878	2.4883	2.9316	3.4360	4.0075	4.6526
6	1.9738	2.1950	2.3131	2.4364	2.6996	2.9860	3.6352	4.3980	5.2899	6.3275
7	2.2107	2.5023	2.6600	2.8262	3.1855	3.5832	4.5077	5.6295	6.9826	8.6054
8	2.4760	2.8526	3.0590	3.2784	3.7589	4.2998	5.5895	7.2058	9.2170	11.703
9	2.7731	3.2519	3.5179	3.8030	4.4355	5.1598	6.9310	9.2234	12.166	15.917
10	3.1058	3.7072	4.0456	4.4114	5.2338	6.1917	8.5944	11.806	16.060	21.647
11	3.4785	4.2262	4.6524	5.1173	6.1759	7.4301	10.657	15.112	21.199	29.439
12	3.8960	4.8179	5.3503	5.9360	7.2876	8.9161	13.215	19.343	27.983	40.037
13	4.3635	5.4924	6.1528	6.8858	8.5994	10.699	16.386	24.759	36.937	54.451
14	4.8871	6.2613	7.0757	7.9875	10.147	12.839	20.319	31.691	48.757	74.053
15	5.4736	7.1379	8.1371	9.2655	11.974	15.407	25.196	40.565	64.359	100.71
16	6.1304	8.1372	9.3576	10.748	14.129	18.488	31.243	51.923	84.954	136.97
17	6.8660	9.2765	10.761	12.468	16.672	22.186	38.741	66.461	112.14	186.28
18	7.6900	10.575	12.375	14.463	19.673	26.623	48.039	85.071	148.02	253.34
19	8.6128	12.056	14.232	16.777	23.214	31.948	59.568	108.89	195.39	344.54
20	9.6463	13.743	16.367	19.461	27.393	38.338	73.864	139.38	257.92	468.57
21	10.804	15.668	18.822	22.574	32.324	46.005	91.592	178.41	340.45	637.26
22	12.100	17.861	21.645	26.186	38.142	55.206	113.57	228.36	449.39	866.67
23	13.522	20.362	24.891	30.376	45.008	66.247	140.83	292.30	593.20	1178.7
24	15.179	23.212	28.625	35.236	53.109	79.497	174.63	374.14	783.02	1603.0
25	17.000	26.462	32.919	40.874	62.669	95.396	216.54	478.90	1033.6	2180.1
30	29.960	50.950	66.212	85.850	143.37	237.38	634.82	1645.5	4142.1	10143.
40	93.051	188.88	267.86	378.72	750.38	1469.8	5455.9	19427.	66521.	*
50	289.00	700.23	1083.7	1670.7	3927.4	9100.4	46890.	*	*	*
60	897.60	2595.9	4384.0	7370.2	20555.	56348.	*	*	*	*

부록 〈표 2〉 연금의 미래가치계수 $(FVIFA_{r,t}) = [\frac{(1+r)^t}{r} - \frac{1}{r}]$

기간	이자율									
	1%	2%	3%	4%	5%	6%	7%	8%	9%	10%
1	1.0000	1.0000	1.0000	1.0000	1.0000	1.0000	1.0000	1.0000	1.0000	1.0000
2	2.0100	2.0200	2.0300	2.0400	2.0500	2.0600	2.0700	2.0800	2.0900	2.1000
3	3.0301	3.0604	3.0909	3.1216	3.1525	3.1836	3.2149	3.2464	3.2781	3.3100
4	4.0604	4.1216	4.1836	4.2465	4.3101	4.3746	4.4399	4.5061	4.5731	4.6410
5	5.1010	5.2040	5.3091	5.4163	5.5256	5.6371	5.7507	5.8666	5.9847	6.1051
6	6.1520	6.3081	6.4684	6.6330	6.8019	6.9753	7.1533	7.3359	7.5233	7.7156
7	7.2135	7.4343	7.6625	7.8983	8.1420	8.3938	8.6540	8.9228	9.2004	9.4872
8	8.2857	8.5830	8.8932	9.2142	9.5491	9.8975	10.260	10.637	11.028	11.436
9	9.3685	9.7546	10.159	10.583	11.027	11.491	11.978	12.488	13.021	13.570
10	10.462	10.950	11.464	12.006	12.578	13.181	13.816	14.487	15.193	15.937
11	11.567	12.169	12.808	13.486	14.207	14.972	15.784	16.645	17.560	18.531
12	12.683	13.412	14.192	15.026	15.917	16.870	17.888	18.977	20.141	21.384
13	13.809	14.680	15.618	16.627	17.713	18.882	20.141	21.495	22.953	24.523
14	14.947	15.974	17.086	18.292	19.599	21.015	22.550	24.215	26.019	27.975
15	16.097	17.293	18.599	20.024	21.579	23.276	25.129	27.152	29.361	31.772
16	17.258	18.639	20.157	21.825	23.657	25.673	27.888	30.324	33.003	35.950
17	18.430	20.012	21.762	23.698	25.840	28.213	30.840	33.750	36.974	40.545
18	19.615	21.412	23.414	25.645	28.132	30.906	33.999	37.450	41.301	45.599
19	20.811	22.841	25.117	27.671	30.539	33.760	37.379	41.446	46.018	51.159
20	22.019	24.297	26.870	29.778	33.066	36.786	40.995	45.762	51.160	57.275
21	23.239	25.783	28.676	31.969	35.719	39.993	44.865	50.423	56.765	64.002
22	24.472	27.299	30.537	34.248	38.505	43.392	49.006	55.457	62.873	71.403
23	25.716	28.845	32.453	36.618	41.430	46.996	53.436	60.893	69.532	79.543
24	26.973	30.422	34.426	39.083	44.502	50.816	58.177	66.765	76.790	88.497
25	28.243	32.030	36.459	41.646	47.727	54.865	63.249	73.106	84.701	98.347
30	34.785	40.568	47.575	56.085	66.439	79.058	94.461	113.28	136.31	164.49
40	48.886	60.402	75.401	95.026	120.80	154.76	199.64	259.06	337.88	442.59
50	64.463	84.579	112.80	152.67	209.35	290.34	406.53	573.77	815.08	1163.9
60	81.670	114.05	163.05	237.99	353.58	533.13	813.52	1253.2	1944.8	3034.8

* $FVIFA > 99.999$

기간	이 자 율									
	12%	14%	15%	16%	18%	20%	24%	28%	32%	36%
1	1.0000	1.0000	1.0000	1.0000	1.0000	1.0000	1.0000	1.0000	1.0000	1.0000
2	2.1200	2.1400	2.1500	2.1600	2.1800	2.2000	2.2400	2.2800	2.3200	2.3600
3	3.3744	3.4396	3.4725	3.5056	3.5724	3.6400	3.7776	3.9184	4.0624	4.2096
4	4.7793	4.9211	4.9934	5.0665	5.2154	5.3680	5.6842	6.0156	6.3624	6.7251
5	6.3528	6.6101	6.7424	6.8771	7.1542	7.4416	8.0484	8.6999	9.3983	10.146
6	8.1152	8.5355	8.7537	8.9775	9.4420	9.9299	10.980	12.136	13.406	14.799
7	10.089	10.730	11.067	11.414	12.142	12.916	14.615	16.534	18.696	21.126
8	12.300	13.233	13.727	14.240	15.327	16.499	19.123	22.163	25.678	29.732
9	14.776	16.085	16.786	17.519	19.086	20.799	24.712	29.369	34.895	41.435
10	17.549	19.337	20.304	21.321	23.521	25.959	31.643	38.593	47.062	57.352
11	20.655	23.045	23.349	25.733	28.755	32.150	40.238	50.398	63.122	78.998
12	24.133	27.271	29.002	30.850	34.931	39.581	50.895	65.510	84.320	108.44
13	28.029	32.089	34.352	36.786	42.219	48.497	64.110	84.853	112.30	148.47
14	32.393	37.581	40.505	43.672	50.818	59.196	80.496	109.61	149.24	202.93
15	37.280	43.842	47.580	51.660	60.965	72.035	100.82	141.30	198.00	276.98
16	42.753	50.980	55.717	60.925	72.939	87.442	126.01	181.87	262.36	377.69
17	48.884	59.118	65.075	71.673	87.068	105.93	157.25	233.79	347.31	514.66
18	55.750	68.394	75.836	84.141	103.74	128.12	195.99	300.25	459.45	700.94
19	63.440	78.969	88.212	98.603	123.41	154.74	244.03	385.32	607.47	954.28
20	72.052	91.025	102.44	115.38	146.63	186.69	303.60	494.21	802.86	1298.8
21	81.699	104.77	118.81	134.84	174.02	225.03	377.46	633.59	1060.8	1767.4
22	92.503	120.44	137.63	157.41	206.34	271.03	469.06	812.00	1401.2	2404.7
23	104.60	138.30	159.28	183.60	244.49	326.24	582.63	1040.4	1850.6	3271.3
24	118.16	158.66	184.17	213.98	289.49	392.48	723.46	1332.7	2443.8	4450.0
25	133.33	181.87	212.79	249.21	342.60	471.98	898.09	1706.8	3226.8	6053.0
30	241.33	356.79	434.75	530.31	790.95	1181.9	2640.9	5873.2	12941.	28172.3
40	767.09	1342.0	1779.1	2360.8	4163.2	7343.9	22729.	69377.	*	*
50	2400.0	4994.5	7217.7	10436.	21813	45497	*	*	*	*
60	7471.6	18535.	29220.	46058.	*	*	*	*	*	*

부록 〈표 3〉 현재가치계수 $(PVIF_{r,\ t}) = \dfrac{1}{(1+r)^t}$

기간	이 자 율									
	1%	2%	3%	4%	5%	6%	7%	8%	9%	10%
1	0.9901	0.9804	0.9709	0.9615	0.9524	0.9434	0.9346	0.9259	0.9174	0.9091
2	0.9803	0.9612	0.9426	0.9246	0.9070	0.8900	0.8734	0.8573	0.8417	0.8264
3	0.9706	0.9423	0.9151	0.8890	0.8638	0.8396	0.8163	0.7938	0.7722	0.7513
4	0.9610	0.9238	0.8885	0.8548	0.8227	0.7921	0.7629	0.7350	0.7084	0.6830
5	0.9515	0.9057	0.8626	0.8219	0.7835	0.7473	0.7130	0.6806	0.6499	0.6209
6	0.9420	0.8880	0.8375	0.7903	0.7462	0.7050	0.6663	0.6302	0.5963	0.5645
7	0.9327	0.8706	0.8131	0.7599	0.7107	0.6651	0.6227	0.5835	0.5470	0.5132
8	0.9235	0.8535	0.7894	0.7307	0.6768	0.6274	0.5820	0.5403	0.5019	0.4665
9	0.9143	0.8368	0.7664	0.7026	0.6446	0.5919	0.5439	0.5002	0.4604	0.4241
10	0.9053	0.8203	0.7441	0.6756	0.6139	0.5584	0.5083	0.4632	0.4224	0.3855
11	0.8963	0.8043	0.7224	0.6496	0.5847	0.5268	0.4751	0.4289	0.3875	0.3505
12	0.8874	0.7885	0.7014	0.6246	0.5568	0.4970	0.4440	0.3971	0.3555	0.3186
13	0.8787	0.7730	0.6810	0.6006	0.5303	0.4688	0.4150	0.3677	0.3262	0.2897
14	0.8700	0.7579	0.6611	0.5775	0.5051	0.4423	0.3878	0.3405	0.2992	0.2633
15	0.8613	0.7430	0.6419	0.5553	0.4810	0.4173	0.3624	0.3152	0.2745	0.2394
16	0.8528	0.7284	0.6232	0.5339	0.4581	0.3936	0.3387	0.2919	0.2519	0.2176
17	0.8444	0.7142	0.6050	0.5134	0.4346	0.3714	0.3166	0.2703	0.2311	0.1978
18	0.8360	0.7002	0.5874	0.4936	0.4155	0.3503	0.2959	0.2502	0.2120	0.1799
19	0.8277	0.6864	0.5703	0.4746	0.3957	0.3305	0.2765	0.2317	0.1945	0.1635
20	0.8195	0.6730	0.5537	0.4564	0.3769	0.3118	0.2584	0.2145	0.1784	0.1486
21	0.8114	0.6598	0.5375	0.4388	0.3589	0.2942	0.2415	0.1987	0.1637	0.1351
22	0.8034	0.6468	0.5219	0.4220	0.3418	0.2775	0.2257	0.1839	0.1502	0.1228
23	0.7954	0.6342	0.5067	0.4057	0.3256	0.2618	0.2109	0.1703	0.1378	0.1117
24	0.7876	0.6217	0.4919	0.3901	0.3101	0.2470	0.1971	0.1577	0.1264	0.1015
25	0.7798	0.6095	0.4776	0.3751	0.2953	0.2330	0.1842	0.1460	0.1160	0.0923
30	0.7419	0.5521	0.4120	0.3083	0.2314	0.1741	0.1314	0.0994	0.0754	0.0573
40	0.6717	0.4529	0.3066	0.2083	0.1420	0.0972	0.0668	0.0460	0.0318	0.0221
50	0.6080	0.3715	0.2281	0.1407	0.0872	0.0543	0.0339	0.0213	0.0134	0.0085

* 소수 넷째 자리까지 0임

기간	이 자 율									
	12%	14%	15%	16%	18%	20%	24%	28%	32%	36%
1	0.8929	0.8772	0.8696	0.8621	0.8475	0.8333	0.8065	0.7813	0.7576	0.7353
2	0.7972	0.7695	0.7561	0.7432	0.7182	0.6944	0.6504	0.6104	0.5739	0.5407
3	0.7118	0.6750	0.6575	0.6407	0.6086	0.5787	0.5245	0.4768	0.4348	0.3975
4	0.6355	0.5921	0.5718	0.5523	0.5158	0.4823	0.4230	0.3725	0.3294	0.2923
5	0.5674	0.5194	0.4972	0.4761	0.4371	0.4019	0.3411	0.2910	0.2495	0.2149
6	0.5066	0.4556	0.4323	0.4104	0.3704	0.3349	0.2751	0.2274	0.1890	0.1580
7	0.4523	0.3996	0.3759	0.3538	0.3139	0.2791	0.2218	0.1776	0.1432	0.1162
8	0.4039	0.3506	0.3269	0.3050	0.2660	0.2326	0.1789	0.1388	0.1085	0.0854
9	0.3606	0.3075	0.2843	0.2630	0.2255	0.1938	0.1443	0.1084	0.0822	0.0628
10	0.3220	0.2697	0.2472	0.2267	0.1911	0.1615	0.1164	0.0847	0.0623	0.0462
11	0.2875	0.2366	0.2149	0.1954	0.1619	0.1346	0.0938	0.0662	0.0472	0.0340
12	0.2567	0.2076	0.1869	0.1685	0.1372	0.1122	0.0757	0.0517	0.0357	0.0250
13	0.2292	0.1821	0.1625	0.1452	0.1163	0.0935	0.0610	0.0404	0.0271	0.0184
14	0.2046	0.1597	0.1413	0.1252	0.0985	0.0779	0.0492	0.0316	0.0205	0.0135
15	0.1827	0.1401	0.1229	0.1079	0.0835	0.0649	0.0397	0.0247	0.0155	0.0099
16	0.1631	0.1229	0.1069	0.0930	0.0708	0.0541	0.0320	0.0193	0.0118	0.0073
17	0.1456	0.1078	0.0929	0.0802	0.0600	0.0451	0.0258	0.0150	0.0089	0.0054
18	0.1300	0.0946	0.0808	0.0691	0.0508	0.0376	0.0208	0.0118	0.0068	0.0039
19	0.1161	0.0829	0.0703	0.0596	0.0431	0.0313	0.0168	0.0092	0.0051	0.0029
20	0.1037	0.0728	0.0611	0.0514	0.0365	0.0261	0.0135	0.0072	0.0039	0.0021
21	0.0926	0.0638	0.0531	0.0443	0.0309	0.0217	0.0109	0.0056	0.0029	0.0016
22	0.0826	0.0560	0.0462	0.0382	0.0262	0.0181	0.0088	0.0044	0.0022	0.0012
23	0.0738	0.0491	0.0402	0.0329	0.0222	0.0151	0.0071	0.0034	0.0017	0.0008
24	0.0659	0.0431	0.0349	0.0284	0.0188	0.0126	0.0057	0.0027	0.0013	0.0006
25	0.0588	0.0378	0.0304	0.0245	0.0160	0.0105	0.0046	0.0021	0.0010	0.0005
30	0.0334	0.0196	0.0151	0.0116	0.0070	0.0042	0.0016	0.0006	0.0002	0.0001
40	0.0107	0.0053	0.0037	0.0026	0.0013	0.0007	0.0002	0.0001	*	*
50	0.0035	0.0014	0.0009	0.0006	0.0003	0.0001	*	*	*	*

부록 〈표 4〉 연금의 현재가치계수 ($PVIFA_{r,t}$) $= [\frac{1}{r} - \frac{1}{r(1+r)^t}]$

기간	이 자 율									
	1%	2%	3%	4%	5%	6%	7%	8%	9%	10%
1	0.9901	0.9804	0.9709	0.9615	0.9524	0.9434	0.9346	0.9259	0.9174	0.9091
2	1.9704	1.9416	1.9135	1.8861	1.8594	1.8334	1.8080	1.7833	1.7591	1.7355
3	2.9410	2.8839	2.8286	2.7751	2.7232	2.6730	2.6243	2.5771	2.5313	2.4869
4	3.9020	3.8077	3.7171	3.6299	3.5460	3.4651	3.3872	3.3121	3.2397	3.1699
5	4.8534	4.7135	4.5797	4.4518	4.3295	4.2124	4.1002	3.9927	3.8897	3.7908
6	5.7955	5.6014	5.4172	5.2421	5.0757	4.9173	4.7665	4.6229	4.4859	4.3553
7	6.7282	6.4720	6.2303	6.0021	5.7864	5.5824	5.3893	5.2064	5.0330	4.8684
8	7.6517	7.3255	7.0197	6.7327	6.4632	6.2098	5.9713	5.7466	5.5348	5.3349
9	8.5660	8.1622	7.7861	7.4353	7.1078	6.8017	6.5152	6.2469	5.9952	5.7590
10	9.4713	8.9826	8.5302	8.1109	7.7217	7.3601	7.0236	6.7101	6.4177	6.1446
11	10.3676	9.7868	9.2526	8.7605	8.3064	7.8869	7.4987	7.1390	6.8052	6.4951
12	11.2551	10.5753	9.9540	9.3851	8.8633	8.3838	7.9427	7.5361	7.1607	6.8137
13	12.1337	11.3484	10.6350	9.9856	9.3936	8.8527	8.3577	7.9038	7.4869	7.1034
14	13.0037	12.1062	11.2961	10.5631	9.8986	9.2950	8.7455	8.2442	7.7862	7.3667
15	13.8651	12.8493	11.9379	11.1184	10.3797	9.7122	9.1079	8.5595	8.0607	7.6061
16	14.7179	13.5777	12.5611	11.6523	10.8378	10.1059	9.4466	8.8514	8.3126	7.8237
17	15.5623	14.2919	13.1661	12.1657	11.2741	10.4773	9.7632	9.1216	8.5436	8.0216
18	16.3983	14.9920	13.7535	12.6593	11.6896	10.8276	10.0591	9.3719	8.7556	8.2014
19	17.2260	15.6785	14.3238	13.1339	12.0853	11.1581	10.3356	9.6036	8.9501	8.3649
20	18.0456	16.3514	14.8775	13.5903	12.4622	11.4699	10.5940	9.8181	9.1285	8.5136
21	18.8570	17.0112	15.4150	14.0292	12.8212	11.7641	10.8355	10.0168	9.2922	8.6487
22	19.6604	17.6580	15.9369	14.4511	13.1630	12.0416	11.0612	10.2007	9.4424	8.7715
23	20.4558	18.2922	16.4436	14.8568	13.4886	12.3034	11.2722	10.3741	9.5802	8.8832
24	21.2434	18.9139	16.9355	15.2470	13.7986	12.5504	11.4693	10.5288	9.7066	8.9847
25	22.0232	19.5235	17.4131	15.6221	14.0939	12.7834	11.6536	10.6748	9.8226	9.0770
30	25.8077	22.3965	19.6004	17.2920	15.3725	13.7648	12.4090	11.2578	10.2737	9.4269
40	32.8347	27.3555	23.1148	19.7928	17.1591	15.0463	13.3317	11.9246	10.7574	9.7791
50	39.1961	31.4236	25.7298	21.4822	18.2559	15.7619	13.8007	12.2335	10.9617	9.9148

기간	이 자 율								
	12%	14%	15%	16%	18%	20%	24%	28%	32%
1	0.8929	0.8772	0.8696	0.8621	0.8475	0.8333	0.8065	0.7813	0.7576
2	1.6901	1.6467	1.6257	1.6052	1.5656	1.5278	1.4568	1.3916	1.3315
3	2.4018	2.3216	2.2832	2.2459	2.1743	2.1065	1.9813	1.8684	1.7663
4	3.0373	2.9137	2.8550	2.7982	2.6901	2.5887	2.4043	2.2410	2.0957
5	3.6048	3.4331	3.3522	3.2743	3.1272	2.9906	2.7454	2.5320	2.3452
6	4.1114	3.8887	3.7845	3.6847	3.4976	3.3255	3.0205	2.7594	2.5342
7	4.5638	4.2883	4.1604	4.0386	3.8115	3.6046	3.2423	2.9370	2.6775
8	4.9676	4.6389	4.4873	4.3436	4.0776	3.8372	3.4212	3.0758	2.7860
9	5.3282	4.9464	4.7716	4.6065	4.3030	4.0310	3.5655	3.1842	2.8681
10	5.6502	5.2161	5.0188	4.8332	4.4941	4.1925	3.6819	3.2689	2.9304
11	5.9377	5.4527	5.2337	5.0286	4.6560	4.3271	3.7757	3.3351	2.9776
12	6.1944	5.6603	5.4206	5.1971	4.7932	4.4392	3.8514	3.3868	3.0133
13	6.4235	5.8424	5.5831	5.3423	4.9095	4.5327	3.9124	3.4272	3.0404
14	6.6282	6.0021	5.7245	5.4675	5.0081	4.6106	3.9616	3.4587	3.0609
15	6.8109	6.1422	5.8474	5.5755	5.0916	4.6755	4.0013	3.4834	3.0764
16	6.9740	6.2651	5.9542	5.6685	5.1624	4.7296	4.0333	3.5026	3.0882
17	7.1196	6.3729	6.0472	5.7487	5.2223	4.7746	4.0591	3.5177	3.0971
18	7.2497	6.4674	6.1280	5.8178	5.2732	4.8122	4.0799	3.5294	3.1039
19	7.3658	6.5504	6.1982	5.8775	5.3162	4.8435	4.0967	3.5386	3.1090
20	7.4694	6.6231	6.2593	5.9288	5.3527	4.8696	4.1103	3.5458	3.1129
21	7.5620	6.6870	6.3125	5.9731	5.3837	4.8913	4.1212	3.5514	3.1158
22	7.6446	6.7429	6.3587	6.0113	5.4099	4.9094	4.1300	3.5558	3.1180
23	7.7184	6.7921	6.3988	6.0442	5.4321	4.9245	4.1371	3.5592	3.1197
24	7.7843	6.8351	6.4338	6.0726	5.4509	4.9371	4.1428	3.5619	3.1210
25	7.8431	6.8729	6.4641	6.0971	5.4669	4.9476	4.1474	3.5640	3.1220
30	8.0552	7.0027	6.5660	6.1772	5.5168	4.9789	4.1601	3.5693	3.1242
40	8.2438	7.1050	6.6418	6.2335	5.5482	4.9966	4.1659	3.5712	3.1250
50	8.3045	7.1327	6.6605	6.2463	5.5541	4.9995	4.1666	3.5714	3.1250

[저자 약력]

•김 범 석

대한항공 서울여객지점
Washington State University, MBA.
Old Dominion University, 경영학박사(재무관리)
경남금융경제연구소, 책임연구원
현, 극동대학교 글로벌경영학과 교수

[저서 및 주요 논문]

『상장지수펀드 가이드』(청목출판사, 2002)

『21세기 경영학』(공저, 청목출판사, 2002)

『뮤추얼펀드 가이드』(두남, 1999)

자산유동화증권(ABS)을 이용한 신용카드사의 자금조달과 정책과제(2002, 신용카드, 여신금융협회)

The Relationship Between REITs and Financial Markets: Evidence from Korean CR-REITs(2009, 부동산연구)

2007~2008년 국제금융위기를 전후한 국내 리츠/부동산펀드와 미국 리츠의 주가동조화 현상(2010, 부동산연구)

•유 한 수

고려대학교 경영대학 경영학과(경영학사)
고려대학교 대학원 경영학과 재무론전공(경영학석사)
고려대학교 대학원 경영학과 재무론전공(경영학박사)
기업경영학회 부회장
아시아·유럽미래학회 상임이사
국제경상교육학회 상임이사
현, 극동대학교 도시·부동산학과 교수

[저서 및 주요 논문]

『회계원리』(공저, 청목출판사, 2012)

미국 비증권화 부동산가격지수 변동성과 증권화 부동산가격지수 변동성의 관계(유라시아연구)

KOSPI와 리츠 주가의 관계(국제경상교육연구)

주식시장 변동성과 채권시장 변동성(기업경영연구)

미국달러선물시장 도입이 현물시장 변동성에 미치는 영향(국제경영리뷰)

외국인 순매수와 일시적 변동성(대한경영학회지)

코스닥시장의 비대칭적 변동성 원인에 관한 연구(대한경영학회지)

부동산금융론-이론과 실제(개정4판)

2019년 2월 20일 개정4중판 인쇄
2019년 2월 25일 개정4중판 발행

저 자 김범석 · 유한수
발행인 유 성 열
발행처 청목출판사
서울특별시 영등포구 신길로 40길 20
전화 (02) 849-6157(代) · 2820
FAX (02) 849-0817
등록 제318-1994-000090호

파본은 바꾸어 드립니다. 값 20,000원

http://www.chongmok.co.kr

ISBN 978-89-5565-501-8